Gerhard Büttner / Veit-Jakobus Dieterich / Hanna Roose
Einführung in den Religionsunterricht

Gerhard Büttner / Veit-Jakobus Dieterich / Hanna Roose

Einführung in den Religionsunterricht

Eine kompetenzorientierte Didaktik

Calwer Verlag Stuttgart

Bibliografische Information der Deutschen Bibliothek

Die Deutsche Bibliothek verzeichnet diese Publikation in der Deutschen
Nationalbibliografie; detaillierte bibliografische Daten sind im Internet
über *http://dnb.ddb.de* abrufbar.

ISBN 978-3-7668-4348-7

Satz und Herstellung: Karin Class, Calwer Verlag
Umschlaggestaltung: Karin Sauerbier, Stuttgart
Druck und Verarbeitung: Mazowieckie Centrum Poligrafii –
05-270 Marki (Polen) – ul. Słoneczna 3C – www.buecherdrucken24.de
Internet: www.calwer.com
E-mail: info@calwer.com

Inhalt

3. Formale Kompetenzen des RU

Vorwort

Bei der gemeinsamen Arbeit am Schulbuch »SpurenLesen« (Braunschweig / Stuttgart 2007–2010) wurde uns klar, dass wir zwar willens waren, die damals neue Kompetenzorientierung zur Grundlage unserer Ausarbeitungen zu nehmen, dass wir dazu aber eigene Akzente setzen wollten. So ergab sich ein mehrere Jahre umfassender Diskussionsprozess, in dem stückweise einzelne Bausteine dieses Buches entstanden. Bei drei Mitwirkenden ergeben sich öfter besondere Situationen – im förderlichen, wie im hinderlichen Sinne. Eine Konstanz waren die diversen Treffen in Plüderhausen im Remstal im gastfreundlichen Hause Dieterich. Die kritische Diskussion der Textbausteine, ihre Kombination und Modifikation haben wir als Bereicherung erlebt und hoffen, dass etwas von unserer Entdeckerfreude sich auch den Leser/innen mitteilt.

Beim Weg vom Manuskript zum Buch haben uns Frau Janina Schwentke und Frau Bianca Wagner maßgeblich unterstützt. Ihnen sei ganz herzlich gedankt!

Gerhard Büttner
Veit-Jakobus Dieterich
Haßmersheim, Ludwigsburg und *Hanna Roose*
Lüneburg an Ostern 2015

Warum und wozu brauchen wir eine kompetenzorientierte Religionsdidaktik?

Kompetenzen und Bildungsstandards begegneten uns erstmals in entscheidender Weise zu Beginn der Überarbeitung der Schulbuchreihe »SpurenLesen« (Bände 1 bis 3, erschienen 2007 bis 2010). In Baden-Württemberg war ein neuer kompetenzorientierter Lehrplan eingeführt worden, an dem wir uns zu orientieren hatten. Für uns bedeutete das eine Herausforderung auf drei Ebenen:

– Wir mussten pragmatisch in einem Schulbuch und einem Lehrerhandbuch umsetzen, was lehrplanmäßig vorgegeben war.
– Wir wollten uns bei dieser Arbeit ins Verhältnis setzen zu den religionspädagogischen Diskursen zu dieser Frage und zu der Tatsache, dass das Stichwort »Kompetenzorientierung« sehr unterschiedliche Ausdrucksformen in den diversen Lehrplänen gefunden hat.
– Wir fühlten uns herausgefordert, die impliziten, vor allem erkenntnistheoretischen Fragestellungen der Diskussion aufzunehmen. Das bedeutete, das Geschehen im Religionsunterricht nochmals intensiver zu reflektieren und die Früchte dieses Nachdenkens dann konkret auch im Schulbuch zu realisieren.

Wer schon Religionsunterricht im Hinblick auf ein Zentralabitur gehalten hat, für den bedeutete die Kompetenzorientierung erst einmal so viel Neues nicht. Dieser Unterricht unterschied sich in der Regel nicht grundsätzlich von anderem – lediglich gab man sich etwas mehr Mühe mit der Ergebnissicherung und es gab das, was im RU sonst unüblich ist, *Phasen der Wiederholung*. Bei der Lektüre der Kompetenzen in Baden-Württemberg wurde uns dann auch klar, dass die Inhalte dort manchmal mit bestimmten *Handlungen* verknüpft waren, so etwa die Wiedergabe von drei Gleichnissen mit dem *Erzählen*. Die Lehrperson musste demnach darauf achten, dass die Schüler/innen nicht nur Inhalte (z.B. schriftlich) reproduzieren können, sondern dies in einer *bestimmten Form* tun. Damit wuchs dem RU eine Verantwortung auch dafür zu, dass die Schüler/innen ihr erworbenes Wissen in der richtigen Weise »performen« können. Der RU kann dann nicht sagen, Rechtschreibung sei Sache des Deutschunterrichts, sondern er trägt auch für Dinge Verantwortung, auf die er zurückgreifen muss, auch wenn sie nicht sein

Hauptgeschäft sind. So haben die PISA-Studien beispielsweise verdeutlicht, dass Lesefähigkeit auch Voraussetzung für mathematische Operationen ist – dasselbe gilt in ähnlicher Weise für den RU.

Der PISA-Diskurs hat zu Aufgabentypen geführt, die herausarbeiten möchten, ob die Schüler/innen mit dem Gelernten jenseits des engen Unterrichtskontextes etwas anfangen können. In sog. *Anforderungssituationen* soll sich zeigen, ob die Schüler/innen ihr Wissen »in Gebrauch nehmen« können. Im Schulbuch kann man entsprechende Fragen und Aufgaben formulieren, aber ob diese realitätstauglich sind, bleibt letztlich jedoch fraglich.

Das Kompetenzkonzept verpflichtet die Lehrer/innen, sich für das Verstehen der Schüler/innen verantwortlich zu wissen. Im Prinzip wird damit festgehalten, dass die Erwähnung eines Inhaltes z.B. durch die Lehrperson noch lange nicht bedeutet, dass die Schüler/innen diesen genau so verstanden haben. Es waren nicht zuletzt die Didaktiken der Naturwissenschaften, die wahrnehmen mussten, dass ihre »objektiven« Inhalte bei den Schüler/innen auf ganz unterschiedliche Verstehensmatrices stoßen. Diese Erkenntnis bedeutet, dass derjenige, der Kompetenzorientierung sagt, auch Empirieorientierung sagen muss. Verfolgt man die Diskussion in den staatlichen Instituten zur Lehrplanimplementierung, aber auch in der Religionspädagogik, dann sieht man, dass die Kompetenzen in der Regel am Schreibtisch formuliert sind – ohne jegliches Wissen über die Rezeptionsmodi der Schülerinnen und Schüler, dafür aber mit normativen Ansprüchen. Es ließ sich leicht zeigen (Kraft / Roose 2011), dass die formulierten Kompetenzen der Pläne mit den real erreichten nur bedingt übereinstimmen. Zudem scheint es generell ein Problem zu sein, den Lehrenden das Denken in Kompetenzen wirklich nahe zu bringen. Dies zeigen nicht zuletzt Studien in Fächern wie Englisch, wo ja bundeseinheitliche verbindliche Standards existieren (Asbrand / Heller / Zeitler 2012). Trotz dieser und mancherlei anderer Defizite des Konzeptes vertreten wir es in diesem Buch. Wir sehen seine größte Stärke darin, dass es Lehrplanmacher und Lehrerinnen dazu verpflichtet, von einer naiven Abbilddidaktik Abschied zu nehmen, die annimmt, man brauche Inhalte einfach nur »weiterzugeben«.

Die Autor/innen dieses Buches vereinen mindestens drei wichtige Orientierungen: Wir propagieren eine »konstruktivistische Religionsdidaktik«, orientieren uns wissenschaftstheoretisch an der Systemtheorie Niklas Luhmanns und verstehen uns als Vertreter/innen einer Kinder- und Jugendtheologie. Alle diese Ansätze stehen quer zu einer naiven Sicht auf schulische Lehr- und Lern-Prozesse. Nachdem sich die »Dinge« im Neuen Testament und in der Systematischen Theologie in vielen Fällen komplizierter erweisen als erwartet, kommen Studierende in Fachdidaktik-Veranstaltungen häufig mit der Erwartung, jetzt endlich den aus Religionsunterricht und Jungschar vertrauten Bereich der *Praxis* erreicht zu haben. Es irritiert sie dann, dass Didaktik ebenso eine theoriegeleitete Beobachterperspektive ist. Diese fragt (auf den ersten Blick scheinbar naiv), wie es möglich ist, dass Dinge »heilig« sein können, ohne dass sich an ihrer materiellen Substanz etwas ändert, warum der Tod eines Menschen vor 2000 Jahren heute noch bedeutsam sein soll, und warum man behaupten kann, dass »Gott« die Welt »geschaffen« habe, wo es doch in jedem Kinder-Sachbuch anders steht. Sie fragt dies unter dem Eindruck der von Niklas Luhmann formulierten Vermutung, dass es gar nicht so wahrscheinlich ist, dass sich Kommunikationsteilnehmer wirklich verstehen (Luhmann 1981). Dann zeigt sich u.a., dass es nicht egal ist, ob eine Mitteilung schriftlich oder mündlich erfolgt, dass »Wirklichkeit« durch Bilder und Erzählungen erst »erschaffen« wird, dass Religion – ähnlich wie Computerspiele – schon immer »virtuelle Räume« kennt etc. Unsere Didaktik widmet diesen Fragen eine große Aufmerksamkeit (→ Teil 3). Im Schulbuch »SpurenLesen« haben wir versucht, Etliches von dem in schülergemäßer Weise zur Sprache zu bringen. Unsere Religionsdidaktik will so gesehen ein *Augenöffner* sein. Von daher lautet unsere Kernkompetenz, diese unsere immanente Welt mit der Perspektive der Transzendenz zu betrachten (→ Teil 2). Dies ist die zentrale Botschaft von Jesu Gleichnissen und Wundergeschichten, betrifft aber auch unsere Aussagen über den Menschen oder unser Nachdenken darüber, was in einer Situation gerecht sein kann. Dabei entfalten wir unsere Überlegungen zu den klassischen Themen des RU in Teil 4 auf der Grundlage eines Konzeptes von Wissensdomänen. Wenn sich Vorschulkinder auf der Grundlage ihrer ersten Jesusgeschichten ein eigenes Bild machen, dann bildet dies den ersten Kern einer Domäne »Christologie«. Durch neues Wissen und durch komplexere Kombinatorik werden die Vorstellungen dann umfassender. Wenn diese ankoppelbar an eigene existentielle Erfahrungen ist, umso besser; man kann aber auch im Wissensfeld ohne diese Dimension vorankommen. Es ist klar, dass das explizit theologische Wissen – i.S. von Wissenschaft – Teil dieses Wissenspools ist.

Unsere Didaktik versucht, Wege anzudeuten, in denen ein Navigieren in diesem Pool möglich ist und wie individuell ein Wissensaufbau geschehen kann.

Das Buch ist folgendermaßen gegliedert:
In einem *ersten Kapitel* (1.) wird die Kompetenzorientierung im umfangreichen Feld einer Allgemeinen Didaktik sowie der Religionsdidaktik im Besonderen abgesteckt.

Dazu zeigt ein erstes Unterkapitel *(1.1 Zwischen Lernen und Lehren)* Grundzüge von Didaktik und Religionsdidaktik auf. Vorgestellt wird ebenfalls der Tübinger Elementarisierungsansatz, der sich auch als Modell für die Unterrichtsvorbereitung versteht und in jüngerer Zeit die Öffnung zur Kompetenzorientierung hin vollzogen hat.

Das zweite Unterkapitel *(1.2 Grundwissen und Kompetenz)* umreißt (1) eine sinnvolle und notwendige Grundbildung im Fach Religion. Diese wird (2) in Beziehung gesetzt zur allgemeinpädagogischen Diskussion über eine Kompetenzorientierung des Unterrichts im Gefolge der PISA-Studien. Es folgt (3) eine Darstellung des religionspädagogischen Diskurses über spezifische religionspädagogische Kompetenzen. Ein letzter Blick gilt (4) zwei kompetenzorientierten Religionslehrplänen: dem baden-württembergischen und dem niedersächsischen. Dabei zeigt sich u.a., dass die alte und mancherorts noch immer geführte Kontroverse um Lernen als »Wissen« (Stoffkenntnis) einerseits und als »Können« (Denken und Verstehen) andererseits als einander widerstreitende oder sich gar ausschließende Unterrichtsziele längst obsolet geworden ist.

Das *zweite Kapitel* (2.) präsentiert unseren *eigenen Ansatz eines code- und domänenspezifischen Kompetenzmodells.* Wir vertreten dabei die These einer übergreifenden religiös-theologischen Kompetenz und verstehen darunter im Anschluss an Niklas Luhmann die Fähigkeit, die Welt anhand der Leitdifferenz bzw. des Codes von Transzendenz und Immanenz in der Semantik religiöser (christlicher) Tradition zu perspektivieren. Religion / Theologie stellt dabei für uns eine eigene »Domäne« dar, die sich wiederum ins »Subdomains« aufgliedert. Die zusätzliche Differenzierung in formale, prozessbezogene und materiale, inhaltsbezogene Kompetenzen stellt die Grundlage für die Gestaltung der zwei folgenden Kapitel dar.

Das *dritte Kapitel* (3.) befasst sich mit den formalen, prozesshaften Kompetenzen, die der Religionsunterricht nahezu allesamt mit anderen Fächern teilt, aber doch noch einmal spezifisch prononciert und akzentuiert. Mit ihnen trägt der Religionsunterricht einerseits zum allgemeinen Bildungsauftrag der Schule bei, andererseits aber auch zu einer spezifisch religiösen / theologischen Bildung, bei der er in umgekehrter Blickrichtung von anderen Fächern wiederum entscheidend unterstützt wird. Zugleich zeigen sie den Menschen und spezifisch die Heranwachsenden als auf Gemeinschaft und Kultur hin angelegte Wesen, die sich mit der sie umgebenden Welt und Gesellschaft (im Kleineren und dann auch im weiteren Sinne) wahrnehmend, sprechend und handelnd, eben auf vielfältigen Ebenen sich auseinandersetzend in aktiver und aneignender Weise befassen. Wir bringen die einzelnen für den Religionsunterricht zentralen formalen Kompetenzen in der Reihenfolge: Spiritualität, Performativität, Diskursivität, Narrativität, Literacy, Moralität, Medialität und Ästhetik (3.1 bis 3.8).

Das *vierte Kapitel* (4.) wendet sich den inhaltsbezogenen Kompetenzen zu, die nun primär, wenn auch nicht nur, dem Religionsunterricht eigen sind. Uns ist dabei einerseits wichtig, hier eine spezifisch religiöse / theologische, also fachbezogene Kompetenz zu fundieren, zugleich jedoch aufzuzeigen, dass diese Kompetenzen in vielfältiger Weise mit Fragen anderer Fächer wie unserer Kultur insgesamt verflochten sind. Als Auswahl boten sich sechs Themenfelder bzw. religionspädagogisch relevante »Subdomänen« an. Weithin akzeptiert scheint die Trias von »Gott«, »Jesus Christus« und »Mensch« als zentrale theologischer Themenbereiche. Diesen »harten Kern« betteten wir ein in drei Themen, die einen spezifisch religiösen bzw. theologischen Blick auf die Welt erst begreifbar machen mit den Fragen nach Weltzugang, Weltbild und Erkenntnis in allgemeiner und religiöser Hinsicht, nach dem biblischen Blick auf Gott, Mensch und Welt sowie zuletzt mit der Frage nach Religion(en) generell. Die zuletzt genannten Themen bilden dabei eine Klammer um die drei Kernthemen, sodass sich folgende Reihung und Abfolge ergibt: Weltzugang (Weltbild, Erkenntnis), Bibel, Gott, Jesus Christus, Mensch sowie Religion(en) (4.1 bis 4.6).

Das letzte, *fünfte* Kapitel (5.) beschäftigt sich mit dem *Nachhaltigen Lernen im Religionsunterricht).* Es ergänzt die Debatte über Grundwissen und Kompetenzorientierung um Überlegungen zur Nachhaltigkeit sowie zum Lern- und Evaluationsverständnis der Religionsdidaktik.

15

1. Grundlegung

1.1 Zwischen Lernen und Lehren – Grundzüge von Didaktik

Was verbindet, was trennt die beiden Bilder? Das Kind spielt mit der Pusteblume. Doch führt dieses Spielen zu neuen Einsichten und Erkenntnissen? Wie man richtig pusten muss, wie die kleinen Löwenzahnsamen aussehen, welche Rolle der Wind spielen kann usw. Wir können davon ausgehen, dass das Kind sich das eine oder andere gemerkt hat und beim nächsten Versuch mit einer Pusteblume auf dieses Wissen zurückgreifen wird. Hier hat dann eindeutig »Lernen« stattgefunden. Beim zweiten Bild malt oder schreibt ein Kind etwas in ein Heft – begleitet vom interessierten und zugewandten Blick einer Frau, vermutlich der Mutter oder der Lehrerin. Wir können davon ausgehen, dass es hier darum geht, dass etwas Bestimmtes von dem Kind im Heft festgehalten werden soll. Der unterstützend-kontrollierende Blick der Frau kann sich also auf formale oder inhaltliche Stimmigkeit richten. Das Kind lernt in dieser Szene ebenfalls – aber eben unter Anleitung. Wir sehen, dass Lernen mit und ohne Belehrung stattfinden kann. Die besondere Faszination der Pädagogik gilt seit längerem dem »spontanen« Lernen der Kinder. Schon in Jean-Jacques Rousseaus »Émile« (1762) begegnen wir dem Gedanken, dass »Mutter Natur« die beste Erzieherin sei. Wir werden sehen, dass diese Auffassung in vielerlei Hinsicht naiv ist, weil sie nicht in Rechnung stellt, dass sich bereits in der Frage, in welcher Umgebung sich das Kind bewegt, wichtige, ja entscheidende Vorentscheidungen darüber gefallen sind, welche »Lernumgebung« zur Verfügung steht. So wird ein Kind in einem Haushalt mit einem Kruzifix an der Wand oder einer gut platzierten Bibel anders mit dem Thema Religion konfrontiert als in einem, in dem diese Dinge fehlen. Wir sehen also, dass der Beitrag der Lernsteuerung sehr weitgehend sein kann und die unmittelbare Lernbegleitung weit übersteigt.

In der beschriebenen Lernbegleitung in dem zweiten Bild wird etwas sichtbar, was das steuernde Lehren auszeichnet: Absicht (Terhart 2009, 18). Dahinter steht ein Ideal, nach dem Lehren und Lernen sich möglichst in idealer Weise entsprechen sollen. Neuere Lehr-Lerntheorien wissen um die Brüchigkeit dieses Ideals, weil Lernende die Lehrimpulse, wenn überhaupt, dann auf je eigene Art umsetzen. Doch führt diese Einsicht nicht zu Resignation, sondern eher zu Verfeinerungen der Lehrstrategien. Besonders im Bereich der Schule wird deshalb das Lehren systematisiert und seine Strategien werden von den Lehrenden eingeübt. Dies nennen wir Didaktik; ihre Grundzüge wollen wir im Rahmen dieses Buches genauer entfalten. Eine Didaktik ist nach Ewald Terhart (Terhart 2009, 104) bestimmt durch ihre Planmäßigkeit:

> »Das Ziel des Unterrichts wird auf eine planmäßige, in sachlicher und zeitlicher Hinsicht strukturierte Weise zu erreichen versucht. Dadurch verliert Unterrichtung den Charakter des Unsystematischen und Zufälligen, den sie im Alltag hat, und wird zu ›Unterricht‹.«

Doch hat dies seinen Preis: »Didaktisches Handeln hat immer den Beigeschmack des Künstlichen, des Anleitenden, der Gängelung oder sogar der Nötigung.« (Terhart 2009, 100). Dies wird besonders in der angelsächsischen Konnotation von »didactics« spürbar, wohingegen der Begriff Didaktik im Deutschen eher positiv konnotiert ist, wenngleich das Ideal des »informellen Lernens« (Terhart 2009, 68) auch hierzulande hoch im Kurs steht.

Das Changieren zwischen informellem Lernen und gezielter Instruktion ist Teil der *condition humaine*, d.h., dass wir es schon hinter Texten wie der »Sohnesfrage«

des Deuteronomium (»Wenn dich nun dein Sohn fragen wird …«) erschließen können, wo das angemessene Antworten auf eine spontane wie auch rituell-liturgische Frage eines Kindes thematisiert wird (Finsterbusch 2002). Auch in diesem Text (Dtn 6,20ff.) können wir sowohl eine gezielte Absicht als auch ein methodisches Vorgehen erkennen, wenn die Kinderfrage zum Anlass genommen wird, die Geschichte Gottes mit Israel dem Kind eindrücklich zu vermitteln. Der heutige Kontext des Nachdenkens über Didaktik ist im Vergleich zur alttestamentlichen Zeit geprägt durch fortgeschrittene gesellschaftliche Differenzierung. Trotz Lernens an vielen Lernorten kommt dem schulischen Lernen eine besondere Funktion zu. Hier findet in konzentrierter Form ein Prozess organisierten Lehrens und Lernens statt mit einer in Jahren und Jahrzehnten erfolgten theoretischen Durchdringung. Eine kompetenzorientierte Didaktik des Religionsunterrichts, wie wir sie hier vorlegen wollen, muss also im Sinne Terharts Rechenschaft ablegen über die ins Auge gefassten Absichten und die beachteten Methoden im weitesten Sinne (Terhart 2009, 178f.). Zu diesem Zweck werfen wir erst einen Blick auf die Allgemeine Didaktik, dann beobachten wir, ob und gegebenenfalls wie sich diese Ansätze in der didaktischen Diskussion der Religionspädagogik niederschlagen. In diesem Kontext werden wir den Elementarisierungsansatz würdigen und überlegen, wie sich dieser mit der im nächsten Unterkapitel (1.2) vorgestellten Kompetenzdiskussion verbinden lässt.

1.1.1 Die Diskussion der Allgemeinen Didaktik

Nach Werner Jank und Hilbert Meyer (1991, 16) befasst sich Didaktik mit der Frage: »Wer was von wem wann mit wem wo, wie, womit und wozu lernen soll?« Die Stärke solch umfassenden Fragens liegt in der hohen Komplexität, die damit eingefangen werden kann. In der Tat wirken viele Faktoren zusammen, wenn in einer bestimmten Klasse ein bestimmter Inhalt vermittelt wird. Klassischer Weise unterscheidet man dabei unterschiedliche Ansätze zur Allgemeinen Didaktik. Ewald Terhart (2009, 191ff.) äußert sich gleichwohl zurückhaltend und meint, die entsprechenden Theorien hätten ihre Funktion hauptsächlich als Prüfungsstoff in der Lehramtsausbildung. Ohne Einbeziehung eines bestimmten Inhalts könne eine Didaktik nicht wirklich Unterricht erfassen. Von daher richtet er seinen Fokus einerseits eher auf die Fachdidaktiken und das, was man neuerdings Lehr-Lern-Forschung nennt. Wir stimmen dieser Überlegung zu, halten es aber dennoch für wichtig, einen Blick auf die Modelle der Allgemeinen Didaktik zu werfen. Als Fazit eines Überblicks über entsprechende Literatur (Jank / Meyer 1991; Kiper / Meyer / Topsch 2002; Gudjons / Winkel 1991) kann man zweierlei feststellen: Trotz einer stattlichen Anzahl von Ansätzen finden sich als Schnittmenge nur der bildungstheoretische Ansatz von Klafki und der lehr-lerntheoretische von Heiman, Otto und Schulz. Betrachtet man in einem nächsten Schritt, welche Ansätze der Allgemeinen Didaktik in der Religionspädagogik rezipiert werden, verengt sich alles auf den Ansatz Wolfgang Klafkis. Lediglich Joachim Kunstmann erweist der Hamburger resp. Berliner Didaktik seine Referenz. Von den neueren Ansätzen finden sich bei Terhart sowie in den Religionsdidaktiken bei Hilger/Leimgruber/Ziebertz (2001, 97ff.) und Kalloch/Leimgruber/Schwab (2009, 194ff.) Diskussionen des konstruktivistischen Didaktikansatzes. Diese Entscheidungen sind nachvollziehbar, weil es für Fachdidaktiken wie im Fach Religion sinnvoll scheint, sich an einer Didaktik zu orientieren, die – wie etwa diejenige von Klafki – deutlich inhaltsbezogen ist. Zwar präsentiert die Hamburger resp. Berliner Didaktik ein komplexes Modell zum Bedingungsgefüge von Unterricht, doch kann man Wilhelm Topsch (2002, 86) zustimmen, der hier »die personalen und die gruppenbezogenen Aspekte übergewichtet [sieht], während der Sachaspekt zurücktritt«. Vom bisher Gesagten ergibt sich eine große Plausibilität für eine Konzentration auf den Ansatz Wolfgang Klafkis mit der Option, dessen religionspädagogische Weiterführung ins Auge zu fassen und dann auch zu zeigen, wie unser eigener Ansatz gegenüber diesem Modell zu positionieren ist.

1.1.2 Wolfgang Klafki und die Religionspädagogik

Wolfgang Klafki hat in seiner Dissertation »Das pädagogische Problem des Elementaren und die Theorie der kategorialen Bildung« (1959) in der Tradition der geisteswissenschaftlichen Pädagogik grundlegend bedacht, wie ein Wissensaufbau beim Lernenden möglich ist, der den Modi der Aneignung und der Logik des Inhalts entsprechen kann. Diese Frage hat angesichts der Wissensexplosion einerseits sowie der Tendenz zu Kerncurricula andererseits nichts von seiner Brisanz verloren. Klafki reflektiert im Rahmen seiner Begrifflichkeit die Metamorphose, die ein Inhalt durchläuft, wenn er zum Gegenstand von *Bildung* wird. Ein *wissenschaftlicher Theologe* wird demnach die Frage nach den »Naturen« Jesu Christi im Kontext neutestamentlicher, kirchengeschichtlicher und systematisch-theologischer Entwürfe bedenken. Derselbe Inhalt bekommt jedoch eine grundsätzlich andere Qualität, wenn er zum *Bildungsinhalt* wird. Jetzt folgt er nicht mehr den Logiken der Wissenschaft, sondern denen der Rezeption bzw. denen der Vermittlung. Jetzt kommt es darauf an, zu sehen, was der Gegenstand für Bedeutung gewinnen kann, in unserem Falle z.B. für christliche Identität, als Verständnismittel des individuellen Glaubens usw. Jetzt stellen sich Fragen der Sequenzialisierung: Was muss ich bereits wissen, um das Thema zu verstehen, was kann ich mit dem neu erworbenen Wissen etwa über die Zwei-Naturen-Lehre anfangen, z.B.

im Gespräch mit muslimischen Klassenkamerad/innen. Die hier angesprochenen Gedanken bilden dann einen Teil dessen, was Klafki als »Didaktische Analyse« bezeichnet. Von grundlegender Bedeutung ist sein Aufsatz »Didaktische Analyse als Kern der Unterrichtsvorbereitung« von 1958 (Klafki 1963, 126ff.). Dort schlägt er fünf bei der Planung von Unterricht zu bedenkende Dimensionen vor (nach der Zusammenfassung bei Meyer 2002, 68): Gegenwartsbedeutung, Zukunftsbedeutung, Struktur des Inhalts, exemplarische Bedeutung und Zugänglichkeit (d.h. die Frage, wie das Thema gerade für *diese* Lerngruppe interessant werden kann). Man kann bereits bei dieser aufzählenden Beschreibung leicht erkennen, wie das Projekt der gegenseitigen Erschließung von Sache und Schüler/in hier Gestalt gewinnt. So lassen sich solche Dimensionen, die stärker beim Thema und solche, die näher bei den Schüler/innen liegen, unterscheiden. Für Fachdidaktiker/innen liegt hier eine Einladung vor, sich der didaktischen Qualität des Unterrichtsgegenstandes zu versichern und diesen gleichzeitig auch mit den Augen der Schüler/innen zu betrachten. Wir werden später sehen, wie nahe der in der Religionspädagogik bestimmende Elementarisierungsansatz bei diesem Klafkischen Entwurf steht.

Eine weitere Unterscheidung Klafkis ist für unseren eigenen Ansatz zentral: die Unterscheidung zwischen materialen und formalen Bildungstheorien. Hilbert Meyer fasst die Bedeutung dieser Ansätze mit den folgenden Definitionen zusammen (Meyer 2002, 69):

> »*Materiale Bildungstheorien* fragen nach der ›objektiven Seite‹ des Bildungsprozesses. Sie legen fest, welche *Bildungsinhalte* so wertvoll und wichtig sind, dass alle Schülerinnen und Schüler sie lernen bzw. erfahren sollten. *Welche Inhalte?*
> *Formale Bildungstheorien* gehen von den zu erziehenden Schülern und ihren (vermuteten) Bedürfnissen aus. Sie beschreiben einen Satz von Haltungen, *Methoden* und *Kompetenzen*, die die Menschen brauchen, um in der Welt, in der wir leben, handlungsfähig zu werden.« *Welche Methoden?*

Klafki kritisiert diese beiden Ansätze in ihrer Einseitigkeit und führt sie in seinem Konzept der »Kategorialen Bildung« und dem Gedanken der »doppelseitigen Erschließung« (Klafki 1963, 71f.) zusammen, wie dies in Zusammenhang mit Unterrichtsplanung bereits sichtbar wurde. Interessanterweise begegnen wir dem Begriff der »Kompetenz« hier auf der Seite der formalen Bildung. Wir werden zeigen, dass es sinnvoll ist, den Begriff der Kompetenz auch auf Seiten der materialen Bildung zu bedenken.

Wolfgang Klafki hat seinen Ansatz dann im Sinne einer »kritisch-konstruktiven Didaktik« weitergeführt und ihn dabei im Kontext der Reformdiskussion der 70er und 80er Jahre profiliert. So formulierte er als oberstes Prinzip der Bildungsbemühungen

»die Selbstbestimmungs-, Mitbestimmungs-, und Solidaritätsfähigkeit der Schüler durch eine entsprechende Unterrichtsgestaltung zu entwickeln« (Meyer 2002, 72).

So plausibel diese Zielvorgaben prinzipiell sind, so werden wir dahingehend argumentieren, dass diese Prinzipien im RU zwar ebenfalls gelten sollen, aber nicht (mehr) als Leitkategorien dienen können, wie dies seinerzeit von Religionspädagogen im Zusammenhang mit dem Leitbegriff »Emanzipation« formuliert worden ist. In dem Band »Neue Studien zur Bildungstheorie und Didaktik« (1996) identifiziert Klafki »Schlüsselprobleme«, zu deren Lösung der Unterricht zumindest einen Beitrag leisten sollte. Er nennt u.a. die Friedensfrage, das Umweltproblem und die gesellschaftlich produzierte Ungleichheit (Meyer 2002, 73). Es ist interessant, dass mit Ausnahme von Godwin Lämmermann die Religionspädagogik ihre Klafki-Rezeption im Wesentlichen auf die früheren Arbeiten konzentriert hat und die »Neuen Studien« eher weniger rezipiert worden sind. Wir werden diesem Phänomen im folgenden Kapitel genauer nachgehen. Im Hinblick auf die »didaktische Analyse« von Unterricht vollzieht Klafki dann überraschenderweise nur wenige Veränderungen. Über die oben genannten fünf Stichworte hinaus formuliert er »die *Erweisbarkeit* bzw. *Überprüfbarkeit*« (Klafki 1997, 27). Es geht dabei um die Leistungskontrolle im Sinne der Überprüfung der Lernziele. Der weitere zusätzliche Punkt »Methodische Strukturierung bzw. Strukturierung des Lehr-Lern-Prozesses« (Klafki 1997, 30) geht dann um die Sequenzialisierung der Unterrichtsbausteine und die Einbeziehung von Einsichten der Lehr-Lernforschung. Trotz des letzteren Punktes bleibt die von Gabriele Faust-Siehl konstatierte Spannung zwischen der didaktischen Analyse (etwa im Sinne Klafkis) und den Ergebnissen der empirisch arbeitenden Lehr-Lern-Forschung (1987). Während Erstere dem Unterrichtsinhalt ihre besondere Referenz erweist, dafür aber die konkrete Unterrichtsinteraktion kaum erfassen kann, ist es bei Letzterer genau umgekehrt. Hier wird die Kommunikation der einzelnen Unterrichtsteilnehmer/innen sehr gut erfasst, doch die Relevanz der Unterrichtsinhalte im Detail gerät dabei sehr an den Rand

Ein anderes Spannungsfeld liegt in den Modellannahmen der meisten Allgemeinen Didaktiken. Diese suggerieren, dass Schule ihr Lernarrangement weitgehend in einem gemeinsamen Planungsprozess mit Schüler/innen organisieren würde und »offene Unterrichtsformen« die Regel wären. Nach Terhart findet Unterricht nach wie vor in eher lehrerzentrierten Arrangements statt, wofür es auch gute Gründe gibt (2009, 166; 191). Dies gilt im Hinblick auf Effizienz und überraschenderweise auch im Hinblick auf Schülerbeurteilung (Traub 2011). Unser eigener Ansatz sympathisiert mit Formen »Offenen Unterrichts«, gewichtet aber das steuernde Engagement der Lehrperson durchaus hoch.

1.1.3 Klafki – Nipkow – Schweitzer: der Weg der Elementarisierung in der Religionsdidaktik

Wirft man – ohne Anspruch auf Vollständigkeit – einen Blick auf neuere Entwürfe zur Religionsdidaktik, so ergibt sich konfessionenübergreifend, dass bis auf zwei Ausnahmen alle Ansätze dem allgemeindidaktischen Ansatz des frühen Klafki ihre Referenz erweisen. Lediglich Joachim Kunstmann sieht bei Klafki die religiösen Inhalte funktionalisiert (2004, 164) und präferiert die Berliner Didaktik von Heimann u.a., der er »einen sinnvollen Einbezug der grundlegenden Bedingungsfaktoren und der Folgen bei Lehr- und Lernprozessen« attestiert (2004, 165). Godwin Lämmermann sieht in seiner kritischen Darstellung der Klafki-Rezeption in der Religionspädagogik richtig, dass das Modell der didaktischen Analyse des frühen Klafki auf der Inhaltsseite keine spezifischen Vorgaben macht. Insofern konnte Karl Ernst Nipkow bei dessen Aufnahme in sein Elementarisierungskonzept die Bildungsinhalte aus der biblisch-christlichen Tradition gewissermaßen voraussetzen (Lämmermann 2005, 166). Deshalb verzichtet die Religionspädagogik weitgehend auf die Rezeption der Weiterentwicklungen Klafkis, insofern die dort verhandelten Schlüsselprobleme zwar im Religionsunterricht (durchaus prominent) behandelt werden, dies jedoch von eigenen theologischen Prämissen her geschieht und nicht von gesellschaftlichen oder pädagogischen Vorgaben aus. So bleibt Lämmermanns Versuch, die Inhalte des RU von den Schlüsselthemen Werte und Normen, Friede und Gewalt, Tod und Sterben, Sexualität, Arbeit und Gerechtigkeit her zu bestimmen, nicht wirklich überzeugend. Christian Grethlein meint, bei Klafki sei der Themenbereich »Religion« unzureichend berücksichtigt (2005, 110). Bei der Generierung seiner Schlüsselthemen sieht er unter Aufnahme von Dietrich Benner ein Defizit an anthropologisch-existentialer Bestimmung des Menschseins. Dies impliziere ein Spannungsverhältnis zu einer explizit christlichen Anthropologie und führe dann bei Klafki letztlich zu einem Verständnis von Religionsunterricht im Sinne von LER (Grethlein 2005, 113ff.). Hilger, Leimgruber und Ziebertz rezipieren bei Klafki den Gedanken von Bildung als Selbst-Bildung und den der doppelten Erschließung mit einem Verweis auf den Elementarisierungsansatz. Sie verweisen zudem auf die Möglichkeit einer kritisch-konstruktiven Religionsdidaktik (2001, 90ff.). Georg Hilger und Werner H. Ritter referieren Klafki gleich im Kontext des Elementarisierungsansatzes (2006, 155ff.). So ist es konsequent, wenn die Klafkischen Anstöße auch bei Kalloch/Leimgruber/Schwab im Kontext des Elementarisierungsansatzes verhandelt werden (2009, 247ff.).

Wie Lämmermann richtig erkannte, geht der Elementarisierungsansatz, den Karl Ernst Nipkow entworfen und den dann Friedrich Schweitzer weiterentwickelt hat, von theologisch relevanten Inhalten des RU aus, insbesondere von biblischen Themen. Indem er die Erfahrungen und das Rezeptionsverhalten der

Schüler/innen als gleichwertige Dimensionen mit heranzieht, verändert sich aber der Charakter der Lerninhalte. Wenn durch die Rezeption kognitivistischer Theorien in der Tradition Piagets (Schweitzer u.a. 1995) konzediert wird, dass Inhalte sich je nach Rezipienten unterschiedlich darstellen, ist der Weg von einer wie auch immer zu denkenden Ontologie hin zu einer konstruktivistischen Sichtweise gegangen. Die Forschungen zur Kindertheologie haben an vielen Beispielen zeigen können, dass theologische Themen in einer Pluralität des Verstehens existieren. Dies führte aber auch zu der Erkenntnis, dass sich diese Themen in der Theologiegeschichte häufig wiederfinden lassen. Damit werden theologische Positionen wie die Naturenlehre in der Christologie in ihrer Konstruiertheit sichtbar. Das Klafkische Problem der gegenseitigen Erschließung von Sache und Schüler/in lässt sich jetzt neu konzeptualisieren. Die Verständnisse einer Sache in der *Tradition* treffen auf Verständnisse derselben Inhalte in der *Kommunikation*. Die von Nipkow ins Spiel gebrachte Dimension der *elementaren Wahrheit* charakterisiert dann den Prozess der unterrichtlichen Aushandlung. Da es bei den meisten Inhalten des RU nicht um ein bloßes Überprüfen von Fakten geht, sondern um die Klärung »nicht entscheidbarer Fragen« im Sinne von Foersters (2002), spielt *das Entscheiden* eine unterrichtliche Schlüsselrolle. Entscheiden heißt dann für die Rolle der Lehrkraft dreierlei:

1. das Sortieren und Markieren der vertretenen Positionen;
2. deren Charakterisierung bzw. Begründung;
3. die (vorläufige) Parteinahme, die Feststellung der Zuordnungen und eine (nicht wertende) Kommentierung durch die Lehrperson.

»Für die unterrichtliche Erschließung ist das Programm der Elementarisierung unverzichtbar« (Kalloch/Leimgruber/Schwab 2009, 256). Doch zeigt die Arbeit mit angehenden Religionslehrer/innen, dass die konkrete Arbeit mit dem Elementarisierungskonzept recht schwierig ist (Büttner/Reis 2010).

1.1.4 Von der didaktischen Analyse zur Unterrichtsplanung – die Praxis der Elementarisierung

Trotz der genannten Probleme orientieren auch wir uns an diesem didaktischen Modell, das Karl Ernst Nipkow einst im Anschluss an den frühen Klafki für die Religionspädagogik rezipierte und weiterentwickelte. Inzwischen hat es, einschließlich der Erweiterung durch Friedrich Schweitzer (Schweitzer 2003) eine breite Rezeption erfahren. Auch unser eigener Ansatz sieht sich als Spezifizierung dieses didaktischen Modells. Wir skizzieren hier die vier Nipkowschen Grunddimensionen in unserer eigenen Perspektivierung.

Die elementare Struktur

Um die elementare Struktur eines Themas zu erarbeiten, bedarf es zunächst einmal eines entsprechenden Wissens um den Sachverhalt. Nipkow zieht etwa für biblische Einheiten die entsprechende exegetische Literatur heran. Nun geht es aber – wie oben im Kontext von Klafki erläutert – im Unterrichtskontext nicht um eine Duplikation von wissenschaftlichen Erkenntnissen im Klassenraum, sondern darum, dass der Unterrichtsgegenstand jetzt zum *Bildungsinhalt* wird, also im Horizont der Schüler/innen zu erscheinen hat. Im Hinblick auf die Logik eines Stoffes unterscheidet die wissenschaftstheoretische Diskussion einen Erkenntnis- von einem Begründungszusammenhang. Damit ist gemeint, dass es möglich ist, den Weg nachzugehen, in dem ein bestimmter Sachverhalt »entdeckt« worden ist. Dieser Weg mag holprig sein, zeigt aber, welche Vorüberlegungen und gegebenenfalls auch Irrwege notwendig waren, um zu dem gewünschten Resultat zu kommen. Der Begründungszusammenhang kann dann von solchen »Störungen« abstrahieren und eine möglichst prägnante Version des Sachverhalts bieten. Im Hinblick auf theologische Aussagen bedeutet dies etwa, dass diese in der Regel kontroversen Überlegungen zu dogmatischen oder ethischen Fragen entsprungen sind und sich dann via Argumentation, Konsens oder Macht durchgesetzt haben. Nun kann ich einerseits die Genese einer bestimmten theologischen Aussage (z.B. die Lehre von den beiden Naturen Jesu Christi) nachzeichnen, ich kann aber auch versuchen, diese Aussage möglichst präzise und bestimmt zum Ausdruck zu bringen. Interessanterweise hat Martin Wagenschein sich im Hinblick auf die Didaktik naturwissenschaftlicher Phänomene dafür stark gemacht, im Unterricht möglichst die Situation der ursprünglichen Entdeckung eines Sachverhalts quasi wieder zu inszenieren, um damit eine optimale Motivation aus echtem Wissensdurst heraus zu erzielen. In einer Seitenbemerkung legte er diesen Weg ausdrücklich auch der Religionspädagogik nahe (Wagenschein 1970, 55ff.). Wir meinen nun, dass es noch einen dritten logischen Zusammenhang gibt, den der Rezeption. Ausgehend von der Literaturwissenschaft haben sich auch im Bereich der Bibelwissenschaft ein Wissen über und ein Interesse an den spezifischen Weisen der Aneignung bestimmter Inhalte entwickelt. Soweit wir hier empirisches Material besitzen, gibt uns dies einen Einblick in die Rezeption eines Themas, gegebenenfalls differenziert nach Rezipientengruppen. Es scheint uns sinnvoll, die sich in der Rezeption zeigenden Strukturelemente unter Einbeziehung der fachwissenschaftlichen Diskussion so zu ordnen, dass eine Art Mindmap entsteht. Dieses Strukturmuster verrät dann der Lehrkraft, welche Facetten das Thema hat. Dies ermöglicht ihr einerseits, das von ihr anvisierte Ziel anzusteuern, andererseits gestattet die Skizze als eine Art Landkarte die Orientierung im ansonsten bunten Feld der Schülerbeiträge. Hanna Roose und Gerhard Büttner (2004) haben am Beispiel des Gleichnisses vom »Ungetreuen Haushalter« (Lk 16,1ff.) gezeigt, wie »naive« Deutungen dieser schwierigen Perikope sich beziehen lassen auf die ebenfalls kontroversen Deutungen der wissenschaftlichen Exegese (in diesem Sinne auch Schramm 2008 zu »Alltagsexegesen«).

Elementare Erfahrungen

Mit dieser Dimension soll verdeutlicht werden, dass das Unterrichtsthema in ein Feld von Vorwissen und Interessen trifft. Diese differieren je nach Alter und Milieu der Schüler/innen und verändern sich darüber hinaus. Dies erklärt das (berechtigte) Interesse an den jeweils neuesten Studien zur Kinder- und Jugendwelt. Nimmt man aus dem vorigen Abschnitt den Gedanken an einen Entstehungszusammenhang eines Themas auf, dann führt dies zu der Vermutung, dass eigentlich in allen biblischen oder theologischen Themen etwas wie geronnene Erfahrung steckt. Dies würde bedeuten, dass der Erfahrungsbegriff nicht nur auf der Seite der Schüler/innen zu lokalisieren ist, sondern auch auf der Seite des Unterrichtsgegenstandes. Nun haben Horst Klaus Berg (1993) und Gerd Theißen (2003) dies für biblische Stoffe je auf ihre Art zu zeigen versucht. So verlockend eine solche Parallelität der Motive klingt (z.B. Exodus = Befreiungsmotiv), so ist doch zu prüfen, ob im Einzelfall etwa die Befreiungserfahrung Israels so unmittelbar Korrespondenzen hat zu durchaus vorhandenen Erinnerungen und Vorstellungen von Unterdrückung und Freiheit auf Seiten der Schüler/innen. Von daher plädieren wir eher für eine lockere Zuordnung aus Erfahrungsdimensionen im Unterrichtsinhalt und bei den Schüler/innen. Soweit empirisches Material etwa aus dokumentiertem Unterricht vorliegt, kann dies eine Hilfe sein für zukünftige Zuordnungen in einem geplanten Unterricht.

Elementare Zugänge

Karl Ernst Nipkow (1984) konnte am Beispiel einer Unterrichtsstunde in einer 6. Klasse über den Propheten Elija zeigen, dass viele Antworten der Schüler/innen krass gegen die Intentionen der Lehrerin verstießen. Dies reichte von Anachronismen (Elija als evangelischer Christ) über Missverständnisse bezüglich der in der Geschichte handelnden Personen (Opfer für den konkurrierenden Gott Baal als materielle Schädigung) bis hin zum Unverständnis über den »frommen« Propheten, der als Konsequenz der verlorenen Wette den Tod der Baalspropheten befürwortet. Nun konnte Nipkow zeigen, dass die Antworten der Schüler/innen sich als sinnhaft erweisen, wenn man entwicklungspsychologische Theorien zu ihrer Aufklärung heranzieht. Durch die Applikation der Theorien von Kohlberg zur moralischen Entwicklung, von Fowler zur Glaubensentwicklung und zu Osers Theorie des religiösen Urteils ließ sich zeigen, dass die Schüler/innen den Unterrichtsstoff eben in die ihnen zur Verfügung stehenden kognitiven Schemata eingeordnet haben. Aus dieser Erkenntnis lässt sich die Bedeutung der Dimension der elementaren Zugänge ermessen. Friedrich Schweitzer u.a. (1995) haben daher versucht, für möglichst viele Themen des RU Hinweise auf entwicklungspsychologische Dimensionen zu geben (auch Büttner/Dieterich 2013). In der Praxis bedeutet dies etwa für Studierende im Fach Theologie, dass die Kenntnis der genannten Theorien der religiösen und moralischen Entwicklung erwartet wird (etwa auf der Basis von Büttner/Dieterich 2000). Neuere Studien zur Entwicklungspsychologie geben nun allerdings zu bedenken, dass Entwicklung wohl stärker gegenstandsbezogen erfolgt. Für das Fach Religion bedeutet das, dass nicht automatisch von einem allgemeinen Entwicklungsniveau einer bestimmten Schülerin ausgegangen werden kann. Da sich dieses Niveau als abhängig vom Wissen in einem bestimmten Bereich erweist, lässt sich kein Schluss auf einen anderen Themenbereich vornehmen. Damit verlieren die angegebenen Theorien von Piaget, Kohlberg, Fowler und Oser nicht grundsätzlich an Wert. Wenn ich aber wissen möchte, wie meine 7. Klasse wohl das bislang wenig erforschte Thema »Heiliger Geist« perzipieren wird, werde ich sinnvollerweise prüfen, ob speziell zu dieser Frage empirische Studien vorliegen (vgl. Büttner 2004a; Gerth 2011). Wir sehen, dass der Fokus des Elementarisierungsansatzes auf die Frage der elementaren Erfahrung und der elementaren Zugänge im Sinne einer konstruktivistischen Didaktik ausdrücklich die Sichtweise der Schüler/innen perspektiviert. Dies schließt nun keinesfalls aus, die konkreten Schüler/innen einer bestimmten Klasse an den Planungen des Unterrichts zu beteiligen. Doch erfolgt auch diese nicht voraussetzungslos, sondern auf der Basis der skizzierten Elementarisierungsdimensionen.

Die elementare Wahrheit
Unter dem Stichwort der elementaren Wahrheit nimmt Nipkow nochmals explizit das Klafkische Stichwort vom Laien auf. Nipkow möchte deutlich machen, dass es im Religionsunterricht letztlich auch und besonders um die Frage der Relevanz geht. Man muss nicht den Begriff des Zeugen (Schoberth 2002a) bemühen, um deutlich zu machen, dass es von grundlegender Bedeutung ist, dass die Lehrperson ihr persönliches Verhältnis zum Thema geklärt hat. Der konstruktivistische Theoretiker Hans von Foerster (2002) unterscheidet zwei Typen von Fragen, solche die entscheidbar sind und solche die nicht entscheidbar sind. Erstere sind entschieden, letztere müssen wir selbst entscheiden. Wir halten diese Unterscheidung für den Religionsunterricht für fundamental. Selbstverständlich enthält dieser ein gerüttelt Maß an Information, was ihn mit den anderen Schulfächern verbindet. Dies betrifft z.B. das materielle Wissen über die Bibel, Ereignisse der Kirchengeschichte oder über nichtchristliche Religionen. Doch daneben stehen die großen Fragen, die nach Gott, dem Leid in der Welt, dem Geschick nach dem Tode oder

dem Anfang der Welt. Hierzu gibt es natürlich gelehrtes Wissen. Doch ist dies dadurch charakterisiert, dass es eben gerade keine endgültigen Antworten geben kann. Die Antworten, die für mich gelten sollen, bedürfen einer Entscheidung. Ich kann diese in der Kommunikation mit anderen nur selbst verbürgen. Dies vermag aber auch jedes Kind, jeder Schüler. Insofern bewegen wir uns als Lehrer/innen bei diesen Fragen in einer eindrücklichen Solidarität auf Augenhöhe mit unseren Schüler/innen. Hier kommunizieren wir miteinander als Laien, als existenziell Betroffene. Hier wächst uns eben aus der wissenschaftlichen Beschäftigung kein Vorsprung zu. Diese Erkenntnis verpflichtet die Lehrperson gerade deshalb zu einer individuellen Auseinandersetzung mit dem Inhalt ihres geplanten Unterrichts, um Authentizität und Offenheit für die Antworten der Schüler/innen miteinander verbinden zu können und gleichwohl auch Anwältin der verhandelten Sache zu sein.

Fazit
Der Elementarisierungsansatz hat in der Religionspädagogik beider Konfessionen deshalb einen so großen Zuspruch gefunden, weil er eine didaktische Analyse zulässt und fördert, die dem Unterrichtsinhalt eine prominente Rolle zuweist. Dies gilt bezüglich dessen wissenschaftlichem Status, aber auch im Hinblick auf seine Bedeutsamkeit. Die Perspektive der Schüler/innen kommt dadurch in den Blick, dass ihr Zugangsweg auf mannigfache Weise zu verstehen versucht wird. Dies gilt zum einen durch das Heranziehen möglichst vieler und unterschiedlicher entwicklungspsychologischer Theorien. Zum andern enthält der Ansatz die implizite Aufforderung, sich weitmöglichst an empirisches Material zu halten bzw. selber dazu beizutragen, dass ein solches »Archiv möglicher Verläufe« individuell, an einer Schule oder in größerem Rahmen entsteht und nutzbar wird. Gleichzeitig wird für ein Fach wie Religion deutlich, dass die persönliche Beschäftigung der Lehrperson mit dem Bildungsinhalt einen unverzichtbaren Katalysator für die Lernprozesse der Schüler/innen darstellt.

1.1.5 Elementarisierung und Kompetenzen

Hat das Elementarisierungskonzept den Erwerb von Kompetenzen im Auge? Der Gedanke, dass ein Thema für die Schüler/innen »erschlossen« werden soll, impliziert ja, dass sie sich am Ende einer Lerneinheit den Unterrichtsinhalt angeeignet haben. Die Dimensionen der elementaren Erfahrung und der elementaren Zugänge versuchen zu antizipieren, in welcher Weise die Schüler/innen dem Thema begegnen werden. Die elementare Wahrheit impliziert das, was Klafki mit Gegenwarts- bzw. Zukunftsbedeutung meint. Doch gerade die ins Auge gefasste Schülerperspektive lässt angesichts der neuerdings immer stärker wahrgenommenen Heterogenität der Kinder und Jugendlichen (Prengel 2006) erwarten, dass diese Rezeption bei den Einzelnen äußerst unterschiedlich erfolgt, was Annike Reiß (2008) empirisch aufweisen konnte. Kann man auf dieser Basis Erwartungen formulieren, die alle beteiligten Schüler/innen erfüllen können sollen? Im Prinzip geht das Elementarisierungskonzept davon aus, dass die erschlossenen Inhalte von allen Schüler/innen angeeignet werden können. So ist es dann auch angemessen, Ziele zu formulieren, die ein Unterricht erreichen soll. Vermutlich ist eine Durchdringung des Unterrichtsstoffes im Sinne der Elementarisierung die Voraussetzung dafür, dass sich erwägen lässt, welche graduellen Unterscheidungen im Verstehen überhaupt denkbar sind. Nur wenn ich weiß, dass sich Gleichnisse wörtlich oder in unterschiedlich differenzierter Weise metaphorisch verstehen lassen, kann ich darüber nachdenken, wie weit diese Erkenntnis zu unterrichtlicher Differenzierung führen soll und welche Ergebnisse ich bei unterschiedlicher Entwicklung und Begabung erwarten kann. Damit sind wir recht nahe bei dem, was in der aktuellen Diskussion unter »Kompetenzen« verstanden wird. Insofern ist Friedrich Schweitzers Programm »Elementarisierung und Kompetenz« (2008) einleuchtend. Denn nur auf der Basis einer didaktischen Analyse lassen sich sinnvolle inhaltsbestimmte Kompetenzen formulieren. Dies zeigen nicht zuletzt die Studien von Friedhelm Kraft (2011) und Hanna Roose (2011). In ihnen untersuchen die Autoren, inwieweit die Kinder und Jugendlichen bestimmte Kompetenzen des niedersächsischen Curriculums erreichen. Sie kommen dabei zu der – letztlich nicht überraschenden – Erkenntnis, dass die erworbenen Kompetenzen der Schüler/innen im Hinblick auf das Thema »Christologie« sich nicht in allen Punkten mit den formulierten Standards und Kompetenzen decken, und zwar nach beiden Richtungen. Die Schüler/innen wissen manches nicht oder unvollkommen, dafür aber anderes, was nicht im Anforderungskatalog steht. Damit wird klar. Es lassen sich offensichtlich Kompetenzen formulieren, an denen sich der Unterricht orientieren soll und die eine Aussage darüber machen, was am Ende gewusst und gekonnt werden soll. Doch lassen sich diese Kompetenzen nicht am Schreibtisch formulieren ohne didaktische Analyse auf der Basis empirisch erhobenen Wissens über Lernverläufe in einem spezifischen Wissensfeld. So konnten etwa Kraft und Roose (2011) auf der Basis einer solchen didaktischen Analyse unter Heranziehung der empirischen Forschung zur Christologie von Kindern und Jugendlichen sinnvolle Vorschläge zu Kompetenzformulierungen machen. Wir werden im weiteren Fortgang deshalb die Kompetenzdiskussion genauer vorstellen und dann weitere Präzisierungen im Sinne unseres eigenen Ansatzes vornehmen.

1.2 Zwischen Grundwissen und Kompetenz

1.2.1 Was ist Grundbildung im Fach Religion?

»Was ist das. – Was – ist das ...« [---]
»Tony!«, sagte die Konsulin Buddenbrook, »ich glaube, dass mich Gott –«.
Und die kleine Anthonie, achtjährig und zartgebaut, in einem Kleidchen aus
ganz leichter changierender Seide, den hübschen Blondkopf ein wenig vom
Gesichte des Großvaters abgewandt, blickte aus ihren graublauen Augen ange-
strengt nachdenkend und ohne etwas zu sehen ins Zimmer hinein, wiederholte
noch einmal: »Was ist das«, sprach darauf langsam: »Ich glaube, dass mich
Gott«, fügte, während ihr Gesicht sich aufklärte, rasch hinzu: »geschaffen hat
samt allen Kreaturen«, war plötzlich auf glatte Bahn geraten und schnurrte
nun, glückstrahlend und unaufhaltsam, den ganzen Artikel daher, getreu nach
dem Katechismus, wie er soeben, Anno 1835, unter Genehmigung eines hohen
und wohlweisen Senates, neu revidiert herausgegeben war. Wenn man im Gan-
ge war, dachte sie, war es ein Gefühl, wie wenn man im Winter auf dem kleinen
Handschlitten mit den Brüdern den Jerusalemsberg hinunterfuhr: es vergingen
einem geradezu die Gedanken dabei, und man konnte nicht einhalten, wenn
man auch wollte.
»Dazu Kleider und Schuhe«, sprach sie, »Essen und Trinken, Haus und Hof,
Weib und Kind, Acker und Vieh ...« Bei diesen Worten aber brach der alte Mon-
sieur Johann Buddenbrook einfach in Gelächter aus, in ein helles, verkniffenes
Kichern, das er heimlich in Bereitschaft gehalten hatte. Er lachte vor Vergnü-
gen, sich über den Katechismus mokieren zu können, und hatte wahrscheinlich
nur zu diesem Zwecke das kleine Examen vorgenommen. Er erkundigte sich
nach Tony's Acker und Vieh, fragte, wieviel sie für den Sack Weizen nähme, und
erbot sich, Geschäfte mit ihr zu machen. [...]
Thomas Mann, Die Buddenbrooks

Thomas Manns »Buddenbrooks« lassen uns einen Blick werfen auf eine Zeit, in
der im politischen und kirchlichen Raum vordergründig Einigkeit besteht über das,
was ein rechter Christenmensch an Grundwissen erwerben sollte. In der Tradition
Luthers gehören dazu die Zehn Gebote, das Glaubensbekenntnis sowie das Vater-
unser, einschließlich der Auslegungen im Kleinen Katechismus von 1529, wenngleich – wie der Text betont – in der vom Senat der Hansestadt Lübeck revidierten
Version. Diese Selbstverständlichkeit finden wir wohl auch heute noch, wenn wir
den Blick auf Judentum und Islam richten, die nach Bernd Schröder »vergleichsweise klare Vorstellungen von einer religiösen Grundbildung« haben (2004, 14):

»Diese haben ein eigentümliches Profil: Sie umfassen den Erwerb von Kenntnissen – durchaus im Sinne des Aus- und Inwendiglernens –, daneben gleichzeitig auch die Einführung in eine bestimmte Praxis, und das Aneignen einer eigenen adäquaten Sprache, damit im Kern also die Übernahme eines bestimmten Selbst-, Welt- und Gottesverständnisses. Religiöse Grundbildung ist hier zudem eindeutig auf die jeweils eigene Religion bezogen.«

Wenn sich heute Religionspädagogik – protestantische zumal – um eine religiöse Grundbildung bemüht, dann setzt sie nach unserer Meinung damit nur einen Diskurs fort, der sich zurückverfolgen lässt in allen Konzeptdiskussionen noch bis weit vor den Zweiten Weltkrieg. Man braucht dazu nur die Lehrpläne der »Evangelischen Unterweisung« mit ihrer starken Bibelorientierung zu vergleichen mit den Curricula des »Problemorientierten RU« und seiner Aufnahme aktueller gesellschaftlicher Kontroversen.

In der Regel stellt der eigentliche Lehrplan einen Kompromiss aus den verschiedenen Konzepten dar. Zwar bemühen sich die Lehrplanmacher/innen, den Anschein zu erwecken, die Lehrpläne wären von leitenden Prinzipien deduziert, dies war aber vermutlich selbst in der theorieorientierten Phase der Curriculum-Entwicklung der 70er Jahre nur bedingt der Fall. Da die Lehrpläne in der Regel nach dem Muster des Spiralcurriculums aufgebaut sind, geht es darum, eine innere Verknüpfung der Stoffe zumindest soweit zu suggerieren, dass der Eindruck eines in sich stimmigen Wissenskanons besteht. Diese Einschränkung ergibt sich auch aus der Tatsache, dass im Fach Religion längst vor der aktuellen Diskussion immer nur ein Teil der Inhalte verbindlich war, der andere konnte aus einem größeren Kreis von Alternativen ausgewählt werden. Eine der strukturierenden Größen war das, was in der baden-württembergischen Diskussion *Grundlinien* genannt wurde. Wir finden ein ähnliches Prinzip bereits in der Schulbuchreihe von Hubertus Halbfas. In dessen Grundschulbüchern finden sich folgende »Linien«, die dann durch alle Schuljahre mit unterschiedlichen Inhalten verfolgt werden (Halbfas 1983):

– Leben und Lernen in der Schule
– Im Kirchenjahr
– Sehen lernen
– Sprachverständnis
– Symbolverständnis
– Bibelverständnis.

Interessanterweise finden sich bei Halbfas einerseits Inhalte, z.B. zum Kirchenjahr, gleichzeitig aber auch das, was wir unten unter dem Stichwort »Kompetenzen« besprechen werden.

Die baden-württembergischen »Grundlinien« sind demgegenüber weit stärker an Inhalten orientiert (vgl. Rupp / Schmidt 2001). Die Grundlinien heißen dort:

– Die Welt als Gottes Schöpfung ansehen
– An Lebensgeschichten erfahren, wie Gott den Menschen begegnet (und Vertrauen zu ihm wächst)
– Vertrauen zu Gott Gewinnen und darüber sprechen
– Die Geschichte Jesu nach den Evangelien kennen lernen
– Sich selbst und andere wahrnehmen und annehmen
– Mit den Geboten Gottes Regeln für das Leben finden
– Für Frieden und Gerechtigkeit in der Welt eintreten
– Ausdrucksformen gemeinsamen Glaubens kennen lernen (Symbole, Gebete, religiöse Praxis)
– Personen und Brennpunkte der Kirchengeschichte kennen lernen
– Andere Religionen und Weltanschauungen kennen lernen und respektieren.

Erläuternd muss man vielleicht ergänzen, dass sich unter dem zweiten Spiegelstrich die AT-Einheiten finden lassen. Dieses eher pragmatische Modell bemüht sich zum Teil um eine Sprache der »Schülerwelt«, ist insgesamt aber eher unscharf. Dies führte dazu, dass dieselben Themen je nach Schulart in der einen oder anderen Rubrik landeten. Skeptisch äußert sich etwa Wolfram Eilerts zu dem Unternehmen (1996, 307f.):

> »Die Begründung zur Einführung der neuen Grundlinien, dass der ›innere Zusammenhang‹ der Themen durch die Schuljahre hindurch besser sichtbar werde und eine der Praxis nähere Begründungs- und Orientierungsstruktur die Gestalt der Stoffverteilungspläne erleichtere, vermögen nur bedingt zu überzeugen. Daß Schüler nach einem Jahr, was der günstigste Fall wäre, noch innere Zusammenhänge zu früheren Themen erkennen, ist zwar ein verständlicher Wunsch, angesichts praktischer Erfahrung und der zum Teil disparaten Themen leider kaum zu erwarten. Da die jährliche Wiederaufnahme aller Grundlinien nicht möglich ist, wird der Zeitraum bis zur Rückkehr zu einer Grundlinie häufig zwei oder sogar noch mehr Jahre betragen, was die Herstellung eines zusammenhängenden Verständnisses noch zusätzlich erschwert.«

So berechtigt die Beobachtungen von Eilerts sind, so muss man doch bedenken, dass die Herstellung einer inneren Kohärenz des Lehrstoffes nur sehr schwer realisierbar ist. Um dies zu dokumentieren, blenden wir zurück auf die Lehrpläne der 50er Jahre, z.B. in Nordrhein-Westfalen. Dort existierte für die Volksschule ein Plan, der in den Schuljahren der Volksschulzeit eine Fülle biblischer Themen von der Genesis bis zur Offenbarung des Johannes bot. Das innere Band bildete eine heilsgeschichtliche Theologie, die im Erscheinen Jesu Christi die Erfüllung der alttestamentlichen Verheißung sah (dazu Riesner 2004; Pola 2004). Ein solcher Ansatz wäre ungebrochen im Kontext des christlich-jüdischen Dialogs nicht mehr ohne weiteres möglich. Jedes Thema heutiger Lehrpläne, von den anderen Religionen über Freundschaft und Ökumene hin zu Gewalt, nimmt natürlich zwangsläufig den biblischen Themen Raum. D.h., dass es angesichts der Themen und der Stundenzahl bei faktisch nicht existierender Unterstützung durch Familie oder Kirchengemeinde ungleich schwieriger ist, ein Modell von Grundwissen zu entwickeln, das theologisch verantwortbar scheint (vgl. zur Heilsgeschichte: Tzscheetzsch 2002) und gleichzeitig den Logiken des Gedächtnisses entspricht. Heinz-Elmar Tenorth (2004, 651f.) hat aus gutem Grund empfohlen, die Bildungsstandards im Kontext der Gedächtnisproblematik zu thematisieren. Wir wollen deshalb diese Thematik unter diesem Stichwort in einem eigenen Unterkapitel (→ 1.3) aufnehmen.

1.2.2 Kompetenzen und ihre Realisierung

Schauen wir noch einmal auf die Halbfas'schen Spiegelstriche, dann werden wir sehen, dass es dort nicht nur um Inhalte geht, sondern bereits um das, was in der neueren Diskussion um die Bildungsstandards Kompetenzen genannt wird. Halbfas würde wohl selbst von einer hermeneutischen Kompetenz sprechen. Sein Anliegen, das er selbst unter dem Begriff »Symboldidaktik« zusammengefasst hat (Halbfas 1985, 512ff.), bestand in dem Gedanken, dass Schüler/innen systematisch dahin geführt werden sollten, den metaphorischen Charakter religiöser Sprache zu erkennen. Deshalb heißt es bereits im »Religionsbuch für das 1. Schuljahr« (Halbfas 1983, 57): »Nicht alles ist gleich zu verstehen, weil Worte doppelbödig sind.«

Eine an empirisch arbeitender Psychologie orientierte Sichtweise geriet allerdings in Zweifel, ob ein solches Programm realisierbar sei (Bucher 1990b, 381):

> »Wendungen wie: ›doppelbödige Wörter‹, ›Nicht alles können Wörter sagen‹, ›Auch Bilder haben eine Musik‹ stellen im ersten Grundschuljahr krasse Überforderungen dar, denn das Denken des Kindes auf dieser Stufe ist, wie Piaget gezeigt hat, konkret und anschaulich. Die genannten Sätze erfordern jedoch, um adäquat, d.h. im Sinne ihres Verfassers verstanden werden zu können, ansatzweise formal-operatorisches Denken. Und solange diese Strukturen nicht formiert sind, werden diese Texte von den konkret-operatorischen Strukturen förmlich überwältigt.«

Rudolf Englert (2004, 10) macht – auch an dieser Kontroverse – darauf aufmerksam, wie schwierig die Entwicklung von verbindlichen Kompetenzen ist angesichts unseres geringen Wissens über konkrete Lernwege und dem faktisch nicht vorhandenen Konsens darüber, was denn nun religiöse Lernprozesse sind. Er formuliert das derzeitige Programm von daher mit den Worten (2004, 6):

> »Man soll auf einem dünnen Fundament einen hohen Turm bauen, und zwar in möglichst kurzer Zeit und ohne sich dabei ständig von der dumpfen Ahnung stören zu lassen, dass dieses Bauwerk später einmal vielleicht konkrete Leute erschlagen könnte.«

1.2.3 PISA und Literacy

Was Kompetenz meinen soll, wurde der breiteren Öffentlichkeit vor allem durch die PISA-Studien bekannt. Dabei trat mit der Untersuchung der *Lesefähigkeit* erstmals ein Aspekt in den Vordergrund, der auch für den Religionsunterricht bedeutsam ist. Es steht außer Zweifel, dass das Lese-Verstehen grundlegend ist für ein Fach, in dessen Zentrum mit der Bibel ein Buch steht. Wer deren Texte nicht lesend verstehen kann, wird Schwierigkeiten haben, die zentralen Unterrichtsaktivitäten nachzuvollziehen. Diese Aussage ist selbst dann richtig, wenn man Vor- und Sonderschulen hierbei modifizierend herausnehmen muss. Insofern ist es durchaus von Interesse, wie diese Untersuchung zum Lese-Verstehen konstruiert ist.

Gegeben war etwa eine Abhandlung über die Bedeutung guter Sportschuhe. Diesem Text waren bestimmte Informationen zu entnehmen, die z.T. schon in den Zwischenüberschriften zu finden waren. Diese Aufgabe galt als eher einfach. Komplizierter war es, aus einem kleinen Bühnenstück mittels der Regieanweisungen bestimmte Verhaltensweisen der Schauspieler auf einer Bühnenskizze zu erschließen. Neben solchen Aufgaben ging es auch um die Verarbeitung von Diagrammen und Schaubildern (Baumert u.a. 2001, 526ff.; Artelt u.a. 2001, 90ff.).

Heike Lindner (2004, 58) vermerkt zu diesem Ansatz kritisch:

> »Hier erwartet der Leser Aussagen über die hermeneutische Kompetenz der Schülerinnen und Schüler, dem Aneignen, Abwägen, Erklären, Vergleichen, Deuten und Beurteilen von Texten, in welcher sich geisteswissenschaftliche Zugänge und Umgangsformen niederschlagen könnten. Doch diese Erwartungshaltung muss wegen der Festlegung auf ein bestimmtes ›Test-Design‹ wieder zurückgenommen werden: Bei den sog. ›Antwortformaten‹ wurden Antworten zu 55 % im Multiple-Choice-Format abgegeben, die übrigen 45 % erfolgten in freien Formaten, d.h. in freier Formulierung. Bei den vorgelegten Textarten erkennt man unschwer eine Gewichtung bzw. Konzentration in bestimmten sachorientierten Bereichen. […] Warum werden die Bereiche Lyrik und Dramatik nicht aufgenommen?«

Für die Bedürfnisse des Religionsunterrichts wird man die PISA-Ergebnisse zur Literacy nicht eins zu eins umsetzen können, einmal wegen des Gegenstandsbereichs der dort behandelten »Literatur«, zum andern lässt sich fragen, ob die im Untersuchungsverfahren zutage getretene »Hermeneutik« die des RU ist.

Gleichwohl ist der Ansatz hilfreich bei der Überprüfung der Frage, was die Schülerinnen – unabhängig von Inhalten – im RU lernen bzw. lernen sollen. Die PISA-Studien haben insofern den Fokus der Betrachtung verändert, als es bei diesen Untersuchungen ja gerade nicht um Inhalte geht, sondern um die Beherrschung der Kulturtechniken Lesen und Rechnen. Der englische Begriff »literacy« hat sich dabei als besonders geeignet erwiesen, weil er eben jene Kompetenz betont, um die es hier gehen soll. So gesehen kann man neben der »reading literacy« auch eine »mathematical literacy« unterscheiden und auch eine »religious literacy«. Was eine solche sein könnte, soll am Ende dieses Unterkapitels bedacht werden (→ 1.2.6). Für die Religionspädagogik bedeutet die Begegnung mit diesem Kompetenz-Modell zweierlei:

– Sie muss bedenken, in welcher Weise Religionsunterricht Anteil hat an den verschiedenen Kompetenzen, d.h. sie muss überlegen wo er diese fördert und wo er von ihnen profitiert.
– Sie hat darüber nachzudenken, ob Religion einer eigenen Kompetenz bedarf und wie diese aussehen könnte.

1.2.4 Die wissenschaftliche Diskussion um religiöse Kompetenz

Die Klieme-Expertise (2003)
Die Expertise entwirft eine Grundstruktur der Allgemeinbildung. Sie stützt sich dabei auf das Modell von Jürgen Baumert, nach dem im menschlichen Denken und Handeln unterschiedliche Formen der Rationalität zum Tragen kommen, die je eigene Horizonte des Weltverstehens eröffnen. Baumert unterscheidet folgende, untereinander nicht substituierbare Modi der Weltbegegnung (Klieme 2003, 68):

1. Kognitiv-instrumentelle Modellierung der Welt
2. Ästhetisch-expressive Begegnung und Gestaltung
3. Normativ-evaluative Auseinandersetzung mit Wirtschaft und Gesellschaft
4. Probleme konstitutiver Rationalität.

Der letzte Modus bezieht sich auf Fragen der Letztbegründung menschlichen Daseins. Insofern finden hier die Perspektiven der Theologie und Philosophie ihren Platz. Damit ist impliziert, dass Fächer (und ihre Bezugswissenschaften) Modi der Weltbegegnung abbilden. Das Fach Religion zeichnet sich nach diesem Modell dadurch aus, dass es sich systematisch mit Fragen konstitutiver Rationalität auseinandersetzt. Was aber heißt das für eine »religiöse Kompetenz«? Die Klieme-Expertise äußert sich dazu nicht weiter. Grundsätzlich ist anzufragen, inwieweit die einseitige Zuweisung der Theologie in den Modus der Probleme konstitutiver Rationalität zutreffend ist. So merkt Hans Mendl kritisch an:

> »Religion darf nicht ausschließlich dem vierten Modus der Weltbegegnung, mit dem Probleme konstitutiver Rationalität bearbeitet werden sollen, zugewiesen werden, sie hat von ihrer Eigenart auch sachimmanente Berührungspunkte vor allem mit der zweiten, der ›ästhetisch-expressiven Begegnung und Gestaltung‹« (Mendl 2008, 63).

Ulrich Hemel

Bereits 1988 entwirft der katholische Theologie Ulrich Hemel in seiner Habilitationsschrift »Ziele religiöser Erziehung. Beiträge zu einer integrativen Theorie« ein differenziertes Modell, das religiöse Kompetenz in einzelnen Dimensionen als Globalziel religiöser Erziehung entfaltet und begründet. Sein Entwurf bestimmt nach wie vor die Diskussion um Kompetenzen im Religionsunterricht (vgl. zur Darstellung Obst 2008, 70–78). Hemel definiert religiöse Kompetenz als

> »die erlernbare, komplexe Fähigkeit zum verantwortlichen Umgang mit der eigenen Religiosität in ihren verschiedenen Dimensionen und in ihren lebensgeschichtlichen Wandlungen« (Hemel 1988, 674).

Religiosität ist nach Hemel »die Fähigkeit zu religiöser Selbst- und Weltdeutung« (Hemel 2002, 14). In diesem Sinne ist jeder Mensch religiös, denn jeder Mensch muss die Welt irgendwie deuten. Hemel spricht pointiert vom »Weltdeutungszwang« (2002, 14). Dieser Weltdeutungszwang wird nicht immer auf religiösem Wege eingelöst. Aber jeder Mensch ist empfänglich für religiöse Weltdeutungsangebote:

> »Es ist daher konsequent, von einer elementaren religiösen Lernfähigkeit und Lernoffenheit des Menschen auszugehe« (2002, 14).

Jeder Mensch ist also offen für eine religiöse Weltdeutung, auch wenn er sie nicht immer tatsächlich vollzieht. Die Entfaltung von Religiosität ist ein Prozess, der sich im Austausch mit der Umwelt, konkret mit religiösen Weltdeutungsangeboten vollzieht, aber auch in Beziehung zu nicht-religiösen Entwicklungsprozessen steht, insbesondere zur Weltdeutungskompetenz, zur Sprachkompetenz und zur allgemeinen Symbolfähigkeit. Hier wird deutlich, dass die Ausbildung religiöser Kompetenz nicht losgelöst von der Ausbildung anderer Kompetenzen gelingen kann. Die religiöse Erziehung zielt darauf ab, religiöse Selbst- und Weltdeutung im Rahmen einer bestimmten religiösen Tradition zu fördern. Ob es dann tatsächlich zu einer religiösen Identifikation mit der jeweiligen religiösen Tradition kommt, bleibt kontingent und ist dem planerischen Zugriff schulischen Religionsunterrichts entzogen. Religiöse Kompetenz (als die Fähigkeit, Selbst und Welt im Rahmen einer bestimmten religiösen Tradition zu deuten) bleibt erhalten, auch wenn sie sich nicht – oder irgendwann nicht mehr – in religiöser Performanz (als dem Akt der religiösen Identifikation mit dieser konkreten Religion) aktualisiert.

Hemel bezieht sich nun auf die fünf Dimensionen von Religiosität, wie sie der Religionssoziologe Charles Y. Glock (1968) entfaltet hat. Glocks Dimensionen sind:

1. religiöser Glaube (die ideologische Dimension)
2. religiöse Praxis (die rituelle Dimension)
3. religiöses Erleben (die Dimension der religiösen Erfahrung)
4. religiöses Wissen (die intellektuelle Dimension)
5. religiöse Wirkungen (im Sinne des verantwortlichen Handelns: *consequential dimension*).

Hemel geht von einer solchen Mehrdimensionalität der Religiosität aus und ordnet den Dimensionen jeweils spezifische Kompetenzen zu (Hemel 1988, 675–689; Tabelle nach Obst 2008, 74f.).

Dimensionen	*Definition*	*Ebene*	*Kompetenz*
Religiöse Sensibilität	Religiöse Aufgeschlossenheit, Ansprechbarkeit, Offenheit	Affektiv-emotional	Wahrnehmungsfähigkeit
Religiöse Ausdrucksfähigkeit	Alle Verhaltensweisen, die einer religiösen Motivation entspringen	Handlungsbezogen	Befähigung zur Übernahme religiöser Rollen
Religiöse Inhaltlichkeit	Deutung von religiöser Lebenspraxis	Kognitiv	Religiöse Bildung
Religiöse Kommunikation	Sprachliche und nicht-sprachliche Kommunikation (Mensch-Gott; Mensch-Mensch)	Kommunikativ	Sprach- und Interaktionskompetenz, Dialogkompetenz, Symbolfähigkeit
Religiös motivierte Lebensgestaltung	Ganzheitlich, umfassend	Volitional, wertend	Entscheidungskompetenz

Die »religiös motivierte Lebensgestaltung« nimmt insofern eine Sonderstellung gegenüber den anderen Dimensionen ein, als hier Identifikation (also Performanz) vorausgesetzt wird (Hemel 1988, 573).

> »Sie ist von grundlegender Bedeutung und hat zugleich einen problematischen Charakter, weil sie nicht auf Indoktrination beruhen kann, gleichwohl aber die Erziehung Identitätsstiftung anstrebt« (Obst 2008, 76).

Hier zeigt sich, dass das umfassende Modell von Hemel nicht nur schulische Erziehung anvisiert, sondern alle denkbaren religionspädagogischen Handlungsfelder.

> »Insgesamt ist daher bei den Hemel'schen Dimensionen religiösen Lernens genauer zu prüfen, ob sie im Rahmen der öffentlichen Schule und unter den spezifischen Bedingungen des RUs ihren Ort haben und inwieweit sie zur Geltung gebracht werden können und sollen« (Obst 2008, 78).

Eine theologische – insbesondere protestantische – Anfrage ergibt sich aus dem Religionsverständnis Hemels:

> »Das Verhältnis von Religion und Glaube ist […] nicht einfach als Kontinuum von Potenzialität und Aktualität zu bestimmen, sondern bedarf der theologischen Kritik im Licht der Selbstkundgabe Gottes. Der Aufstieg von inhaltsloser Religiosität als formaler Weltdeutungsfähigkeit zu inhaltlich konkretisierter Religion im Sinne katholisch profilierten Christentums ist daher von Seiten evangelischer Religionspädagogik nicht ohne Weiteres nachvollziehbar« (Obst 2008, 78).

Comenius-Institut
Die Expertengruppe des Comenius-Instituts berief sich explizit auf die Dimensionen von Hemel und benennt fünf »Dimensionen der Erschließung von Religion«:

1. Perzeption: Wahrnehmen und Beschreiben religiös bedeutsamer Phänomene;
2. Kognition: Verstehen und Deuten religiös bedeutsamer Sprache und Glaubenszeugnisse;
3. Performanz: Gestalten und Handeln in religiösen und ethischen Fragen;
4. Interaktion: Kommunizieren und Beurteilen von Überzeugungen mit religiösen Argumenten und im Dialog;
5. Partizipation: Teilhaben und Entscheiden: begründete (Nicht-)Teilhabe an religiöser und gesellschaftlicher Praxis (Fischer / Elsenbast 2006, 17).

Diese Dimensionen werden zu vier Gegenstandsbereichen von Religion in Beziehung gesetzt: der subjektiven Religion der Schüler/innen, der Bezugsreligion des

Religionsunterrichts, anderen Religionen und Weltanschauungen sowie zur Religion als gesellschaftlichem und kulturellem Phänomen. Innerhalb dieser Koordinaten formuliert die Expertengruppe zwölf Kompetenzen, die die Erschließungsdimensionen mit den Gegenstandsbereichen verschränken. Die zwölf Teilkompetenzen werden jedoch nicht unter dem Leitbegriff der religiösen Kompetenz gebündelt oder zusammengeführt. Diese »Leerstelle« bleibt explizit als Aporie bestehen:

> »[...] ob diese 12 als Teilkompetenz einer summativen ›religiösen Kompetenz‹ aufzufassen sind, konnte nicht geklärt werden« (Fischer/Elsenbast 2007, 6).

Der Berliner Entwurf von Dietrich Benner u.a.
Ein gewisses Manko der Kompetenzdiskussion im Fach Religion liegt darin, dass sie eher normativ als empirisch bestimmt ist. Der Berliner Versuch sticht hier heraus, weil er versucht, Anschluss zu finden an die testtheoretisch fundierten Überlegungen anderer Fachdidaktiken. Benner u.a. (2011, 43ff.) unterscheiden *drei Kompetenztypen*: religionskundliche Grundkenntnisse, religiöse Deutungskompetenz und religiöse Partizipationskompetenz. Für erstere gelang es, Testbatterien zu erarbeiten, eingeschränkt glückte dies auch für die zweite Variante. Für die Partizipationskompetenz gelang es (zunächst aus organisatorischen Gründen) nicht. Das Ergebnis überrascht nicht. Auch Georg Ritzer (2010) hatte in seiner Studie nur für die Wissensdimension signifikante Veränderungen messen können. Damit wird deutlich, dass die Kompetenzdiskussion für das Fach Religion (dies gilt für beide Konfessionen) am ehesten für den Bereich des Faktenwissens *harte* Kompetenzen wird formulieren können – eingeschränkt für Verfahrens- und Deutungsregeln. Ob Partizipationskompetenz (die sich ja außerhalb des RU bewähren müsste!) messbar ist, lässt sich (nicht zuletzt nach Helbling 2010) eher skeptisch sehen.

1.2.5 Zwei kompetenzorientierte Lehrpläne

Baden-Württemberg
In Baden-Württemberg wurde die Implementierung der Bildungsstandards früh vorangetrieben. Der Bildungsplan für den ev. Religionsunterricht im Gymnasium von 2004 wird mit »Leitgedanken zum Kompetenzerwerb« eröffnet, in denen es heißt:

> »Der evangelische Religionsunterricht zielt auf überprüfbare Kompetenzen und Inhalte, wobei sich der Glaube selbst einer Überprüfung entzieht.« (Bildungsministerium 2004, 24)

Aufgaben und Ziele des Religionsunterrichts werden unter die Leitkategorien »Wahrnehmen und Begleiten«, »Wissen, Verstehen und Kommunizieren« und

»Gestalten und verantwortlich Handeln« gestellt. Anschließend folgen acht »übergreifende Kompetenzen«: Hermeneutische Kompetenz, Ethische Kompetenz, Sachkompetenz, Personale Kompetenz, Kommunikative Kompetenz, Soziale Kompetenz, Methodische Kompetenz und Ästhetische Kompetenz (2004, 25–26). Es heißt dann programmatisch: »Diese übergreifenden Kompetenzen werden beim Erwerb der ›Kompetenzen und Inhalte‹ eingeübt.« (2004, 26) Den acht Kompetenzen wird die »religiöse Kompetenz« überschriftartig vorangestellt:

> »Religiöse Kompetenz ist zu verstehen als Fähigkeit, die Vielgestaltigkeit von Wirklichkeit wahrzunehmen und theologisch zu reflektieren, christliche Deutungen mit anderen zu vergleichen, die Wahrheitsfrage zu stellen und eine eigene Position zu vertreten sowie sich in Freiheit auf religiöse Ausdrucks- und Sprachformen (zum Beispiel Symbole und Rituale) einzulassen und sie mitzugestalten« (2004, 25).

Damit sind Kompetenzen benannt, die konstitutiv zu religiöser Kompetenz gehören. Die religiöse Kompetenz gibt den »Rahmen« für die anderen acht übergeordneten Kompetenzen ab, die an sich nicht fachspezifisch sind. Wie sich die religiöse Kompetenz als Leitbegriff samt ihren konstitutiven Teilkompetenzen genauer zu diesen acht übergreifenden Kompetenzen verhält, bleibt offen. Deutlich wird aber immerhin:

> »Religiöse Kompetenz‹ bewegt sich […] auf der Ebene von Basiskompetenzen, die unterschiedliche Zugänge bei der Erschließung von Wirklichkeit eröffnen sollen« (Obst 2008, 84).

Dahinter steht ein weiter Religionsbegriff im Anschluss an den Religionssoziologen Thomas Luckmann: Religion ist verstanden als eine Gesamtheit jener Aussagen,

> »die das Leben von Menschen zu einer allerletzten Wirklichkeit in Bezug setzen, von dorther umfassend deuten und so das Leben vergewissern (Rupp/Müller 2004, 15; Luckmann 2010).

Die Kompetenzen und Inhalte werden dann in sieben Dimensionen angeordnet:

1. Mensch
2. Welt und Verantwortung
3. Bibel
4. Gott
5. Jesus Christus
6. Kirche und Kirchen
7. Religionen und Weltanschauungen.

»Die Dimensionen geben eine theologische Grundstruktur wieder. Sie stellen keine eigens zu behandelnden Themen dar, sondern dienen einer durchgängigen Orientierung. Anschließend werden Inhalte als Themenfelder formuliert, durch deren Behandlung im Unterricht die Kompetenzen erworben werden sollen« (Bildungsministerium 2004, 26).

Jeder Dimension sind pro Zweijahresabschnitt mehrere Kompetenzen zugeordnet. Die Dimensionen sind also von der Inhaltsseite her bestimmt, sie implizieren gleichzeitig aber auch die angegebenen Kompetenzen. Für den Unterricht müssen dann Standards, Dimensionen und verbindliche Inhalte religionspädagogisch reflektiert miteinander verknüpft werden.

Ein Thema wie »Die Gleichnisse Jesu« erscheint in den Standards für Klasse 6 (Bildungsministerium 2004, 27) unter der:

1. Dimension Welt und Verantwortung: Schülerinnen und Schüler (SuS) können Gleichnisse als Erzählungen deuten, die auf ein verändertes Verhalten in der Gesellschaft zielen.
2. Dimension Bibel: SuS können drei Gleichnisse Jesu nacherzählen.
3. Dimension Gott: SuS können zeigen, wie Jesus in Gleichnissen vom Reich Gottes erzählt.
4. Dimension Jesus Christus: SuS können ein Gleichnis aus Lk 15 (Jesu Zuwendung zu den Verlorenen), ein Gleichnis aus Mk 4 (vom Kommen des Reiches Gottes) und ein weiteres Gleichnis nacherzählen, in den historischen Kontext einordnen und der Intention nach verstehen.

Vordergründig glaubt man hier die Punkte eines klassischen Stoffplanes zu lesen. Gleichwohl ist auf der Kompetenzebene immer wieder das Thema »Erzählung« angesprochen. Es geht offenbar um das Erkennen von Erzählstrukturen und dann auch deren Anwendung im konkreten eigenen Nacherzählen – also um »narrative literacy«. Dennoch gilt der baden-württembergische Entwurf als »stark inhaltslastig« (Obst 2008, 88). Obst merkt außerdem kritisch an: »Das Verhältnis von fachübergreifenden Kompetenzen zu fachspezifischen Teilkompetenzen ist nicht geklärt.« (2008, 87)

Niedersachsen
Das niedersächsische Kerncurriculum für die Grundschule von 2006 unterscheidet prozessbezogene und inhaltsbezogene Kompetenzbereiche. An prozessbezogenen Kompetenzen werden genannt: wahrnehmen/beschreiben, verstehen / deuten, kommunizieren / teilhaben, gestalten / handeln. Es handelt sich hierbei also um übergreifende (nicht-fachspezifische) Kompetenzen. Die inhaltsbezogenen Kompetenzbereiche sind – ähnlich wie die Dimensionen des baden-württembergischen

Bildungsplans – an den theologischen Teildisziplinen orientiert und als »Fragen nach …« perspektiviert:

- Nach dem Menschen fragen,
- nach Gott fragen,
- nach Jesus Christus fragen,
- nach der Verantwortung des Menschen in der Welt fragen,
- nach Glauben und Kirche fragen,
- nach Religionen fragen.

Diese beiden Kompetenzbereiche sind verbindlich, die ihnen zugeordneten Inhalte haben dagegen nur Empfehlungscharakter. Hierin liegt ein deutlicher Unterschied zum Bildungsplan aus Baden-Württemberg. Ähnlich wie im baden-württembergischen Bildungsplan werden die inhaltsbezogenen Kompetenzen für Doppeljahrgangsstufen expliziert und auf konkretere Inhalte bezogen. Die prozessbezogenen Kompetenzen sind durchgängig zu berücksichtigen und auf die inhaltsbezogenen zu beziehen. Eine Skalierung dieser prozessbezogenen Kompetenzen für Doppeljahrgangsstufen findet allerdings nicht statt. Das Kerncurriculum für die Realschule konkretisiert allerdings die prozessbezogenen Kompetenzbereiche in prozessbezogene Kompetenzen. So heißt es z.B. zu »wahrnehmen / beschreiben«:

> »Wahrnehmungs- und Darstellungskompetenz – religiöse Phänomene wahrnehmen und beschreiben:
> - Religiöse Spuren und Traditionen in der Lebenswelt aufzeigen
> - Situationen erkennen und beschreiben, in denen existenzielle Fragen des Lebens bedeutsam werden
> - Grundlegende religiöse Ausdrucksformen wahrnehmen und in verschiedenen Kontexten wieder erkennen« (2009, 18).

Die prozessbezogenen Kompetenzen werden also durch einen konkretisierten inhaltlichen Bezug (auf religiöse Spuren und Traditionen in der Lebenswelt, auf existenzielle Fragen des Lebens, auf religiöse Ausdrucksformen) fachspezifisch expliziert. Dadurch soll der Bezug der prozessbezogenen auf die inhaltsbezogenen Kompetenzen erleichtert werden.

1.2.6 Offene Fragen

Die Darstellung exemplarischer Kompetenzmodelle und ihrer Umsetzung in Lehrplänen macht deutlich, dass es letztlich weitgehend dieselben Fragen sind, die an diese Modelle zu stellen sind und die u.E. noch nicht befriedigend gelöst sind.

Klar ist, dass der Religionsunterricht Anteil hat an den verschiedenen übergreifenden (also nicht fachspezifischen) Kompetenzen. Die fachspezifische Profilierung erfolgt dann in mehreren Modellen durch die Verknüpfung der übergreifenden Kompetenzen mit fachspezifischen Inhalten. Dieses Grundschema ist in dreifacher Hinsicht problematisch:

1. Wenn die Fachspezifik nur über die Inhalte hergestellt wird, droht der Religionsunterricht in dem Maße an eigenem Profil zu verlieren, in dem vorwiegend auf formale/prozessbezogene/übergreifende Kompetenzen abgehoben wird.
2. Ein solches Modell impliziert, dass es keine fachspezifischen formalen Kompetenzen für den Religionsunterricht gibt.
3. Ein solches Modell impliziert auch, dass für nicht-fachspezifische Inhalte im Religionsunterricht kein Raum bleibt.

Aus dieser Problematik erklärt sich, dass z.B. der Lehrplan aus Baden-Württemberg zwischen fachspezifischen Kompetenzen (gebündelt unter dem Leitbegriff der »religiösen Kompetenz«) und übergreifenden Kompetenzen differenziert – wobei das Verhältnis zwischen beiden jedoch offen bleibt. Ähnlich unterscheidet das niedersächsische Kerncurriculum zwischen prozessbezogenen (übergreifenden) und inhaltsbezogenen (fachspezifischen) Kompetenzen, die im Grundschulbereich recht unverbunden nebeneinander stehen bleiben. Interessanterweise versucht das Kerncurriculum für die Realschule hier eine stärkere Verknüpfung, indem es die prozessbezogenen Kompetenzen an religiöse Inhalte bindet. Der Begriff der »religiösen Kompetenz« taucht hier nicht auf. Auch die Expertengruppe des Comenius-Instituts lässt die Verhältnisbestimmung der Teilkompetenzen zu einer »religiösen Kompetenz« offen.

Wie also lässt sich überhaupt sinnvoll von einer »religiösen Kompetenz« oder einer »religious literacy« sprechen? In unserem eigenen Vorschlag halten auch wir an der Unterscheidung zwischen formalen und inhaltsbezogenen Kompetenzen fest. Wir wollen beide Bereiche aber anders aufeinander beziehen, um das fachspezifische Profil herauszuarbeiten. Leitend ist dabei für uns die Unterscheidung von Immanenz und Transzendenz nach Niklas Luhmann. Dort, wo diese Unterscheidung leitend ist, sehen wir die Fachspezifik des Religionsunterrichts eingelöst. Diese Unterscheidung von Immanenz und Transzendenz lässt sich nun sowohl auf formale als auch auf inhaltsbezogene Kompetenzen anwenden. Das heißt:

1. Formale Kompetenzen – wie z.B. die »reading literacy« – haben ihren Platz im Religionsunterricht. Zu fragen ist aber jeweils, wodurch sich die Fachspezifik einer formalen Kompetenz auszeichnet, und zwar jenseits einer Verknüpfung mit religiösen Inhalten. Bezogen auf die »reading literacy« könnte das etwa

heißen: Schüler/innen lesen im Religionsunterricht, er greift also auf diese übergreifende Kompetenz zurück und fördert sie gleichzeitig. Eine spezifisch religiöse Ausrichtung bekommt diese formale Kompetenz nicht dadurch, dass religiöse Texte gelesen werden, sondern dadurch, dass beim Lesen – auch außerbiblischer – Texte die Differenz von Transzendenz und Immanenz eingezogen wird, also etwa die Frage, inwiefern Texte als Erfahrungswelten das Einbrechen der Transzendenz in die Immanenz thematisieren.

2. Inhaltsbezogene Kompetenzen sind in Anlehnung an die theologische Fachwissenschaft dimensioniert. Entscheidend ist aber auch hier die Beobachtung anhand der Differenz von Immanenz und Transzendenz. Nach der Wirklichkeit kann ich auf viele Arten fragen. Der Religionsunterricht versucht, die Wirklichkeit unter der Prämisse zu sehen, dass es den jüdisch-christlichen Gott gibt.

Die Darstellung der einzelnen formalen *und* inhaltsbezogenen Kompetenzen wird also immer einen fachübergreifenden und einen fachspezifischen Teil umfassen. Es wird sich zeigen, wie stringent sich diese Konzeption durchhalten lässt. Grundsätzlich soll so aber deutlich werden, dass sich »religious literacy« durch eine spezifische Perspektivierung fachunspezifischer Kompetenzen (sowohl formaler als auch inhaltsbezogener) auszeichnet.

2. Unser Kompetenzmodell

Von Kompetenzen war im ersten Kapitel schon mehrfach die Rede. Auf der Grundlage der bisherigen Überlegungen wollen wir versuchen, unser eigenes Kompetenzmodell zu umreißen. Nach der allgemeindidaktischen Definition, die die Klieme-Expertise in Anlehnung an Weinert formuliert, sind Kompetenzen

> »die bei Individuen verfügbaren oder von ihnen erlernbaren kognitiven Fähigkeiten und Fertigkeiten, bestimmte Probleme zu lösen, sowie die damit verbundenen motivationalen, volitionalen und sozialen Bereitschaften und Fähigkeiten, die Problemlösungen in variablen Situationen erfolgreich und verantwortungsvoll nutzen zu können« (Klieme u.a. 2003, 72).

An diesen Kompetenzbegriff schließen wir differenziert an, indem wir ihn fachspezifisch für den Religionsunterricht profilieren und modifizieren. Dabei geht es um mehrere Fragestellungen: Welche Bereiche des Religionsunterrichts erfasst unser Kompetenzmodell, welche liegen im Zentrum, welche am Rand und welche außerhalb seiner Reichweite (→ 2.1)? (Wie) Lässt sich die Spezifik derjenigen Kompetenzen, die im Religionsunterricht eine Rolle spielen, im Unterschied zu den angestrebten Kompetenzen anderer Fächer fassen (→ 2.2)? Handelt es sich bei den Kompetenzen, die für den Religionsunterricht relevant sind, um ein loses Bündel oder lassen sich die Einzelkompetenzen in einem Strukturmodell ordnen? Lässt sich in diesem Zusammenhang sinnvoll von einer »religiösen Kompetenz« sprechen (→ 2.3)? Schließlich fragen wir nach dem Verhältnis von Kompetenz (als einer didaktischen Größe) und theologischer Fachwissenschaft (→ 2.4).

2.1 Die Reichweite unseres Kompetenzbegriffs

Legen wir den Kompetenzbegriff der Klieme-Expertise zugrunde, so ergeben sich im Blick auf den Religionsunterricht folgende Begrenzungen:

1. Kompetenzen beschreiben ein Wissen und Können, das überprüfbar sein soll.

»Was sollen Schülerinnen und Schüler, die bis zur Klasse 9 oder 10 kontinuierlich an einem zweistündigen Religionsunterricht teilgenommen haben, dann gelernt haben und auch tatsächlich können? Und wie wird überprüfbar, über welche Kompetenzen sie aufgrund des Religionsunterrichts verfügen?« (Fischer / Elsenbast 2007, 6)

Mit dieser Frage bzw. dieser Forderung schließt die Kompetenzdebatte an die Debatte um die Operationalisierbarkeit von Lernzielen im Religionsunterricht an. Stachel unterscheidet hier zwischen »integrativen« – kaum operationalisierbaren – und »quantitativ summierenden« – operationalisierbaren Lernzielen. Das Problem besteht nun darin, dass es der Religionsunterricht wesentlich mit »integrativen« Lernzielen zu tun hat:

»Religionsunterricht hat es naturgemäß eher mit integrativen als mit quantitativ summierenden Verhaltensänderungen zu tun. [...] Komplexe menschliche Qualitäten sind
allerdings, ob sie nun im Hinblick auf den einzelnen oder auf eine Gruppe von Schülern bestimmt werden, oft überhaupt nicht operationalisierbar. Umso mehr stößt die
Erfolgskontrolle eines religiösen oder ethischen Effekts auf große Schwierigkeiten«
(Stachel 1971, 45).

Stachel schlägt angesichts dieser Problematik vor, »*zwischen messbaren und nicht-
messbaren Leistungsänderungen (Reaktionen)*« (46f.) zu unterscheiden. Auf dieser Linie liegt auch unsere These, nach der Kompetenzen nur einen Teil – vielleicht sogar nur den unwesentlicheren Teil – der erwünschten »Ergebnisse« von Religi-onsunterricht beschreiben. Gleichwohl ist es pädagogisch geboten, das »Techno-logiedefizit« schulischen Unterrichts (Luhmann / Schorr 1999, 115–232) möglichst gering zu halten und also Kompetenzen, die überprüfbar sind, auch als solche aus-zuweisen. Das heißt aber nicht, dass Religionsunterricht sich auf die Ausbildung dieser Kompetenzen beschränkt.

2. Kompetenzen beschreiben ein Wissen und Können, über das ein Individuum *bewusst und explizit* verfügen kann.

Die Unterscheidung zwischen überprüfbarem und nicht-überprüfbarem Wissen ist nur zum Teil deckungsgleich mit derjenigen zwischen explizitem und implizi-tem Wissen und Können. Betrachten wir dazu folgendes Beispiel: Nehmen wir an,

»ein Religionslehrer verwendet einige Stunden seines Religionsunterrichts in einem
5. Schuljahr auf das Problem des Verhaltens der Jungen und Mädchen zu ihren Eltern.
[...] Wie soll er am Ende des Schuljahrs [...] den Effekt kontrollieren? Soll er einen Auf-

satz schreiben lassen, Fragebogen austeilen und ausfüllen lassen, die Eltern besuchen und sich erkundigen, ob sich das Verhalten ihrer Kinder geändert hat, sich von einem Psychologen einen Test arrangieren lassen? [... Es] wäre [...] wünschenswert, eine derartige ›Überprüfung‹ aus dem Verbalen ins Operationale zu überführen« (Stachel 1971, 45f.).

Stachel beklagt hier die fehlenden Möglichkeiten der Überprüfung ethischer Lernziele. Er benennt unterschiedliche Hindernisse: Die theoretische Möglichkeit, die Eltern zu besuchen und zu befragen, scheidet aufgrund ihrer praktischen Undurchführbarkeit (hoher zeitlicher Aufwand), aber auch aufgrund ihrer impliziten Grenzverletzung (Eindringen in die Privatsphäre der Schülerin bzw. des Schülers) aus. Eine solche Grenzverletzung liegt auch dann vor, wenn ein Psychologe herangezogen würde. Diese (unrealistische) Alternative verweist jedoch auf eine Differenzierung, die Stachel gar nicht im Blick hat: Psychologen könnten unter Umständen Verhaltensdispositionen ermitteln und explizit machen, die weder der Schülerin noch ihren Eltern, auch nicht der Lehrkraft, bewusst sind. Das implizite Wissen und Können, das sich im Unterricht zeigt, rückt erst neuerlich – u.a. im Rahmen einer »praxeologischen« Perspektive auf Unterricht (Schmitt 2012) – in den Blick. Diese Perspektive zeigt, dass (Religions-)Unterricht zu einem erheblichen Teil auf implizitem Wissen und Können beruht, das mit einem kompetenzorientierten Ansatz nicht in den Blick kommt. In eine ähnliche Richtung geht (von einem kommunikationstheoretischen Ansatz aus) die Fokussierung auf ein »Klassengedächtnis« im Sinne eines »kulturellen« (Assmann 2002) oder sozialen Gedächtnisses (Meseth / Proske / Radtke 2012; Kap. 5). Dieses »Klassengedächtnis« beschreibt Einstellungen, Haltungen und Praxen, die dem Individuum nicht oder nur z.T. bewusst sind. Die Ausbildung eines »Klassengedächtnisses« verdankt sich Habitualisierungsprozessen, einer gemeinsamen Praxis über längere Zeitabschnitte. Demgegenüber werden Kompetenzen den bewussten Fähigkeiten des Individuums zugerechnet, die sie über kürzere Zeiträume erworben haben sollen.

Von diesen Überlegungen aus halten wir es für problematisch, »Bereitschaften«, also Einstellungen und Haltungen, unter dem Kompetenzbegriff zu verrechnen. Sofern damit gemeint ist, dass Schülerinnen und Schüler willens sein müssen, ihr Wissen und ihre Fähigkeiten auch einzusetzen, ist dagegen wenig zu sagen. Sofern es jedoch um eine vom Religionsunterricht erwünschte Einübung (Habitualisierung) von (religiösen) Haltungen und Einstellungen geht, sind wir mit Proske (2009) der Meinung, dass wir es dabei mit eher langfristigen Prozessen zu tun haben, die jenseits dessen liegen, was Kompetenzen erfassen können.

In diesem Zusammenhang verorten wir auch die Diskussion um Performanz im Religionsunterricht: »Sind ›Performanz‹ und ›Partizipation‹ in gleicher Weise erlernbare Erschließungsdimensionen wie Perzeption, Kognition und Interaktion?« (Schröder 2007, 71) Diese kritische Anfrage an das Kompetenzmodell der Comenius-Experten wird durch die Ergebnisse der Studie von Benner u.a. (2011; → Kapitel 1.2.4) untermauert. Partizipationskompetenz konnte hier nicht valide überprüft werden. Dieses Ergebnis werten wir so, dass Performanz und insbesondere Partizipation zwischen Kompetenz und Habitualisierung oder »Klassengedächtnis« anzusiedeln sind. Sie lässt sich nur sehr begrenzt operationalisieren und konkretisieren, zielt dafür auf nachhaltige Einstellungen und Urteile, die sich zudem in der Gruppe anders manifestieren können als außerhalb dieser. Partizipation (an religiöser Praxis) hat außerdem auch mit impliziten Dispositionen zu tun. Vielleicht verdankt sich die engagierte Diskussion um performativen Religionsunterricht zu einem wesentlichen Teil dieser größeren Nähe der (performativen) Partizipationskompetenz zur Habitualisierung.

Zwischen Kompetenzen und Lernzielen nehmen wir folgende doppelte Differenzierung vor:

1. Kompetenzen beschreiben erwünschte Unterrichtsergebnisse längerfristig und auf einer niedrigeren Konkretionsebene als Lernziele. Lernziele beschreiben danach kleinschrittiger Unterrichtsziele, während Kompetenzen längerfristige Lernfortschritte (etwa nach zwei Schuljahren) beschreiben. Kompetenzen lassen sich insofern hinsichtlich ihrer (avisierten) Nachhaltigkeit und ihrer Konkretionsebene zwischen Lernzielen (operationalisierbar, kleinschrittig, oft wenig nachhaltig, explizit) und Habitualisierungen im Sinne eines »Klassengedächtnisses« (nicht individuell operationalisierbar, nachhaltig, im Blick auf das Individuum auch implizit) verorten. Dieses Raster erlaubt auch eine genauere Differenzierung zwischen Einzelkompetenzen.
2. Kompetenzen unterscheiden sich von curricular geprägten (idealtypischen) Lernzielen durch ihre Fach- bzw. Domänenspezifik. Während Lernziele sich im Zusammenhang mit dem problemorientierten Religionsunterricht aus aktuellen oder erwartbaren lebensweltlichen Problemen der Schülerinnen und Schüler herleiten (sollten), ergeben sich Kompetenzen aus einem bereichsspezifischen – nach unserem Ansatz: code-spezifischen (s.u.) – Zugriff auf die Welt. Die Kompetenzen werden

> »gerade nicht fachübergreifend definiert, es sind keine allgemeinen Schlüsselqualifikationen oder Kulturtechniken, sondern Qualifikationen fachspezifischer Natur!« (Schröder 2005, 21)

Diese grundsätzliche Fachlichkeit versuchen wir umzusetzen, insofern wir nicht nur bei den inhaltsbezogenen, sondern auch bei den formalen Kompetenzen nach deren spezifisch fachlichem Profil fragen. Die Fachspezifik ergibt sich bei unserem

Modell einerseits (formal) aus der Code-Unterscheidung zwischen Immanenz und Transzendenz, andererseits (inhaltlich) aus der Bereichsspezifik.

2.2 Die Code- und Domänenspezifik unseres Kompetenzbegriffs

2.2.1 Der Code: Die Leitdifferenz Immanenz / Transzendenz

Baumert begründet die schulischen Fächer über unterschiedliche, untereinander nicht substituierbare »Modi der Weltbegegnung« (Klieme u.a. 2003, 68; → Kapitel 1.2.4). Wir charakterisieren den spezifisch religiösen Modus der Weltbegegnung so, dass er die Welt anhand der Leitdifferenz von Immanenz und Transzendenz beobachtet. Diese Leitdifferenz im Anschluss an Niklas Luhmann ist für die fachspezifische Profilierung unseres Kompetenzmodells zentral. Anhand dieser spezifischen Leitdifferenz lässt sich einerseits das System der Religion von anderen Systemen mit ihren je eigenen Leitdifferenzen, z.B. dem Kunst- oder dem Moralsystem, unterscheiden. Jegliche Kommunikation kann so genau dann als religiös verstanden werden, wenn sie die Welt mit der Unterscheidung Immanenz/Transzendenz beobachtet. Damit grenzen wir uns von Konzeptionen ab, die – in der Diktion Luhmanns – andere Unterscheidungen zum dominierenden Programm des Religionsunterrichts erklären; etwa die Codierung des Wissenschaftssystems (wahr/falsch) im Hermeneutischen Religionsunterricht, die Codierung des Moralsystems (erwünscht/nicht erwünscht) oder die Codierung des Kunstsystems (schön/hässlich) (Büttner 2007b, 192–195). Die abstrakte Definition der religiösen Beobachtung der Welt anhand der Leitdifferenz von Immanenz und Transzendenz wird dadurch präzisiert, dass diese Beobachtung nicht singulär stattfindet, sondern Teil einer Tradition ist, die dafür ein ausgeklügeltes Repertoire an Wissen und Kommunikationsregeln zur Verfügung stellt. Hier klingt bereits der Aspekt der Domänenspezifik an (2.2.2). In diesem Sinne kann und muss man in einen Themenbereich eingeführt werden und die dort herrschende Semantik und ihre Kommunikationsregeln lernen. Dabei erweisen sich bestimmte Unterscheidungsregeln als hilfreich.

Die Leitdifferenz Immanenz/Transzendenz lässt sich andererseits innerhalb des Religions- bzw. Theologiesystems anwenden. Die so sichtbar werdenden Unterscheidungen haben oft – aber nicht zwangsläufig – eine duale Struktur: Wir unterscheiden Gesetz und Evangelium, Natur und Gnade, Christus als wahrer Mensch und wahrerer Gott, von daher ergibt sich eine hohe und niedrige Christologie etc. Dabei gerät jeweils eine der beiden Seiten in den Fokus und blendet die andere (als Umwelt) ab (Müller 2012, 74 mit Zitat Luhmann 1997, 598):

>»Durch Systemdifferenzierung multipliziert sich gewissermaßen das System in sich selbst durch immer neue Unterscheidungen von System und Umwelt im System<, wobei die Beziehungen zwischen System und Umwelt durch unterschiedliche Differenzierungsformen jeweils unterschiedlich arrangiert werden.«

Die Unterscheidungsfähigkeit von Immanenz und Transzendenz halten wir für die zentrale religiöse Kompetenz. Das mag den meisten Religionslehrer/innen recht (oder sogar zu) formal erscheinen. Unser Anspruch und unsere Überzeugung gehen nun allerdings dahin, dass man mit dieser Kompetenz, anhand bestimmter Leitdifferenzen bestimmte Unterscheidungen treffen zu können, unmittelbar Religionsunterricht planen und analysieren kann. Dazu ein praktisches Beispiel:

In einer Lehrerfortbildung zum Thema Theologisieren mit Jugendlichen am Beispiel des Themas »Christologie« waren zwei Gruppen aufgefordert, eine Lehr-Lern-Situation zu simulieren, in der eine oder zwei Personen die Rolle der Lehrkraft übernahmen, der Rest »Schüler spielte«. Als Medium war den Gruppen eine Auswahl verschiedener Christusbilder vorgegeben, aus denen sie sich bedienen konnten. Die erste Gruppe wählte zwei Bilder, in denen Jesus Christus einmal in einer explizit »irdischen« Situation dargestellt wurde, das andere Mal in einer eher »göttlichen« Pose. Das Gespräch konzentrierte sich dann auch auf die Frage, wieweit man anhand der biblischen Berichte eher die eine oder die andere »Natur« Jesu wahrnehmen könne und was das für die »Schülerinnen« bedeute.

In der zweiten Gruppe hatte sich der »Lehrer« erinnert, dass es in der kompetenzorientierten Didaktik erwünscht sei, den Unterricht an »Anforderungssituationen« zu orientieren. Dahinter steckt der Gedanke, dass bestimmte Fragestellungen nicht kontextfrei existierten, sondern einer bestimmten lebensweltlichen Situation korrespondierten. Wo stellt sich nun die Frage nach einem »geeigneten« Christusbild? Bei der Herstellung von Schulbüchern bzw. Unterrichtsmaterialien. In dieser Logik schlug der »Lehrer« den »Schülerinnen« vor, als Schulbuchmacher für das geeignete Christusbild zu plädieren. Auch diese Gruppe diskutierte engagiert. Doch es wurden kaum theologisch relevante Fragestellungen angeschnitten.

In der Auswertung griffen nun überraschenderweise die Lehrerinnen selbst auf den Begriff der »Leitdifferenz« zurück. Ihnen war klar geworden, dass die zweite Gruppe eine Leitdifferenz aus den Bereichen Kunst oder Wirtschaft gewählt hatte – »sieht besser aus« bzw. »verkauft sich besser«. Damit war klar, dass auch ein explizit religiöses Unterrichtsmaterial wie ein Christusbild noch kein Garant für eine »religiöse Kommunikation« ist. Will man diese Erfahrung positiv formulieren, dann bedeutet das, dass man sich bei der Planung und Analyse von

Religionsstunden immer klarmachen muss, welche Leitdifferenz für die jeweilige Unterrichtsstunde bzw. -sequenz bestimmend ist. Natürlich kann im RU auch über die Frage nach Schönheit, Moral, Wirtschaftlichkeit oder Recht diskutiert werden. Doch auf die Dauer ist für den Religionsunterricht die Orientierung an der Leitdifferenz »Immanenz/Transzendenz« unverzichtbar. Das angesprochene Beispiel *Christologie* zeigt, dass die Leitdifferenz unterschiedlich geltend gemacht werden kann. Im interreligiösen Diskurs mit Juden und Muslimen geht es gerade darum, ob Jesus auf die Seite der Immanenz oder der Transzendenz gehört. Im innerchristlichen Diskurs muss diskutiert werden, wie die Menschwerdung Jesu (Inkarnation = Ins-Fleisch-Kommen) als immanentes Ereignis rückgekoppelt ist an die Transzendenz Gottes. Die oben angesprochene Naturen-Lehre lässt sich als Versuch deuten, die Immanenz-Transzendenz-Unterscheidung im Hinblick auf die Vergangenheit, Gegenwart und Zukunft Jesu Christi zu lesen (→ Kap. 4.4 Christologie).

Betrachtet man die Codeunterscheidung genauer, dann führt sie nach Luhmann (2000, 60) zu einer *Realitätsverdoppelung. Alle Dinge* können *prinzipiell* nicht nur gemäß ihrer eigenen Logik beobachtet werden, sondern auch im Lichte Gottes. Damit ist aber auch alle Rede von der Transzendenz verwiesen auf Phänomene der Lebenswelt als Ausdrucksformen der Immanenz. Hier wird ein Mechanismus sichtbar, der mitten hinein führt in das Geschäft des Religionsunterrichts. Von daher vermuten wir zu Recht, dass es legitim ist, die religionsdidaktischen Grundfragen wie Elementarisierung oder Korrelation als Manifestationen der angesprochenen Codeunterscheidung Immanenz/Transzendenz zu begreifen.

Unsere Unterscheidung trifft deshalb auch den Kern dessen, was Religionsunterricht treibt, weil sie sich dessen bewusst ist, dass es immer wieder darauf ankommt, einerseits die Lebenswelt der Schüler/innen im weitesten Sinne zu thematisieren, dies aber immer bezogen auf einen Referenzrahmen religiösen Charakters. Diese Perspektive liegt sowohl dem Elementarisierungskonzept zugrunde als auch dem Gedanken der Korrelation. Rudolf Englert u.a. (2014) zeigen sehr genau, dass es dabei nicht nur um eine Legitimationsformel mit der Begrifflichkeit von Tillich und Schillebeeckx geht, sondern um die Kernbalance jeder Religionsstunde. Auf der Grundlage der Analyse zahlreicher Religionsstunden können Englert u.a. zeigen, dass sich die Beziehung der beiden Pole in mehreren unterscheidbaren Varianten vollzieht. Dabei lassen sich aus den Elementen der drei Spalten jeweils unterschiedliche Konstellationen bilden, die dann für bestimmte Typen von Religionsunterricht stehen. Wenn wir an diese Stelle diese Varianten darstellen, dann wollen wir damit zeigen, dass die von uns eingeführte zentrale Kompetenz des Religionsunterrichts sich auf der Ebene der konkreten Religionsstunde in ganz unterschiedlichen Varianten wiederfinden lässt (2014, 67):

1. RELIGION PRÄSENTIEREN	2. RELIGION MODELLIEREN	3. RELEVANZ KOSTITUIEREN
1. Religion der Religionsgemeinschaft	1. Religion erfinden	1. Aneignung religiöser Zeugnisse
2. Religion des Religionsunterrichts	2. Religion entdecken	2. Aktualisierung religiöser Zeugnisse
3. Religion der Schüler/innen	3. Religion erläutern	3. Übertragung von Erfahrung
4. Religion der Kinder und Jugendlichen	4. Religion erörtern	4. Vertiefung von Erfahrungen
	5. Religion erleben	

2.2.2 Die Domäne Religion / Theologie

Allerdings bleibt die formale Leitunterscheidung von Immanenz und Transzendenz inhaltlich unterbestimmt. Denn wir gehen heute davon aus, dass der Wissens- und Könnensaufbau bei Kindern und Jugendlichen sehr viel stärker *domänenspezifisch* erfolgt, also bereichsspezifisch und gekoppelt an bestimmte Inhalte. Im gerade angeführten Beispiel ist die Leitdifferenz inhaltlich auf die Christologie bezogen. Die Diskussion unter den Lehrkräften setzt voraus, dass sie christologisches Wissen (z.B. um die zwei Naturen) einbringen können. Der Gedanke der Gegenstandsbezogenheit bzw. Domänenspezifik allen Wissens kommt aus der kognitivistischen Entwicklungspsychologie bzw. der Kognitionswissenschaft. Er besagt, dass sich die kindliche Entwicklung im Gegensatz etwa zur Vorstellung Jean Piagets nicht gleichmäßig über alle Wissensbereiche erstreckt. Naive Theorien beschreiben kognitive Entwicklung – im Unterschied zu strukturgenetischen Modellen – als Veränderung *bereichsspezifischen* Wissens mit eigener Kohärenz (Sodian 1995). Das heißt: Der Kenntnisstand in der einzelnen Domäne spielt offenbar eine mindestens ebenso große Rolle wie die altersmäßige Entwicklung: Experten wissen mehr als Novizen.

Domänen lassen sich nun hinsichtlich ihrer Abgrenzung zu anderen Domänen, ihrer inneren Kohärenz und der Art, in der sich innerhalb der Domäne typischerweise Wissen aufbaut, befragen. Dabei lassen sich diese Fragen nicht scharf voneinander trennen. Wir beziehen die Fragen zunächst auf unterschiedliche Domänen und fragen dann speziell nach der Domäne Religion / Theologie.

Beginnen wir mit den Fragen nach dem *Wissensaufbau und der inneren Kohärenz*. Erste Untersuchungen zeigen, dass der Wissensaufbau nicht immer linear vor sich geht. Offenbar werden bestimmte naive oder intuitive Theorien schon recht früh entwickelt, um sich die Phänomene, denen das Kind begegnet, verstehbar zu machen. Dabei leisten solche Vorstellungen, wie etwa die vom »Sonnenlauf« während des Tages, gute Dienste bei der Orientierung in der Welt, auch wenn das dahinter liegende geozentrische Weltbild »falsch« ist. Im Sinne einer linearen Entwicklung müsste man dann von einem »Paradigmenwechsel« zu einem anderen Theoriemodell ausgehen. Es wird aber in der Psychologie diskutiert, ob die Modellvorstellungen eher allmählich ineinander übergehen. Für Letzteres spricht, dass es wohl in vielen Feldern und bei den meisten Menschen zahlreiche Formen der »Hybridisierung« gibt (Legare u.a. 2012). Das heißt: Das Wissen innerhalb einer Domäne ist eher selten konsistent geordnet. Dabei liegen die Inkonsistenzen wohl (vielleicht mit Ausnahme der Mathematik) in den Wissensdomänen selbst. Nun könnte man meinen, dass sich diese Inkonsistenzen in dem Maß abbauen, in dem sich das domänenspezifische Wissen aufbaut. Nach Albrecht Koschorke ist das jedoch nicht der Fall. Ihm zufolge

> »verlieren sich Unschärfen und Inkonsistenzen auch innerhalb eines einzelnen Kategoriensystems nicht in dem Maß, in dem die Erkenntnis vom Besonderen zum Allgemeinen fortschreitet« (2012, 141).

Doch er vermutet (142), dass es eine Tendenz gibt, durch Einführung metaphysischer Denkfiguren dennoch Geschlossenheit zu suggerieren. Andererseits gelingen die Grenzziehungen nicht wirklich. Das führt dazu (149), »die Kette der Gründe und Gründe von Gründen irgendwann unbemerkt ins Offene ausklingen zu lassen«. Wir sehen hier, dass der Gedanke der Wissensdomänen stillschweigend entwicklungspsychologische und wissenssoziologische Perspektiven miteinander verknüpft. Von Seiten der Entwicklungspsychologie postulierte man drei bzw. vier »core domains«: Physik, Biologie, Psychologie und die Welt der Zahlen. Der Schwerpunkt der Forschung richtete sich vor allem auf die ersten Formen der Konzeptualisierung: nämlich die physikalische Unterscheidung im Bereich der Schwerkraft (oben – unten), die biologische Unterscheidung zwischen lebendig und tot bzw. künstlich und die ersten Theorien über das Denken selbst (»theory of mind«). Interessant ist dann die Weiterentwicklung und Differenzierung bzw. Neubildung von Domänen, z.B. der Kosmologie aus der Physik.

Wie oben angesprochen gilt das Interesse der Entwicklungspsychologie in erster Linie der Genese früher Konzepte. Wie ist das im Hinblick auf die *Domäne Religion/Theologie*? Wie baut sich in dieser Domäne das bereichsspezifische Wissen auf? Sieht man einmal von den postulierten numinosen Erfahrungen der frühesten vorsprachlichen Phase ab, dann wird man den Beginn der Wissensgenerierung im eigentlichen Sinne in den Jahren des Kindergartenalters verorten. Zwar haben die Kinder bereits intuitive Vorstellungen, z.B. zur Oben-unten-Unterscheidung (Lakoff/Johnson 2000, 22ff.), doch sind es wohl zwei Fragestellungen, die zentral sind. Nach Paul Harris (2000, 162ff.) stellt das Kind in diesem Alter fest, dass alles was ist, auch ganz anders sein könnte. Diese Kontingenzthematik führt häufig zu einer religiösen Deutung. Noch bedeutsamer ist wohl das, was Jacqueline Woolley (2000) mit »Magie« bezeichnet. Sie versteht darunter die Vorstellung, dass am Anfang einer Kausalkette eine intentional handelnde Instanz (agency) steht. Dies trifft nun genau den Kern unserer Unterscheidung Immanenz/Transzendenz. Im Prinzip kann von diesem Gedanken her jedes Phänomen der Immanenz Gott zugeschrieben werden. Wer knapp einem Verkehrsunfall entgangen ist, kann dies der Geistesgegenwart der Verkehrsteilnehmer zuschreiben oder der Bewahrung durch Gott – und diesem ggf. dafür danken. Wir finden dies im Phänomen des elementarsten Gebets und in den elaborierten theologischen Aussagen zur *Providentia dei* (Vorsehung Gottes).

Mit dieser Aussage machen wir deutlich, dass die ersten naiven Theorien (etwa Gott hat die Welt in seiner Hand) dasselbe Thema haben wie die wissenschaftliche Theologie. Ob die Übergänge zwischen der Kindertheologie zu der der Jugendlichen und Erwachsenen eher graduell erfolgen oder eher sprungartig, lässt sich nicht generell klären – wahrscheinlich kommen beide Formen vor.

Keith Devlin (2002) plädiert in seinem Buch »Muster der Mathematik – Ordnungsgesetze des Geistes« dafür, Mathematik als *Musterbildung* zu verstehen. Dabei sind einfache Mengenoperationen im Prinzip analoge Konstruktionen zu den komplexen Strukturbildungen der höheren Mathematik. Diese Vorstellung suggeriert eine große Homogenität der Wissensdomäne. Wir nehmen im Sinne der Argumentation Koschorkes an, dass sich das Feld von Religion/Theologie wesentlich inkonsistenter darstellt. Dabei dürften die Übergänge etwa zwischen Jugendreligion und wissenschaftlicher Theologie u.U. durchaus fließend sein für den angenommenen Fall, dass es etwa einer Schülerin gelingt, ihre Eigenkonstruktion mit einer theologischen Argumentation, die ihr im Unterricht begegnet, zu verbinden. Wir begegnen aber – um einmal nur innerhalb des Christentums zu bleiben – einer Fülle konfessioneller und regionaler Stile mit jeweils ausgeprägten eigenen Semantiken. Von daher sehen wir die Wissensdomäne Religion vielleicht am besten im Sinne eines Fächers dargestellt:

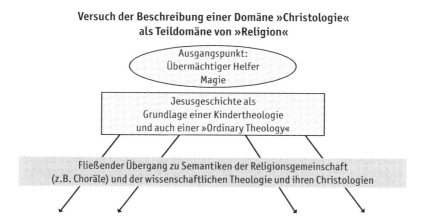

Versuch der Beschreibung einer Domäne »Christologie« als Teildomäne von »Religion«

Wie lässt sich nun die Domäne Religion / Theologie von anderen Domänen *abgrenzen*? Bisher haben wir in diesem Zusammenhang auf die Luhmann'sche Codeunterscheidung von Immanenz und Transzendenz verwiesen. Inhaltlich beschränken wir uns um der Komplexitätsreduktion willen auf den christlichen Kosmos. Niklas Luhmann (2000) hat unter dem Stichwort »Ausdifferenzierung religiöser Kommunikation« (187ff.) hierzu einige Anmerkungen gemacht. Die Kommunikation, die sich einerseits auf Wissen gründet und gleichzeitig welches hervorbringt, konstituiert sich über *Themen* (187f.):

> »Die wohl anspruchsloseste und deshalb vielleicht älteste Form der Unterscheidung religiöser Kommunikation dürfte mit ihren *Themen* gegeben sein. Wenn über die unheimlichen Mächte des Jenseits oder über Sakrales gesprochen wird oder wenn erkennbar in einem solchen Bezug gehandelt wird, geht es um religiöse Kommunikation. Dies kann auch darin bestehen, dass Individuen über eigene religiöse Erfahrungen berichten, und dafür, weil sie Individuen sind, Authentizität in Anspruch nehmen. Religiöse Kommunikation kann, wenn die Identität der Referenz und damit die Wiederholbarkeit der Bezugnahme gesichert ist, ganz regellos und ohne vorher bestimmte Anlässe oder Zwecke geschehen. [… Dabei ist nicht sicher vorher zu bestimmen], welcher Input religiöse Kommunikation auslöst. […] Aber es kann schon um der thematischen Passung willen innerhalb des Kommunikationssystems nicht ganz zufällig zugehen; und es mögen sich Tendenzen entwickeln, bestimmten Vorfällen eine religiöse Interpretation zu geben und anderen nicht.«

Religiöse Themen scheinen demnach fast überraschend in der Kommunikation aufzutauchen. Doch andererseits bedarf es dann doch immer wieder eines inhaltlichen Bezugs, um sie als *religiöse* identifizieren zu können. Letzteres geschieht dann häufig durch den Rückbezug auf wichtige Narrative (191f.):

»Daraus ergibt sich die Form der Erzählung, in der Differenz als Einheit erscheinen kann, also Paradoxien entfaltet werden können. [...] Mythen erzählen, was man schon weiß. Das ist ihre Art und Weise, das Unvertraute im Vertrauten zu reproduzieren. Ihr Reprodukt ist Solidarität, nicht Information. Deshalb beziehen sich Mythen immer nur auf *vergangene* Ereignisse im Hinblick auf ihre *gegenwärtige* Ausdeutbarkeit.«

In der Tat bilden die Erzählungen (in einem weiten Sinne gemeint) der Bibel das Herzstück jeglicher Inhaltlichkeit. Dies gilt für das Judentum und den Islam im Hinblick auf deren »Heilige Bücher« ebenfalls. Die Reflexion dieser Inhalte führt nun seinerseits notwendigerweise zu Unterscheidungen. Man denke nur daran, dass sich die Lehrentwicklung der Kirchen *via negationis* vollzogen hat, d.h. durch Trennung von »falscher Lehre«. Dies ist substantiell für die Dogmenentwicklung und hat verhindert, »dass sich eine welteinheitliche Religionssemantik bilden konnte« (197). Zur Unterscheidung von Selbst- und Fremdreferenz

»verhilft eine als Kanon dienende Textbasis, eine Orthodoxie mit begrenzter Lernfähigkeit. Aber die Texte formulieren eine Beschreibung der Welt. [...] Die Welt wird religiös interpretiert, mit religiösem Sinn überzogen – aber dies auf Grund von kommunikativen Operationen, die im System selbst anschlussfähig sind.« (199)

Der Inhalt der Domäne Religion konstituiert sich demnach in seiner Bezogenheit auf die religiöse Kommunikation über die kanonisch ausgewählten Schriften und besonders deren Narrativen bzw. den im Zuge von deren hermeneutischer Bearbeitung gebildeten Verfahrensregeln und Dogmen. Das impliziert, dass die Teilnehmer/innen an jeglicher religiöser Kommunikation – also definitiv auch der im Religionsunterricht – über entsprechendes inhaltliches Wissen verfügen müssen. Kompetenz setzt sich damit zwangsläufig zusammen aus spezifischem Domänenwissen (den inhaltsbezogenen Kompetenzen) und der Fähigkeit zu einer entsprechenden Handwerklichkeit im Umgang damit (den formalen Kompetenzen). Damit sind wir bei der Frage nach der Struktur unseres Kompetenzbegriffs.

2.3 Die Struktur unseres Kompetenzbegriffs

Die Expertengruppe am Comenius-Institut, die 2006 einen Vorschlag zu »Grundlegende(n) Kompetenzen religiöser Bildung« vorlegte, konnte die Frage, ob die einzelnen Kompetenzen als »Teilkompetenz einer summativen ›religiösen Kompetenz‹ aufzufassen sind«, nicht klären (Fischer / Elsenbast 2007, 6). Demgegenüber vertreten wir die Auffassung, dass es sinnvoll ist, Einzelkompetenzen des Religionsunterrichts auf eine übergeordnete »religiöse Kompetenz« hin auszurichten. Wir wagen also die These einer übergreifenden religiös-theologischen Kompetenz und verstehen darunter die Fähigkeit, die Welt anhand der Leitdifferenz von Transzendenz und Immanenz in der Semantik religiöser (christlicher) Tradition zu beobachten.

Diese Auffassung schließt in gewisser Weise an die Lernzieldebatte der 70er Jahre an, wo es heißt: »Das einzelne Teilziel erhält seinen Wert aus seiner Funktion für die Erreichung des Endziels.« (Stachel 1971, 31) Wie aber gelangt man zur Formulierung des Endziels? Stachel orientiert sich an der Frage: »Wie ereignet sich Christsein heute?« (43) *Wir* orientieren uns demgegenüber an dem Religionsbegriff nach Luhmann, der den spezifischen Code des Religionssystems an der Unterscheidung Immanenz/Transzendenz festmacht (Karle 2012; → 1.2.6). Inhaltlich ist diese spezifische Unterscheidung von Immanenz und Transzendenz an der christlichen Theologie ausgerichtet. Diesen spezifischen Code verstehen wir normativ als das *dominierende* (nicht als das ausschließliche) Programm des Religionsunterrichts (Büttner 2007a, 190–191). In diesem Sinn formulieren wir als Fluchtpunkt religiöser Kompetenz: »Die religiöse Frage stellen können.«

Unterhalb der religiös-theologischen Kompetenz unterscheiden wir nun zwischen inhaltsbezogenen (inhaltlichen) und prozessbezogenen (formalen) Kompetenzen. Inhaltsbezogene Kompetenzen haben viel mit individueller Gedächtnisleistung zu tun (→ Kapitel 5). Hier geht es wesentlich um ein Wissen, das auf die fachliche Bezugswissenschaft, also in unserem Fall die Theologie, bezogen ist. Dieses Wissen lässt sich detailliert und konkret beschreiben. Inhaltsbezogene Kompetenzen sind in der Regel gut operationalisierbar, sie lassen sich gut abprüfen, das Wissen fällt jedoch erfahrungsgemäß auch schnell dem Vergessen anheim (→ Kapitel 5). Bei formalen Kompetenzen geht es im Wesentlichen um Formen des Umgangs mit theologischem Wissen. Das entspricht grob dem Kompetenzmodell von Mirjam Zimmermann (2010), aber in Teilen auch demjenigen von Benner/Schieder (2011), die einerseits von Wissen, andererseits von Deutungskompetenz sprechen. Die meisten formalen Kompetenzen sind durchaus operationalisierbar, sie sind aber im Vergleich zu inhaltsbezogenen Kompetenzen schwerer zu skalieren: Wie unterscheidet sich die (erwünschte) Deutungskompetenz eines Zweit-Klässlers von derjenigen eines Viert-Klässlers, eines Sechst-Klässlers und so weiter? Die niedersächsischen Kerncurricula für die Klassen 5–10 zeigen diese Schwierigkeit, wenn sie einerseits betonen, dass die formalen Kompetenzen das größere Gewicht haben, andererseits aber nur die inhaltsbezogenen Kompetenzen differenziert nach Doppeljahrgängen ausweisen. Formale Kompetenzen sind tendenziell nachhaltiger als inhaltsbezogene, und sie sind weniger stark konkretisiert.

Die in der konstruktivistischen Didaktik geläufige Unterscheidung zwischen entscheidbaren und unentscheidbaren Fragen lässt sich hier einzeichnen: Entscheidbare Fragen betreffen das durch Konvention gesetzte Wissen (Wann wurde der Jerusalemer Tempel zerstört?), unentscheidbare Fragen betreffen den Umgang mit diesem Wissen, seine Deutung (War die Tempelzerstörung eine Strafe Gottes?). Im Rahmen der entscheidbaren Fragen kann ich wiederum deren Deutungen durch bestimmte Personen und Traditionen zur Kenntnis nehmen (Deutet das Matthäusevangelium die Tempelzerstörung als Gottesstrafe?). Unentscheidbar im Sinne von: »allein-durch-mich-zu-entscheiden« sind Fragen, die die Einordnung von Wissen und Deutungen in das eigene Relevanzsystem betreffen (Verstehe ich bestimmte Ereignisse als Gottesstrafe? Wie beeinflusst das meine Sicht auf die Welt und meine Entscheidungen?).

Die Code-Unterscheidung von Immanenz und Transzendenz ist für uns sowohl im inhaltsbezogenen als auch im formalen Kompetenzbereich leitend (→ Kapitel 1.2.6). Die Unterscheidung zwischen diesen beiden Kompetenzbereichen sowie ihre jeweiligen Ausdifferenzierungen lassen sich jedoch ihrerseits kaum aus dem systemtheoretischen Ansatz ableiten. Denn Luhmanns Kommunikationsmodell ist im Hinblick auf das Feld des Religiösen unterbestimmt. Bereits die oben zitierten Beispiele lassen erkennen, dass hier Gesprächskommunikation, performative Akte im Gottesdienst und Auseinandersetzung mit Texten wenig differenziert nebeneinander stehen. Eine Ausdifferenzierung gerade auch der formalen Kompetenzen bedarf einer breiteren theoretischen Grundlegung. Wir halten es gerade im Hinblick auf den schulischen Religionsunterricht für notwendig, die verschiedenen Aspekte und Dimensionen von Religion und ihrer Kommunikation zu unterscheiden. Bereits die Kompetenzentwürfe des Comenius-Instituts (Fischer / Elsenbast 2006, 17) orientieren sich dazu an den fünf Dimensionen des Religionssoziologen Charles Y. Glock (1968; → Kapitel 1.2). Diese umfassen (151 u. ö.):

- die Dimension der religiösen Erfahrung
- die ritualistische Dimension
- die ideologische Dimension
- die intellektuelle Dimension
- die Dimension der Konsequenzen aus religiösen Überzeugungen

Die Aufzählung überzeugt gerade auch dann, wenn man sich vergegenwärtigt, dass im schulischen Religionsunterricht manche Dimensionen stärker ins Blickfeld geraten als andere.

Wir werden im Folgenden so vorgehen, dass wir die Glock'schen Dimensionen so profilieren und präzisieren, dass sichtbar wird, welche Kompetenzen notwendig sind, um diese im semantischen Feld von Religion, aber auch im Kontext von Schule angemessen kommunizieren zu können. Die Dimension der

Erfahrung und des Erlebens spricht die menschliche Fähigkeit und Bereitschaft an, sich Eindrücken von Innen und Außen zu öffnen, die durch eine besondere Intensität gekennzeichnet sind und in irgendeiner Weise als Ausdruck von »Transzendenz« wahrgenommen werden. Wir sprechen im Folgenden von *Spiritualität*. Dabei ist aus evangelischer Perspektive zu berücksichtigen, dass »der Aufstieg von inhaltsloser Religiosität als formaler Weltdeutungsfähigkeit zu inhaltlich konkretisierter Religion« nicht bruchlos möglich ist (Obst 2008, 78). Die ritualistische Dimension hebt hervor, dass religiöse Kommunikation sich nicht in Gesprächen erschöpft, sondern auch auf wirklichkeitsschaffende Sprechakte angewiesen ist. Wir nennen diese Dimension *Performanz*. Die ideologische Diskussion macht darauf aufmerksam, dass Religion sich in Begründungszusammenhänge bringen lassen muss und damit den Ansprüchen argumentativer Rede einschließlich logischer Konsistenz entsprechen muss. Wir sprechen hier von *Diskursivität*. Dabei geht es um den intellektuellen Nachvollzug der Argumente der Semantik der eigenen Tradition und deren Verknüpfung mit Vorstellungen der eigenen Lebenswelt. Wir meinen, dass man hier nochmals differenzieren sollte zwischen den Modi der Mündlichkeit und denen der Schriftlichkeit. Wir unterscheiden hier *Narrativität* und *Literacy*. Im Hinblick auf die Konsequenzen des Glaubens geht es um die Frage einer entsprechenden Ethik. Wir bezeichnen diese Dimension mit *Moralität*.

Aus heutiger Sicht fehlen dem Glock'schen Katalog mindestens zwei weitere wichtige Dimensionen. Nicht nur für Kinder und Jugendliche hat sich das Wirklichkeitsverständnis durch die Medienwelt deutlich verändert. Die gedankliche Verarbeitung religiöser Phänomene erfolgt im Rahmen der durch diese vorgegebenen Matrices. Wir sehen hier Fragen der *Medialität* gegeben. Glock vernachlässigt auch die Tatsache, dass sich Religion häufig in ästhetisch exponierten Formen ausdrückt: in Musik, bildender Kunst und Literatur. Von daher möchten wir die Dimension der *Ästhetik* mit einbezogen sehen.

Es ist klar, dass keine der angesprochenen Dimensionen ein exklusiver Modus von Religion sein kann. Die Kompetenz, innerhalb dieser Kommunikationsmodi angemessen kommunizieren zu können, betrifft immer auch viele andere Bereiche. Wer nicht lesen und schreiben kann, kann eben auch an der religiösen Kommunikation nur eingeschränkt teilnehmen; ebenso wie jemand, der die »Aufführungsregeln« weder versteht noch sich nach diesen bewegen kann. Von daher plädieren wir dafür, die Kompetenzen gewissermaßen als zu erwerbende Voraussetzungen für eine adäquate religiöse Kommunikation innerhalb des semantischen Feldes anzusehen.

2.4 Religiös-theologische Kompetenz und theologische Fachwissenschaft

Die curriculare Phase propagierte einen lebensweltlich-problembezogen strukturierten Zugriff auf Wissen und Können. Lebensweltliche Probleme der Schülerinnen und Schüler seien nicht fachlich strukturiert, so dass die Befähigung zur Lösung dieser Probleme quer liege zur Fächerstruktur der Schule. Die angestrebten Lernprozesse wurden

> »nicht material sachorientiert bestimmt, sondern über das Leitbild der Befähigung von Schülerinnen und Schüler [sic], kurz: über den Erwerb von ›Qualifikationen‹« (Schröder 2005, 19).

Insofern kam es in dieser Phase zu einer gewissen Diastase zwischen Schülerorientierung und Fachwissenschaften, die in den Fachdidaktiken vermittelt werden musste. Gestützt wurde dieser Ansatz durch die strukturgenetische Entwicklungspsychologie, sofern sie die Denkentwicklung als alterstypische, bereichsübergreifende Veränderungen inhalts-unabhängiger Denkstrukturen beschreibt (Mähler 1999, 53).

Heute gelten Kinder nicht mehr primär als problembelastete, sondern als forschende Wesen, als »intuitive Theoretiker« oder gar »intuitive Wissenschaftler« ihrer Welt (Fried 2008). Diese Begriffe verringern die Diastase zwischen Fachwissenschaften und Schülerorientierung. Doch den Weg vom Novizen zum Experten müssen alle Kinder durchlaufen.

> »Kinder sind nach dieser Position Laien in fast allen grundlegenden Inhaltsbereichen und werden erst durch den Erwerb bereichsspezifischen Wissens im Laufe der Entwicklung zu Experten mit einem ›Weltbild‹, das dem der Erwachsenen gleicht.« (Mähler 1999, 53)

Wie verhält sich dieses angestrebte »erwachsene« Fach-Expertentum zum professionellen Fach-Expertentum? Beide sind in derselben Wissenskultur verortet. Fischer (2003) schlägt als regulative Idee für fachliche Bildungsziele an allgemeinbildenden Schulen die »Kommunikationsfähigkeit mit Experten« vor. Schaut man sich allerdings einzelne Fachkulturen an, so zeigen sich in der Zuordnung von (kindlicher) naiver Theorie, (erwachsener) Expertentheorie und professioneller Expertentheorie durchaus Unterschiede:

So fragt etwa die Physikdidaktik, ob die naiven Vorannahmen (z.B. Steine sind kälter als Wolle) nicht das physikbezogene Wissen eher behindern und am Anfang jeder Physikdidaktik deshalb die Einführung entsprechender Begrifflichkeit (wie z.B. Energie) stehen muss.

Dem widerspricht eine konstruktivistisch fundierte Mathematikdidaktik, die die Formalismen ablehnt. Für sie sind im Prinzip alle Operationen im Zahlenraum legitim. Konkret heißt das, dass jedem Kind sein eigener Rechenweg offensteht, auch wenn er »umständlich« ist. Dies dispensiert natürlich nicht von der notwendigen *Richtigkeit* der Rechenoperationen (Büttner/Pütz 2009). In der Religionsdidaktik ergeben sich Probleme dadurch, dass der Status der inhaltlichen Aussagen nicht so eindeutig ist wie im Bereich von Mathematik und Naturwissenschaften. D.h., dass es immer auch darum gehen muss, deren *Konstruktivität* im Auge zu behalten. Diese Konstruktionen der Wissenschaft Theologie begegnen den Konstruktionen der Kinder und Jugendlichen. Im Modell der Elementarisierung steht ein Reglement der Vermittlung der beiden Konstruktionen zur Verfügung, das die metatheoretische Zuordnung beider Größen aber noch nicht grundsätzlich bedacht hat.

Eine Dimension der Elementarisierung ist die Frage nach der »elementaren Wahrheit«. Das, was wir »technisch« als »Transzendenz« bezeichnen, ist auf der anderen Seite das, was uns – in der Diktion des Heidelberger Katechismus – *einziger Trost im Leben und im Sterben* sein soll. Von daher ist es konsequent zu fragen, wie in der religiösen Kommunikation »elementare Wahrheit« entstehen kann, an die sich der Einzelne dann auch »halten« kann. Eine solche Wahrheit stellt berechtigte Ansprüche an den Glaubenden. Darin liegt ihre Normativität. Dies bedarf einmal der Klärung unseres Wahrheitsverständnisses und in diesem Horizont dann der Zuschreibung der Rolle wissenschaftlicher Theologie für eine Religionsdidaktik.

Wahrheit erscheint in der philosophischen Diskussion im Plural. Wir unterscheiden im Anschluss an Karen Gloy (2004) fünf Varianten:

1. Ontologische Wahrheitstheorie
2. Korrespondenztheorie der Wahrheit
3. Kohärenztheorie der Wahrheit
4. Konsensustheorie der Wahrheit
5. Pragmatische Wahrheitstheorie

Eine ontologische Wahrheitstheorie würde voraussetzen, dass es eine ewige Wahrheit gäbe, auf die wir Zugriff hätten und die der Religionsunterricht nur noch weiterzugeben brauche. Nach unseren bisherigen Ausführungen dürfte klar sein, dass wir eine solche Theorie ablehnen. Eine Korrespondenztheorie der Wahrheit kommt bei den entscheidbaren Fragen zur Anwendung. Der Aussage, dass es im NT vier Evangelien gibt, entspricht die nachprüfbare Existenz der Evangelien von Matthäus, Markus, Lukas und Johannes. Bei den nicht-entscheidbaren Fragen wird man eine Kohärenztheorie der Wahrheit ins Feld führen. Hier geht es um die Stringenz der Argumentation. Wenn ich zu der christologischen Aussage neige, Jesus sei lediglich ein frommer Prediger gewesen, werde ich schlecht damit argumentieren können, dass sein Sterben und Auferstehen die Grundlage meiner Auferstehungshoffnung ist. D.h., dass ich zwar die Prämissen der Argumentation nicht zwingend beweisen kann, jedoch den Duktus der Schlussfolgerungen. In gewisser Nähe zu diesem Ansatz steht die Konsensustheorie. Sie geht davon aus, dass zumindest prinzipiell in einem vernünftigen Diskurs Wahrheit erreicht werden könne. Der Religionsunterricht wird beiden genannten Theorien ein Recht einräumen, zumal sie die Modalitäten schulischer Rationalität abbilden (Grümme 2006, → 3. Diskursivität). Was die Elementarisierungstheorie (Schweitzer 2003a) als das »gewissmachende Wahre« bezeichnet, zählte bei Gloy unter die »pragmatischen Wahrheitstheorien«, denen es darum geht, ob sich eine wahre Aussage in konkreten Lebensvollzügen bewährt. Im Kontext des Wissenschaftssystems »produziert« Theologie Wahrheit nach den Regeln von Korrespondenz-, Kohärenz- und Konsensustheorie. Im Kontext des Erziehungssystems geht es dagegen eher um ein pragmatisches Wahrheitsverständnis. Alle Wahrheitsdiskurse spielen sich im selben Wissensbereich ab – allerdings nach verschiedenen Regeln. Insofern irritieren sich diese Wahrheitskonzepte gegenseitig, können aber nicht voneinander abgeleitet werden.

Trotzdem ist im Bereich der Religionsdidaktik bei der Diskussion um »Kinder- und Jugendtheologie« explizit die Frage aufgekommen, ob bzw. inwiefern der wissenschaftlichen Theologie ein normativer Status zukommt. Kindertheologie differenziert sich nach Friedrich Schweitzer in eine Theologie von, mit und für Kinder aus (2003b). Bei der Theologie für Kinder kommt am ehesten die professionelle Expertentheologie ins Spiel, aber nicht als normative Setzung, sondern als weitere, prinzipiell gleichberechtigte Position. Denn:

> »Alle [Kinder, Laien und wissenschaftliche Theologen] ›beobachten‹ die Bibel als Wort Gottes und machen sich ihre Gedanken« (Büttner 2007b, 225).

Dabei gibt es nur graduelle Unterschiede, weil keine der Gruppen einen unmittelbaren Zugang zur Wahrheit hat. Alle partizipieren an derselben Wissenskultur. D.h., dass sich die Ergebnisse des »forschenden« Nachdenkens eher graduell unterscheiden, jedoch in den jeweiligen Bezugssystemen (Wissenschaft, Erziehung) unterschiedlich »gerahmt« werden.

Eine »egalitäre« Verhältnisbestimmung von Kinder- und Expertentheologie hat Widerspruch hervorgerufen. Die kritischen Anfragen zielen darauf, ob Kinder- und Expertentheologie nicht in ein stärker hierarchisches Verhältnis gebracht werden müssten, bei dem der Expertentheologie eine normative Funktion für die Kindertheologie zukomme (Dressler 2011, 161). In der Tat möchte die

Kindertheologie das religionspädagogische Diskursfeld nicht vom Begriff der Religion oder der Religiosität, sondern emphatisch von demjenigen der Theologie her bestimmen (Büttner 2012). Das impliziert in der Tat »flache Hierarchien«. Die Frage nach der Normativität professioneller Theologie ist jedoch differenzierter zu beleuchten.

1. Das bereichsspezifische Wissen, um das es geht, leitet sich wesentlich aus der wissenschaftlichen Theologie ab. Das ist in der Kindertheologie unbestritten. Wesentlich ist hier die Differenzierung zwischen entscheidbaren und unentscheidbaren Fragen. Bei den unentscheidbaren Fragen, die jeder für sich entscheiden muss, also etwa den Fragen nach der Wirklichkeit Gottes oder dem postmortalen Ergehen (Oberthür 1995a), kann die wissenschaftliche Theologie Gesprächsangebote machen, darf aber keine normativen Setzungen vornehmen. In entscheidbaren Fragen, die entschieden sind und bei denen es – vereinfacht gesagt – um »kristallisiertes«, kulturell geprägtes Wissen geht, brauchen Kinder die normative Orientierung der wissenschaftlichen Theologie.

2. Die professionelle wissenschaftliche Theologie wirkt zwangsläufig *implizit* normativ. Christian Butt fragt zu Recht an,

»ob nicht gerade die Sprach- und Denktradition der wissenschaftlichen Theologie als *alleinige* Rahmenkonzeption die postulierte Offenheit für die kindertheologischen Äußerungen und Gedanken ausschließt und von vornherein unmöglich macht. Es bleibt fraglich, ob die Fachtheologie normativ wirkt, indem sie Denken und Sprache vorgibt und so zum einzigen Maßstab wird« (Butt 2009, 272).

In der Tat: In diesem Sinn wirkt die professionelle Fachtheologie unweigerlich normativ. Denn sie entscheidet maßgeblich darüber, wie ich naive Theorien im Bereich der Theologie wahrnehme, was ich als relevant erachte. Eine zu enge Kopplung von professioneller wissenschaftlicher Theologie und Kindertheologie läuft daher Gefahr, dem eigenen Verstehen der Kinder, ihren naiven Theorien, nur zum Teil gerecht zu werden. Hieraus ergibt sich die Notwendigkeit, andere Rahmenkonzeptionen wie z.B. die Psychologie und die Soziologie einzubeziehen, wie es Untersuchungen zu religiösen »Alltagstheorien« tun (Schramm 2008).

In die Frage nach dem Verhältnis von naiver Theorie, erwachsener Expertentheorie (Alltagstheorie) und professioneller Theorie spielt in der Theologie eine weitere Frage hinein, die eine lange Tradition hat: die Frage nach dem Verhältnis von »natürlicher Theologie« und »Offenbarungstheologie«. In unserem Zusammenhang ist interessant, wie sich »typische« Kinderfragen und -äußerungen zur christlichen Theologie verhalten. Ist Kindertheologie »natürliche Theologie«? Orth und Hanisch stellen durchaus

»Strukturähnlichkeiten [fest] zwischen den theologischen Aussagen der Kinder zur Gottesfrage und solchen theologischen Problemen, die die wissenschaftliche Theologie in ihrer Geschichte in diesem Zusammenhang bearbeitet hat« (1998, 316).

Friedrich Schweitzer spricht sich dafür aus, nur solche Themen aus dem klassischen Repertoire der Theologie mit Kindern zu diskutieren, die in ihrem eigenen Fragehorizont vorkommen. Er nennt in diesem Zusammenhang:

»1. Wer bin ich und wer darf ich sein? – Die Frage nach mir selbst.
2. Warum musst du sterben? – Die Frage nach dem Sinn des Ganzen.
3. Wo finde ich Schutz und Geborgenheit? – Die Frage nach Gott.
4. Warum soll ich andere gerecht behandeln? – Die Frage nach dem Grund ethischen Handelns.
5. Warum glauben manche Kinder an Allah? – Die Frage nach der Religion der anderen« (Schweitzer 2011, 49–50).

Dazu passt, dass nach Rainer Oberthür Fragen nach der »Existenz und Wirklichkeit Gottes« zu den »großen Fragen« der Kinder gehören (Oberthür 1995a, 16). Überblickt man die weiteren von Oberthür genannten Themenkomplexe (»Fragen nach der [eigenen] Identität«, »Geheimnisse des Unendlichen / Unvorstellbaren«, »Probleme des Zusammenlebens«, »Zukunftsängste«, »Trauer, Krankheit, Leiden, Sterben und Tod«, »Leben nach dem Tod« und »Die Entstehung von Sprache«; Oberthür 1995a, 14–16), und gleicht sie ab mit den großen Themenbereichen der christlichen Theologie, so fällt auf, dass sich Ethik und Eschatologie recht gut abbilden lassen, insbesondere der Bereich der Christologie jedoch explizit nicht vorkommt. Insofern gilt es zu fragen, inwiefern christologische Traditionen und biblische Geschichten Fragen und Einsichten der Kinder anreichern und weiterführen können – ohne »fertige« Lösungen zu präsentieren (Büttner 2007b, 227 unter Verweis auf Fricke 2005, 387ff.).

Was kann das heißen? Unsere Darstellungen zu inhaltsbezogenen Kompetenzen orientieren sich durchaus an den klassischen Loci der Theologie – einschließlich solcher, die sich nach Schweitzer aus didaktischen Gründen nicht für die Thematisierung im Religionsunterricht eignen:

– Weltbild
– Bibel
– Gott
– Jesus Christus
– Mensch
– Religionen

Wichtig scheint uns nun die *Art* der Darstellung. Der Pädagoge Horst Rumpf bemerkt in einem historischen Rückblick auf Schulbücher des Physikunterrichts:

> »Was Produkt einer großen Weltneugierde bei den genuinen Naturforschern der Neuzeit war (vgl. Blumenberg 1966, 207.301ff.), das wird – der Tendenz nach – im allgemeinen Schulunterricht in die Form von einer Art säkularisiertem Katechismus gebracht; dann wird es, in einer Art Intentionsumkehr, leicht zu einem Medium der Dämpfung von neugierigen Vergleichen zwischen eigenen Erfahrungen und von der Wissenschaft gefundenen, infolgedessen für wahr zu haltenden Lehrsätzen. Das Subjekt – in Konfrontation mit Wissensergebnissen – lernt, seine Neugier stillzustellen, um zur Kenntnis zu nehmen. Es ist das eine Grundschwierigkeit jeden wissenschaftsorientierten Unterrichts, auch in den sogenannten Geistes- und Sozialwissenschaften, der es ja mit Anfängen zu tun hat – die, beschleunigt, auf die Spur der von dieser Wissenschaft für recht befundenen Ergebnisse gebracht werden sollen« (1988, 120–121).

Rumpf beschreibt damit u.a. die Gefahr eines »katechismusartigen« Unterrichts, der theologische Lehrsätze als gegeben präsentiert. Im Sinne Rumpfs sollen die Kinder und Jugendlichen im Religionsunterricht neugierig gemacht werden, indem ihnen christliche Inhalte in ihrer Offenheit und Konflikträchtigkeit präsentiert werden. Das kann bedeuten, dass »häretische« Positionen gleichberechtigt zur Sprache kommen, so dass die Schülerinnen und Schüler gleichsam in eine Zeit zurückversetzt werden, in der über die »Richtigkeit« bestimmter Überzeugungen noch nicht entschieden war (Entdeckungszusammenhang; Kap. 1.1), – oder dass innerchristliche Divergenzen explizit thematisiert werden. Wir haben bereits darauf hingewiesen, dass wir neben dem Entdeckungs- und dem Begründungszusammenhang einer Thematik den Aspekt der Kommunikation für wesentlich halten: Positionen aus der christlichen Tradition kommen (gleichberechtigt) neben Positionen von Schülerinnen und Schülern zu stehen.

Theologisches Fachwissen ist demnach so in inhaltsbezogenen Kompetenzen zu verorten, dass Kinder und Jugendliche im Sinne eines forschenden Lernens zu eigenständigem Denken ermutigt werden (Kraft/Roose 2011, 85–86). Die einzelnen Kapitel zu den inhaltsbezogenen Kompetenzen benennen in diesem Sinne nach einem anschaulichen Beispiel allgemeine bzw. kulturelle Aspekte des Themas, anschließend theologische, entwicklungspsychologische und religionsdidaktische Aspekte und abschließend einzelne Niveaukonkretisierungen.

3. Formale Kompetenzen des RU

Liest man das erste Kapitel dieses Buches, dann wird deutlich, dass in der Kompetenzdiskussion nicht immer klar zwischen formalen und inhaltlichen Kompetenzen unterschieden wird. Wir tun dies explizit. Die vergleichsweise starke Betonung der *formalen* Kompetenzen ergibt sich aus der Logik von Studien wie PISA, auch wenn diese den Religionsunterricht explizit gar nicht betreffen. Damit verbunden ist aber die Verortung des RU im Bildungsangebot der Schule. Am Beispiel der »Literacy« hatten wir darauf hingewiesen, dass der RU selbstverständlich auf die zu erwerbende bzw. erworbene Lesefähigkeit der Schüler/innen angewiesen ist und auf diese aufbaut. Gleichzeitig muss er sich dann aber auch dafür verantwortlich zeigen, dass diese Kompetenz im RU gefördert wird. Dies ist so selbstverständlich nicht, wenn es etwa darum geht, auch im RU auf die richtige Orthografie zu achten. Betrachtet man die Geschichte des RU, dann wird deutlich, dass es dort in der Regel vorrangig um den Erwerb und die Sicherung der Inhalte ging – z.B. durch Strategien des Memorierens (Schnepper 2012). Die Fokussierung eines entsprechenden Verhaltens ist wohl ein Produkt der Reformdebatte der 70er Jahre des letzten Jahrhunderts. Da die Lernzieldiskussion auf dem *Behaviorismus* gegründet war, rückte zwangsläufig messbares *Verhalten* in den Vordergrund. Diese Sichtweise ließ sich verbinden mit einem neuen Blick auf Theologie. Hatte der Protestantismus immer die Betonung auf den *Glauben* gelegt und *Werke* skeptisch beäugt, so veränderte sich diese Sichtweise durch eine Tendenz zu einer politisch motivierten *Ethisierung*. Die Theologie nahm jetzt Menschen in ihren Fokus, deren Christsein auf den ersten Blick gar nicht sichtbar wurde – als »Religionslose« (Bonhoeffer) oder »anonyme Christen« (Rahner). Für den RU bedeutete das, dass sich der »problemorientierte« RU weitgehend am Moralcode orientierte – bestimmt von der Frage nach dem erwünschten Verhalten, z.B. in den Bereichen Frieden, Umwelt, Gerechtigkeit. Die Inhalte des RU erhielten einen funktionalen Charakter – ihr Bildungswert erschloss sich aus ihrer möglichen Bedeutung für das Erreichen einer erwünschten Verhaltensänderung. Besonders prononciert begegnete diese Haltung beim Entwurf eines »sozialisationsbegleitenden« oder »therapeutischen« RU. Wenn Dieter Stoodt (1975) vom »Religionsunterricht als

Interaktion« spricht, dann wird deutlich, dass hier der Inhalt thematisch hinter bestimmten Kommunikationsmodi zurücktritt und auch die Kompetenzen eher im Verhalten als im Bereich des Wissens liegen.

Wenn wir an dies erinnern, dann deshalb, um den Status unserer formalen Kompetenzen nochmals genauer zu bestimmen. Es geht uns hier um Facetten von Religion – in unserem Falle christlicher Religion mit einem besonderen Akzent auf der evangelischen Variante. Diese Facetten sind Voraussetzung, Begleitaspekt und Konsequenz einer bestimmten inhaltlichen Ausrichtung, wie wir sie in Kapitel 2 erläutert haben. Diese Aspekte teilt Religion allerdings mit anderen Fächern. Wer gut mit Geschichten umgehen kann, profitiert davon in Fächern wie Deutsch und Geschichte – aber eben auch in Religion. Von daher haben alle formalen Kompetenzen eine allgemeine Seite, die sie mit anderen Fächern teilen. Tauchen sie im RU auf, dann bekommen sie zwangsläufig eine eigene Färbung. Man kann die spezifisch christliche Spiritualität nur bedingt von der allgemeinen »ableiten« – allerdings explizit theologisch begründen. Wenn wir die folgenden Teilkapitel also immer in dem Zweischritt ›allgemeine bzw. pädagogische Bedeutung‹ hin zur ›theologischen bzw. religionspädagogischen Bedeutung‹ gehen, dann gilt es dies zu beachten. Der schulische Kontext setzt den Rahmen, die inhaltliche Bestimmung muss von der Theologie bzw. Religionspädagogik aus erfolgen. Wir präsentieren die folgenden Teilkapitel gemäß der im letzten Kapitel erläuterten Reihenfolge: Spiritualität, Performativität, Diskursivität, Narrativität, Literacy, Moralität, Medialität und Ästhetik.

3.1 Spiritualität

Ein Erwachsener erinnert sich an eine Episode aus seinem vierten Lebensjahr:

> »Ich erinnere mich daran, eine kleine Sackgasse hinter unserem Haus in Shropshire entlanggegangen zu sein. Die Sonne schien und ich ging diesen staubigen Weg entlang, als ich mir plötzlich der Dinge um mich herum bewusst wurde. Ich nahm links von mir ein Büschel Löwenzahn wahr, das neben einer Steinmauer wuchs. Die meisten von ihnen standen in voller Blüte, ihre goldenen Köpfe wurden von der Sonne angestrahlt und plötzlich überkam mich ein außergewöhnliches Gefühl von Wunder und Freude. Es war so, als ob ich Teil dieser Blumen und Steine und staubiger Erde gewesen wäre. Ich konnte das Pulsieren des Löwenzahns im Sonnenlicht spüren und empfand eine zeitlose Einheit mit allem Leben.« (Robinson 1977, 49, zit. n. Freudenreich 2011, 21f.)

3.1.1 Fachübergreifende Aspekte

3.1.1.1 Kulturelle Aspekte

Für viele Menschen sind Erfahrungen wie die oben geschilderte gar nicht so selten. Es liegt offenbar in der menschlichen Grundausstattung, dass wir in der Lage sind, über das unmittelbar Sichtbare hinaus zumindest zeitweise etwas von dem wahrnehmen zu können, was dieses Offensichtliche übersteigt, d.h. transzendiert. Im Angelsächsischen hat sich für diese Dimension der Wirklichkeit der Begriff der Spiritualität (*spirituality*) durchgesetzt. Er ist breit anerkannt und ersetzt z.T. den der Religion. Im Deutschen erfolgt seine Rezeption eher etwas schleppend, weil Spiritualität hier zunächst einmal weniger für ein breites Spektrum der Erfahrung steht als – besonders in katholischer Tradition – für einen besonderen Frömmigkeitsmodus, der z.B. durch Exerzitien eingeübt werden kann. Interessant ist die Konnotation, die der Begriff im US-amerikanischen und im deutschen Kontext hat. Demnach bezeichnen sich in den USA < 10% als religiös, aber nicht spirituell, > 60% als spirituell und religiös, < 20% als spirituell, aber nicht religiös und < 10% als weder spirituell noch religiös (Marler/Hadaway 2002). Dem gegenüber liegen die deutschen Spiritualitätswerte deutlich niedriger (Streib 2013).

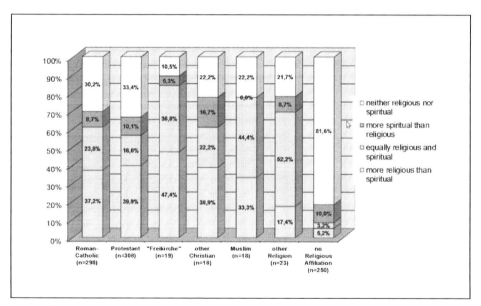

Spirituelle und religiöse Selbstbezeichnungen und religiöse Zugehörigkeit in Deutschland nach dem Religionsmonitor 2008 (Streib 2013)

Jenseits dieser Bewertung erweist sich Spiritualität als ein materiell fassbares Phänomen, seitdem es gelungen ist, bestimmte religiös-spirituelle Grunderfahrungen wie Gebet und Meditation bestimmten Gehirnarealen zuzuordnen und dort nachzuweisen (Newberg u.a. 2003, 9ff.). Doch scheint der Bereich der Intensiverfahrungen deutlich weiter zu gehen. Er umfasst ein Sich-Verlieren in einer Tätigkeit und ein damit einhergehendes Gefühl des Wohlbefindens. Mihaly Csikszentmihalyi (2000) zeigt dieses Flow-Erlebnis anhand von Schachspiel, Klettern, Rock-Tanz und Arbeit und überschreitet damit deutlich den religiös konnotierten Raum. Man kann leicht erkennen, dass es zum Wesen des Spiritualitätsbegriffs gehört, dass er eher inklusivistisch konstruiert ist und damit verschiedene Aspekte umfassen kann.

3.1.1.2 Pädagogische Aspekte

In unserem Kontext sind zwei Linien interessant, die sich beide bei Maria Montessori (1976, 69f.) finden lassen. Sie hat beim intensiven Spiel der Kinder Flow-Phänomene ausgemacht:

> »Zu Anfang beobachtete ich die Kleine, ohne sie zu stören, und begann zu zählen, wie oft sie die Übung wiederholte, aber dann, als ich sah, daß sie sehr lange damit fortfuhr, nahm ich das Stühlchen, auf dem sie saß, und stellte Stühlchen und Mädchen auf den Tisch; die Kleine sammelte schnell ihr Steckspiel auf, stellte den Holzblock auf die Armlehnen des kleinen Sessels, legte sich die Zylinder in den Schoß und fuhr mit ihrer Arbeit fort. Da forderte ich alle Kinder auf zu singen; sie sangen, aber das Mädchen fuhr unbeirrt fort, seine Übung zu wiederholen, auch nachdem das kurze Lied beendet war. Ich hatte 44 Übungen gezählt; und als es endlich aufhörte, tat es dies unabhängig von den Anreizen der Umgebung, die es hätten stören können; und das Mädchen schaute zufrieden um sich, als erwachte es aus einem erholsamen Schlaf.«

Durch Stille-Übungen hat sie solche Erfahrungen weiter gefördert (Berg 1994). Auf der anderen Seite hat sie die Grundlage einer erlebnishaften religiösen Erziehung gelegt (Montessori 1964), was eine breite weiterführende Rezeption erfuhr (s.u.). In Großbritannien gab es eine intensive Diskussion, wie sich Elemente einer »ganzheitlichen Erziehung« in der Schulentwicklung niederschlagen könnten – unter dem Stichwort der Spiritualität. So heißt es in einem Dokument von 2004 (Freudenreich 2011, 113f.):

> »Die spirituelle Entwicklung ist die Entwicklung des nicht-materiellen Lebenselementes eines menschlichen Wesens, welches uns mit Leben füllt und uns stärkt, und – abhängig von unserem Standpunkt – nach dem Tod entweder endet oder in irgend einer Form andauert. Es handelt sich dabei um die Entwicklung eines Identitätsgefühls, des Selbstwertes, persönlicher Einsichten, von Sinn und Zweck. Es handelt von der

Entwicklung des ›Geistes‹ der Schülerinnen und Schüler. Manche nennen es auch die Entwicklung der ›Seele‹ der Schülerinnen und Schüler, andere beschreiben dies als die Entwicklung der ›Persönlichkeit‹ und des ›Charakters‹.«

Es ist deutlich, dass wir hier einen *Container-Begriff* vor uns haben, ähnlich dem der *Ganzheitlichkeit.* Immerhin konnte Rebecca Nye bei ihren Untersuchungen mit Grundschüler/innen empirisch bestimmte Charakteristika ausmachen und hat auch ein Entwicklungsmodell angedeutet.

Sie geht davon aus, »dass Spiritualität eine Kategorie darstelle, die der Religion übergeordnet sei, die also weiter als diese gefasst sei« (Hay / Nye 1998, zit. nach Freudenreich 2011, 34).

Nye »arbeitete mit Kindern aus zwei Altersstufen: Die jüngeren Kinder waren 6 bis 7 Jahre alt und die älteren 10 bis 12 Jahre« (2009, 56). Sie besuchten Grundschulen in Birmingham und Nottingham und stammten überwiegend aus der unteren Mittelschicht. Die meisten der 38 Kinder hatten einen säkularen Hintergrund (56f.):

»In der Gruppe der jüngeren Kinder waren ein muslimisches Mädchen, ein römisch-katholisches Mädchen und je ein Mädchen und ein Junge, die der Kirche von England angehörten. In der Gruppe der älteren Kinder gehörten zwei Mädchen der Kirche von England an, ein Mädchen und zwei Jungen waren muslimischen Glaubens und ein Junge war römisch-katholisch. Alle anderen Kinder gehörten keiner Glaubensrichtung an.«

Interessanterweise sprach ein Großteil der Kinder explizit religiöse Themen an, wie die folgenden Beispiele zeigen (60f.):

Der sechsjährige John »berichtet von einem Erlebnis, bei dem er dem Heiligen Geist begegnet sei: ›Nun einmal ging ich mm … und ich sah diesen wie ein Bischof aussehenden Außerirdischen. Ich sagte; ‚Wer bist du?‘ Und er sagte; ‚Ich bin der Heilige Geist.‘ Ich glaube, dass er tatsächlich der Heilige Geist war.‹«
Erschrocken habe John seine Mutter herbeigerufen. Diese habe ihm erklärt, dass der Heilige Geist wie ein Feuerball aussehe. John aber blieb bei seiner Version. Denn er sagte: ›Ich fühle den Heiligen Geist oft in mir […]‹
Yasmin, ein sechsjähriges muslimisches Mädchen ist sich […] sicher zu wissen, wann sich ein Engel in ihrer Nähe befindet. Der Grund dafür ist ganz einfach: ›Sie sind so zart, … sanft …, man würde sie im Geist sehen können.‹

Die spirituelle Dimension identifiziert Rebecca Nye bei bestimmten Themen an der Haltung bzw. dem Tonfall der Kinder, z.B. bei Themen wie Freundschaft und Versöhnung (77). Als Schlüsselbegriff ihrer Untersuchung arbeitet sie in ihrer Auswertung das »Beziehungsbewusstsein« (*connectedness*) heraus (83):

»Der Begriff ›Beziehungsbewusstsein‹ geht darauf zurück, dass in dem gewonnenen Datenmaterial das Phänomen kindlicher Spiritualität dann auftritt, wenn (a) die Gesprächspassage im Vergleich zu den übrigen ›eine ungewöhnlich starke Bewusstheit (*consciousness*) oder Perzeption (*perceptiveness*) aufweist (verglichen mit anderen Passagen) und (b) ihr Inhalt sich darauf bezieht, wie das Kind sich selbst in seinem Verhältnis zu anderen, zu sich selbst, zu Gott oder zur Umwelt sieht.‹«

Dieses »Beziehungsbewusstsein« umfasst und verbindet offensichtlich eine intensive Erfahrung der Welt und die Wahrnehmung einer religiösen Dimension (85f.).

Nye *verknüpft* ihre Beobachtung mit der Fähigkeit der Kinder, sich imaginativ in andere hinein-zuversetzen. Im Hinblick auf die Entwicklung entwirft sie das folgende Schema (2009, 86f.):

Die jüngsten Kinder: 0–3	Das Kleinkind: (ca. 3–6)	Das ältere Kind: (ca. 7+)
– Bedeutung der Körperwahrnehmung, z.B. beim Gestreichelt-Werden – Gespür für das Hier und Jetzt – »Ozeanisches Gefühl« (Freud) – Erfahrungen des Vertrauens (z.B. Trost durch die Beziehungsperson)	– Zentrale Bedeutung des Gefühls. Auseinandersetzung mit Macht, Schuld etc. Religiöse Begrifflichkeit wird als hilfreich empfunden – mehr für die emotionale als für die intellektuelle Bearbeitung. – »Ganzheitliche« Sicht – Das »Dass« des Glaubens ist wichtiger als das »Wie« – Zugang zu Gott ohne begriffliche o.ä. Voraussetzungen und Einschränkungen – Affinität zu bildhaften Vorstellungen	– Gesteigerte Wahrnehmung des »inneren Erlebens« – Wahrnehmung des eigenen Bewusstseins – Verfügt über ein moralisches Bewertungssystem – Interesse an Sprache und Kategorisierungen – Spirituelle Inhalte können artikuliert werden – Fragen können formuliert werden – Komplexe Dinge können durch Geschichten ausgedrückt werden

Rebecca Nyes Tabelle suggeriert, dass es einen Fortschritt der Spiritualität gibt, und Anton Bucher (2007, 61) präsentiert ein Modell, das sich an die bekannten Stufenmodelle der Entwicklung anlehnt, dann aber noch einige »höhere« Stufen bereithält. Letzteres legt dann nahe, dass die expliziteren Wege der Spiritualität eher in reiferem Alter erreichbar seien. Dennoch ist dieses implizite Entwicklungsmodell die Voraussetzung dafür, dass wir überhaupt von Kompetenz sprechen können. Das geflügelte Wort von der »religiösen Unmusikalität« bedeutet ja zweierlei: einmal, dass es so etwas wie angeborenes oder fehlendes Talent gäbe, andererseits kann man daraus aber auch ableiten, dass eine angemessene Belehrung zur rechten Zeit dieser Unmusikalität zumindest in Maßen abhelfen könne. Dazu ist es aber nötig, die emphatischen Forderungen, wie sie uns in dem Text aus England entgegentreten, zumindest ein Stück weit zu operationalisieren. Was kann Schule tun, um Spiritualität zu vermitteln? Vor allem Grundschulen haben hier – nicht zuletzt in der Tradition Maria Montessoris – einiges an Schulkultur etabliert, was in diese Richtung geht. Wir wollen dies hier konzentriert diskutieren am Beispiel »Stilleübungen«. Eva-Maria Bauer (1994, 211) schreibt:

> »Neben der atmosphärischen Ausrichtung ist die Vorbereitung des Leibes von großer Bedeutung. Während die Kinder im Kreis sitzen, achten wir auf eine aufrechte Haltung, stabiles Sitzen auf den ›Sitzhöckern‹ sowie viel Freiheit im Brust-Bauch-Bereich, Arme und Beine sollten eine Ruhelage finden. Der Atemrhythmus miteinbezogen werden.«

Diese »Grundübung« kann dann ihre Fortsetzung finden in Übungen zur Sinneswahrnehmung und zur Bewegung. Es fällt auf, dass sich diese Übungen in vielem mit solchen zur ästhetischen Wahrnehmung decken. So schreibt Eckart Liebau (2007, 106):

> »Wesentlich für die Entwicklungsprozesse sind […] einerseits die objektiven Reize, also die objektive Qualität der Umgebung, auf die das Kind in seiner Entwicklung trifft; entscheidend ist aber vor allem, welche subjektive Bedeutung diese Reize gewinnen (können)«.

Er zitiert in diesem Kontext Bollnow (1988, 31):

> »Erst durch das Hören von Musik wird das Ohr zu einem für die Schönheit der Musik empfindlichen Organ. Erst durch das Betrachten der Werke der bildenden Kunst wird das Auge zu einem für die Schönheit der Form und der Farbe aufgeschlossenen Organ.«

Das Problem unseres Schulsystems liegt wohl vor allem darin, dass die zahlreichen Ansätze zur Spiritualitätserziehung in den Sekundarstufen wenig Weiterführung erfahren. Dabei erweisen sich solche Angebote dort, wo sie praktiziert werden, durchaus als akzeptiert und erfolgreich. Mit Fächern wie Sport und Musik geht es hier für den RU um die Förderung einer Haltung, die jenseits der Tendenz zur *extensiven* Außenlenkung und Kommunikation ein Gespür für *Intensität* entwickeln hilft. Mit dem Einüben von Stillephasen wird überhaupt erst die Möglichkeit von intensiver Wahrnehmung und von »Andacht« möglich. Hier lassen sich auch

Operationalisierungen vornehmen, etwa über eine bestimmte Zeit *Stille aushalten zu können und danach über diese Erfahrung zu reden.*

3.1.2 Fachspezifische Aspekte

3.1.2.1 Kulturelle Aspekte

Für den Religionsunterricht kommt der Spiritualität natürlich noch eine andere Qualität zu. Er ist einerseits der Ort, an dem es möglich sein sollte, über lebensgeschichtlich bedeutsame Erfahrungen zu reden, besonders dann, wenn sie sich im weitesten Sinne religiös deuten lassen. Im Rückgriff auf Niklas Luhmann halten wir es für die zentrale Aufgabe im Hinblick auf alle Unterrichtsthemen, die Leitdifferenz Immanenz / Transzendenz heranzuziehen. Für die Fragestellung »Spiritualität« würde dies bedeuten, einerseits im Sinne des performativen RU die Begegnung mit Räumen und Inszenierungen zu ermöglichen, die im Deutehorizont der Kirche und des Christentums symbolisch für Gott und seine Präsenz hier bei uns stehen: Kirchen, Gebete, liturgische Elemente. Andererseits geht es darum, solche Erfahrungen der Kinder mit Sprache zu versehen. Spirituelle Kompetenz könnte dann bedeuten: A*uskunft geben können, in welchen Situationen, Räumen oder bei welchem Erleben Gottes Nähe besonders spürbar war bzw. ist.* Was damit gemeint sein könnte, möchten wir mit einem Beispiel Rebecca Nyes zeigen:

Der sechsjährige John bittet seine Mutter, sie möge doch mit ihm zur Kirche gehen (Hay / Nye 1998, 102):

> »And we did it and … I prayed … and after that praying … I knew that god was on my side. And I heard him in my mind say this: ›I am with you. Every step you go. The Lord is with you. May sins be forgiven.‹«

Gibt es ein religionspädagogisches Programm, das den hier angesprochenen Aspekt zwischen ästhetischer und performativer Bildung beschreiben kann? Wir sehen es in zwei Richtungen, einmal in der spezifischen Weiterführung der *Montessori-Tradition* und im Konzept eines *Mystagogischen Lernens.*

3.1.2.2 Religionspädagogische Aspekte

3.1.2.2.1 Montessori-Tradition
Bieten die »normalen« Angebote der Montessori-Tradition für die Kinder den Anlass zu einer vertieften Beschäftigung und einer entsprechenden Konzentration

im Sinne des oben Gesagten, so manifestiert sich der »religiöse« Charakter in der spezifischen Gestalt der angebotenen Materialien (Pütz 2005, 172):

> »Das ›Atrium‹ ist ein religiös-kirchlich gestalteter Raum, in dem Kindern die Möglichkeit gegeben wird, christliche Bräuche nachzuvollziehen. Dementsprechend sind christlich-liturgische Gegenstände Bestandteil der vorbereiteten Umgebung.«

Dieses Konzept hat nun in drei Richtungen eine Weiterführung erfahren. Im angelsächsischen Raum reüssiert, vermittelt durch die Montessori-Schülerin Sofia Cavalletti (1994), das Konzept einer »Catechesis of the Good Shepherd« (Lillig 2004). Beide gehen davon aus, dass das Kind bei der Beschäftigung mit Artefakten christlich-religiöser Natur einerseits die intensive Spiel- bzw. Arbeitserfahrung macht, diese aber mit spezifischen Inhalten konnotiert. Eine Weiterführung des Konzeptes auf interreligiöser Basis findet sich dann in dem Ansatz von »A Gift to the Child« (Grimmitt u.a. 1991). Hier werden neben christlichen Artefakten solche aus außerchristlichen Religionen mit ins Spiel gebracht. Wieder ist eine spirituelle Dimension verbunden mit einer wissensakzentuierten. Ausgehend von Cavalletti entwarf auch der US-Amerikaner Jerome Berryman (1999) eine stärker bibelorientierte Variante unter dem Stichwort »Godly Play«. Godly Play ist eine Form der außerschulischen religiösen Arbeit mit Kindern, die aus der amerikanischen Sonntagsschulbewegung kommt und in Europa zunehmend Zuspruch findet, z.T. auch im RU (z.B. Schweiker 2004). In einem stark ritualisierten Setting beginnt Godly Play mit dem Erzählen einer biblischen Geschichte, einer »Wondering-Phase« als Abschluss, anschließendem Freispiel und einem kleinen liturgischen Abschied mit Essen und Gebet. Martin Steinhäuser (2007), einer der deutschen Protagonisten dieses Ansatzes, gibt zum Ablauf der beiden letzten Phasen einer Godly-Play-Einheit einige Beobachtungen wieder:

> »Die Kinder schaffen sich einen eigenen Arbeitsbereich, der (nach außen) von allen anderen im Raum respektiert wird und (nach innen) einen geschützten »Raum im Raum« bildet. Dies sind unerlässliche Voraussetzungen dafür, dass sich die Kinder so in ihre Beschäftigung vertiefen können [… Das Mädchen auf dem Bild] wirkt ganz bei sich selbst, probiert verschiedene Konstellationen der Figuren aus und lässt sich dabei viel Zeit. Immer wieder hält sie an und betrachtet ihre Arbeit. In der Montessori-Pädagogik wird diese vertiefte Konzentration »Polarisation der Aufmerksamkeit« genannt. Kehren die Kinder »zurück« aus diesem Zustand, strahlen sie oft eine tiefe Zufriedenheit aus, eine erstaunliche innere Ruhe. Es gehört zu den faszinierenden Wahrnehmungen von Godly Play, wie die unterschiedlichen Phasen im Prozess jeder Stunde der Binnendifferenzierung der Gruppe entgegenkommen, indem sie unterschiedliche Gelegenheiten zum Sich-Versenken anbieten. Nach meiner persönlichen Erfahrung geschieht

dies spätestens in der vierten Phase, beim sog. »Fest«, wenn alle im Kreis ein Glas zu trinken und eine Kleinigkeit zu essen auf Servietten vor sich haben und manche die Einladung zum stillen oder gesprochenen Gebet nutzen.«

Wir stoßen im Zusammenhang mit Godly Play bei Maria Montessori auf ein Spiritualitätskonzept, das eindeutig christliche Wurzeln hat. Wir begegnen also mit den hier vorgestellten Ansätzen einer Tradition von Spiritualität, die eingebettet ist in spezifische, christlich bestimmte Praxisformen, deren Wirkmächtigkeit offenbar auf Mechanismen beruht, wie wir sie aus der Montessori-Pädagogik kennen.

3.1.2.2.2 Mystagogisches Lernen

Der schillernde Begriff orientiert sich am Wortgebrauch bei Karl Rahner. Dabei geht es um das »Aufdecken einer eigenen, häufig verschütteten Gotteserfahrung« (Mendl 2011, 165). Man kann nun an diesen Begriff zahlreiche religionspädagogische Praxen anschließen. Mirjam Schambeck (2001) sieht zahlreiche Themen und Zugangsweisen als Varianten dieses »mystagogischen Lernens«. Wir skizzieren hier eine, die wir in den Spiritualitätsdiskurs einreihen können (382):

»Die Mädchen und Jungen eines achten Schuljahres stehen im Kreis. Am andern Ende des Raumes befindet sich ein siebengängiges Labyrinth, das aus Seilen gelegt wurde. Zur Musik [...] beginnen sie sich zu bewegen, indem sie an den Händen gefasst den Sitzkreis verlassen und sich bei ihren Schritten auf den Rhythmus der Musik einlassen. Weite und enge Bewegungen, spiralförmige und weit kreisende Figuren, Diagonalen und Geraden wechseln die Bewegung ab und ermöglichen, Kontakt miteinander, mit dem Raum und mit dem Labyrinth aufzunehmen. Nachdem auch das Labyrinth mehrmals umkreist worden ist, versammeln sich alle im Halbkreis in der Nähe des Labyrintheingangs. Die Jugendlichen ›laufen‹ nun mit den Augen den Weg in die Mitte und wieder zurück zum Ein- bzw. Ausgang ab. Anschließend erhält jede/r ein Blatt Papier, auf dem dieselbe Labyrinthform abgebildet ist. Jetzt sollen sie mit Hilfe eines Fingers den Weg zur Mitte und wieder heraus zum Eingang abfahren. Erste Eindrücke werden in einer offenen Runde gesammelt: ›Der Weg zur Mitte ist sehr weit.‹ ›Ich hatte Angst, den Weg nicht zu finden. In der Mitte musste ich umkehren, um wieder herauszukommen.‹ Darauf folgt eine Phase, in der sich die Schüler/innen zunächst mit dem aufgezeichneten Labyrinth beschäftigen. Mit Wachsmalkreiden, Ölkreiden o.ä. sollen sie den Weg des Labyrinths gestalten, und zwar mit den Farben, die ihnen in den Sinn kommen, wenn sie an den Zeitraum des vergangenen Jahres denken. Daran schließt sich ein Austausch zu Zweien an. Die Jugendlichen formieren sich daraufhin wieder zum Kreis, stecken die farbigen Labyrinthblätter ein und machen sich erneut zur Musik auf den Weg, diesmal in das

Labyrinth aus Seilen. Wenn alle in der Mitte angekommen sind, bleibt eine Zeit des Verweilens und Stillhaltens. Beim Weg aus dem Labyrinth legen die Schüler/innen an der Stelle, die ihnen passend erscheint, ›ihr‹ Jahreslabyrinth nieder und versammeln sich dann wieder im Stuhlkreis.«

Die geschilderte Szene ist anschlussfähig an mehrere Aspekte des »mystagogischen Lernens«: Dabei geht es darum, dass »Schülerinnen und Schüler darüber sprechen, was sie in ihrem Leben als tragend oder auch als bruchstückhaft erleben« (377). »Erfahrungsdeutung als Dimension des mystagogischen Lernens meint eine Bewegung, die eigene Lebens-, Transzendenz- und Gotteserfahrungen in einen kritisch-produktiven Dialog mit den Erfahrungen des jüdisch-christlichen Glaubens zu bringen.« (380) Dabei werden im Idealfall »im Religionsunterricht Momente angelegt sein, die Schülerinnen und Schüler einladen, im Schweigen und Beten für die Gegenwart Gottes offen zu werden« (378).

3.1.2.2.3 Fazit

In der deutschen Diskussion um Kompetenzen fehlt das Stichwort *Spiritualität*. Gleichwohl spielen die hier zitierten Phänomene besonders in der Grundschuldidaktik eine Rolle. In der religionspädagogischen Diskussion ist man sich bewusst, dass ein Reden über Religion dann schwierig ist, wenn keinerlei spirituelle Erfahrungen vorhanden sind. Das Thema wird aber meist eher unter dem Stichwort der Performativität abgehandelt. Es gibt in der Tat Überschneidungen, auch mit dem Feld der ästhetischen Erziehung. Gleichwohl ist es einleuchtend, etwa in der Montessori-Tradition darauf zu achten, dass Schüler/innen nicht nur außengeleitet ihre Unterrichtsgegenstände abarbeiten, sondern auch innere Erfahrungen machen können und diese auch mit einer entsprechenden Semantik zu begleiten.

Der Religionsunterricht profitiert von einer solchen Schulkultur, trägt aber auch maßgeblich dazu bei – auch durch ein Angebot an Andachten, Gottesdiensten und Meditationen. Am explizitesten scheint uns das Thema Spiritualität im Programm eines *mystagogischen Lernens* konzeptionell erfasst zu sein, wenngleich hier viele Unschärfen bleiben. Dem eher katholischen Begriff entsprechen viele Aspekte dessen, was evangelischerseits unter dem Stichwort *Performativer RU* verhandelt wird. Neuerdings nimmt auch die evangelische Praktische Theologin Sabine Bobert (2010) diesen Faden auf und verbindet entsprechende Ansätze der frühen Kirche mit denen der pastoralen Begleitung. Am besten ausgearbeitet ist das gemeinte Programm einer Verbindung von Schulkultur und religiösem Lernen wohl immer noch im umfassenden Programm von Hubertus Halbfas (1997) und seiner Symboldidaktik – ein Rekurs, der sich auch bei Mirjam Schambeck findet.

3.2 Performativität

»Marsch, Fania, rückwärts lesen. Herr Timmler klopfte mit dem Zeigestock auf meinen Tisch, und ich las rückwärts, Buchstabe für Buchstabe. Es war schwierig, die deutsche Sprache ist nicht dafür gemacht, auf diese Weise gelesen zu werden, die Konsonanten drängelten und verstolperten sich, sie traten aufeinander herum und zerknautschten die Vokale. Wieder klopfte der Zeigestock von Herrn Timmler. Diesmal auf meinen Kopf. Halt, klopfte es, man versteht ja kein Wort. …

Rückwärts, Fania. Schnell. Los.

Ich sah vom Buch auf. Ich hatte doch getan, was er von mir verlangte, es war schwer genug gewesen.

Sein Stock trommelte auf meinen Kopf. Wort für Wort rückwärts lesen sollst du, und nicht dein Kauderwelsch.

Auf seinen schmalen Lippen lag getrockneter Schaum, Speichelbläschen sprühten ihm aus dem Mund und fielen auf die Buchstaben. Das nächste Wort war Efielschraah. Ich ließ die Buchstabenfamilie Sch bestehen, dort in der Mitte, als Knoten in der Haarschleife. H-c-s wäre vielleicht etwas Ungarisches oder Polnisches geworden, dachte ich. …

Aufhören, kommandierte er. Du bist zu dumm, Fania. Er wandte sich Annegret zu, neben mir. Lies du, sagte er, Fania ist zu dumm.

Annegret las, und ich hörte ihr zu. Es war genauso schrecklich wie neulich im Kino. Jemand hatte den Film rückwärts laufen lassen …

Und jetzt du, sagte Herr Timmler, sein graues Bauchgewölbe war mit ihm zur Tafel zurückgewichen. Ich gehorchte, und während ich las, jeden Satz rückwärts, Wort für Wort, war ich mir sicher, dass mich alle für verrückt halten mussten, weil ich nicht fähig gewesen war zu tun, was sie sofort begriffen hatten, als er es verlangte. Wort für Wort rückwärts. Völlig sinnlos. Seit damals ist es, glaube ich, dass ich nicht schreiben kann.« (Roggenkamp 2008, 56f.)

3.2.1 Fachübergreifende Aspekte

Fania gelingt es nicht, ihr Können in der Situation des ›Drankommens‹ zu zeigen. Sie versteht den Lehrer falsch und versucht sich an einer viel schwierigeren Aufgabe, an der sie dann mehr oder weniger scheitert. Performative Kompetenz kann in einem sehr allgemeinen Verständnis als »Ausdrucks- oder Präsentationskompetenz« verstanden werden. Das Können von Fania muss sich phänomenal verkörpern (vgl. Chomsky), sie muss es im konkreten Gebrauch vorzeigen können. In einer von den Theaterwissenschaften inspirierten Lesart lenkt die Performanz (als Performance) den Blick auf den *Vollzug* von Handlungen sowie auf ihre unmittelbare *Wirkung* (Fischer-Lichte 2002, 279). *Alle* Sprechakte gelten als »potentielle Inszenierungen« (Nestler 2011, 45), als *performances*. Pädagogisch gewendet geht es darum, sein Können in ›Vorführsituationen‹ möglichst gut ›rüberzubringen‹, sich gut vor anderen zu präsentieren. Fania fühlt sich bei ihrem Vortrag exponiert, sie ist sich der Mitschülerinnen und Mitschüler in dieser Situation bewusst und stellt Mutmaßungen darüber an, was die Klassenkameraden (Schlechtes) über sie denken. Sie steht gleichsam unfreiwillig auf einer Bühne und soll eine bestimmte Vorstellung abliefern.

Die Schulung der performativen Kompetenz im Sinne einer Darstellungs- und Präsentationskompetenz gehört inzwischen nach einhelliger pädagogischer Meinung zu den Kernaufgaben von Schule. Die hohe Gewichtung der performativen Kompetenz ist auch an Schulbüchern ablesbar, die entsprechende Methodenseiten enthalten (SpurenLesen 1, 257f.; SpurenLesen 2, 235f.; SpurenLesen 3, 282f.). Zu der Frage: »Wie trage ich ein Referat vor?« heißt es etwa:

> »Die Art, wie du vorträgst, trägt wesentlich dazu bei, wie gut dein Referat ankommt. Auf diese Punkte solltest du achten:
> 1. Alle müssen dich sehen können.
> 2. Sprich langsam, laut und deutlich.
> 3. Zeige deinen Zuhörern und Zuhörerinnen [etwa durch deine Körpersprache], dass du stolz auf dein Referat bist.« (SpurenLesen 2, 236)

Performanz im Kontext der Kulturwissenschaften, u.a. der Theater-, aber auch der Medienwissenschaften, fragt in einem sehr grundlegenden Sinn nach den phänomenalen Verkörperungsbedingungen von Sprechakten (Wirth 2002, 10). Denn: »Es gibt keine Sprache jenseits des raum-zeitlich situierten Vollzugs ihrer stimmlichen, schriftlichen oder gestischen Artikulation« (Krämer 2002, 331). Performanz soll nun »nicht mehr als einschränkende Bedingung [einer abgeleiteten Kompetenz im Sinne Chomskys], vielmehr als produktive Kraft in den Blick kommen« (329). Eine »Pädagogik des Performativen« (Wulf/Zirfas 2007) fokussiert die Inszenierung und Aufführung von Erziehungs- und Lernprozessen (Wulf 2008, 73):

> »Untersucht wird der Zusammenhang zwischen körperlichem und symbolischem Handeln. Im Mittelpunkt der Forschung stehen Erziehung und Lernen als Prozesse dramatischer Interaktionen, in denen sich körperliches und sprachliches Handeln überschneiden.«

Das heißt: Neben den Aspekten des Wissens, Könnens und Verhaltens soll die körperliche Seite des Lernens akzentuiert werden. Es geht (auch) um die Körperlichkeit des Sehens, des Sprechens, des Sich-Bewegens.

Anders profiliert ist Performanz im Kontext der Sprachphilosophie. Hier geht es nicht um »Performance« und die Frage nach den Verkörperungsbedingungen von Sprechakten und sozialen Praxen, sondern um Performativität und die Frage nach den Gelingensbedingungen von Sprechakten (Wirth 2002, 10). Performativität geht auf die Sprechakttheorie von Austin zurück. Er unterscheidet (ursprünglich) zwischen konstativen Beschreibungen von Zuständen, die wahr oder falsch sein können, und performativen Äußerungen, die soziale Tatsachen schaffen und gelingen oder missglücken können. Im Hintergrund steht Wittgensteins Sprachspielthese, »insbesondere seine Auffassung, dass die Bedeutung sprachlicher Äußerungen durch ihren Gebrauch bestimmt wird« (Wirth 2002, 10). Mit anderen Worten: Wer performativ spricht, tut / bewirkt damit etwas. Diese These ist pädagogisch von hoher Relevanz, denn sie weist auf das Problem der self-fulfilling prophecy hin: »Die handlungsleitende Kraft humanwissenschaftlicher Darstellungen bedarf einer genaueren Erörterung ihrer sich selbst erfüllenden, performativen Wirksamkeit« (Koch 1999, 22). Gleich zweimal stellt der Lehrer vor der Klasse Fania gegenüber fest: »Du bist zu dumm.« Diese Feststellung ist insofern performativ, als sie (vielleicht) bewirkt, dass Fania über Jahre hinweg eklatante Probleme mit der Rechtschreibung hat.

Wovon hängt das »Gelingen« performativer Sprechakte ab? – Von intentionalen und institutionellen Rahmenbedingungen. Die wissenschaftliche Diskussion kreist dabei insbesondere um die »Ernsthaftigkeit«, die Austin und Searle als essentielle Gelingensbedingung verstehen.

> »In einer ganz besonderen Weise sind performative Äußerungen unernst oder nichtig, wenn ein Schauspieler sie auf der Bühne tut oder wenn sie in einem Gedicht vorkommen oder wenn sie jemand zu sich selber sagt« (Austin 1979, 43).

Dieses Zitat ist vielleicht das meistdiskutierte bei Austin: Ist »der Szenenwechsel vom ernsten, pragmatischen Kontext zum unernsten Inszenierungskontext tatsächlich als Übergang von gelingenden zu nichtigen Sprechakten aufzufassen«? (Wirth 2002, 19) Pädagogisch ist diese Frage deshalb von Interesse, weil sie sich institutionell vor dem Hintergrund des Verhältnisses von »Schule« und »Leben« lesen lässt: (Inwiefern) ist Schule ein unernster Inszenierungskontext, in dem (alle) Sprechakte letztlich nichtig sind? Und was würde das für Schule und Unterricht bedeuten? In diesem Horizont stellen wir unterschiedliche Modellierungen des »Szenenwechsels« vor:

1. Habermas spricht von einer Virtualisierung der Weltbezüge in der poetischen Sprache, die die Interaktionsteilnehmer von den »handlungsfolgen-relevanten Verbindlichkeiten« entlastet (Habermas 1985, 236). Diese Verhältnisbestimmung ähnelt durchaus der folgenden zwischen unterrichtlicher und lebensweltlicher

Kommunikation: Schule ist »der Raum einer Proberealität. […] Schüler bewegen sich in aller Regel auf virtuelle Weise, gleichsam im Modus des ›als ob‹, in den unterrichtlichen Denkräumen. Sie wissen, dass sie, sobald sie sich im Unterricht befinden, aufgrund der Artifizialität und reflexiven Gebrochenheit, mit der das Leben der Schule nur zuhanden ist, experimentell zu denken haben« (Dressler 2012, 9f.). Schule erscheint als Moratorium des Lebensernstes, als Schutzraum, in dem Schülerinnen und Schüler probieren können, ohne die Folgen, die ihre Handlungen im Leben außerhalb der Schule hätten, tragen zu müssen.

2. Genette spricht im Zusammenhang mit fiktionalen Texten von »intrafiktionaler Authentizität« (1992, 62). Damit ist gemeint, dass die Rede der fiktiven Figuren »innerhalb ihres fiktionalen Universums durchaus ernsthaft ist« (62). Ernsthaft sei außerdem der Appell des Autors an seine Adressaten: Jede fiktive Äußerung sei ein ernsthafter »Appell an die imaginative Mitarbeit des Lesers« (49). Übertragen auf die Frage nach dem Verhältnis von Schule und Leben könnten wir im Anschluss an Genette sagen, dass Schülerinnen und Schüler in der Schule durchaus ernsthafte Gedanken äußern. Ihre Sprechakte sind also nicht einfach nichtig oder nur durch das entlastende Fehlen lebensweltlicher Konsequenzen charakterisiert. Die Schule samt ihrer Lehrkräfte ist ein ernsthafter Appell an die Schülerinnen und Schüler, sich Kompetenzen anzueignen – und es besteht die ernsthafte Hoffnung, dass sie das umso besser können, je mehr sie sich auf den Appell einlassen.

3. Goffman deutet den Szenenwechsel aus soziologischer Perspektive als modulierende Transformation, nicht als Entkräftung (1996, 55f.). Wir halten diesen Theorierahmen im Blick auf die noch darzustellende Diskussion um performativen Religionsunterricht für ausgesprochen fruchtbar. Goffmans Definition der Modulation sei daher ausführlich zitiert:

> »Wir können jetzt eine vollständige Definition der Modulation aufstellen:
>
> 1. Es handelt sich um eine systematische Transformation eines Materials, das bereits im Rahmen eines Deutungsschemas sinnvoll ist, ohne welches die Modulation sinnlos wäre.
> 2. Es wird vorausgesetzt, dass die Beteiligten wissen und offen aussprechen, dass eine systematische Umwandlung erfolgt, die das, was in ihren Augen vor sich geht, grundlegend neubestimmt.
> 3. Es gibt Hinweise darauf, wann die Transformation beginnen und enden soll, nämlich zeitliche ›Klammern‹, auf deren Wirkungsbereich die Transformation beschränkt sein soll. Entsprechend zeigen räumliche Klammern gewöhnlich das Gebiet an, auf das sich die Modulation in dem betreffenden Fall erstrecken soll.
> 4. Die Modulation ist nicht auf bestimmte Ereignisse beschränkt, die unter bestimmten Blickwinkeln gesehen werden. Ganz so, wie man völlig zweckorientierte Handlun-

gen spielen kann, etwa die Tätigkeit eines Zimmermanns, kann man auch Rituale spielen wie Hochzeitszeremonien [...].

5. Für die Beteiligten erscheint etwa das Spielen eines Kampfes und das Herumspielen mit Damesteinen weitgehend als das gleiche – ganz anders, als wenn diese beiden Tätigkeiten im Ernst ausgeführt werden. Die einer bestimmten Modulation entsprechende systematische Transformation verändert die entsprechende Tätigkeit vielleicht nur geringfügig, doch sie verändert entscheidend, was in den Augen der Beteiligten vor sich geht. In unserem Beispiel scheint es so, als würde gekämpft oder Dame gespielt, doch die Beteiligten würden vielleicht sagen, es sei in Wirklichkeit die ganze Zeit bloß gespielt worden. Wenn also eine Modulation vorliegt, so bestimmt sie ganz entscheidend, was in unseren Augen eigentlich vor sich geht.« (57)

Bezogen auf die Frage nach dem Verhältnis von Schule und Leben heißt das: Schule ist nur sinnvoll, weil und insofern sie sich auf das Leben bezieht (a). Den Schülerinnen und Schülern ist bewusst, dass Schule das Leben artifiziell und reflexiv gebrochen (Dressler) systematisch umwandelt (Goffman) (b). Schule ist ein räumlich und zeitlich klar abgegrenzter Bereich (c). Alle Handlungen, das ›ganze Leben‹, lassen sich in die Schule transformieren (d). Die Modulation verändert kaum die Handlung an sich, wohl aber entscheidend die Wahrnehmung der Handlung (e).

3.2.2 Fachdidaktische Aspekte

»Als meine Großmutter mir das erste Mal ihr Buch zeigte, war ich erstaunt zu sehen, dass sie es von hinten aufschlug, und ich fragte, wieso von hinten, und sie sagte, von hinten, um mit dem Anfang zu beginnen. Alles, was vergangen ist, geht an den Anfang zurück, das Ende liegt vor uns, vorn in der Zukunft, sagte sie. Meine Großmutter wusch sich die Hände, bevor sie das Buch nahm und aufschlug, und das erste, was sie las, waren die Worte: Seder n'tilat jadajm schel Schacharit. Ihren Kopf hielt sie gesenkt über das Buch und sah mich mit erhobenen Augenbrauen über ihre Brille an. Eine fremde Sprache sprach aus ihr, eine Sprache, die ihr gehörte und mir, sie war schon jetzt genauso mein Besitz und war es immer gewesen, obgleich ich kein Wort verstand« (Roggenkamp 2008, 51f.).

Sowohl performative Sprechakte als auch kulturelle Praxen lenken den Blick auf die Pragmatik, also auf die Frage nach ihrem *Gebrauch*. Im Unterschied zu anderen sozialen Praxen oder anderen Sprechakten erwerben Kinder und Jugendliche Wissen um die Art des Gebrauchs *religiöser* Sprechakte und Praxen kaum mehr durch mimetisches Lernen, also durch Nachahmung. Denn die religiöse Sozialisation und mit ihr die Partizipation an religiösen Sprechakten und Praxen (Ritualen) ist bei vielen Schülerinnen und Schülern des konfessionellen Religionsunterrichts gering ausgeprägt. Der performative Religionsunterricht reagiert auf diesen Rückgang religiöser Sozialisation in der Schülerschaft, indem er die christliche Religion als Fremdreligion betrachtet und Elemente religiöser Praxis in den schulischen Unterricht einbringt. Performative Kompetenz im Religionsunterricht beschränkt sich dann nicht (mehr) auf eine Darstellungs- und Präsentationskompetenz. Hinzu kommt die Ausbildung einer Partizipations- oder Teilhabekompetenz an religiösen Sprechakten bzw. Praxen (Kumlehn 2012, 35). Beide Aspekte sind z.B. im Niedersächsischen Kerncurriculum für den evangelischen Religionsunterricht an Haupt- und Realschulen zusammengefasst in der »Gestaltungskompetenz«. Hier geht es darum, »religiös relevante Ausdrucksformen [zu] gestalten und religiös begründet [zu] handeln«. Im Einzelnen geht es um folgende Aspekte (Niedersächsisches Kultusministerium: Kerncurriculum für die Realschule 2009, 19):

1. »Biblische Texte durch kreative Gestaltung in die eigene Lebenswelt übertragen
2. Religiös relevante Inhalte ästhetisch, künstlerisch und medial ausdrücken
3. An Ausdrucksformen christlichen Glaubens erprobend teilhaben und ihren Gebrauch reflektieren [→ performativer RU]
4. Religiöse Symbole und Rituale gestalten
5. Feste des Kirchenjahres im Schulleben mitgestalten«

In diesem Zusammenhang ist bedenkenswert, dass es der Berliner Forschergruppe um Benner und Schieder nicht geglückt ist, Partizipationskompetenz empirisch valide zu fassen (2011, 41; → Kapitel 1.2.4). Das mag ein Hinweis darauf sein, dass Partizipationskompetenz schwer operationalisierbar ist. Umso dringlicher stellt sich die Frage, was unter performativer (Teilhabe-)Kompetenz verstanden werden soll.

Einig sind sich die Vertreter einer performativen Religionsdidaktik auch darin, dass es beim Umgang mit religiösen Sprechakten und Praxen im Religionsunterricht nicht (nur) um ein mimetisches Lernen gehen darf, bei dem praktisches und damit weitgehend unbewusstes Wissen erworben wird. Damit ist ein wesentlicher Unterschied zum Erwerb vieler sozialer Praxen benannt, für die gilt: »Große Teile kulturellen Lernens vollziehen sich mimetisch, z.B. beim Erwerb von rituellem und praktischem Wissen« (Wulf 2008, 73). Zum schulischen Religionsunterricht gehört konstitutiv die Reflexion. Der Gebrauch religiöser Sprechakte und Praxen muss reflektiert werden und auch zur begründeten Nicht-Partizipation befähigen. Rationales Verstehen hat einen hohen Stellenwert. Es geht um die Fähigkeit zur Codeunterscheidung (Roose 2006, 114; Roose 2008, 107f.), um eine »Übergangskompetenz als Oszillation zwischen Performanz und Reflexion« (Kumlehn 2012,

39). Hier liegt ein wesentlicher Unterschied zur Evangelischen Unterweisung. Der Wechsel zwischen unterschiedlichen Codes bzw. zwischen Performanz und Reflexion entspricht nur bedingt und oberflächlich dem methodischen Wechsel von Unterrichtsphasen. »Es müsste den Schülerinnen und Schülern (ansatzweise) deutlich werden, inwiefern jede Performance reflexive Anteile enthält und inwiefern in jeder Reflexion ein Handeln mit bestimmten Konsequenzen steckt« (Roose 2006, 114). Der schulische Umgang mit religiöser Praxis impliziert ein Distanzierungsgebot, das in der Religionsfreiheit begründet liegt. Dieses Distanzierungsgebot unterscheidet den schulischen Umgang mit *religiöser* Praxis von demjenigen mit musikalischer oder insgesamt künstlerischer, aber auch (fremd-)sprachlicher, handwerklicher und sportlicher Praxis.

Die Diskussion um performativen Religionsunterricht oszilliert zwischen kulturwissenschaftlich kontextualisierter Performance und sprachphilosophisch kontextualisierter Performativität (Roose 2006). Religion wird dann entweder – im Sinne der Performativität – als performative Sprachform verstanden (Mendl 2012, 17), oder – im Sinne des kulturwissenschaftlich geprägten Verständnisses von Performanz – als »kulturelle Praxis« (Dressler 2012, 7). Wer die Frage nach den phänomenalen Verkörperungsbedingungen von Religion und von religiösen Elementen im Religionsunterricht fokussiert, für den wird performativer Religionsunterricht zu einer »Spielform der Religionspädagogik, die den Lernwegen und der Formgebung eine didaktische Priorität einräumt« (Klie 2006, 106). Das heißt jedoch nicht, dass es dem performativen Religionsunterricht nur um methodische Fragen geht. Die fachdidaktische Diskussion um »performativen Religionsunterricht« greift über methodische Fragen weit hinaus. Die Betonung des Materiellen und Körperlichen schlägt sich hier nieder in der Beschreibung von (christlicher) Religion. Denn Religion ist »allererst eine Praxis, ein Vollzug, der von vielen Menschen praktiziert wird. Christliche Religion hat also immer auch Außenseiten, hat immer eine ästhetisch bestimmte Gestalt« (Klie 2006, 106). Vertreter eines sprachphilosophischen Ansatzes fokussieren religiöse Sprache als performative Sprachform, die im Unterricht gelingen soll (Mendl 2012, 17) – was immer das im Einzelnen heißt.

Kontroversen zwischen einem stärker kulturwissenschaftlich und einem stärker sprachphilosophisch orientierten Ansatz ergeben sich mit Blick auf die – nach Austin und Searle – essentielle Gelingensbedingung der Ernsthaftigkeit und – damit zusammenhängend – auf die Frage, wie der »Szenenwechsel«, also die Verlagerung religiöser Praxis aus dem Raum der Kirche in den Raum der Schule, zu fassen ist. An diesen Punkten stoßen einerseits der sprachphilosophische, andererseits der theater- und ritualwissenschaftliche Ansatz diametral aufeinander. Während Austin und Searle alle nicht-ernsthaften Äußerungen – namentlich auch Äußerungen, die auf einer Theaterbühne getätigt werden – als »parasitär« und »nichtig« aus ihren Betrachtungen ausschließen (s.o.), sieht der kulturwissenschaftliche Ansatz *alle* Äußerungen als potenzielle Inszenierungen, als abweichende Wiederholungen (Wirth 2002, 39). Gerade daraus gewännen sie ihre produktive, performative Kraft. Denn entgegen den Annahmen der Sprachphilosophen speise sich diese »nicht aus den Intentionen des sprechenden Individuums [...], sondern aus dem ›Vermächtnis früherer überpersönlicher, sprachlicher und außersprachlicher Praktiken‹« (Wirth 2002, 35 mit Verweis auf Krämer 2002, 144). Von hier aus wird verständlich, warum die Frage nach der inneren Einstellung der Schülerinnen und Schüler, insbesondere die Frage nach ihrer Ernsthaftigkeit, im Rahmen eines sprachphilosophischen Ansatzes von großer Bedeutung, im Rahmen eines kulturwissenschaftlichen Ansatzes hingegen wenig zielführend erscheint. Dem kulturwissenschaftlichen Ansatz wird die Welt gleichsam zur Bühne, religiöse Praxis ist in der Kirche ebenso Inszenierung, wiederholbare Prozedur, wie in der Schule. Dem sprachphilosophischen Ansatz wird die Schule entweder – im Gegensatz zur Kirche – zur Bühne, auf der religiösen Praktiken als Sprechakte nicht gelingen können, weil sie nicht ernsthaft ausgeführt werden – hier droht die Gefahr der Profanisierung; oder die Schule wird als ›echter‹ Lebensraum qualifiziert, in dem ernsthafte Sprechakte möglich sind – dann droht die Gefahr der Verletzung des Distanzierungsgebotes, also der Übermächtigung, der Missionierung. Diese holzschnittartige Skizze, die in dieser groben Form keinem spezifischen Entwurf und keiner konkreten Praxis gerecht wird, könnte so gedeutet werden, dass der kulturwissenschaftliche Ansatz die spezifischen Probleme der Transformation einer Praxis, *die von einigen Menschen als heilig angesehen wird* – und darin liegt ein wesentlicher Unterschied zu anderen sozialen Praxen – in den Raum der Schule schlecht in den Blick bekommt, während der sprachphilosophische Ansatz die Probleme zwar benennen kann, dabei jedoch in ein Dilemma führt.

Schauen wir uns vor diesem Hintergrund einen protestantischen (Dressler) und einen katholischen (Mendl) Entwurf zum performativen Religionsunterricht genauer an:

Von einem semiotischen Ansatz her argumentiert Dressler: »Symbole sind nicht religiös oder nichtreligiös. Sie werden religiös im religiösen Gebrauch. Deshalb gewinnt religiöse Bildung ihr spezifisches fachliches Profil nicht durch Themen, sondern durch den Modus und den Stil des Zeichengebrauchs« (2012, 9). Für den Unterricht ergebe sich daraus die Notwendigkeit, »je bestimmte Kommunikationsformen zu inszenieren. Dazu müssen diese Kommunikationsformen experimentell in Gebrauch genommen werden können (›Teilnahme‹), es muss aber jederzeit deutlich sein, dass es sich um ein Experiment handelt (›Beobachtung‹).« (9) Unterricht qualifiziert Dressler als »Probierealität« (9). Damit ist die Differenz von authentischer religiöser Praxis (im kirchlichen Kontext) und didaktisch definierten Unterrichtssituationen markiert (10). Entscheidend ist aber: »Nun ist die inszenatorisch gebrochene Authentizität einer experimentellen Kommunikationssituation noch lange kein Unernst.« (10) Klie bringt an diesem Punkt mit Blick auf die Behandlung biblischer Texte einen spieltheoretischen Ansatz ein. Spiele sind bestimmt durch ihre Differenz zur »Realität«, durch ihre spezifischen Regeln und durch ihre zeitliche Begrenzung (Klie 2012, 28f.). »Wer spielt, meint es ernst.« (28) Denn: »Dadurch dass im Schonraum des Spiels die Restriktionen der nicht-gespielten Wirklichkeit außer Kraft gesetzt sind, treten diese [...] umso schärfer hervor« (29).

Mendl stellt Dresslers Unterscheidung zwischen didaktischer Inszenierung und authentischer Praxis in Frage und differenziert statt dessen graduell nach gestufter Teilhabe in unterschiedlichen Praxisfeldern: »Nicht jedes ernsthafte Handeln ist zwangsläufig mit Einübung und Initiation verbunden. Es gibt zwischen ›Information‹ und ›Verkündigung‹, zwischen ›Darstellung‹ und ›Einführen‹ doch zahlreiche Nuancen.« (2012, 21) Es gebe »differenziertere Alternativen als nur ›Probehandeln‹ oder ›Einüben‹« (21). Entscheidend für Mendls eigenen Ansatz ist die sprechakttheoretische Einsicht, dass die perlokutionäre, nicht-konventionale, Wirkung von Sprechakten außerhalb der Verfügungsmacht des Sprechers liegt: »Die Lehrenden laden zum Vollzug einer ernsthaften Praxis ein, deren subjektive Bedeutungszuweisung je verschieden ausfallen und deren nachhaltige Praktizierung selbstverständlich nicht vorgeschrieben werden kann« (21). Mendl bezeichnet das spezifische Feld eines performativen Religionsunterrichts daher als »Handeln mit subjektiver Bedeutungszuweisung ohne verbindliche Nachhaltigkeit« (21). Demnach liegt es in der Verantwortlichkeit der Lehrkraft, die handlungsentlastende Grenze zwischen Schule und Leben einzuziehen: »Die Lehrenden laden zum Vollzug einer ernsthaften Praxis ein, deren subjektive Bedeutungszuweisung je verschieden ausfallen und deren nachhaltige Praktizierung selbstverständlich nicht vorgeschrieben werden kann. Schülerinnen und Schüler sollen etwas ausprobieren aus dem Angebot christlicher Tradition, sie sollen sich auf neue, manchmal für sie fremde Erfahrungen einlassen, ohne dass daraus eine dauerhafte existentielle Haltung werden muss« (21).

Mendls Vorschlag eines Handelns »mit subjektiver Bedeutungszuweisung ohne verbindliche Nachhaltigkeit« ist in zweifacher Hinsicht bemerkenswert: Der Umstand, dass die perlokutionäre Wirkung eines Sprechaktes nicht in der Verfügungsmacht des Sprechenden (also: der Lehrkraft) liegt, wird von Mendl positiv gewertet: Dadurch erweise sich die Angst vor einer Übermächtigung der Schülerinnen und Schüler als weitgehend unbegründet. Die Nicht-Planbarkeit der Wirkung auf die Schülerinnen und Schüler könnte didaktisch allerdings auch als Problem gewertet werden. Es stellt sich die Frage, in welchem Maß Lehrkräfte für die Wirkung ihres Tuns verantwortlich zeichnen (müssen). Mendl führt hierzu aus:

»Die Entscheidung über die Bedeutung einer Handlung wird [...] dem lernenden Subjekt zugespielt, welches freilich auch für solche Entscheidungen befähigt werden muss« (21).

Bemerkenswert ist ferner die Forderung, *keine* »verbindliche Nachhaltigkeit« anzustreben. Das liegt auf den ersten Blick quer zu allen Bemühungen um nachhaltige Bildung. Gemeint ist in diesem Zusammenhang ein »begrenztes Handeln auf
Zeit«, wie es auch in der Spiel-Metapher anklingt. Performativer Religionsunterricht kann und soll daher fehlende religiöse Sozialisation nicht kompensieren. Vielleicht wäre hier zu ergänzen, dass Schülerinnen und Schüler durchaus nachhaltig
lernen sollten, wie das Spiel ›geht‹, ohne aber dauerhaft auf eine religiöse Praxis
verpflichtet zu werden.

Weiterführend ist Mendls Appell, Nuancen einzuziehen. Vielleicht täte es der
Debatte insgesamt gut, polare Begrifflichkeiten wie ernst – unernst, authentisch –
nicht-authentisch (inszeniert), aber auch Information – Verkündigung durch differenzierte Benennungen unterschiedlicher Grade und Qualitäten zu ersetzen. Auch
Missionierung und Profanisierung sind nuancierbare Begriffe – zwischen leich-
tem Unwohlsein und völligem Übermannt-Werden liegen viele Befindlichkeiten,
ebenso zwischen leichter Irritation und großer Empörung. In diese Richtung geht
Kumlehn mit der Frage: »Welche Formen gelebter Religion leben so sehr von ihrer
ursprünglichen Situiertheit in persönlicher Intimität oder dem kirchlichen Gottesdienst, dass sie in didaktischer Inszenierung nicht produktiv und erkenntnisför-
dernd gebrochen werden, sondern so sehr ihre eigene an Zeit, Raum, Atmosphäre
und Haltung gebundene Spezifik verlieren, dass der Transfer komisch und peinlich
wird« (Kumlehn 2012, 36). Wir halten in diesem Zusammenhang die Rahmen-
Analyse hier für fruchtbar, weil sie statt eines graduell-gestuften ein qualitativ-
modulierendes Raster zur Verfügung stellt, das eine Fülle an Nuancierungen beschreibbar macht. Fraglich ist dann im Blick auf die Modulation religiöser Praxis,
ob tatsächlich *jede* Praxis eine Modulation didaktisch verantwortet »verträgt«.

Dressler plädiert dafür, Unterricht (aller Fächer) »immer im Wechsel von Weltbeobachtung [die immer eine bestimmte kulturelle Teilnahmeperspektive vor-
aussetzt] und Beobachtung der Weltbeobachtung zu gestalten« (2012, 9). Diese
Formulierung ist interessant. Gerade aus einer performativen Perspektive wäre
zu ergänzen, dass die »Beobachtung der Weltbeobachtung« auch immer eine bestimmte kulturelle Teilnahmeperspektive voraussetzt (Nestler 2011, 44). Wenn
dem so ist, erscheint Unterricht nicht mehr als Wechsel von Teilnahme und Beobachtung, sondern als Wechsel von Beobachterperspektiven unterschiedlicher
Ordnungen, die *alle* kulturelle Teilnahmeperspektiven voraussetzen.

Problematisch erscheint uns an einigen performativen Ansätzen die Radika-
lität, mit der (experimentelle) Ingebrauchnahme und religiöses Lernen gekoppelt
werden, wie z.B. in dieser Äußerung: »Wenn nun über das Beten gesprochen wird,
ohne dass sich durch die experimentelle Ingebrauchnahme von Gebetssprache der
semantische Mehrwert dieser Sprachform erschließt, kann in religiöser Hinsicht
gar nichts gelernt werden« (Dressler 2012, 10). Was bedeutet das für den konkreten

Unterricht? Wenn eine Lehrkraft mit der Klasse das Bild eines betenden Mädchens ansieht, darüber spricht, was das Mädchen gerade tut und was Beten bedeutet und dann überlegt, was das Mädchen im Gebet sagen könnte, hätte die Klasse dann das Gebet in Gebrauch genommen, hätte sie religiös etwas gelernt? Theoretisch lässt sich die Aussage von Dressler in Beziehung setzen zu Einsichten in das Erlernen sozialer Praxen: »Nur durch die Partizipation an sozialen Praktiken wird die Kompetenz erworben, selbst handeln zu können« (Wulf 2008, 75). Nun geht es aber wie gesagt beim Erlernen religiöser Praxen nicht (primär) um Mimesis und den Erwerb impliziten, praktischen Wissens. Dazu bleibt die Begegnung mit religiöser Praxis, mit religiösen Ritualen in der Schule viel zu punktuell. Einschlägiger scheint hier der ritualtheoretische Ansatz, nach dem »das spielerische ›Auf-die-Bühne-Bringen‹ […] die Voraussetzung für jeden ernsthaften Versuch des Fremdverstehens« ist (Wirth 2002, 38 mit Verweis auf Turner 2002, 207). Vielleicht täte es der Debatte um performativen Religionsunterricht gut, wenn genauer herausgearbeitet würde, welche Art von »Fremdverstehen« eigentlich avisiert ist. Überlegungen in diese Richtung finden sich bei Kumlehn (2012, 37):

> »Will man diesen Diskurs um religiöse Authentizität einerseits und gebrochene Inszenierung andererseits weiter voranbringen, lohnt sich ein Blick auf das Spezifikum des Umgangs mit ›Fremdheit‹ im performativen Religionsunterricht.«

Performative Kompetenz rückt damit in die Nähe einer »Alteritätskompetenz«, die auf den kompetenten Umgang mit – nicht auf die Aufhebung von – Fremdem zielt (37). In Anlehnung an die Phänomenologie von Waldenfels konstatiert Kumlehn:

> »Das Eigene ist nicht einfach im Status des ›Habens‹ zuhanden, sondern eben selbst im Werden durch Fremdheitserfahrungen hindurch« (39).

Im Blick auf den konkreten Unterricht können zwei Fragestellungen im Sinne von »Gegenproben« ein erhellendes Licht auf das performative Anliegen werfen. Zum einen: Wie verhält es sich mit der Behandlung nicht-christlicher Religionen im evangelischen (oder katholischen) Religionsunterricht? Soll auch hier religiöse Praxis in Gebrauch genommen werden und, wenn ja, wie und in welchem Umfang? Gilt auch hier, dass ohne die experimentelle Ingebrauchnahme kein religiöses Lernen möglich ist, oder ist hier vielleicht gar kein *religiöses* Lernen bzw. gar kein Fremdverstehen im Sinne Turners avisiert? Zum anderen: Wie verhält es sich mit religiöser Praxis in einem muslimischen Religionsunterricht, der wie der konfessionelle nicht religionskundlich profiliert ist? Wie viel religiöse Praxis darf / soll hier sein?

Wir schließen die Überlegungen zur komplexen Debatte um performativen Religionsunterricht mit folgenden Gedanken ab:

- In Kapitel 2 haben wir für einen Religionsbegriff nach Niklas Luhmann optiert, der die Leitunterscheidung der Differenz von Transzendenz und Immanenz stark macht. Diese Religionstheorie lenkt den Blick auf die sichtbare Religion und damit »auf die kontingent gegebene Religion, die kommunikativ verfasst ist und kulturell und historisch Gestalt gewonnen hat« (Karle 2005, 305). Die performative Religionsdidaktik nach Bernhard Dressler fokussiert bei dieser »Gestalt« von Religion nun ausschließlich die Form, also den Modus und Stil des Zeichengebrauchs. Demgegenüber halten wir *auch* die Themen, also die konkrete religiöse Semantik in ihrer *Inhaltlichkeit*, für konstitutiv.
- Das Verhältnis zwischen Erfahrung und Lernen halten wir für komplexer als es in manchen Darstellungen zur performativen Religionsdidaktik erscheint. Eine grundsätzliche Vorordnung der Erfahrung vor dem Lernen greift u.E. zu kurz. Beide Größen sind eher in ein zirkuläres Verhältnis zu setzen. Systemtheoretisch betrachtet bilden Menschen – z.B. in der Auseinandersetzung mit biblischen Texten – bestimmte kognitive Erwartungen aus (sie »lernen« also). Diese kognitiven Erwartungen bestimmen dann die Art und Weise, wie Erlebnisse als Erfahrungen gedeutet werden können.
- Aus systemtheoretischer Sicht stellt sich der Wechsel von »Darstellung« und »Mitteilung« als Wechsel der Beobachterposition zwischen erster und zweiter Ordnung dar. Die Beobachterpositionen unterscheiden sich nicht dadurch, dass eine der »Wahrheit« näher wäre als die andere. Beobachterpositionen unterscheiden sich vielmehr in dem, was sie sehen, weil sie unterschiedliche Unterscheidungen einziehen.
- Fruchtbar finden wir die Art und Weise, wie die performative Religionsdidaktik die Aufmerksamkeit auf die Besonderheit religiöser Sprache richtet. Hier bietet sie eine Fülle von unterrichtlichen Gestaltungsmöglichkeiten, die den Religionsunterricht grundsätzlich bereichern.

3.3 Diskursivität

Christian Hoffmann, der Protagonist des Romans »Der Turm«, schildert in den 80er Jahren in der DDR seinem Onkel Meno die neue Schule, als der ihn fragt (Tellkamp 2008, 25):

»»Wie geht's in der Schule? Kommst du klar?‹

›Bis jetzt ganz gut. […] Staatsbürgerkunde ist wie üblich.‹

›Und der Lehrer? Gefährlich?‹

›Schwer zu sagen. Er ist gleichzeitig unser Direktor. Wenn man brav nachbetet, was er vorbetet, hat man seine Ruhe. Der Russischlehrer ist ziemlich undurchsichtig. So ein Leiser, scharf Beobachtender. Hunderfünfzigprozentiger. Hat was Katzenhaftes, schleicht durch die Flure und kontrolliert uns im Internat. […]‹

›Provoziert er?‹

›Allerdings.‹

›Sei vorsichtig. Das sind die Schlimmsten. Ich kenne den Typ. Man hat immer das Gefühl, dass sie einen durchschauen. Man hält den Blick nicht aus, wird nervös, macht Fehler. Und das ist der Fehler.‹

›Das stimmt, das mit dem Durchschauen.‹«

Wir erleben hier zwei wichtige Merkmale einer totalitären Erziehung. Ziel, etwa des Staatsbürgerunterrichts, ist die Konformität mit einer als allein richtig geltenden Ideologie. Und offensichtlich geht es nicht nur um die äußere Konformität, sondern es besteht die Absicht, noch deren Infiltration kontrollieren zu können. Hinter der Ideologie steht nur scheinbar das Argument, in Wirklichkeit die Macht, die – wie der weitere Verlauf des Romans zeigt – durchaus zur offenen Gewalt werden kann.

3.3.1 Fächerübergreifende Aspekte

3.3.1.1 Kulturelle Aspekte: Demokratie und Diskursivität

Betrachtet man die Kompetenzen, die ein solches Schulsystem hervorzubringen versucht, so sieht man, dass diese abgeleitet sind aus den Prinzipien, die im politischen System gelten. Von daher ist es nicht überraschend, sondern durchaus konsequent, dass ein demokratisches politisches System auch daran interessiert sein muss, im Erziehungssystem solche Kompetenzen zu fördern, die seinen Prinzipien entsprechen. Dabei ist Demokratie zunächst ein Prinzip des politischen Systems und als solches nicht unmittelbar auf andere Systeme übertragbar. Im Kern geht es dort um konkurrierende Parteien, Herrschaft auf Zeit, faire Wahlen mit der Perspektive eines möglichen Machtwechsels – in gewisser Hinsicht die Respektierung bestimmter Verfahren und Regelungen (Luhmann 1997). Damit nimmt man Abschied von emphatischen Theorien, die dem Parlament in idealisierter Weise die Aufgabe zuschreiben, in einer vernünftigen Debatte selbst die Entscheidungen zu generieren, die verbindlichem Handeln zugrunde liegen (Habermas 1969,

69ff.). Diese Aufgabe hat das politische System heute weitgehend an ein System »Öffentlichkeit« delegiert, in dem quasi im vorpolitischen Raum der Diskurs um den richtigen politischen Weg inszeniert wird. In diesem Sinne hätte dann das Erziehungssystem quasi als »Programm« die Aufgabe, die Partizipationsfähigkeit an einem solchen Diskurs zu organisieren. Und in der Tat schreibt Hartmut von Hentig in seiner Einführung in den Bildungsplan 2004 in Baden-Württemberg unter dem Stichwort »Ziele, die die Schülerinnen und Schüler erreichen sollen« (Bildungsplan BW Grundschule, 11):

> »Schülerinnen und Schüler lernen, dass sie [...] Überzeugungen, Wertvorstellungen, Maßstäbe brauchen, dass ihnen zusteht, Kritik zu üben, und dass sie Konflikte wagen müssen; sie entwickeln Gelassenheit und Leidenschaft im öffentlichen Streit, sie erfahren, dass es lohnt, ›durchzuhalten‹ – sie lernen, wann es gut ist, nachzugeben, sie erkennen die der Demokratie zugrunde liegenden schwierigen, aber heilsamen Prinzipien, sie erkennen die Not von Randgruppen, beziehen sie ein, geben ihnen Hilfe.«

Es gehört zu den Selbstverständlichkeiten, dass wir ähnliche Formulierungen in allen Schulgesetzen und Lehrplanvorworten finden. Ein demokratischer Staat braucht ein Erziehungswesen, in dem sich Grundzüge demokratischer Prinzipien ebenfalls finden lassen. Das Gegenbild ist der Führerstaat des Dritten Reiches bzw. das kommunistische Herrschaftssystem, die ihr Prinzip politischer Herrschaft auch in den gesellschaftlichen Institutionen etablieren wollten bis hin zu den Kirchen. So gibt es immer wieder neue Überlegungen, wie das Demokratieprinzip in der Schule realisiert werden kann. Gegenüber radikalen Ansprüchen wurde dabei polemisch erwidert, Schulen, Krankenhäuser und Gefängnisse ließen sich nicht demokratisieren. Im Lichte systemtheoretischer Überlegungen ist dies insoweit richtig, als es sich hier um Funktionssysteme handelt, die bestimmte Leistungen erbringen sollen. Aus der Schule sollen eben in erster Linie »besser erzogene bzw. ausgebildete« Schüler/innen hervorgehen. »Demokratie lernen« ist dann allerdings ein berechtigter Bildungsinhalt. Es geht dann weniger um die Organisationsstruktur, die in der Regel bestimmten professionellen Mustern folgt, als vielmehr um bestimmte Unterrichtsinhalte und Lernarrangements. Letzteres meint vor allem das Einüben vernünftiger Redeformen und die Annahme, dass es möglich ist, in Diskursen Meinungsbildung und Konfliktaustragung so weit zu operationalisieren, dass am Ende dieses Prozesses Ergebnisse stehen, die praktikabel sind und bei denen auch die in der Diskussion Unterlegenen letztlich zustimmen können. Hinter diesem Procedere steht die Erwartung, dass vernünftige Rede und gemeinsames Nachdenken sich gegenüber anderen Modellen als überlegen erweisen.

So konnten amerikanische Sozialpsychologen in einem Experiment in der Nachkriegszeit zeigen, dass eine »demokratisch« geführte Kindergruppe zufriedener und leistungsfähiger war als autoritär oder laissez-faire geführte Gruppen (Lippit/White 1973).

Das Diskursprinzip
Weniger im Bereich des Politischen, vielmehr im Rahmen einer philosophischen Wahrheitstheorie hat der Philosoph Jürgen Habermas ein Modell einer »Konsensus- und Diskurstheorie der Wahrheit« vorgelegt (Gloy 2004, 303ff.). Ihm geht es darum, mittels des »zwanglosen Zwang[s] des besseren Arguments« in einem »herrschaftsfreien Diskurs« sich schließlich konsensual der Wahrheit annähern zu können.

Jürgen Habermas knüpft in seiner Argumentation an die Begrifflichkeit des Linguisten Noam Chomsky an. Dieser war davon ausgegangen, dass jeder konkrete Sprecher bei seinem konkreten Sprechen (= Performanz) auf eine zugrunde liegende Sprachkompetenz zurückgreifen kann (Habermas 1971, 101). Habermas möchte dieses Modell übertragen auf den Bereich der Pragmatik, der Benutzung von Sprache nach bestimmten Regeln (102):

> »Diese allgemeinen Strukturen möglicher Redesituationen sind Gegenstand [...] einer, wie ich vorschlagen möchte, Theorie der kommunikativen Kompetenz. Aufgabe dieser Theorie ist die Nachkonstruktion des Regelsystems, nach dem wir Situationen möglicher Rede überhaupt hervorbringen oder generieren.«

Aus der Sprechakttheorie leitet Habermas »die *Doppelstruktur umgangssprachlicher Kommunikation*« ab (105):

> »Eine Verständigung kommt nicht zustande, wenn nicht mindestens zwei Subjekte gleichzeitig *beide* Ebenen betreten: a) die Ebene der Intersubjektivität, auf der die Sprecher/Hörer miteinander sprechen, und b) die Ebene der Gegenstände, *über* die sie sich verständigen (wobei ich unter ›Gegenständen‹ Dinge, Ereignisse, Zustände, Personen verstehen möchte).«

Wir haben zu a) im ersten Kapitel bereits Überlegungen angestellt, aus denen die Schwierigkeiten des grundsätzlichen gegenseitigen Verstehens ersichtlich wurden. Unter b) kommt nun die Tatsache hinzu, dass es auch eines gemeinsamen Erfassens der Sprachgegenstände bedarf, damit einer nicht nur die sprichwörtlichen »böhmischen Dörfer« versteht, für Deutsche eine Ansammlung von unverständlichen Konsonanten. Auf dieser Basis sind dann assertorische Äußerungen möglich, nämlich Behauptung, Mitteilung, Feststellung oder Erzählung. Diese gelten als wahr, wenn »der Gegenstand, über den eine Aussage gemacht wird, existiert und grundsätzlich identifiziert werden kann, und das Prädikat, das dem Gegenstand zugesprochen werden kann, diesem auch tatsächlich zukommt« (105). Habermas geht nun davon aus, dass die einzelne elementare Äußerung im linguistischen Sinne der Ausdruck einer dahinter liegenden Regel (im Sinne Chomskys) ist. Denselben Modus vermutet er nun auf der Ebene der (Universal-)Pragmatik: »Die Aufgabe der Universalpragmatik als einer Theorie der kommunikativen Kompetenz sehe ich darin, das System von Regeln zu rekonstruieren, nach dem kommunikativ kompetente Sprecher aus Sätzen Äußerungen bilden und in andere Äußerungen umformen« (107). Diese Regeln sind für Habermas »dialogkonstituierende Universalien« (110).

Habermas unterscheidet nun aber zwei Formen der Kommunikation: kommunikatives Handeln im Sinne eines allgemeinen Austauschs zwischen Personen und dem Diskurs als dem eigentlichen Ort intellektueller Klärungen (115):

> »Dort [in der Interaktion] wird die Geltung von Sinnzusammenhängen naiv vorausgesetzt, um Informationen (handlungsbezogene Erfahrungen) auszutauschen; hier werden problematisierte Geltungsansprüche zum Thema gemacht, aber keine Informationen ausgetauscht. In Diskursen suchen wir ein problematisiertes Einverständnis, das im kommunikativen Handeln bestanden hat, durch Begründung wiederherzustellen; in diesem Sinne spreche ich fortan von (diskursiver) Verständigung. Verständigung hat das Ziel, eine Situation zu überwinden, die durch Problematisierung der in kommunikativem Handeln naiv vorausgesetzten Geltungsansprüche entsteht. Verständigung führt zu einem diskursiv herbeigeführten, begründeten Einverständnis (das sich wiederum zu einem traditionell vorgegebenen Einverständnis verfestigen kann).«

Habermas sieht Störungsmöglichkeiten natürlich auf der Ebene des Nichtverstehens; aber auch dort, wo »der Geltungsanspruch von Meinungen« infrage gestellt wird. Hier bedarf es dann der »Behauptungen und Erklärungen« (116). Gibt es aber »Zweifel an den impliziten Geltungsansprüchen von Äußerungen«, dann bedarf es der »Angabe von Gründen«. Hier sind nun die eigentlichen Diskurse gefordert, in denen quasi in einer Metakommunikation die impliziten Normen des Gesprächs geklärt werden (117). Dass solche Diskurse gelingen, setzt voraus, dass die Teilnehmer davon ausgehen, dass dies auch der Fall sein wird. Es wird also die Idealisierung einer grundsätzlich erreichbaren Verständigung vorgenommen (119).

> Habermas geht deshalb davon aus, »*daß wir in jedem Diskurs genötigt sind, eine ideale Sprechsituation zu unterstellen,* d.h. kontrafaktisch in derselben Weise zu antizipieren wie die Zurechnungsfähigkeit der handelnden Subjekte in Zusammenhängen der Interaktion. Und zwar müssen wir eine ideale Sprechsituation unterstellen, um ein

zureichendes Kriterium für die Unterscheidung des wahren vom falschen Konsensus zu gewinnen« (122).

In der Konsequenz dieser Argumentation liegt es dann, »Wahrheit« über den Konsens in Diskursen zu bestimmen:

> Nach der Konsensustheorie der Wahrheit »darf ich dann und nur dann einem Gegenstand ein Prädikat zusprechen, wenn auch jeder andere, der in ein Gespräch mit mir eintreten *könnte*, demselben Gegenstand das gleiche Prädikat zusprechen *würde*. [...] Die Bedingung für die Wahrheit von Aussagen ist die potentielle Zustimmung von *allen* anderen«.

Dabei wird vorausgesetzt, dass jeder Gesprächsteilnehmer »wahrhaftig« ist und weder sich noch andere täuscht (131). Damit verhält er sich regelgemäß. Doch bei der Frage nach einer möglichen Überprüfung, ob all diese Bedingungen gelten, sind wir selbst wieder auf den Diskurs als Methode verwiesen (134). Diesem können nur deshalb so viel zutrauen, weil »wir in jedem Diskurs wechselseitig eine ideale Sprechsituation *unterstellen*« (136). In dieser »herrscht ausschließlich der eigentümliche zwanglose Zwang des besseren Argumentes« (137). Der hier angenommene »herrschaftsfreie Diskurs« verweist nun über sich selbst hinaus (139):

> »Die kontrafaktischen Bedingungen der idealen Sprechsituation erweisen sich als Bedingungen einer idealen Lebensform. Es zeigt sich nun, dass nicht nur das Modell reinen kommunikativen Handelns, wie gezeigt, die Möglichkeit von Diskursen verlangt, dass vielmehr auch umgekehrt die Bedingungen des Diskurses nicht unabhängig von den Bedingungen reinen kommunikativen Handelns gedacht werden können.«

3.3.1.2 Pädagogische Aspekte: Diskurse in der Schule

Gerade mit ihrer hohen moralischen Aufladung in der Verknüpfung von Diskussions- und Lebensform stellt das Habermas'sche Projekt für den Gedanken einer demokratischen Schule in einem demokratischen Gemeinwesen eine Herausforderung dar. Selbst wenn wir – eingedenk der Schwierigkeiten von Verständigung überhaupt – bezüglich der Realisierungsmöglichkeiten in einer konkreten Schule Abstriche machen, so bleibt der Gedanke doch wichtig im Sinne einer regulativen Idee. Dabei scheint es uns sinnvoll, im Hinblick auf die unterrichtliche Wirklichkeit zwei Teilaspekte der Habermas'schen Argumentation getrennt zu betrachten: den Gedanken der Wahrheitssuche und den der Regelbeachtung. Damit sind wichtige, aber sehr unterschiedliche Tatbestände des Unterrichtsalltags angesprochen, der fragend-entwickelnde Unterricht und das Einüben von Debatten.

3.3.1.2.1 Der fragend-entwickelnde Unterricht

Wer hierzulande an Schulunterricht denkt, dem fallen zuallererst Szenarien ein, in denen eine Lehrperson Fragen stellt, die die Schüler/innen beantworten. Jeder weiß, dass diese Situation eigentlich paradox ist, sollten doch die Schüler/innen in aller Regel die kompetentere Lehrperson fragen. Seinen gedanklichen Ursprung hat diese Methode im sog. Sokratischen Gespräch. In dem platonischen Frühdialog »Laches« erklärt Nikias dieses seinem Partner Lysimachos (Platon 1922/1998, 29):

> »Du scheinst nicht zu wissen, dass, wer mit Sokrates in Berührung kommt und sich in ein Gespräch mit ihm einlässt, dass der, mag auch wirklich vorher die Unterredung mit etwas ganz anderem begonnen haben, unbedingt von ihm in einem fort im Gespräche so lange herumgeführt wird, bis er sich in die Notwendigkeit versetzt fühlt, Rechenschaft von sich zu geben, wie er jetzt lebt, und wie er die verflossene Lebenszeit hingebracht hat; wenn er aber einmal dahin geraten ist, dass ihn dann Sokrates nicht eher loslässt, als bis er diese ganze Prüfung gut und schön vollendet hat.«

Im Gespräch geht es hier also darum, dass ein wissender Sokrates sein Gegenüber durch Fragen dahin bringt, dass dieser selber zu den Erkenntnissen und Einsichten kommt, die sein weises Gegenüber offenbar schon früher, wenn nicht gar von Anfang an, gehabt hat. Zwar geht es in diesen Gesprächen um Wahrheit, allerdings in einer zutiefst asymmetrischen Konstellation: hier der wissende Sokrates, dort sein unwissender Gesprächspartner. Das Ganze wird erträglich durch die Annahme, dass wenigstens am Ende des Gesprächs beide zu der gewünschten Erkenntnis gekommen sind.

Seit der Aufklärungspädagogik hat sich diese Interaktionsform im pädagogischen Kontext durchgesetzt mit der Idee, jeder Lehrer möge gegenüber seinen Schüler/innen zum Sokrates werden. Wir finden dies etwa bei Johann Heinrich Campe in einem modellhaften Dialog eines erziehenden Hausvaters mit seinen Zöglingen über das Schicksal des Robinson (1779/2000, 49f.):

> Johannes stellt die Frage: »Aber warum mogte Gott auch wohl den Robinson allein erretten, da er die anderen Leute alle ertrinken ließ?« In dem folgenden Gespräch mit Johannes, in den Nikolas einmal eingreifen darf, erläutert der Hausvater, wie er einmal einen Schüler nicht mitnahm auf einen Ausflug. Dieser war darüber traurig, freute sich aber umso mehr, als an diesem Tag sein Vater zu Besuch kam, was der Hausvater gewusst und in seiner Planung berücksichtigt hatte. Johannes zieht aus dieser Erfahrung den Schluss auf Gottes Allwissenheit, die dann auch zur Erklärung seines Handelns im Falle Robinson wird.

In diesem Beispiel führt der Hausvater in pädagogischer Absicht seinen Schützling auf der Grundlage von dessen eigenem Erleben zu der Einsicht, dass – zu seinen eigenen Gunsten – sein Gegenüber ihn enttäuschte, um ihm danach eine umso größere Freude zu bescheren. Mit der Einsicht in diesen Gedanken erwartet der Pädagoge, dass die Schüler diese Erkenntnis auch auf das Handeln Gottes übertragen können – zumindest der betroffene Johannes. Im Sinne der *sokratischen Methode* ist der Weg des Hausvaters gewiss ein legitimer Versuch, seine Zöglinge zu einer erwünschten Einsicht zu bringen. Auffällig ist allerdings – selbst bei diesem Modelldialog –, dass diese Art der Gesprächsführung auf eine dialogische Situation zielt, allenfalls auf die Kleingruppe. Für eine Klassensituation wirkt sie beim näheren Hinsehen eher künstlich, weil es kaum möglich ist, dass sich eine Lehrperson gleichzeitig auf mehrere individuelle Denk- und Argumentationsmuster einzustellen vermag. Außerdem verbirgt sich hinter diesem Modell auch ein platonisches Wahrheitsverständnis, in dem der Lehrer das Richtige kennt und verwaltet, um schließlich die Schülerinnen just zu diesem Ziel zu führen.

Jürgen Baumert (2002, 142f.) hat dieses Vorgehen im Hinblick auf den naturwissenschaftlichen Unterricht in Deutschland kritisiert. Dort herrsche keine Haltung, eine gewonnene Hypothese durch ein Experiment zu verifizieren, falsifizieren oder zu modifizieren. Bestimmend sei vielmehr eine Sichtweise, nach der es gelte, die ewigen Gesetze der Natur allmählich zu erkennen, anstatt diese als Ergebnis von gemeinsamen Konstruktions- und Deuteanstrengungen sichtbar zu machen. Diese Attitüde findet dann im sog. fragend-entwickelnden Gespräch ihren Ausdruck (144f.):

>»Diese Form der Unterrichtsführung ist anspruchsvoll und risikoreich zugleich. Die Lehrkraft hat die widersprüchliche Aufgabe, das Unterrichtsgeschehen auf ein Unterrichtsziel hinzulenken, das ihr in der Regel als Tafelbild schon vor Augen schwebt, und gleichzeitig eine offene Gesprächssituation zu erzeugen, in der Schüler ihre Ideen zur Geltung bringen können. Dies ist ein schwieriger Balanceakt, der häufig aus strukturellen Gründen misslingt. [...] Die Folge: Man tastet sich mit assoziativen Beiträgen an die Vorstellung der Lehrkraft heran, bis die Glieder des Reißverschlusses einrasten und Teilschritte abgearbeitet werden können.«

Aus konstruktivistischer Perspektive möchte man diese Kritik in der Weise aufnehmen, dass stärker auf die Unterscheidung von Instruktion und Konstruktion zu achten sein wird. Schule braucht einen Input an Wissensbeständen. Dieser muss von der Lehrperson vorgetragen oder durch entsprechende Medien vermittelt werden, nicht zuletzt durch die Schulbücher. Der Prozess der Konstruktion setzt dann beim Suchen und Entdecken gemeinsamer Lösungen auf dieser Basis an. Hier ist nun eine Anknüpfung an das Habermas'sche Modell in der Weise möglich, dass gelingende Unterrichtsdiskurse sich diesem Modell zumindest annähern. In Diskursen dieser

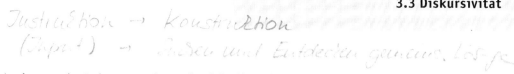

Art kommt der Lehrperson dann allenfalls die Rolle des Moderators oder Coachs zu, wobei es ihr keinesfalls untersagt ist, in ihnen selber neue Einsichten zu gewinnen.

3.3.1.2.2 Das Debattenmodell

Das Habermas'sche Diskursmodell spricht zwar auch von Regeln, doch sind diese wenig formalisiert. Seine Diskurstheorie ist eher Prinzipien verpflichtet, die er später im Anschluss an Kohlbergs Moraltheorie gefunden hat (→ Kapitel 3.6.1.2.1). Gerade in der angelsächsischen Tradition gibt es eine ausgeprägte Debattenkultur, in die bereits Kinder eingeführt werden. Mit einem Luhmann'schen Titel könnte man hier von »Legitimität durch Verfahren« sprechen. Im Mittelpunkt jeder Diskussion steht hier das strenge Einhalten von Debattierregeln. Die Einsozialisierung in solche Muster der »gepflegten« Auseinandersetzung kann als wichtiger Bestandteil der Diskurskompetenz angesehen werden. Vor allem in der Didaktik des Politikunterrichts wurde diese Thematik auch im Schulkontext bedacht. Peter Massing (1999, 404) nennt folgende Kriterien:

> Die Debatte »ist zeitlich befristet und kann als eine formal und methodisch zugespitzte Diskussion bzw. als eine Variante des Streitgesprächs gelten. In der Debatte geht es darum, unterschiedliche Positionen klar herauszuarbeiten, gegensätzliche Meinungen zu äußern, zu vertreten und zu begründen, sie vergleichend gegenüberzustellen und durch eine Abstimmung eine formale Entscheidung herbeizuführen.«

Die Fähigkeit, sich in solchen Formen auszukennen und zu bewegen, ermöglicht es Schüler/innen, zunehmend in eigener Regie Diskussionen zu organisieren und zu führen. Die vorgegebene Struktur erleichtert es, Differenzen und Gemeinsamkeiten wahrzunehmen. Ansonsten erscheint es auch hier erst dann sinnvoll, den Prozess der gemeinsamen Konstruktion anzugehen, wenn eine entsprechende Instruktion vorangegangen ist. In den Worten von Massings (404) heißt das:

> »Die Schüler müssen vorher das Problem analysiert, unterschiedliche Positionen herausgearbeitet, sich eine eigene Meinung gebildet, ein vorläufiges Urteil gefällt haben: erst dann können die Begründungen für die Urteile in einer Debatte verhandelt werden.«

3.3.2 Fachspezifische Aspekte

3.3.2.1 Kulturelle Aspekte: Diskurse in Theologie und Kirche

Die christlichen Kirchen sind nicht per se Protagonisten einer demokratisch organisierten Willensbildung bzw. Organisation. Vielmehr konkurrieren monarchische

Axiom = als wahr angenommener Grundsatz

und synodale Momente miteinander. Vor allem die Teilnahme von Laien an den synodalen Prozessen entwickelt sich eigentlich erst im Anschluss an den Konziliarismus des 15. Jahrhunderts und innerhalb der Reformation besonders auf Seiten der Reformierten (Dinkel 2001). Mit Luthers erster These seiner Abhandlung zu den Konzilien (1539/1983, 22) wird dabei klargestellt, dass ein Konzil »keine Vollmacht [...] hat, neue Artikel des Glaubens aufzustellen, wenn auch der Heilige Geist bei ihm ist«. Der Kern der christlichen Lehre steht damit nicht zur Diskussion.

Damit hat christliche Theologie ein doppeltes Verhältnis zur Frage des Diskurses. Als Offenbarungsreligion ist sie zunächst einmal gebunden an die Aussagen der Bibel und die christlichen Bekenntnisse. Dass Jesus Christus die zentrale Figur des Glaubens darstellt, lässt sich in einem theologischen Diskurs unter Christ/innen nicht wirklich bestreiten. Insofern könnte man sagen, dass ein solcher Diskurs Voraussetzungen axiomatischer Art hat, die nicht wirklich zur Diskussion stehen. Damit kann ein solches Gespräch den radikalen Ansprüchen des Habermas'schen Diskurses an dieser Stelle nicht entsprechen. Allerdings wird man fragen können, ob Diskurse nicht meist gewisse axiomatische Voraussetzungen haben, auf deren Basis dann vernunftgeleitetes Nachdenken erst sinnvoll ist, man denke nur an die Mathematik.

Auf der anderen Seite hat gerade die christliche Tradition von Anfang an Elemente des Diskurses in ihren Voraussetzungen. Erinnert sei etwa an das sog. Apostelkonzil (Apg 15), in dem Modi der Auseinandersetzung (hier zwischen dem juden- bzw. heidenchristlichen Weg) skizziert wurden, die in der konziliaren Tradition weitergeführt wurden. Dies ist beachtlich auch dann, wenn wir die Praxis der Konsensfindung aus diskurstheoretischer Perspektive als defizitär ansehen müssen. Gerade im Kontext der weltweiten Ökumene haben sich Grenzen einer synodal über Abstimmungen organisierten Willensbildung gezeigt, so dass – gerade unter Aufnahme außereuropäischer Beratungsmodelle – konsensual orientierte Verständigungsformen verstärkt ins Kalkül gezogen werden.

Wichtig ist aber auch, dass das junge Christentum bereits in den ersten Jahrhunderten den Anschluss an die zeitgenössische Philosophie gesucht hat und es als seine Aufgabe ansah, seine Botschaft im Rahmen solcher Philosophie zu verteidigen. Deshalb spricht man in diesem Zusammenhang von christlicher Apologetik bzw. von apologetischer Theologie. Anselm von Canterbury (um 1033–1109) hat in seinem »Proslogion« deutlich zu machen versucht, dass es prinzipiell möglich sein könnte, die zentrale Aussage über Gott allein durch logisches Nachdenken zu beweisen. Von daher rührt seine Aussage, dass es der Glaube selbst sei, der nach der Vernunft verlangt (»fides quaerens intellectum«). Wir sehen, dass ein solches Verständnis unmittelbar anschlussfähig an die allgemeinen Bildungsziele ist, wenn es etwa für das Gymnasium in Baden-Württemberg (Bildungsplan BW Gymnasium,

14) heißt: »Schülerinnen und Schüler lernen, sich ›letzten Fragen‹ zu öffnen – sie entscheiden sich zwischen Aufklärung und Glaube oder für eine Verbindung von beidem.« Gleichzeitig entspricht eine solche Haltung der Grundidee christlichen Glaubens, dass dieser mitteilbar und begründbar sein soll.

3.3.2.2 Religionspädagogische Aspekte

3.3.2.2.1 Stufen der Argumentationsfähigkeit

Für den RU scheint dieses Postulat zunächst einmal nicht zwingend zu sein, denn Bernhard Grümme (2006, 131) konstatiert: »Das Thema Argumentation im RU erfährt kaum nachweisbaren Niederschlag.« Im Anschluss an Lachmann zeigt Grümme, dass es zwar vielerlei Formen des Gesprächs im RU gibt (133ff.), doch eine systematische Einübung nicht zwingend erkennbar ist. Das Konzept einer Kinder- bzw. Jugendtheologie wird nun zwangsläufig auf die Entwicklung argumentativer Stile eine größere Aufmerksamkeit aufwenden. Bereits John M. Hull hat in seinem Pionierwerk »Wie Kinder über Gott reden« (1997) von daher eine Stufenentwicklung des Argumentationsverhaltens ins Auge gefasst (auch Pirner 2005, 452f.). Hull unterscheidet fünf Stufen:

1. Stufe: Ein-Grund-Argumentation
2. Stufe: Von »Wer hat recht?« zu »Was ist richtig?«
3. Stufe: Gegen-Beweise und Argumentation auf der Meta-Ebene werden möglich.
4. Stufe: Gemeinsame Analyse im Dialog.
5. Idealer Diskurs (im Habermas'schen Sinne) (Hull 1997, 88ff.).

Es ist leicht, die strukturgenetischen Entwicklungsmodelle hinter diesem Schema zu erkennen. Das impliziert eine gewisse Altersorientierung, zeigt aber auch, dass es sinnvoll und möglich ist, auf der jeweiligen Stufe (bzw. einer darüber) jeweils komplexere Argumentationsstrategien zu fördern.

Die hier sichtbar werdende Fähigkeit, komplexere Sichtweisen einzunehmen, schlägt sich auch in einem anderen Feld nieder. Die religiöse Deutung der Welt konkurriert in der Gegenwart praktisch in allen Bereichen mit nicht-religiösen Sichtweisen. Ob ich Glück hatte in einer bedrohlichen Situation oder ob Gott mir geholfen hat, kann man kaum im Entweder-oder-Verfahren klären. Die Erfahrung des Heiligen, z.B. im Abendmahl, findet mit Elementen statt, die den normalen chemischen und physikalischen Regeln unterworfen sind, usw. Es geht also darum, wie man diese Dinge zusammen denken kann. Offenbar sind Menschen in der Lage, je nach Situation die eine oder die andere Deutung zu aktualisieren. Doch im Sinne einer argumentativen Bewältigung ist es sinnvoll, die Bezüglichkeit beider Perspektiven zueinander genauer klären zu können. In der religionspädagogischen Diskussion hat sich hier der Begriff des »komplementären Denkens« etabliert. Fritz Oser und K. Helmut Reich haben ein Stufenmodell der Entwicklung entworfen.

Niveau	Beschreibung
I	A und B werden jeweils für sich allein betrachtet: Je nach Kenntnissen bzw. Sozialisation wird meist A oder B gewählt, gelegentlich beide, jedoch ohne jegliche Begründung.
II	Die Möglichkeit, dass A und B beide gelten können, wird Betracht gezogen.
III	A und B werden beide als notwendig erkannt.
IV	A und B werden als zusammengehörig verstanden und die Beziehung zwischen beiden wird geklärt.

Oser/Reich 2000, 220

3.3.2.2.2 Theologisieren mit Kindern und Jugendlichen

Selbstverständlich ist die Fähigkeit zum Diskurs eine Kompetenz, die an vielen Stellen des Religionsunterrichts von Bedeutung ist, doch ist speziell das diskursive Element in den letzten Jahren verstärkt wahrgenommen worden. Die öffentliche Aufmerksamkeit für Philosophie und der Gedanke eines Philosophierens bereits mit Kindern hat auch im Bereich der Religionspädagogik Aufnahme gefunden. Dabei stellt sich heraus, dass Schüler/innen in aller Regel große Lust dazu haben, »über Gott und die Welt« zu reden. Gerade die von Karl Ernst Nipkow skizzierten Grundfragen nach Gott, dem Anfang der Welt, dem Geschick nach dem Tod und zur Herkunft des Bösen finden immer wieder Interesse und Engagement. Gibt man diese zur Diskussion frei, folgt die Diskussion gewiss auch dem von Peter Berger festgestellten »Zwang zur Häresie« (1980). Doch relativiert sich dieser Trend angesichts der Tatsache, dass letztlich fast alle Argumentationen, die unterrichtlich vorgebracht werden, in der Theologiegeschichte schon einmal aufgetaucht sind. Dies bedeutet nun allerdings eine besondere Kompetenz für die Religionslehrer/innen, da diese bei ihrer Moderation nicht nur Diskussionsleiter/innen sein sollen, sondern möglichst auch ein Gespür dafür entwickeln sollen, an welche Fragen der Theologie das jeweilige Schülervotum anschlussfähig ist. Dabei zeigen wir in einem ersten Beispiel, wie Schüler/innen auf der Ebene konkreter Operation in der Lage sind, sich durch Entfaltung entsprechender bildhafter Ideen ganz nahe am theologischen Diskurs zur Christologie zu bewegen. Was unter optimalen Bedingungen hier möglich ist, möchten wir anhand eines Gesprächsausschnitts aus einer zweiten Klasse zeigen (Büttner 2002, 142f.):

Angesichts eines Bildes, auf dem Jesus zusammen mit zeitgenössischen Kindern abge-bildet ist, kommt es zu folgendem Gespräch:

»Gregor: Also halt, dass er [= Jesus] immer noch bei uns ist, nur wir ihn halt nicht sehen, oder so. Und dass Jesus so ähnlich ist wie Gott. Dass er auch eigentlich so fast überall ist.

L[ehrerin]: Ist Jesus nicht nur ein Mensch?

Gregor: Halb Mensch, halb nicht. Das weiß man nicht so sehr, denn Jesus ist ja eigent-lich Gottes Sohn. Und deswegen weiß man nicht: Ob es jetzt ein Mensch ist, oder ob's jetzt ein Gott ist. [L: Valentin. S: Oder ob's en Tier ist. Er ist halb Gott, halb Gott, L: Halt!] halb Mensch sozusagen. So ein Fabelwesen.

L: Valentin.

Valentin: Gott ist kein Tier und keine Pflanze.

L: Ja, wir reden ja über Jesus. [Valentin: Ja, aber der Jesus ist ...] Was ist der Jesus? [Achim: Der ist Sohn Gottes].

Valentin: Das ist der Sohn Gottes, und deshalb kann's eigentlich fast alles sein.

L. Ja, aber ist Jesus nicht en Mensch, einfach? Als Mensch hat er doch gelebt, oder?

Valentin: Also halb Mensch, halb Mensch. [L: Mhm. Sebastian.] Er ist so gelaufen und hat gegessen wie en Mensch, aber im Herz drin ist er kein Mensch.

L: Sebastian.

Sebastian: Irgendwie Gottes Sohn nicht (richtig). [L: Warum nicht?] Weil das ist ja ei-gentlich nur en normaler Mensch, der halt was Besonderes kann. (Gemurmel) (Der halt was Besonderes ist.)

L: Philipp und dann Sofia.

Philipp: Aber die meisten sagen zu ihm: Gottes Sohn. Man weiß es nicht so direkt, das ist bestimmt Gottes Sohn, des weiß man ja schon, aber [S: Der fällt doch nicht vom Himmel, oder?] Der fällt auch nicht so einfach so vom Himmel.«

Wir sehen hier die Fähigkeit von Zweitklässlern, der Frage nachzuspüren, wie Jesus gleichzeitig ein Mensch sein kann, der vor 2000 Jahren gelebt hat, und trotzdem heute bei uns sein kann, wie er gleichzeitig Gott und Mensch sein kann. Damit bemühen sich die Schüler/innen um Fragen, die in den wichtigen Konzilien der Alten Kirche eine bedeutende Rolle gespielt haben und die bis heute in der Theologie von großem Interesse sind und entsprechend diskutiert werden.

Mit der Fähigkeit, abstrakt zu denken und von der Meta-Ebene aus zu argumen-tieren, gewinnt das Gespräch dann nochmals eine eigene Dimension, wenn auch etwas vom Staunen und der Unmittelbarkeit der Kindertheologie verloren geht. Der folgende Gesprächsausschnitt zeigt, wie 9.-Klässler/innen sich einer Szene nähern, in der Kinder angesichts eines Sturmes auf dem See Genezareth sich an Jesus wenden, der ihren Onkeln auf dem See helfen möge:

L: Ja, soweit die Geschichte. * Wie könnte sie wohl * weitergehn? * Lasst uns n' Augenblick drüber nachdenken. Wir müssen nicht gleich anfangen zu reden. Aber wie könnte die Geschichte weitergehen? * * Ja, wer will was sagen? Charlotte.

Charlotte: Ja, die Tatsache, dass sie überhaupt überliefert worden ist, spricht ja dafür, dass wohl Jesus mehr oder weniger eingegriffen haben muss. Denn, wenn das jetzt ein Unglück gewesen wäre, wäre das ja Jesus nicht gut angerechnet worden, und dann hätte man die Geschichte sicherlich aus dem / aus der Bibel gestrichen.

L: Also sie is nicht / steht nich in der Bibel drin, sondern [Charlotte: Ah!] des is eine Geschichte, die man sozusagen [Charlotte: als Anekdote erzählt] als Anekdote oder [Charlotte: Mhm.] auch vielleicht / auch frei erfunden hat. Manchmal sind erfundene Geschichten auch irgendwo / ham ihre Wahrheit. Also sie ist nicht in der Bibel überliefert. Wollt ich nur sagen zur Information. [Charlotte: (So.)] * Trotzdem deine Idee mit Jesus (wie er dabei wegkommt) wäre weiterzuverfolgen. *

Benjamin: Ich könnt mir auch vorstellen, dass ehm Jesus, ehm die Deborah fragt, warum sie des denn glaubt, dass da nichts mehr helfen kann und warum sie auf einmal so Zweifel hätte an ihm. Also, soweit ich weiß, hat sie früher auch an ihn geglaubt, also vorher [L: Mhm]. Und dass er dann, um ihr zu beweisen, dass er des kann, dass er ihr / dass er (dann hilft) ((Rascheln)).

L: Aber vergesst nicht, da (is) auf hoher See, da äh / da bahnt sich ein Unglück an, ja? Da / da sind Menschenleben / stehen da auf dem Spiel. Also so viel Zeit zum Diskutieren ham sie jetzt wohl gar nich mehr. * Aber die Frage wär natürlich schon berechtigt, warum sie denn Zweifel hat. * Caroline.

Caroline: Also, ich glaub auch vielleicht , dass er erstmal / sie auch erstmal fragt, warum sie so Zweifel hat, und hilft denen dann und hinterher kommt sie ja dann zu ihm: »Ja, also die ganzen Zweifel sind aufgehoben« und so, »ich glaub', dass du des kannst!« und so. Und weiß nicht / und dann / also auf jeden Fall hilft er ihnen.

L: Also irgendwie hör ich da raus: Es müssen erstmal die Zweifel aufgehoben sein, ja, die müssen erstmal weg sein, bevor Jesus überhaupt was tun kann. Benjamin, versteh ich dich so richtig und Caroline auch?

Benjamin: Äh, ich würd eher sagen, ehm, er will die Zweifel erst behoben haben, bevor er was tun *will* [L: Ja. Mhm.], also nicht bevor er was tun kann, sondern bevor er was tun will.

Betrachtet man die Kommunikation in dieser Klasse, dann lassen sich drei Merkmale erschließen, die u.E. typisch sind für Argumentationsmuster in Diskursen mit Jugendlichen:
–   Explizit logisches Argumentieren
–   Einbeziehung von Metakommunikation
–   Subjektivierung.

Charlottes Anfangsstatement steht für die ersten beiden Charakteristika. Wenn Jesus nicht geholfen hätte, stünde die Geschichte nicht in der Bibel. Sie steht aber in der Bibel, folglich muss Jesus geholfen haben. Wir sehen hier einen klassischen Syllogismus im Sinne formaler Logik: A. Jesusgeschichten stehen in der Bibel. B. In Jesusgeschichten wird den Menschen geholfen. C. Wenn die Geschichte in der Bibel steht, dann muss den Menschen auch geholfen werden.

Mit dieser logischen Argumentation thematisiert Charlotte gleichzeitig die Konstruktionsbedingung der Geschichte. Schüler/innen der 9. Klasse argumentieren nicht mehr automatisch innerhalb des vorgegebenen Bildes, sondern stellen das Setting selbst infrage. Ist diese Geschichte richtig konstruiert? Kann es damals so zugegangen sein? Ist es für Kindertheologie typisch, dass das Gespräch auf der Objektebene bleibt, so können Jugendliche jetzt immer auf die Metaebene springen und von dort her die Handlung bewerten und dabei auch Voraussetzungen der Akteure oder der gegebenen Prämissen wahrnehmen und gegebenenfalls ändern.

Die Bezugnahme auf den Zweifel bei Caroline und Benjamin ist nun wiederum typisch für die Stufe der formalen Operation. Lawrence Kohlberg und Carol Gilligan (1971/72) haben vermerkt, dass es in dieser Denkstufe möglich wird, innere Wirklichkeit als eigene Größe aufzunehmen und sie der Realität der Außenwelt gegenüber zu stellen. Es ist von daher konsequent, wenn die Schüler/innen die Hilfe Jesu zu allererst in der Veränderung der inneren Haltung sehen. Indem Jesus den Zweifel durch neuen Mut ersetzen kann, gibt es für die Geschichte wieder eine Hoffnung. Die Bedingungen der äußeren Realität erscheinen demgegenüber dann eher nachgeordnet.

3.3.2.2.3 Das Gedankenexperiment

Die beiden obigen Beispiele haben einerseits die Strategien der Schüler/innen bei der Diskussion und Lösung theologischer Probleme gezeigt, andererseits aber auch das Setting einer solchen Diskussion verdeutlicht. Es geht darum, innerhalb gesetzter gedanklicher Vorgaben mögliche Strukturen eines Problems zu erkennen und verschiedene Lösungsoptionen abzuwägen.

Um Dinge diskutieren zu können, müssen sie eine gewisse Transparenz aufweisen. D.h., dass ich wissen muss, dass ein bestimmtes Argument zu einem bestimmten Thema mich dann auch *bindet*. Gemäß der Vernunft und der Logik impliziert jede Stellungnahme eine Zuordnung zu anderen und eine eine Distanzierung von wieder anderen. Wie bei einem Schachspiel liegt die Kunst darin, möglichst mehrere Züge im Voraus in den Blick nehmen zu können.

Um dies zu erleichtern, wird man im Unterricht das Thema vereinfachen und zuspitzen. Mit einem Luhmann'schen Diktum könnte man sagen, die Komplexität wird reduziert, um neue Komplexität produzieren zu können. In der Philosophiedidaktik hat man das Gedankenexperiment als Unterrichtsmethode »kultiviert«. Dabei wird es möglich, die realen Gegebenheiten einmal probeweise zu überschreiten – durch kontrafaktische Annahmen.

> »Gewöhnlich werden solche Annahmen eingeleitet mit Formulierungen wie ›Angenommen, man könnte …‹, ›Gesetzt, man habe …‹, ›Gehen wir einmal davon aus, dass …‹, ›Stellen Sie sich vor, …‹ oder ›Wenn X nun die Eigenschaften c, d und e hätte, …‹ Man kann dann konkrete Randbedingungen formulieren, innerhalb derer man sich bewegen muss« (Engels 2004, 14).

So thematisiert Helmut Engels die Hedonismusthematik mit einem vom Philosophen Spaemann entnommenem Gedankenexperiment: durch einen Eingriff ins Gehirn wird ein sichtbarer Zustand des Wohlbefindens erreicht. Möchten wir das Angebot des Arztes annehmen? (19ff.) Es ist leicht zu erkennen, dass man einerseits leicht Antworten für die Ja- bzw. die Nein-Seite finden kann, dass aber beide mit problematischen Konsequenzen verbunden sind.

Über Engels hinaus kann man für den RU festhalten, dass das Gedankenexperiment – viel unproblematischer als etwa das »Probehandeln« – die Chance eröffnet, probeweise bestimmte religiöse Vorannahmen zu machen und von diesen aus dann weitere Optionen anzudenken (»Wenn ich Muslima, Atheistin etc. wäre …«).

3.3.2.2.4 Rhetorische Kompetenz – ein Gestaltungsmoment von Diskursivität

Warum lasse ich mich auf eine Diskussion ein? Einerseits möchte ich teilnehmen an der Suche nach Wahrheit, andererseits will ich meine Mitdiskutant/innen überzeugen. Damit bewegt sich Diskursivität zwischen einer gewissen »Naivität«, die offen ist für neue Erkenntnis und einer Tendenz zur »Manipulation«, insofern sie Kunstregeln einsetzt, um ihre Argumente stark zu machen. Im Eingangssatz seiner »Topik« formuliert Aristoteles (2004, 45) die rhetorische Qualität dieser als »ein Verfahren […], aufgrund dessen wir in der Lage sein werden über jedes vorgelegte Problem aus anerkannten Meinungen zu deduzieren und, wenn wir selbst ein Argument vertreten, nicht Widersprüchliches zu sagen«. Damit ist die Widerspruchsfreiheit einerseits hervorgehoben, aber auch die Möglichkeit, auf »anerkannte Meinungen« zu rekurrieren. Dies meint in unserem Kontext, dass Diskursivität im Religionsunterricht insoweit eine inhaltliche Dimension hat, als die *anerkannten Meinungen* theologische Denkfiguren und Semantiken sind, auf die zurückzugreifen ist. Dies erfordert ein inhaltliches Wissen und damit, wie in der Topik betont wird, auch das Verfügen über einen Schatz an erinnerten Topoi. Für die griechische Antike war diese rhetorische Kompetenz – womit sich der Kreis unserer Argumentation schließt – konstitutiv für die attische Demokratie (Kalivoda 2007, 130).

3.3.2.2.5 Konkretisierungen

Die Standarddiskussion weist darauf hin, dass es sinnvoll ist, die Kompetenzdiskussion bis zu dem Punkt zu führen, wo die einzelnen Schüler/innen und Lehrer/innen entnehmen können, welche Fertigkeiten in einem bestimmten Alter erwartet werden. Zur Frage der Diskursfähigkeit haben wir deshalb folgende Konkretisierungen formuliert:

Am Anfang jeder Diskussion steht das Verfügen über Information, die man sich gegebenenfalls erst verschaffen sollte. Durch den Blick in Lexika, Schulbücher oder das Internet kommt man etwa im Hinblick auf die Zahl der Gebote zur Bibel, wo man sich im Detail informieren kann.

Doch können sich dann weitere Fragen entwickeln: Warum ist der Text mit kleinen Unterschieden zweimal in der Bibel abgedruckt? Warum wird offenbar unterschiedlich gezählt? Auch zu diesen Fragen gibt es entsprechende Informationen.

Gerade im Religionsunterricht stößt man aber auf Dinge und Sachverhalte, bei denen eine Einigung unmöglich ist. Man erfährt etwa, dass Juden am Samstag den Sabbat feiern, Christen dagegen den Sonntag. Nun könnte man, wie in dem obigen Beispiel sagen, hier gehe es ja nur um eine unterschiedliche Zählung.

Offenbar steckt hinter den unterschiedlichen Wochentagen eine unterschiedliche Begründung. Hier kann man auf dem Weg der Information erfahren, dass der Sabbat den Ruhetag am Ende der Schöpfung darstellt, der Sonntag aber an den Tag der Auferstehung Jesu erinnert. Hier kann auch die Beschaffung weiterer Informationen nicht dazu führen, den jeweils anderen zu überzeugen, dass die eigene Meinung richtig ist. Es geht hier vielmehr darum, den anderen zu verstehen.

Verstehen bedeutet dann, zuerst einmal *zuhören*.

Bei religiösen Themen geht es meist auch um *Erinnerungen* und *Gefühle*. Je mehr es einem gelingt, herauszubekommen, was dem anderen wichtig ist, umso besser kann man verstehen, um was es in der anderen Religion wirklich geht. Oft ist es deshalb wichtiger, dass der oder die andere erzählt, was ihm oder ihr der Sabbat in der Familie bzw. der Gottesdienst in der Synagoge bedeutet, bevor nach Begründungen für dieses Verhalten gesucht wird. Gerade weil solche Erzählungen immer auch persönlich gefärbt sind, ist es notwendig, dass die Zuhörer/innen sich taktvoll verhalten und auch solche Dinge, die fremd sind, nicht mit unangemessenen Kommentaren begleiten.

Gerade wenn man mit Respekt vor der Konfession, Religion oder auch Meinung des anderen reagiert, ist es immer auch sinnvoll, sich zusätzliche Informationen (über die Position des anderen) zu beschaffen.

Die hier gesagten Regeln gelten auch für die Diskussion in der Gruppe:
1. Zuhören und versuchen zu verstehen, was der andere gesagt hat
2. Informationen beschaffen und Aussagen prüfen

3. Bei unterschiedlichen Meinungen heraushören, wie bedeutsam dem anderen seine Position ist und ihr mit Respekt begegnen, auch wenn sie nach eigener Meinung falsch ist.
4. Prüfen, was man durch Information klären kann und dann klären, worüber man sich einig ist und worin genau die Unterschiede bestehen.

3.4 Narrativität

»Wenn der Baal-Schem etwas Schwieriges zu erledigen hatte [...], so ging er an eine bestimmte Stelle im Walde, zündete ein Feuer an und sprach [...] Gebete – und alles geschah, wie er es sich vorgenommen hatte. Wenn eine Generation später der Maggid von Meseritz dasselbe zu tun hatte, ging er an jene Stelle im Walde und sagte: ›Das Feuer können wir nicht mehr machen, aber die Gebete können wir sprechen‹ – und alles ging nach seinem Willen. Wieder eine Generation später sollte der Rabbi Mosche Leib aus Sassow jene Tat vollbringen. Auch er ging in den Wald und sagte: ›Wir können kein Feuer mehr anzünden und wir kennen auch die geheimen Meditationen nicht mehr, die das Gebet beleben; aber wir kennen den Ort im Walde, wo all das hingehört und das muss genügen.‹ – Und es genügte. Als wieder eine Generation später Rabbi Israel von Rischin jene Tat zu vollbringen hatte, da setzte er sich in seinem Schloss auf seinen goldenen Stuhl und sagte: ›Wir können kein Feuer machen, wir können keine Gebete sprechen, wir kennen den Ort nicht mehr, aber wir können die Geschichte davon erzählen.‹ Und – so fügt der Erzähler hinzu – seine Erzählung allein hatte dieselbe Wirkung wie die Taten der drei anderen (Scholem 1957, 384).

Die Erzählung vom Baal-Schem hat das Erzählen selbst zum Inhalt, genauer: es handelt von der Kraft, die dem Erzählen innewohnt. Aus einer Geschichte kann Wirklichkeit werden, Erzählungen können das Leben von Menschen, ja die gesamte Wirklichkeit von Erzählgemeinschaften prägen. Wie sich Geschehnisse zu Geschichten, die davon berichten, verdichten, können in umgekehrter Richtung Geschichten wiederum Geschehnisse auslösen. Die alttestamentlichen Erzählungen von Gottes Landverheißung an Abraham und von der »Landnahme« der Israeliten erzählen von diesem Kreislauf eine beredte Geschichte, von den Anfängen des jüdischen Glaubens bis hin zu unserer Gegenwart.

3.4.1 Fachübergreifende Aspekte

3.4.1.1 Kulturelle Aspekte

Der *Mensch* ist das »storytelling animal« (Alasdair MacIntyre). Er lässt sich grundlegend nicht nur in allgemeiner Weise als sprachliches Wesen bestimmen, sondern auch in spezifischer als *»homo narrans«*. Erzählen zeigt sich als ein kulturell universelles Phänomen (Roland Barthes).

Die *Wissenschaften*, die sich mit dem Menschen beschäftigen, scheinen dieser Tatsache mehr und mehr Rechnung zu tragen. Zum »linguistic turn« der Humanwissenschaften im 20. Jahrhundert lässt sich in jüngerer Zeit ein *»narrative turn«* der Sozial- und Kulturwissenschaften hinzu diagnostizieren.

Was aber ist ›das Erzählen‹ bzw. eine ›Erzählung‹? Der Begriff des *Narrativen* hat in den letzten Jahrzehnten eine immense Ausweitung erfahren. Ursprünglich im Bereich der Sprachwissenschaften beheimatet, ist er zu einem Grundparadigma der Kulturwissenschaften avanciert, das »alles« umfasst, von Geschichten bzw. Erzählungen im klassischen Sinne über Begriffe (wie den des »Fortschritts« oder der »Aufklärung«) bis hin zur Beschreibung von grundlegenden Vorstellungen der Ökonomie wie der Erkenntnis- und Wissenschaftstheorie, zu »epistemischen Narrativen« (Koschorke 2012, 329ff.). Der Begriff des »Narrativen« scheint damit derzeit ein ähnliches Schicksal zu erleben wie zuvor der des »Paradigmas« und mit diesem vielleicht gar mehr und mehr deckungsgleich zu werden.

Insofern ist es sinnvoll, zwischen einer Narratologie i.e.S. als einer Theorie erzählender oder poetischer Texte und einer Narratologie i.w.S. als einer Allgemeinen Erzähltheorie von gesellschaftlichen bzw. kulturellen »master narratives« zu unterscheiden.

Ironischerweise scheint für die Ausweitung des Begriffs der Narration derselbe geschichtlich-gesellschaftliche Prozess verantwortlich zu sein, der eigentlich sein Ende sein sollte. Der französische Philosoph und Literaturtheoretiker *Jean François Lyotard* hatte in seinem epochalen Werk »Das Postmoderne Wissen« Anfang der 80er Jahre des 20. Jahrhunderts das »Ende der großen Erzählungen« als zentrales Kennzeichen der *»Postmoderne«* diagnostiziert bzw. propagiert und damit ein doppeltes Paradoxon angesprochen (1986). Denn zum einen sind mit dem »Ende der Erzählungen« die Erzählungen, auch die großen, in den letzten drei Jahrzehnten keineswegs erloschen, sondern teilweise sogar aufgeblüht, zum andern aber – und noch gewichtiger – ist die Diagnose selbst wiederum eine Erzählung, und zwar eine große, nämlich die Erzählung vom Ende der großen Erzählungen.

Im *historischen Rückblick* lassen sich – etwas vereinfachend und schematisierend – vier Formen von Narration und Erzählgemeinschaften unterscheiden (Müller-Funk 2002, 101f.):

1. Die mythische, durch Oralität geprägte Narration des *Altertums* mit einer Vielfalt an Mythen, Epen, Märchen;
2. die dogmatische, durch Literalität (Schriftlichkeit) und eine festgelegte Interpretation von Erzählungen (Kanon) geprägte Narration des *Mittelalters* mit (theologischem) Traktat, Weihespiel und Minnesang;
3. die durch Massenmedien (Printmedien, Radio, Fernsehen) bestimmte Narration von Neuzeit und *Moderne* mit einer Hierarchie von Erzählungen (u.a. Fortschritt) und Romanen, Autobiographien sowie wissenschaftlichen Werken als charakteristischen Medien und zuletzt
4. die auf (interaktivem) Video und Internet basierende Narration der *Postmoderne* mit einem Geflecht von Erzählungen, einer neuen Unübersichtlichkeit sowie Videokunst, Essay und Fragment als charakteristischen Erzählformen.

Die *Postmoderne* wäre dann dadurch geprägt, dass sie um die Gebrochenheit und Perspektivität von Erzählungen weiß bzw. dass ihre nun »kleinen« Erzählungen keinen umfassenden legitimatorischen Charakter mehr haben (können).

Schematisch lassen sich *drei Ebenen* unterscheiden, auf denen Geschichten vorrangig eingesetzt und bedeutsam werden (Koschorke 2012, 27ff.). Sie spielen eine Rolle für das »Ich«, das Erzählen und Herstellen der eigenen Lebensgeschichte. Zum zweiten stellen sie die übliche Form der Kommunikation in kleinen sozialen Einheiten dar, in der Familie, der Nachbarschaft, unter Freunden, im sozialen Nahumfeld. In der Alltagskommunikation nehmen der »small talk«, das unspezifische, unthematische Erzählen bzw. Klatsch und Tratsch, nach quantitativen Untersuchungen 2/3 der Redezeit ein. Schließlich finden sie sich im umfassenden Rahmen der Gesellschaft.

In umgekehrter Blickrichtung lassen sich bei Geschichten *drei Arten von Referenzen* oder Bezügen bzw. Verweisen unterscheiden: eine intra- bzw. intertextuelle Inferenz von Bezügen innerhalb und zwischen Geschichten; eine Sozialreferenz im Blick auf die erzählenden und hörenden Menschen; zuletzt stellt sich im Blick auf das erzählte Geschehen, also in Bezug auf eine wie auch immer definierte oder einfach vorausgesetzte »Wirklichkeit«, die komplexe Frage nach dem Wahrheitsgehalt, nach dem Verhältnis von »fact« und »fiction« von Geschichten.

In der Frage des *Verhältnisses von Narration und Wirklichkeit* zeigt das religiöse Narrativ eine paradoxe Struktur par excellence. Einerseits beharrt es auf der Realität einer extranarrativen Wirklichkeit, nämlich Gott, andererseits weist es darauf hin, dass diese Wirklichkeit nicht anders zu haben ist als in narrativer Gestalt, nämlich in Form der Geschichte Gottes mit uns Menschen.

Die grundlegende *Leistung* von *Geschichten* lässt sich in einer doppelten, paradoxen Funktion der Narration zusammenfassen: Geschichten tragen wesentlich dazu bei, die »Welt« zu ordnen und zu deuten, ohne allerdings diese Deutungen allzu eindeutig festzulegen (wie etwa bei einer logischen Definition). Ordnen und

Offenhalten stehen offenbar in einem komplementären Verhältnis. Eine Geschichte hat einen Schluss und kann doch weiter-, nach- und wiedererzählt werden. »Und wenn sie nicht gestorben sind, so leben sie noch heute«, pflegen Märchen offen zu enden. In umgekehrter Richtung lässt sich fragen: »Was war vor dem Anfang?« Eine Geschichte befriedigt und weckt Neugier. Im Roman »Das Schicksal ist ein mieser Verräter« von John Green (2012) fliegt die todkranke jugendliche Hauptperson von den USA bis in die Niederlande, um den Verfasser ihres Lieblingsromans zu fragen, was denn aus den Personen der Geschichte nun geworden sei … Wir sind also mit einer Geschichte, wenn wir sie gehört oder erzählt haben, nicht »fertig«. Am deutlichsten wird dies bei der eigenen Lebensgeschichte, aber auch bei den Geschichten von Gemeinschaften und Gesellschaften.

Die erste Funktion einer Geschichte ist *Deutung* und *Sinnstiftung*, und sei es in der paradoxen Form der Camus'schen Neu-Erzählung des alten Sisyphos-Mythos als Parabel für die Sinnlosigkeit des menschlichen Daseins. Eine Geschichte braucht und schafft (sich) hierfür Strukturen. Noch die offenste Kurzgeschichte muss einmal beginnen, selbst die »Unendliche Geschichte« hat einen Schluss. Eine Geschichte nimmt eine Perspektive ein, lebt von einem Plot, schafft zeitliche wie räumliche Strukturen, auch Zusammenhänge, kausale oder finale. Damit aber hat sie Teil am notwendigen Widerspiel von Inklusion und Exklusion. Indem sie etwas in einer bestimmten Form erzählt, schließt sie anderes und Formlosigkeit aus. Problematisch wird diese Exklusion, wenn und weil andere Menschen und ihre Perspektiven ausgeblendet oder gar desavouiert werden. Zudem wird eine Geschichte mit dem Ausgeblendeten oder dem Bekämpften niemals ganz fertig, auch das Märchen mit dem Bösen nur vorläufig. Deshalb müssen die Geschichten wiedererzählt, neue gefunden, Varianten entdeckt, Gegengeschichten perspektiviert werden. Erzählungen fordern daher nicht nur das Nach- und Weitererzählen, sondern das Variieren und das Erzählen von Gegengeschichten geradezu heraus.

3.4.1.2 Pädagogische Aspekte

Kinder brauchen *Geschichten*. Kinder hören und erzählen Geschichten. Hinter den Geschichten stehenden Rituale und Schema-Bildungen. Der Ablauf eines Kindergeburtstags oder des Besuchs beim Kinderarzt führen zu bestimmten Narrativen mit einem festen »Drehbuch« für die Handlungs- bzw. Erzählfolge: Gäste treffen ein, übergeben Geschenke, die ausgepackt werden, dann folgen Kuchen und Spiele bis hin zur Verabschiedung. Skript, Story und Szene akzentuieren in jeweils etwas unterschiedlicher Weise die einzelnen Elemente (Skript), das Narrative (Story) bzw. das Visuelle (Szene). Die Story vermittelt gleichsam im Zeitraffer aus der Vogelperspektive bzw. mit Weitwinkel einen Überblick, während die Szene das Detail in der Zeitlupe anschaulich ›heranzoomt‹ (Koschorke 2012, 61ff.).

Die *Fähigkeit* zu *erzählen* muss sich entwickeln. Zuerst werden Sätze unverbunden nebeneinander gestellt. Dann erfolgen einfache Verknüpfungen mit »und« oder – bereits elaborierter, weil in ein zeitliches Verhältnis gebracht – mit »dann«. Zuletzt werden kausale Verknüpfungen ins Spiel gebracht, etwa mit »weil« (Kausalursache, kausal) oder mit »damit« (Finalursache, final oder teleologisch) (74ff.). Diese Entwicklung lässt sich bei Kindern bis hin zur Schulzeit beobachten oder – bereits im größeren Kontext der Verbindung von Einzelerzählungen zu einem Gesamtpanorama – in der Tradierung von Jesus-Geschichten. Markus verknüpft die ursprünglich selbständigen Einzelerzählungen auf relativ einfache Weise häufig mit »und«, während die anderen Evangelisten bereits komplexere Verbindungen herstellen bis hin zur großen, intertextuellen Verknüpfungslogik des matthäischen »Schriftbeweises«: »… auf dass erfüllet würde, was da gesagt ist …«.

Narrative Kompetenz muss sich also entwickeln und entfalten – auf drei unterschiedlichen Ebenen:

1. Geschichten »machen / fabrizieren« und erzählen können (aktiv)
2. Geschichten hören und verstehen / nacherzählen können (passiv)
3. Geschichten als Geschichten begreifen können (meta-reflexiv), als Verstehen der narrativen, metaphorischen etc. Sprechweise.

Bereits Johann Amos Comenius (1592–1670) hat das Problem der Förderung narrativer Kompetenz im frühen Kindesalter erkannt und in seinem »Informatorium der Mutterschul«, dem ersten Werk für Kindheitspädagogik bzw. frühkindliche Bildung, hierfür Anleitungen erteilt:

> »In Historien und Behaltung geschehener Dinge sollen sie [die Kinder] auch geübet werden, sobald sich ihnen die Zunge anfängt aufzutun, und zwar mit kleinen kindischen Fragen: Wer hat dir das gegeben? Wo warst du gestern, vorgestern? (beim Großvater, bei der Großmutter, bei der Muhme etc.)« (Komenský 1987, 64)

Und dann folgen weitere Überlegungen darüber, »wie die Kinder in der Beredsamkeit oder daß sie wohl reden lernen sollen, geübet werden«, bis hin zur Erlangung der Schulreife (74ff.).

Welche *Geschichten* brauchen – in umgekehrter Denkrichtung – *Kinder*? Nach dem Gesagten ergibt sich: Kinder brauchen – ebenso wie Erwachsene – solche Geschichten, die unser Wahrnehmen und Verstehen der »Welt« ordnen, ohne uns etwas zu »verordnen«. Gute Geschichten sind also ordnende und öffnende Geschichten. Es »erreicht das Erzählte eine Schwingungsbreite, die der Information fehlt« (Benjamin 1969, 416). Gelungene Geschichten sind damit »Geschichten mit selbständiger Wahrnehmung, nicht solche, die alles schon von woanders her ›wissen‹« (Nadolny 1990, 59), also Geschichten, die neben Lösungen zugleich Rätsel und Geheimnisse bleiben.

In seinem Roman »Katzentisch« erzählt Michael Ondaatje (2012) von einer Schiffs-reise, auf der ein angehender Lehrer dem elfjährigen Ich-Erzähler und seinen beiden Freunden bei Tisch Geschichten erzählt, deren Ende sich in der Art gestaltete: »Viel-leicht wird er den Adler finden«, oder: »Sie werden mit Hilfe von jemandem, dem sie begegnen, aus dem Irrgarten herausfinden …«. Und bei seinen abendlichen und nächt-lichen Erkundungszügen auf dem Schiff versucht der kleine Michael, die Geschichten, die der Lehrer »nicht zu Ende erzählt hatte, auf eigene Faust auszuschmücken« (69).

Problematisch sind also die guten Absichten beim Erzählen, seien sie pädagogi-scher, moralischer oder kerygmatischer Natur, wie wir dies im Kontext von Schul- und Religionsunterricht allerorten im Überfluss finden. »Und die Moral von der Geschicht'« ist nur ironisch gebrochen ein Höhe- und Endpunkt der Erzählkunst, andernfalls aber das reale Ende der wirklichen Erzählungen, der großen wie der kleinen. Es sollte mit den Heranwachsenden thematisiert werden, dass das Hören und Erzählen von Geschichten in sich keine »Lernaufgabe« im schulischen Sinne darstellt. Den Sinn des Narrativen von didaktisierender oder moralisierender Über-fremdung freizuhalten, ist selbst ein Thema des Erwerbs von narrativer Kompe-tenz auf Schüler- wie auf Lehrerseite.

Rafik Schami, selbst ein begnadeter Erzähler, hat – auch gegenüber einer über-betonten »Bewahrpädagogik« etwa für die Grundschulzeit – den Sinn und die Aufgabe des Erzählens gegenüber Kindern so beschrieben (1996, 1):

»Bleibt die Frage: Was darf und soll man in Zukunft erzählen? Ich denke, man soll den Kindern von der Welt erzählen, ohne ihnen den Atem zu rauben, ihnen auch vom Krieg erzählen, damit sie nicht feige friedsam werden, sondern couragiert den Frieden lieben. Von der Angst anderer Kinder muß man ihnen erzählen, damit sie Mut zum richtigen Handeln bekommen, von unterdrückten Kulturen, damit sie den Erdball und nicht nur ihre eigene Stadt kennenlernen. Doch Aufklären ist mir zu wenig in unserer gefährde-ten Welt: Einbeziehen möchte ich. Das ist die Herausforderung.«

3.4.2 Fachspezifische Aspekte

3.4.2.1 Kulturelle Aspekte

Die *Bibel* ist *Weltliteratur* par excellence, was Bertolt Brecht auf die Frage, welches Buch er am meisten liebe, zu dem bekannten Bekenntnis veranlasste: »Sie werden lachen, die Bibel!« Die Charakterisierung der Bibel als Narration ist nun in mehr-facher Weise zu verstehen. Zuerst besteht die Bibel vorrangig und in weiten Teilen aus höchst spannenden, erzähltechnisch oft meisterhaft gefügten und gestalteten Geschichten, vorrangig das Alte Testament (Bar-Efrat 2006), aber auch das Neue, zumindest in seinen ersten fünf Büchern. Zudem kann offensichtlich das, was die Bibel zu sagen hat, in Form von Geschichten am besten zusammengefasst werden. Dies gilt für das Bekenntnis Israels:

> »Wenn dich nun dein Sohn morgen fragen wird: Was sind das für Vermahnungen, Gebote und Rechte, die euch der HERR, unser Gott, geboten hat?, so sollst du deinem Sohn sagen: Wir waren Knechte des Pharao in Ägypten, und der HERR führte uns aus Ägypten mit mächtiger Hand […].« (Dtn 6,20f.)

Mit anderen Worten: Wenn die nachwachsende Generation Auskunft über den Kern des Glaubens haben will, so ist mit einer Geschichte zu antworten, auch und vielleicht gerade dann, wenn gar nicht nach einer Erzählung verlangt wird, sondern nach einer Lebens- und Handlungsanweisung, nach einem Ethos! Eine Geschichte stellt den Ausgangspunkt, Kern und Inhalt des jüdischen Glaubens dar: die Erzählung von der Errettung beim Exodus, die Geschichte einer Befreiung.

Und der Evangelist Lukas beginnt sein Evangelium, die frohe Botschaft seiner aus Geschichten bestehende Geschichte von Jesus, mit den Worten:

> »Viele haben es schon unternommen, Bericht zu geben von den Geschichten, die unter uns geschehen sind […]. So habe auch ich's für gut gehalten […] es für dich, hochgeehrter Theophilus, in guter Ordnung aufzuschreiben, damit du den sicheren Grund der Lehre erfährst, in der du unterrichtet bist.« (Lk 1,1–4)

Auch Lukas versteht die Narration als Grund und Grundlage jeder systematischen Aussage, diesmal keiner Ethik, vielmehr einer Dogmatik.

So kann die Botschaft der *Bibel* insgesamt auch als Ensemble von Narrativen oder als ein großes *Narrativ* gelesen werden, als Geschichte Gottes mit seinem Volk, mit den Menschen und mit der Welt, von der Erwählung oder Schöpfung in der Ur- bzw. Vorzeit über die spannungsreiche Situation zwischen Verlorenheit und Errettung in der Gegenwart bis zur Vollendung in der Zukunft. Und Geschichten wohnt die Tendenz inne, auf Weitererzählungen zu drängen. Dies nicht nur in dem Sinne, dass die ersten Christen bekannten: »Wir können's ja nicht lassen, von dem zu reden, was wir gesehen und gehört haben« (Apg 4,20). Vielmehr auch so, dass Geschichten auf Fortsetzung beharren, Kreativität freisetzen, neue Geschichten erzeugen. Die Evangelien lassen sich als Passionsgeschichten mit einer (ausführlichen) Einleitung verstehen. Lukas und Matthäus erweitern mehr noch als die nichtkanonischen Kindheitsevangelien die markinische Perspektive auf den erwachsenen Jesus bis hin zu Kindheit, Geburt und Geburtsankündigung, Johannes gar bis zur Präexistenz in kosmischen Dimensionen. In umgekehrter Blickrichtung verlangt das ursprünglich abrupte Ende des Markusevangeliums nach einem sekundären Schluss in Form von Erzählungen über die Erscheinungen des Auferstandenen (Mk 16), welchen dann etwa das apokryphe Petrus-Evangelium mit einer Geschichte zur Auferstehung Jesu aus dem Grab ergänzt und präzisiert.

Die *wissenschaftliche Theologie* tat daher gut daran, der narrativen Grundstruktur des biblischen bzw. christlichen Glaubens in besonderen Akzentuierungen Rechnung zu tragen durch Ausbildung einer »Narrative Exegese« oder – vor allem in den siebziger Jahren – einer »Narrativen Theologie«.

Auch das *Glaubensbekenntnis* der christlichen Kirchen stellt ein umfassendes Geschichtsnarrativ dar, vom Ursprung in Gottes Schöpfertätigkeit über Inkarnation und Erlösung bis hin zum Jüngsten Tag und zum ewigen Leben. Die Kirche lässt sich als Erinnerungs- und Erzählgemeinschaft charakterisieren (Metz 1973). Das Kirchenjahr bietet einen Kranz von Erzählungen, von den Geburtsgeschichten über Kreuz und Auferstehung bis zum Pfingstgeschehen (Apg 2). Und in praktisch-theologischer Hinsicht kann Dietrich Ritschl (1988, 5) den Glauben als den Prozess beschreiben, sich einem Narrativ zu überlassen:

> »In die story von Abraham über Moses bis Jesus und bis zu mir hineinschlüpfen, drin-sein, mit-tun, sozusagen ›mitten in der Trinität‹ sich aufhalten«.

Geschichten werden damit existentiell wichtig, ja, sie werden geradezu zum Medium, in dem sich menschliche Existenz nicht nur ausdrückt, sondern ereignet. Meine Erzählung schafft Wirklichkeit, wie meine Wirklichkeit Geschichten produziert.

In diesem Sinne sind auch die *Gleichnisse Jesu*, eine der zentralen narrativen Formen des Neuen Testaments, zu verstehen. Die Gleichnisauslegung änderte ihre Akzentsetzung von der ethischen oder logischen Interpretation hin zum Ernstnehmen der literarischen Struktur (Zimmermann 2007, 17ff.). In der Gleichniserzählung kommt eine neue Wirklichkeit zur Sprache, die Wirklichkeit des Reiches Gottes. Nehmen wir die Eingangs-Erzählung vom Baal-Schem ernst, müssen wir über die klassisch gewordene Formulierung Eberhard Jüngels aber noch hinausgehen: »Die Basileia [das Reich Gottes] kommt *im* Gleichnis *als* Gleichnis zur Sprache« (2004, 135). Denn dann schafft sich das Reich Gottes im Erzählen und Hören der Gleichniserzählung eine neue Realität. Was damit gemeint ist, kann bereits Kindern anhand von Leo Lionnis Geschichte »Frederick« (2011) klar gemacht werden, in der ein Mäuserich im kalten Winter die anderen durch Geschichten von der strahlenden Sommersonne wärmt (SpurenLesen 1 2007, 159). Die jesuanischen Gleichniserzählungen leiten hinüber zu den Geschichten über Jesu Speisungswunder oder über seine Tischgemeinschaften, bei denen das Reich Gottes dadurch bereits Gestalt gewinnt, dass alle zu essen haben und satt werden.

Eine typische Frontstellung der Moderne war die »Antithese von Mythos und Vernunft« bzw. »Logos« – nach dem Philosophen Hans Blumenberg eine »späte und schlechte Erfindung« (1996, 56). Denn der griechische Begriff »logos« bedeutete ursprünglich beides, Narration wie Rationalität. Bei Platon tritt der Mythos neben den Logos, oft geradezu als dessen »Krönung«. Mythos bedeutete ursprünglich also keineswegs eine verminderte Rationalität bis hin zu Irrationalität. Insofern ginge auch die Forderung nach einer »Remythisierung« in die Irre. Es geht vielmehr um eine Versöhnung und *Verknüpfung* von phantasievoller *Narration* und logischer *Abstraktion*. In diesen Kontext wäre im Bereich der Theologie auch die Entmythologisierungs-Debatte einzuordnen, die ebenfalls nicht einer neuerlichen »Remythisierung« bzw. einer unkritischen Übernahme eines biblischen »Weltbildes« Platz machen soll, sondern vielmehr überholt werden kann durch eine »zweite Naivität« (Ricœur 1996) im Umgang mit Narrationen: einer kindlichen Freude am Erzählerischen, das zugleich darum weiß, dass Erzählungen Erzählungen sind, dass sich aber menschliches Leben zugleich in Erzählungen ereignet, dass sie also nicht erst nachträglich und additiv zu unserem Leben hinzutreten.

3.4.2.2 Religionspädagogische Aspekte

> »Wenn man vom Artikel der Rechtfertigung predigt, so schläft das Volk und hustet; wenn man aber anfängt, Historien und Exempel zu sagen, da reckts beide Ohren auf, ist still und hört fleißig zu« (Luther 1967, 455; WATR Nr. 2408b).

Bereits Martin Luther wusste um die *Wirkung* von anschaulichen, spannenden *Erzählungen, Geschichten, Beispielen.* Der Religionsunterricht der *Grundschule* tut gut daran, sich ganz auf die Erzählungen des Alten und Neuen Testaments zu konzentrieren und auch bei anderen Themen (z.B. Martin Luther oder die Heilige Elisabeth) vorrangig narrativ zu verfahren. Gerade auch aufgrund dieser Akzentsetzung ist der Religionsunterricht der Primarstufe bei den Schülerinnen und Schülern, auch im Rückblick, überraschend beliebt. Als problematisch erweist sich der (religions-)pädagogische Brauch, für das *Jugendalter* die narrative Komponente recht deutlich zurückzufahren und eher auf informative, begriffliche oder diskursive (neben expressiven) Unterrichtsprozesse zu setzen. Nun ist es sicherlich richtig und wichtig, wenn der Religionsunterricht die Herausbildung und Entwicklung des logischen, abstrakten Denkens im Jugendalter wichtig nimmt und fördert, doch lassen sich Kognition und Narration aufs Beste und viel vielfältiger und gekonnter miteinander verbinden, als dies in aller Regel geschieht. Denn viele der zentralen klassischen theologischen Fragestellungen wurden eben auch in narrativer Form »diskutiert«. Man denke etwa an die anschaulichen Beispiele bzw. Gleichnisse in der Kontroverse zwischen Luther und Erasmus über die Frage der Willensfreiheit des Menschen. Ist der Mensch in Gottes Hand wie ein Kind, das die Hilfe des Vaters braucht, aber eben doch auch selbst etwas tun muss, um den gewünschten Gegenstand zu bekommen – so Erasmus – oder wie ein Reittier, das keinerlei Einfluss darauf hat, wer es reitet, Gott oder der Teufel – so der Reformator? Der Religionsunterricht täte gut daran, das erzählerische Element auch in der Sekundarstufe I und II weiter zu pflegen.

Welche *narrativen Kompetenzen* sind im Hinblick darauf bei den Heranwachsenden zu fördern? Natürlich grundlegend die Fähigkeit, Geschichten zu hören und zu erzählen, ferner diese nachzuerzählen und weiterzuerzählen im Sinne von »fortzuspinnen«. Ferner geht es darum, das Wesen von Geschichten zu begreifen, zu verstehen, nach welchen Prinzipien sie aufgebaut und strukturiert sind (Koschorke 2012, 27ff.), also die Strukturmerkmale von Erzählungen ausfindig zu machen:

1. Ort, Zeit und Kausalitäten zu bestimmen;
2. unterschiedliche Gattungen von Geschichten in ihren Wesensmerkmalen zu unterscheiden (ein ganzes Bündel von ihnen kommt auch in der Bibel vor!);
3. die Perspektivität von Geschichten zu durchschauen;
4. die Perspektive des (Ich-)Erzählers als solche zu erkennen;
5. die Perspektivität (und damit den Prozess von Inklusion und Exklusion) jeder Narration wahrzunehmen und zu reflektieren;
6. die Fähigkeit, unterschiedliche Perspektiven einzunehmen und die Geschichten dadurch offen zu halten.

Die Kompetenzentwicklung hat somit einen rezeptiven, produktiven und reflexiven Aspekt.

Jürg Schubiger hat in einem Kinderbuch eigene *Schöpfungserzählungen* – in immer neuen Anläufen und unterschiedlichen Varianten – erzählt (1995, 9):

> »Früher, als die Welt noch jung war, gab es noch keine Menschen. […]« und auf die denkbaren und im Text selbst vorweggenommenen kritischen Einwände der Heranwachsenden mit einer neuen Erzählung geantwortet – oder auch mit der Replik: »Hör mal, wie soll ich das wissen? – Erzähl die Geschichte doch selber!«

Und tatsächlich kam bei der Thematisierung der Schöpfung ein Viertklässler auf die Idee, es ließe sich ein Sammelwerk der unterschiedlichsten Versionen von Schöpfungserzählungen erstellen (Dieterich 2004, 24):

> »J: Also, ich denk, wenn jetzt jeder seine Meinung sagen würde, dann würde man halt so einen Tag machen, an dem dann die Leute, die eine Meinung abgeben wollen, die sollen dann ihre Meinung abgeben und dann kann man das auch zu einem Buch machen.«

Im Schöpfungskapitel des Schulbuchs »SpurenLesen 1« (2007, 78–97) für die fünfte/sechste Klassenstufe wird das narrative Prinzip der priesterlichen Schöpfungserzählung bereits dadurch deutlich gemacht, dass jeder »Tag« den Auftakt zu einer Doppelseite bildet, auf der das jeweilige Thema (Anfang – Pflanzen – Sterne – Tiere – Menschen – Sabbat) mit Bildern und narrativen Texten umkreist wird.

In umfassender Weise hat Hartmut Rupp den Vorschlag gemacht, eine *»Heilsgeschichte«* in sieben Schritten mit farbigen Tüchern zu legen, um den Kern des Glaubens für die Heranwachsenden anschaulich und nachhaltig präsent zu machen: blaue Tücher für die Schöpfung, grüne für Gottes Handeln an seinem Volk, schwarze für die Verborgenheit Gottes und das menschliche Gefühl des Verlassen- und Verlorenseins, ein weißes für Jesu Worte und Taten, ein schwarzes sowie ein weißes für sein Sterben und die Auferstehung, ein rotes für das Wirken des Heiligen Geistes in Menschen und Gruppen, zuletzt ein Rückbezug auf den blauen Grund, der sich nicht nur am Anfang, sondern auch am Ende als vollendete Zukunft zeigt (Rupp 2009, 149–151). Dieser Vorschlag ist nun nicht im »klassischen« heilsgeschichtlichen Sinne als festgefügtes Schema zu verstehen. Denn durch den Prozess des Tücherlegens wird die Geschichte variierbar, veränderbar, ja verhandelbar. Im Prinzip könnte jeder »seine« Heilsgeschichte legen oder – noch adäquater – die Klasse entwickelt in Gruppen und/oder gemeinsam »ihre« Version(en) von Heilsgeschichte.

Die alte religionspädagogische Kontroverse aus den siebziger Jahren, wie *biblische Geschichten im Religionsunterricht* denn *erzählt* werden sollen, puristisch dem Text entlang (Steinwede 1974) oder in freier, kreativer Ausgestaltung (Neidhart/Eggenberger 1990), lässt sich in neuer Weise beantworten. Aufgrund des bisher Gesagten ist einleuchtend, dass die – literarisch gelungene – biblische Erzählung selbst eine gewisse Vorrangstellung hat, wobei es »schon die halbe Kunst des Erzählens [ist], eine Geschichte, indem man sie wiedergibt, von Erklärungen freizuhalten« (Benjamin 1969, 416; 445). Daneben und zusätzlich haben jedoch auch alle Varianten ihren Platz, vor allem Erzählungen mit variierter Perspektive. Diese Variationen sind jedoch von der Lehrkraft weniger einzuspeisen als anzuregen, d.h. sie können vorrangig von den Schülerinnen und Schülern selbst erschaffen werden. Narration würde so in Rezeption, Produktion und Reflexion zu einem fundamentalen Prinzip des Religionsunterrichts.

Umfassender und grundlegender noch ließe sich der *Religionsunterricht* (wie der Schulunterricht insgesamt) selbst als *Narration* begreifen, als Summe der Geschichten bzw. als die Geschichte, die wir in und mit der Schulklasse erleben. Dann gälte es, auch diese Ebene von Narration zu beachten und als solche bewusst zu machen. In diesem Sinne spricht Matthias Proske (2009) ausdrücklich von einem »Klassengedächtnis«.

Zum Schluss sei noch auf das einfache Schema des *narrativen Dreiecks* verwiesen, das wichtige grundlegende Elemente der Narration veranschaulicht und verdeutlicht. Narration ist eben nicht ohne die drei Faktoren von Produzent, Produkt und Rezipient zu haben, von denen keiner überbetont, aber eben auch nicht vernachlässigt werden sollte.

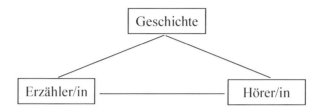

Ohne Erzähler/innen gibt es keine Erzählung. Andererseits löst sich eine Geschichte von ihrer/m Autor/in und beginnt eine eigene Geschichte. Insofern ist die Frage, was der/die Autor/in mit ihrer/seiner Erzählung sagen wollte, einerseits berechtigt, andererseits aber auch eine Sackgasse. Lebendig wird eine Geschichte dann und nur dann, wenn sie von Hörerinnen und Hörern gehört und verstanden wird. Insofern ist die Frage, wie ich die Geschichte verstehe, sehr berechtigt. Aber auch sie stellt zugleich eine Sackgasse dar, wenn ich nämlich meine Interpretation zum Maßstab für die Geschichte mache, wenn ich mit der Geschichte fertig werde, zu einem Ende komme. Man könnte in doppelter Blickrichtung und Abgrenzung formulieren: eine einseitig und ausschließlich historisch-kritische Interpretation von biblischen Geschichten krankt daran, dass sie nicht klar machen kann, was diese Geschichten *mir* bzw. *uns* erzählen wollen. In umgekehrter Blickrichtung aber vermag eine einseitig und ausschließlich (im Grunde auch falsch verstandene) rezeptionsästhetische Interpretation, die den Hörer/innen jede beliebige Freiheit des Verständnisses einräumt, nicht mehr eindeutig zu bestimmen, was *diese biblischen Geschichten* mir bzw. uns zu erzählen haben. Nicht ohne Grund hat Umberto Eco in »Das offene Kunstwerk« (1973) sowie in »Lector in fabula« (1987) nicht nur ein leidenschaftliches Plädoyer für die aktive Mitarbeit des Rezipienten am Kunstprozess bzw. die »Mitarbeit der Interpretation in erzählenden Texten« (1987, Untertitel) gehalten, vielmehr auch auf »Die Grenzen der Interpretation« (1992) hingewiesen (22):

> »Zu sagen, daß ein Text potentiell unendlich sei, bedeutet nicht, daß jeder Interpretationsakt gerechtfertigt ist. Selbst der radikalste Dekonstruktivist akzeptiert die Vorstellung, daß es Interpretationen gibt, die völlig unannehmbar sind. Das bedeutet, daß der interpretierte Text seinen Interpreten Zwänge auferlegt. Die Grenzen der Interpretation fallen zusammen mit den Rechten des Textes (was nicht heißen soll, sie fielen zusammen mit den Rechten seines Autors).«

Insofern bildet die *Geschichte* selbst doch den Kern der Narrativität.

3.5 Literacy / Literalität

3.5.1 Fachübergreifende Aspekte

3.5.1.1 Kulturelle Aspekte

>»Den einzigen Streit hatten wir in Amorbach. Ich war früh aufgewacht, hatte mich leise angezogen und aus dem Zimmer gestohlen. Ich wollte das Frühstück hochbringen und wollte auch schauen, ob ich schon ein offenes Blumengeschäft finde und eine Rose für Hanna kriege. Ich hatte ihr einen Zettel auf den Nachttisch gelegt: ›Guten Morgen! Hole Frühstück, bin gleich wieder zurück‹ – oder so ähnlich. Als ich wiederkam, stand sie im Zimmer, halb angezogen, zitternd vor Wut, weiß im Gesicht.
> ›Wie kannst du einfach so gehen!‹
> Ich setzte das Tablett mit Frühstück und Rose ab und wollte sie in die Arme nehmen.
>   ›Hanna …‹
> ›Faß mich nicht an.‹ […]
> ›Aber ich habe dir doch einen Zettel …‹
> ›Zettel?‹
> Ich setzte mich. Da, wo ich den Zettel auf den Nachttisch gelegt hatte, lag er nicht mehr. Ich stand auf, suchte neben und unter dem Nachttisch, unter dem Bett, im Bett. Ich fand ihn nicht. ›Ich versteh das nicht. Ich hatte dir einen Zettel geschrieben, daß ich Frühstück hole und gleich zurück bin.‹
> ›Hast du? Ich seh keinen Zettel.‹
> ›Du glaubst mir nicht?‹
> ›Ich will dir gerne glauben. Aber ich seh keinen Zettel.‹
> Wir stritten nicht mehr. War ein Windstoß gekommen, hatte den Zettel genommen und irgend- und nirgendwo hingetragen? War alles ein Mißverständnis gewesen […]?«
> (Schlink 1997, 54–56)

Bernhard Schlink schildert in seinem Rman »Der Vorleser« eine Szene des Missverständnisses und Streites zwischen einem Heranwachsenden und seiner älteren Geliebten. Die Szene stürzt den jungen Mann in Ratlosigkeit, und er merkt erst später, dass seine Geliebte Analphabetin ist und sie ihn deshalb immer wieder vorlesen lässt, auch beim Liebesspiel. Die Frau aber empfindet ihren Analphabetismus als eine solche Schande, dass sie unfähig ist, ihr Unvermögen vor einem anderen zuzugeben, selbst vor dem Geliebten. Vielmehr versucht sie mit aller Macht, ihre »Schande« zu vertuschen, was aber keineswegs nur als individuelles Versagen gedeutet und verstanden werden darf, sondern vielmehr als Symptom einer Gesellschaft, die – ähnlich wie beim Alkoholismus – einerseits ein gewisses Maß an

Analphabetismus produziert, die mit diesem »Makel« Behafteten aber zugleich in starkem Maße ausgrenzt und stigmatisiert, andererseits den »Bußfertigen« und »Reumütigen« zugleich Maßnahmen der »Rehabilitierung« anbietet, was jedoch ebenfalls dazu dient, das Problem individuell zuzuschreiben und die strukturellen Ursachen (beim vollständigen oder partiellen Analphabetismus etwa Schichtunterschiede) zu verschleiern. Nach einer neueren Studie der Universität Hamburg sind in der Bundesrepublik Deutschland etwa 4 % bzw. 2 Millionen der Erwachsenen vollständige und über 14 % bzw. 7,5 Millionen funktionale Analphabeten (Grotlüschen / Riekmann 2012).

Insgesamt gesehen weist diese Ausgrenzung und Stigmatisierung des Andersartigen darauf hin, dass sich unsere Gesellschaft in starkem Maße über das Lesen- und Schreibenkönnen, über die Schriftmächtigkeit definiert. Literalität ist eine oder die wesentliche Voraussetzung der Inklusion in die moderne Gesellschaft bzw. deren Funktionssysteme (Bohn 1999, 199ff.).

In einer traditionellen Betrachtungsweise lässt sich sagen: mit der Entwicklung der *Schrift* schafft der Mensch *Kultur* oder eine neue Form von Kultur: *Hochkultur*. In einer Erweiterung der Sprachtheorie Ferdinand de Saussures lässt sich die Blickrichtung jedoch (auch) umkehren: nicht das Denken schafft die Sprache, von der aus wiederum die Schrift erfunden wird, vielmehr prägt die Schrift die Sprache (nicht umsonst sprechen wir von der »Schriftsprache«) und das Denken, damit aber auch den Menschen. Mit anderen Worten: Wir *sind* vom Buch (E. Levinas), genauer: vom unabgeschlossenen Text, von der Schrift und vom Lesen, her (Jacques Derrida). Die einfache, landläufige Theorie, der »common sense«, eine zielgerichtete Linie führe vom Denken, Fühlen und Erleben über das Sprechen zur Schrift (als abgeleitetem Zeichen, als Zeichen eines Zeichens – bei Abwesenheit des Sprechers) wird in Derridas bekanntem Diktum umgekehrt »il n'y a pas de hors-texte«: Wir haben die Erfahrung nicht unvermittelt. Es gibt keine ›reine‹, unmittelbare Erfahrung mehr, unsere Erfahrung ist vielmehr in grundsätzlichem Sinne vermittelt über die Schriftlichkeit (Derrida 1983, 274):

> »Was wir zu beweisen beabsichtigen [...] war, daß es in dem, was man das wirkliche Leben dieser Existenzen ›aus Fleisch und Blut‹ nennt, [...] immer nur Schrift gegeben hat. Es hat immer nur Supplemente, substitutive Bedeutungen gegeben [...]. [Daher zeigt sich] die Schrift als das Verschwinden der natürlichen Präsenz.«

Der Philosoph Vilém Flusser (1989) hat darauf hingewiesen, dass bei einer »ersten Betrachtung des Schreibens die Zeile, das lineare Laufen der Schriftzeichen, das Beeindruckendste« ist und »dabei als Ausdruck eines eindimensionalen Denkens, und daher auch eines eindimensionalen Fühlens, Wollens, Wertens und Handelns« erscheint. Schriftlichkeit schafft Kultur:

»Die Sache ist radikaler, als sie aussieht. [...] Die Schrift, dieses zeilenförmige Anei-
nanderreihen von Zeichen, macht überhaupt erst das Geschichtsbewußtsein möglich.
Erst wenn man Zeilen schreibt, kann man logisch denken, kalkulieren, kritisieren, Wissenschaft treiben, philosophieren – und entsprechend handeln. Vorher dreht man sich
in Kreisen. [...] Geschichte ist eine Funktion des Schreibens und des sich im Schreiben
ausdrückenden Bewußtseins.« (11f.) »Man kann sagen, daß die alphabetische Zeile und
das sich ihr entlang bewegende Denken das dumpfe Dunkel der magisch-mythischen
Lebenswelt aufgeklärt habe.« (156)

Bedeutet unser *digitales Zeitalter*, wie viele befürchten, das Ende von Buch und
Schriftlichkeit? Empirische Studien zum Lesen in der Mediengesellschaft weisen
auf eine ambivalente Entwicklung hin. Einerseits gewinnt die Lese- und Schreib-
kompetenz eine zunehmende Bedeutung als Basisqualifikation für die Mediennutzung, andererseits steht sie in Konkurrenz und wird teilweise zurückgedrängt,
etwa die Form des Lesens als »ästhetischer Genuss« – doch lässt sich auch dieses
Ergebnis wiederum in Frage stellen durch sensationelle Erfolge fiktionaler Literatur (u.a. Harry Potter).

Nach Rolf Oerter (1999, 48f.) lassen sich drei Entwicklungen feststellen: 1.
Lesen erhält eine verstärkt (aber nicht nur!) instrumentelle Bedeutung (»Verschiebung«); 2. Schrift wird im »Medienverbund« häufig nur zur Unterstützung von
bildlicher / grafischer Darstellung und gesprochenem Wort eingesetzt (»Einen-
gung«); 3. Zugleich entsteht durch die und innerhalb der neuen Medien, die ja
zu den »alten« hinzutreten, eine wachsende Anzahl von Angeboten und Nutzern
(»Erweiterung und Differenzierung«).

In einem noch tiefer greifenden Sinne hat Vilém Flusser (1989) auf die prinzipielle Neuartigkeit des digitalen Zeitalters hingewiesen, das nicht auf der (linearen)
Schrift, sondern vielmehr auf dem (nichtlinearen) »Umcodieren« aufbaut, also
etwa Texte in Bilder, Filme und Programme übersetzt, so dass angesichts dieses
fundamentalen Umbruchs ein Schriftstück nur noch ein »letztes« sein kann, wobei
er durchaus konzediert, dass es weitere (letztlich beliebig viele) »letzte« Schrift-
stücke bzw. Bücher geben kann. Das digitale Lesen, Schreiben und Denken aber
ist nicht »buchstäblich« bzw. »alphabetisch«, vielmehr »systemanalytisch«, also
nicht den Zeilen entlang lesend, vielmehr die eigenen Netze spinnend (151). Hier ist
nun tatsächlich nicht nur die technische Beherrschung des Computers, stattdessen
ein ganz neues Schreiben, Lesen und Denken gefragt: »Wir müssen zurück in den
Kindergarten« (154). Angesichts des fundamentalen Umbruchs von der Literalität
zur Digitalität aber sind prinzipiell zwei Wege möglich: »Zurück zur Imagination
oder vorwärts ins Kalkulieren.« Wobei sein kann, »daß diese beiden Richtungen
hinterrücks ineinander münden können: Zahlen lassen sich zu Bildern komputie-
ren« (159).

3.5.1.2 Pädagogische Aspekte

Die *Schriftlichkeit* generiert nicht nur Geschichte bzw. Geschichtsbewusstsein und (Hoch-)Kultur, sondern auch Schule: »Schrift macht Schule!« (Treml 2004, 295) Denn die Schriftmächtigkeit muss an die *nachfolgende Generation* weitergegeben werden. Der Pädagoge Alfred K. Treml (2004) weist auf die konservative und strukturdeterminierende Dimension der *Schule* als Bildungsinstitution hin, denn die »Struktur des Unterrichts« habe sich »cum grano salis seit seiner evolutionären Erfindung vor über 5000 Jahren erhalten« (296) und trage insbesondere folgende Züge und Merkmale (296f.): bestimmte Zeiten (samt Stundenplänen), Räume, Themen sowie in der »Sozialdimension« zum einen »die *Gruppe*, die *Gemeinschaft*, das *soziale System*« sowie »die soziale *Asymmetrie* zwischen einem Lehrer und vielen Schülern« (297).

Der *Eintritt ins Schulalter* ist für die Kinder der Übergang in die Welt der (Hoch-)Kultur, der Literalität. Der Einschnitt ist – nach dem bisher Gesagten – fundamental. Denn auf der ontogenetischen Ebene muss hier in der lebensgeschichtlichen Entwicklung vom Einzelnen etwas vollzogen werden, was auf der phylogenetischen Ebene die Geschichte der Gattung bereits seit Jahrtausenden wesentlich charakterisiert (ohne dass damit weitreichende Parallelen zwischen phylo- und ontogenetischer Entwicklung behauptet würden). Wie die Verinnerlichung von Sprache zum Instrument des Denkens in der kindlichen Entwicklung wurde, bestimmt mit und nach dem Lesen- und Schreibenlernen die Schriftlichkeit/Literalität das Denken, Handeln und Erleben der Heranwachsenden in fundamentaler Weise.

Wie schwierig der Übergang in diese neue Welt der Literalität ist, zeigt auf anschauliche Weise folgende Szene aus dem Leben der sechsjährigen Ulla (Hahn), die mit Rückgriffen auf die vorliterarische Welt des Märchens und mit dem Höhenflug in die Welt der Religion die Schrecken des Übergangs zu bannen versucht (Hahn 2004, 57):

»Zuerst einmal sollten wir die Buchstaben lernen. A, sagte der Lehrer und malte etwas an die Tafel: A, wiederholte er. Buchstaben kamen aus den Tönen. Wie Kompott aus frischem Obst, haltbar gemacht wie Eingewecktes.
Das A sah aus wie eine Zipfelmütz, Zipfelmütz auf Wichtelmännchens Kopf, Wichtelmännchen bei Schneewittchen, Rumpelstilzchen und Zwerg Nase, die Heinzelmännchen von Köln. B stand mit seinem blubbernden Bauch vor der Mühle und verschacherte seine schöne Tochter an den König, Stroh zu Gold spinnen könne sie, log das dicke B. Im C hing der Sichelmond am Himmel, Sterntaler regneten dem armen Mädchen ins Hemdlein. Das D roch nach Gift, giftige Apfelhälfte im Halse von Schneewittchen. Ich hatte große Mühe, die Gedanken bei den Zeichen zu halten. Ließ ich ihnen freien Lauf, nahmen sie schnurstracks den Weg in die Märchenwelt.

Jeden Buchstaben gab es in groß und klein wie Eltern und Kinder, doch die kleinen sahen den großen beileibe nicht immer ähnlich. A und a. B und b. R. und r. E und e. G und g. H und h. Die Kurve von dem d dem D entgegengesetzt. Einen Grund dafür gab es nicht. Sowenig wie für Engel und Teufel. Alphabet und Gebet waren Glaubenssache. Das Alphabet dem Gebet haushoch überlegen. Ohne Alphabet kein Gebet. Nicht einmal GOTT.«

Der Vorgang des *Lesenlernens* ist auf seinen unterschiedlichen Ebenen, von der rein visuellen Leistung (Fixation und Bewegung der Augen) über die Worterkenntnis bis hin zum Leseverständnis, durch empirische Studien detailliert untersucht und durch Entwicklungsmodelle, die auf mehrere Stufen vom Raten (linguistic guessing) bis zum flüssigen Lesen unbekannter Wörter hinweisen, strukturell gegliedert worden (Oerter 1999, 28–32).

Ganz zusammenhanglos vollzieht sich der Übergang in die neue Welt freilich nicht, er baut vielmehr auf dem bisher Geschehenen auf. Für die Lesefähigkeit sind neben anderen Faktoren auch die Eltern-Kind-Interaktion (fördernd wirken »distale«, d.h. sprachliche, nicht manuelle oder taktile, Interaktionsstrategien mit Vorteilen für einen »problemorientierten« gegenüber einem »gängelndem« Zugang) und – weit weniger beachtet – die Freundschaften unter den Gleichaltrigen. In poetischer Formulierung weist der Kinderbuchautor Paul Maar auf den Zusammenhang von narrativer und literarischer Phase hin: »Der Königsweg zum Lesen ist das Geschichten hören.«

Im Prozess des Lesen- und Schreibenlernens kommt der Tag, an dem das Kind sich der neuen Technik bemächtigt hat, was nicht nur die Teilhabe an der Welt der (Hoch-)Kultur möglich macht, sondern auch das persönliche Leben mitbestimmt und eine Kommunikation auch bei Abwesenheit einer Person ermöglicht, wie folgender Brief an die Mama, das erste Schriftstück einer Erstklässlerin, zeigt:

»MAMA / ISCH / HABE DIWI / DE GEWO / NEN / DANE LEONI= / E«
(Mama, ich habe die Wette gewonnen. Deine Leonie.)

Eine Studie zur Entwicklung von Lesemotivation im Grundschulalter (Richter/Plath 2012) weist darauf hin, dass, kaum sind die Heranwachsenden mit einiger Mühe und Not, aber eben auch mit viel Vorfreude und Lust in die neue Welt der Literalität eingetreten, die Freude am Lesen auch schon wieder merklich absinkt. Sie macht dafür in erster Linie eben den Unterricht, der diese Fähigkeit erst ermöglichte, verantwortlich: Der Deutschunterricht in der Grundschule wirke demotivierend. Während in der 2. Klasse 65% der Mädchen der Deutschunterricht Spaß mache, ist dieser Wert bereits in der 4. Klasse auf 40% gesunken – bei den Jungen liegen die Werte erwartungsgemäß jeweils noch wesentlich niedriger.

Die Kinder lesen gerne spannende Abenteuergeschichten, Sachbücher, Tier- und Fantasy-Literatur (interessanter Weise geben die Lehrer/innen für die eigene Lektüre oft dieselben Kriterien an: Eintauchen, Spannung …!), und nicht so sehr die realistischen Kinderromane mit pädagogischer Botschaft. Sie fühlen sich von den schulischen Lese-Lern-Texten intellektuell unterfordert. Sie sprechen lieber mit Freunden und Eltern, nicht mit Lehrern, über ihre Lektüre. Hieraus zieht Monika Plath den – auch für die Religionsdidaktik höchst bedenkenswerten – Schluss:

»Dieses Botschaftsdenken – was lernen wir daraus? – im Literaturunterricht ist eine Plage« (Plath / Richter 2003).

Trotz dieser nach anfänglichen Erfolgen negativ verlaufenden schulischen Lesesozialisation und trotz der kulturpessimistischen Schelte über die Lesefeindlichkeit der *Jugend* ist für die weitere Entwicklung daran festzuhalten, dass auch »für einen Teil der Jugend das Lesen […] zumindest phasenweise hohe und höchste Bedeutung für den Wissenserwerb, die soziale und individuelle Orientierung sowie für die psychische Entwicklung erlangen kann« (Graf 2002, 513). Im Verlauf der Jugendzeit scheint die Sachtextlektüre in den Vordergrund zu treten, mitunter zusätzlich zur fiktionalen Literatur, teilweise auch mit ihr verwoben, bei manchen Jugendlichen jedoch auch in deutlichem Gegensatz zu ihr, wie folgende Äußerung zeigt:

»Für etwas, für das ein Physiker oder Mathematiker eine Formel benötigt, schreibt ein Romanautor 100 Seiten über absolut nichts« (zit. bei: Graf 2002, 519).

Dabei scheint es wenig sinnvoll, eine *altersstufenspezifische Didaktik* nach dem früher gängigen Konzept des »Lesealters«, aufgelistet nach Literaturgattungen, mit Sachliteratur für die Jungen und Liebesromanen für pubertierende Mädchen zu entwerfen; vielmehr ist nach den jeweiligen Entwicklungsaufgaben der Heranwachsenden und nach »*generativen Themen*« (Freire 1973, 71ff.) für einzelne *Lebensabschnitte* zu fragen. Kinder und Jugendliche interessieren sich für (narrative und sachliche) Texte, die mit der eigenen Lebensgeschichte in einem tiefen – nicht oberflächlichen oder nur alltäglichen – Zusammenhang stehen, auch auf der Ebene der Imagination, der geheimen Wünsche, Hoffnung, Ängste und Phantasien.

Die *Ergebnisse* der ersten *PISA-Studie* (Deutsches PISA-Konsortium / Baumert 2001) sowie des daran anschließenden Ländervergleichs innerhalb der Bundesrepublik (Deutsches PISA-Konsortium / Baumert 2003) zeigten passable Ergebnisse beim »Ermitteln von Informationen und beim textimmanenten Interpretieren« (60f.). Deutliche Schwächen traten beim »Reflektieren und Bewerten von Texten« (60) zu Tage. Zudem zeigten sich eine »relativ große Leistungsstreuung«

(61) und insbesondere »ein relativ hoher Anteil an potenziellen Risikoschülern« (61), regional bis über 25 %, sowie erhebliche Differenzen zwischen Schülern mit Migrationshintergrund und in Deutschland Geborenen (66). Hierbei wurde besonders in Deutschland ein enger Zusammenhang zwischen besuchter Schulform und familiärer Schichtzugehörigkeit (65) erkennbar. Insgesamt sind »ökonomische, soziale, kulturelle, aber auch institutionelle Bedingungen für Leistungsunterschiede zwischen den Ländern verantwortlich« (68). Die Lesefähigkeit zeigt eine deutliche Abhängigkeit von fördernden Erziehungsinstitutionen (Familie, Schule), besonders in den unteren Bereichen, so dass eine bessere Förderung gerade hier ansetzen muss (Fertig / Schmidt 2002, 1).

Lesekompetenz ist dabei »mehr als einfach nur lesen können. Unter Lesekompetenz versteht PISA die Fähigkeit, geschriebene Texte unterschiedlicher Art in ihren Aussagen, ihren Absichten und ihrer formalen Struktur zu verstehen und sie in einen größeren sinnstiftenden Zusammenhang einzuordnen, sowie in der Lage zu sein, Texte für verschiedene Zwecke sachgerecht zu nutzen.« (Deutsches PISA-Konsortium / Baumert 2003, 22) Eine weitere Definition von Lesekompetenz lautet:

> »Geschriebene Texte zu verstehen, zu nutzen und über sie zu reflektieren, um eigene Ziele zu erreichen, das eigene Wissen und Potenzial weiterzuentwickeln und am gesellschaftlichen Leben teilzunehmen.« (23)

Versuchen wir, die unterschiedlichen Möglichkeiten eines Zugangs zum Text zu strukturieren, lässt sich als *Grundmodell* eine Triade erstellen aus: *Schreiber/in (Autor/in) – Text – Leser/in (Rezipient/in).* In Texten lässt sich daher mit Umberto Eco ein dreifacher »Sinn« finden, ein Autor-, Werk- sowie Leser-Sinn (intentio auctoris / operis / lectoris; Eco 1992, 35).

Unterschiedliche methodische *Zugänge* und wissenschaftstheoretische Positionen legen nun ihren Schwerpunkt auf verschiedene Punkte oder Verbindungslinien des Dreiecks:

– der *Formalismus,* teilweise auch der *Strukturalismus,* befassen sich vor allem mit der Schrift selbst, ihrer Eigenart, ihrem »Widerstand«, ihrer inneren Struktur und Dynamik.

– Die *Hermeneutik* mit dem Grundgedanken eines hermeneutischen Zirkels zwischen Text und Leser/in versucht, den Prozess des immer weiter schreitenden Verstehens von Texten zu erfassen, mit einer »Horizontverschmelzung« zwischen Leser und Text (Gadamer 1960).

– Demgegenüber hat Derrida in der kritischen Auseinandersetzung mit Gadamer mit dem Ansatz der *Dekonstruktion* auf die prinzipiell offene Stelle jedes Textes hingewiesen und darauf, dass die Beschäftigung mit Texten zu Diskontinuität und Bruch führe. Hierbei finde weniger eine »[k]ontinuierlich fortschreitende Ausweitung« als eine »diskontinuierliche Umstrukturierung« des Verstehens statt (Derrida 2004, 53). Bereits die Beschäftigung mit einem einzigen Text wird dabei zu einem prinzipiell endlosen Unterfangen.

– Zwei von der Phänomenologie her kommende Ansätze befassen sich mit dem Text, wie er sich dem Bewusstsein der Leser/innen darstellt: die *Wirkungsästhetik* fokussiert die Leseerfahrung des Einzelnen, die *Rezeptionsästhetik* dagegen die Rezeptionsgeschichte von Texten insgesamt. Bei beiden Zugängen aber tritt der ästhetische Aspekt eines Textes nicht erst sekundär zu diesem hinzu, sondern stellt einen elementaren Bestandteil des Textes dar.

– Der *Konstruktivismus* fokussiert den Gedanken, dass das Schreiben und das Lesen eines Textes komplementäre – und darum nicht einfach spiegelbildliche – Prozesse der Arbeit am Text darstellen und zudem prinzipiell unabhängig voneinander, als in sich geschlossene, autopoietische, sich selbst generierende Vorgänge, stattfinden. So kann das eine auf das andere keine bewusste, zielgerichtete (intentionale) Wirkung ausüben. In diesem Sinn formuliert etwa Humberto Maturana pointiert (2001, 18f.): »[I]ch bin selbst verantwortlich für das, was ich schreibe – bloß bin ich nicht verantwortlich für das, was Sie lesen.«

3.5.2 Fachspezifische Aspekte

3.5.2.1 Kulturelle Aspekte

Die *Religion* hat einen wesentlichen Anteil am Prozess der *Verschriftlichung* mit allen dazu gehörenden Konsequenzen. Zu Recht werden die drei großen monotheistischen Religionen auch als Buchreligionen bezeichnet, heißt die Bibel Heilige Schrift und zählt zum Bestand der Weltliteratur.

Zweimal finden sich in der Bibel die Übergänge aus der Zeit der Narrativität in die der Literalität, einmal im Alten, dann im Neuen Testament. Der erste ist eine Rückprojektion eines Prozesses, der sich erst später und recht langsam vollzog:

> »Und Gott redete alle diese Worte: Ich bin der HERR, dein Gott, der ich dich aus Ägyptenland, aus der Knechtschaft, geführt habe. Du sollst keine anderen Götter haben neben mir. (Ex 20,1–3)
>
> Mose wandte sich und stieg vom Berge und hatte die zwei Tafeln des Gesetzes in seiner Hand; die waren beschrieben auf beiden Seiten. Und Gott hatte sie selbst gemacht und selber die Schrift eingegraben.« (Ex 32,15f.)

Der zweite dagegen verläuft stürmisch und konsequent. Innerhalb einer Generation werden die mündlich umlaufenden Erzählungen über Jesus in Evangelien niedergeschrieben, wie es die bereits unter 3.4.2.1 zitierten Einleitungsworte des Lukasevangeliums zeigen.

In besonderem Maße gilt der Protestantismus nicht nur als eine Religion des Wortes, vielmehr der Schrift, in dessen Zentrum die Bibel und das Verstehen von Texten stehen.

Es ist nun allerdings so, dass *Literalität und Oralität* einander keineswegs nur ablösen und ausschließen. Im Zentrum des evangelischen Gottesdienstes steht nicht nur der Bibeltext, sondern vielmehr die Predigt. Die (gemeinsame) Kommunikation mit und über den Text gehört zur Literalität mit hinzu. Der Kämmerer aus dem Süden, der auf die Frage des Philippus: »Verstehst du auch, was du liest?« antwortet: »Wie kann ich, wenn mich nicht jemand anleitet?«, erfährt anhand der Stelle, die er gerade liest, den Wert von Oralität und mündlicher Belehrung: »Philippus aber tat seinen Mund auf und fing mit diesem Wort der Schrift an und predigte ihm das Evangelium von Jesus« (Act 8,26–40). Damit lässt sich folgern:

> »Hören, Lesen und Verstehen bzw. Lesen, Hören und Verstehen bilden […] im Neuen Testament eine Trias der Kommunikation des Evangeliums. […] Oralität und Literalität bilden im Christentum folglich keine Alternative, sondern sind komplementäre Formen der Kommunikation« (Körtner 1999, 77–79).

3.5.2.2 Religionspädagogische Aspekte

Religion und religiöse Sozialisation sind aufs Engste mit Schule und Lesenlernen verbunden. Die Reformation stellt einen energischen Imperativ zur Bildung in den basalen Kulturtechniken Lesen und Schreiben auf. Jeder Christ soll selbst die Schrift lesen können, fordert Luther. Folgerichtig ruft er einerseits 1524 die »Ratsherren« dazu auf, »daß sie christliche Schulen aufrichten und halten sollen« (1991, 226–229) und komplementär dazu im Jahr 1530 die Eltern, »daß man Kinder zur Schule halten solle« (230–262). Über lange Zeit lernten die Schüler (und Schülerinnen) anhand von Luthers Kleinem Katechismus und mit der Bibel Lesen und Schreiben. So gesehen gehört eine Mitwirkung an der Förderung des Lesens und Verstehens von Texten, die gegenwärtig vorrangig an den Deutschunterricht delegiert ist, zu den genuinen Pflichten des Religionsunterrichts.

In einem spezifischeren Sinn geht es um die Frage, was die Fähigkeit zur Unterscheidung von Transzendenz / Immanenz für die Arbeit mit Texten im Religionsunterricht heißen kann. Inwiefern thematisieren Texte als Erfahrungswelten das Einbrechen der Transzendenz in die Immanenz? Hier wird deutlich, dass diese Fähigkeit über die Textarbeit weit hinausgeht. Wir beschäftigen uns zunächst mit der Frage der Textauswahl, anschließend mit der Frage des Umgangs mit Texten.

Die Überlegung, *welche Texte* für den Religionsunterricht in Frage kommen, soll anhand eines Kapitels in der Neuauflage des Religionsbuchs SpurenLesen 1 (2007) für die Klassenstufen 5/6 diskutiert und konkretisiert werden. Es lassen sich drei *Auswahlkriterien* nennen:

– Texte mit explizit religiösem Thema / Inhalt aus Bibel, christlicher / religiöser Tradition und religiöser Gegenwartsliteratur (z.B. Lieder von Matthias Claudius, etwa »Der Mond ist aufgegangen«; 15, 19).

– Texte aus der Kinder-, Jugend- und Weltliteratur mit explizit religiöser Thematik, etwa eine Szene aus Per Olov Enquists Roman »Lewis Reise«, die mit der Passage abschließt: »[...] und plötzlich konnte man spüren, dass dort oben, unermesslich weit weg, das war, von dem man als Gott sprach, was man Gott nannte. Das war das Benannte. Es war ganz und gar möglich.« (20) Oder, etwas kritischer, der ältere Kurztext von Wolfdietrich Schnurre zur »schwierige[n] Lage Gottes«, bei der am Sonntagmorgen auf der einen Seite die Farmer beten, Gott möge sie vor Heuschreckenschwärmen bewahren, auf der anderen die Heuschrecken Gott bitten, er möge »den Feind mit Blindheit« schlagen, »auf dass [sie] in Ruhe seine Felder abnagen können« (17).

– Religiös bedeutsame Texte aus der Kinder-, Jugend- und Weltliteratur, in der die Differenz zwischen Immanenz / Transzendenz oder eine analoge Spannung sichtbar wird (z.B. wiederum ein Kurztext von Wolfdietrich Schnurre, in dem eine Kaulquappe und ein Weißfisch einander geehelicht haben und die Kaulquappe trotz des Hinweises des Weißfisches auf seine Flossen und Kiemen darauf besteht, dieser möge ihr – aus Liebe – aufs Festland nachfolgen; 17).

Zusammenfassend lassen sich die drei wichtigsten *Auswahlkriterien* folgendermaßen formulieren: die Texte sollten

– vorrangig narrativ sein, daneben (besonders ab der Sekundarstufe I) auch sachlich-informativ;

– generative Themen für die Heranwachsenden enthalten, etwa biographische wie autobiographische Textpassagen;

– einem ästhetischen Anspruch genügen, der insbesondere auch in der Offenheit für eine mehrschichtige Interpretation besteht, also eine Mehrfachkodierung enthält bzw. zulässt.

Wie wichtig die Anschaulichkeit und Verständlichkeit von Texten bis zu den höchsten Klassenstufen ist, zeigen mancherlei Klagen aus der Gymnasialen Oberstufe wie die folgende:

»Doch dann, ab der Mittel- und Oberstufe, hebt man ab vom Boden der Realität. [...] Man darf sich dann mit Texten herumschlagen, bei deren Anblick man doch manchmal flehentlich gen Himmel blickt: Sölle, Tillich, Nietzsche ..., um nur ein paar Namen zu nennen« (Kliemann/Rupp 2000, 58).

Nach dem bisher Gesagten ist deutlich, dass es eine weite Spanne im Umgang mit Texten gibt, zuerst einmal eine »zweckfreie« Beschäftigung mit (fiktionaler) Literatur. Dass daneben Textarbeit und -interpretation einen wichtigen Stellenwert im Religionsunterricht haben können und sollen, zeigt folgendes Unterrichtsprotokoll einer Stunde über die »Zwei-Reiche-Lehre und Rechtfertigung« bei Martin Luther aus der gymnasialen Oberstufe (Grill 2005, 114–132: Stundenprotokoll und Arbeitsblatt). Typisch für den Oberstufenunterricht ist die Erarbeitung der »Zwei-Regimente-Lehre« anhand eines Quellentextes und einer vorgefertigten Grafik. Nach der Lektüre des Textes folgt die Aufforderung des Lehrers, sich den Text noch einmal anzuschauen und insbesondere auch die dazu gehörende Grafik.

»LEHRER: Entweder könnt ihr jetzt versuchen, das eben mit eigenen Worten mal zu erklären, worum's geht, oder wenn's sonst im Vorfeld Verständnisfragen gibt, dann könnte darüber auch 'ne Annäherung stattfinden. Sachen, die vielleicht völlig unklar sind erst mal, oder spontan Gedanken, die sich auftun. Katrin, alles klar?

KATRIN: Ich denke, ja.

LEHRER: Ja, dann erklär mal.

KATRIN: Also, es ist so, dass eben der Christ in diesem Spannungsbogen zweier Regimente steht, im geistlichen Regiment und im weltlichen Regi, äh Regiment. [...] Und ähm, man soll eben diese zwei Regimente nicht miteinander vermischen, sondern man muss sie unterscheiden. Und ähm [...] im Endeffekt dient des alles zur Verwirklichung des Reiches Gottes. Mhm.

LEHRER: So, als Christ spring ich jetzt immer da zwischendurch hin, also ne? [...]

KATRIN: Ich, na ja, ich spring nicht hin und her, sondern ich unterscheide zwar beide Sachen, aber kann die ja schon von beiden Seiten betrachten, also ich zieh des eine zur Hand, sagen wir mal, und des andere zur Hand, und dann, aber ich, ja, mhm –

LEHRER: Da würde ich gern noch weiter reingehen. Wie funktioniert, wie geht, wie soll das denn gehen?

MAXI: Ja, also, ich glaub, dass da auch äh der Fehler in manchen Denkstrukturen liegt, dass man eben sich das dann raussucht, was man gerade braucht [...]

LISSY: Ah so, also ich würd sagen, dass man so oder so in beidem lebt [...], ich denke mal, automatisch wird man beides irgendwann mit einbeziehen in seinem Leben.«

Manch eine Textarbeit wird sich noch intensiver (und mühsamer) dem einfachen Begreifen und Verstehen der Textstruktur und -logik widmen müssen, vor allem beim sicherlich wesentlich schwierigeren Zugang zum Thema über Quellentexte. Die Schülerinnen und Schüler dieser Klasse scheinen die Grundstruktur der Argumentation von Luthers Zwei-Regimente-Lehre sehr wohl begriffen zu haben und auf gegenwärtige Problemstellungen anwenden zu können. Im weiteren Unterrichtsverlauf stellt sich die Frage, ob Präsident Bush bei seiner Entscheidung zum Irakkrieg die »Spannung« durchgehalten habe oder einfach nur »weltlicher« Logik gefolgt sei. Allerdings ist auch ersichtlich, dass die gedanklichen Lösungsversuche immer wieder in Aporien führen – aber das liegt wohl in der Natur der Sache selbst.

Zusätzlich zur freien, assoziativen, phantasievollen und zur exakt auslegenden, hermeneutischen Arbeit am und mit dem Text kann im Religionsunterricht eine weitere Form treten, die uns zu unserer Frage nach dem Wesen von Schriftlichkeit und dem Übergang von der Narrativität zur Literalität zurück führt, und interessanter Weise ebenso zu einem für die Theologie typischen Umgang mit Texten: die *historisch-kritische Arbeit am Bibeltext*. Traditionell standen dabei die *Ergebnisse* der historisch-kritischen Forschung im Zentrum der Aufmerksamkeit, die unterschiedlichen Quellenschriften in der Urgeschichte, vor allem in Gen 1 und 2, sowie die Zwei-Quellen-Theorie im Blick auf die synoptischen Evangelien. Ein solches Vorgehen wurde in jüngster Zeit zu Recht immer wieder kritisiert (Stoffmaterialismus; Form von Herrschaftswissen; Überholbarkeit wissenschaftlicher Forschungsergebnisse, etwa zur Quellenschrift J; methodische Vielfältigkeit des Umgangs mit Bibeltexten und nicht zuletzt der mangelnde Schüler-, Lebens- und Gegenwartsbezug).

Ganz anders aber sieht die Sachlage aus, wenn man nur elementare Grundzüge der Forschungs*methode*, nicht aber deren Ergebnisse zum zentralen Gegenstand des Unterrichts macht. Dann können die Schülerinnen und Schüler eine ganze Menge nicht nur über das Entstehen und mögliche Verstehen von Bibeltexten begreifen, vielmehr auch über die Grundzüge von Schriftlichkeit und den Übergang von der Narrativität zur Literalität, und interessanter Weise auch über gegenwärtige Prozesse der Entstehung und – prinzipiellen – Kritisierbarkeit von Texten. Ein Redakteur einer Zeitung wird nämlich in manchen Punkten ähnlich verfahren wie der Redaktor eines Bibeltextes: Quellen und Geschichten sichten, auswählen, verdichten, zusammenfügen, schreiben. Ein Besuch in der Redaktion einer Zeitung mit der Schulklasse wird dies – ebenso wie manch kleine literarkritische Studie am Zustandekommen einer Schüler-Hausarbeit – anschaulich machen, was zum Abschluss an einem etwas älteren, aber historisch interessanten Beispiel demonstriert werden soll:

Kurz vor der Öffnung der ungarischen Grenze hin zum Westen, auf die dann letztendlich der Fall der Mauer folgen sollte, tickerte am 30. August 1989 eine dpa-Meldung in die Redaktionsstuben der Zeitungen. Am folgenden Tag erschien eine entsprechende Passage in den Tageszeitungen, u.a. auch in der Frankfurter

Rundschau. Bei einem Vergleich zwischen beiden Textfassungen lässt sich die Frage stellen, ob der Redakteur die Meldung erstens wohl verarbeitete, zweitens veränderte und drittens weitere Informationen zu Hilfe nahm bzw. eigene Recherchen anstellte:

»Budapest / Wien / Bonn / Berlin (dpa):
Bund und Länder bereiten sich auf Zustrom von DDR-Flüchtlingen vor – Bonn auf »alle Eventualitäten« vorbereitet.
Die Bundesregierung stellt sich darauf ein, dass in den nächsten Tagen die größte Welle von DDR-Flüchtlingen aus Ungarn in der Bundesrepublik eintreffen wird. Regierungssprecher Hans Klein sagte am Mittwoch, Bonn sei auf alle Eventualitäten vorbereitet. [… Er] bezeichnete Berichte, dass mit 15.000 bis 20.000 Flüchtlingen zu rechnen sei, als reine Spekulation. […]« (30. Aug. 1989).

»Mehrere tausend Flüchtlinge aus Ungarn erwartet.
Bonn, 30. August. Die Bundesregierung ist darauf vorbereitet, dass in den nächsten Tagen mehrere tausend Menschen aus der DDR über Ungarn in die Bundesrepublik kommen. Regierungssprecher Hans Klein (CSU) sagte am Mittwoch in Bonn, mit ›größeren Dimensionen‹ sei zu rechnen« (Frankfurter Rundschau, 31. August 1989).

Ein Blick in gegenwärtige Religionslehrpläne bzw. Bildungsstandards macht das Gesagte nochmals im Blick auf die praktische Arbeit im Religionsunterricht grundlegend deutlich.
Im Bildungsplan für Evangelische Religionslehre in Baden-Württemberg (2004) wird für den Aufbau und Abschluss der Sekundarstufe I im Blick auf das Verstehen von Texten formuliert (24):

»*Hermeneutische Kompetenz* als Fähigkeit, Zeugnisse früherer und gegenwärtiger Generationen und anderer Kulturen, insbesondere biblische Texte, zu verstehen und auf Gegenwart und Zukunft hin auszulegen.«

Auf katholischer Seite formulieren die »Kirchlichen Richtlinien« der deutschen Bischöfe für das Textverstehen für den mittleren Bildungsabschluss (Sekretariat der Deutschen Bischofskonferenz 2004, 14):

»Religiöse Zeugnisse verstehen –
Dazu gehört:
– zentrale Aussagen eines Textes erschließen;
– Deutungen eines Textes entwickeln und am Text belegen;
– wichtige Textgattungen der Bibel und der christlichen Tradition unterscheiden […].«

Dabei ordnet sich der Religionsunterricht ein in die Förderung der »Literalität« in der Schule insgesamt. Für den Deutschunterricht im Gymnasium findet sich dabei etwa im baden-württembergischen Bildungsplan folgende Bestimmung der Lesekompetenz (Bildungsplan BW Gymnasium, 77):

»Sie [die Schüler/innen] entwickeln die Fähigkeit, Texte in einem kommunikativen Leseprozess zu verstehen, zu nutzen und zu reflektieren. Dabei wird die Lesekompetenz auch erweitert, indem eigene Lesestrategien für kontinuierliche, diskontinuierliche und mediale Texte entwickelt werden, eine wesentliche Voraussetzung für Studium und Beruf. Möglichkeiten der Textverarbeitung, die Verstehensprozesse zum Beispiel durch Visualisierung und Strukturierung transparent machen, werden im Unterricht eingeübt.«

3.6 Moralität

»*Nur eine Kleinigkeit, etwas ganz Einfaches. Du brauchst gar nichts zu tun. Überlass es dem Hammer. Lass ihn fallen, wie eine Atombombe aus dem Flugzeug fällt. [...] Tu's.*
Aber er konnte nicht.
Wie erstarrt stand er da, wie eine Statue im Park oder in der Kirche [...].
Dann nahm er aus dem linken Augenwinkel eine kleine schnelle Bewegung wahr. Als er nach unten schaute – nicht in der Lage, außer seinen Augen etwas zu bewegen –, sah er eine Ratte mit einem Satz auf die Werkbank springen, sah sie zwischen den Gebäuden und Figuren hindurchhuschen. Auch Henry machte einen Satz, schnappte erschrocken nach Luft, ließ den Hammer fallen und sah dann voller Entsetzen zu, wie er auf das Dorf herabschmetterte [...].
Er taumelte von der kaputten Werkbank zurück, konnte nicht mehr länger mit ansehen, was er mit seinem grauenhaften Werk vollbracht hatte. Auf Beinen, die so steif waren wie hölzerne Stelzen, stakste er zur Tür. *Das hab ich nicht gewollt.*
Aber er hatte es schließlich doch getan.« (Cormier 2001, 99f.)

In seinem Jugendroman »Nur eine Kleinigkeit« stellt der amerikanische Autor Robert Cormier eine Situation dar, in der ein Jugendlicher namens Henry die finanzielle Lage seiner in ärmlichsten Verhältnissen lebenden Familie wesentlich verbessern kann, wenn er das liebevoll und mühsam konstruierte Werk eines alten Mannes (eine Rekonstruktion des Dorfes, in dem dieser aufwuchs) zerstört. Tut er es nicht, droht die Familie ins Bodenlose abzustürzen. Hin- und hergerissen zwischen den beiden Tendenzen Ausführen und Unterlassen vollbringt er in einer eindrücklichen Szene die Tat – in einer eigentümlichen Spannung zwischen Nicht-Wollen und Doch-Tun.

3.6.1 Fächerübergreifende Aspekte

3.6.1.1 Kulturelle Aspekte

Handelt Henry in der dargestellten Szene moralisch oder unmoralisch? Um die Situation fundiert und reflektiert beurteilen zu können, scheint es sinnvoll, zwischen Moral und Ethik zu unterscheiden. Moral wäre dabei – in der Version nach Niklas Luhmann – die unmittelbare Kommunikation gemäß der Unterscheidung Achtung/Missachtung (1990) oder – in einer traditionellen Spielart – eine Handlung gemäß der Unterscheidung moralisch/unmoralisch bzw. gut/böse. Mit dem Begriff ›Ethik‹ aber wird seit Aristoteles üblicherweise die theoretische Reflexion über diese unmittelbare moralische Handlung bzw. Kommunikation bezeichnet.

Auf der Ebene der Ethik gibt es nun eine ganze Reihe unterschiedlicher Modelle zur Beurteilung moralischen Kommunizierens und Handelns (Lauxmann 2002; Biehl/Johannsen 2003). Greifen wir zwei sehr bekannte Beispiele zur Bewertung unserer Situation heraus, zuerst den kategorischen Imperativ nach Immanuel Kant, der in einer Fassung folgendermaßen lautet (1983, 140):

> »Handle so, daß die Maxime Deines Willens jederzeit zugleich als das Prinzip einer allgemeinen Gesetzgebung gelten könne.«

Nach dieser ethischen Position darf Henry das Modell, zugleich eine Art Lebenswerk und Vermächtnis des alten Mannes, nicht zerstören, denn ein Gesetz muss im Grunde generell anwendbar sein und kann nicht mit – tendenziell unendlich vielen – kasuistischen Zusätzen bestimmte Ausnahmen von der Regel erlauben.

Anders steht es bei einer utilitaristischen Ethik und ihrem »Prinzip der Nützlichkeit«, deren Kernaussage sich nach ihrem Begründer Jeremy Bentham folgendermaßen formulieren lässt (2008, 56):

> »Unter dem Prinzip der Nützlichkeit ist jenes Prinzip zu verstehen, das schlechthin jede Handlung in dem Maß billigt oder mißbilligt, wie ihr die Tendenz innezuwohnen scheint, das Glück der Gruppe, deren Interesse in Frage steht, zu vermehren oder zu vermindern, oder – das gleiche mit anderen Worten gesagt – dieses Glück zu befördern oder zu verhindern.«

Hier gibt es keine grundlegende Handlungsanweisung, vielmehr nur die Aufforderung, die jeweiligen Folgen der Handlungsalternative abzuschätzen, miteinander zu vergleichen und nach dem Prinzip der »Nützlichkeit« bzw. dem »Glück der Gruppe« dann zu entscheiden und auszuführen. Nach diesem Prinzip könnte Henry die Tat durchaus ausführen, steht doch das Überleben einer ganzen Familie auf dem Spiel. Doch zeigt sich zugleich die Schwierigkeit, solche Folgeabschätzungen durchzuführen. Zum einen liegt die Tat selbst in der Gegenwart, die Folgen in der Zukunft müssen dagegen (wegen der grundsätzlichen Kontingenz alles Zukünftigen) vorerst einmal ungewiss bleiben. So ist denn auch in der Geschichte der Auftraggeber für die Tat nach der Ausführung keineswegs mehr bereit, seine Versprechungen einzuhalten. Zum andern liegen die Folgen auf ganz unterschiedlichen Ebenen: Das Modell hat einen ideellen Wert für den alten Mann (und die ganze Stadt, da es ausgestellt werden und über die Zeit des Dritten Reiches aufklären soll); die Folgen für die Familie sind finanzieller (aber darüber hinaus auch existentieller) Art. Wie lassen sich diese unterschiedlichen Ebenen sinnvoll miteinander vergleichen?

Neben den beiden genannten Ethikmodellen ließen sich zahlreiche weitere anführen und auf unsere Situation anwenden, etwa auch die Möglichkeit einer »postmodernen« Ethik (Bauman 1995). Interessant ist aber, dass die Hirnforschung in jüngster Zeit alle diese ethischen Modelle, ja die Möglichkeit einer fundierten ethischen Entscheidung des Menschen prinzipiell in Frage zu stellen scheint. Insbesondere die Versuche des Amerikaners Benjamin Libet haben gezeigt, dass ein – messbarer – neuronaler Handlungsimpuls, der um die Zeit von etwa einer Drittel Sekunde der Handlungsausführung vorausgeht, in seiner ersten Hälfte (und damit natürlich auch in seinem Ursprung) dem Menschen unbewusst bleibt und erst etwa eineinhalb Zehntel Sekunden vor der Ausführung ins Bewusstsein tritt. Libet schloss daraus, dass der Mensch zwar keinen (bewussten) freien Willen, jedoch eine sogenannte »Veto-Möglichkeit« hat (2004, 277). Dieser Umstand wird in der jüngeren Diskussion, in der führende Neurologen die Existenz einer Willensfreiheit des Menschen prinzipiell bestreiten (Geyer 2004), meist vergessen. Libet aber hatte interessanter Weise zudem einen engen Zusammenhang zwischen seiner neuropsychologischen Auffassung des freien Willens des Menschen und den »religiösen und ethischen Mahnungen« gesehen, denn: »Die meisten der zehn Gebote geben die Anweisung, daß man etwas *nicht* tun soll« (2004, 282).

Auf unsere Geschichte von *Cormier* übertragen hieße dies: Bei jedem der einzelnen Handlungsakte (Gehen zum Tatort, Ergreifen des Hammers, Hochheben des Hammers) hatte Henry die Möglichkeit, den anfangs unbewusst eingeleiteten Willensakt vor der Ausführung noch zu stoppen. Er hatte dies aber jeweils nicht getan. Gestoppt hatte er nur die Absicht, den Hammer fallenzulassen und das Werk zu zerstören, immer wieder gestoppt, bis sein Herz »in seiner Brust gefährlich zu pochen begann.« Die Ablenkung seines Bewusstseins durch die umherhuschende Ratte aber hatte diesen Widerstand und seine Aufmerksamkeit für einen kurzen Moment außer Kraft gesetzt und dadurch dem Zerstörungswerk seinen Lauf gelassen, so dass die beiden Schlusssätze die Situation zutreffend markieren: »Das hab ich nicht gewollt. – Aber schließlich hatte er es doch getan.« Oder, noch präziser: Aber schließlich hatte er es doch *nicht* nicht getan, also *nicht* unterlassen.

3.6.1.2 Pädagogische Aspekte

3.6.1.2.1 Wie vollzieht sich moralische Entwicklung?

Nach unseren bisherigen Überlegungen müssten wir diese Fragestellung in die nach der moralischen und der ethischen Entwicklung verdoppeln. Zudem kann sich »Entwicklung« sowohl auf die kulturelle Entwicklung der Menschheit als auch die lebensgeschichtliche Entwicklung des Menschen beziehen. So gliedert sich das Thema vierfach auf, wobei in einer Religionsdidaktik die Frage nach der lebensgeschichtlichen Entwicklung im Vordergrund steht.

Im Blick auf die moralische Entwicklung der Menschheit ist ein seit der Aufklärung vorhandener Fortschrittsoptimismus spätestens seit Auschwitz völlig unhaltbar geworden. Aber auch die eher in die entgegengesetzte Richtung zielende Behauptung eines immer wieder beklagten Werteverfalls vor allem bei der nachwachsenden Generation lässt sich empirisch nicht belegen, allenfalls ein Wertewandel. Eine Entwicklung oder »Erziehung des Menschengeschlechts« (Gotthold Ephraim Lessing) in moralischer Hinsicht scheint es nur sehr bedingt zu geben.

Die lebensgeschichtliche Entwicklung der Moralität beim heranwachsenden Menschen wurde empirisch sehr fundiert untersucht, grundlegend bereits von Jean Piaget, umfassend dann durch das Lebenswerk Lawrence Kohlbergs und durch weitere Forscherinnen und Forscher in seinem Gefolge.

Jean Piaget hatte bei seiner Untersuchung der Anwendung von Regeln beim Murmelspiel bei Kindern vier Stadien der Entwicklung unterschieden, wobei der Weg von einem »motorischen«, »individuellen« Ausleben hin zu einer bewussten, reflektierten Anwendung von Regeln führt (Piaget 1976, 22f.):

1. »Motorisches und individuelles Stadium«, Spiel nach eigenen motorischen und motivatorischen Regeln. Frühe Kindheit.
2. »Egozentrisches« Stadium, beginnend zwischen 2 und 5 Jahren, Spiel nach den von außen festgelegten festen Regeln. »Nachahmung« und »individuelle Anwendung«.
3. Stadium »der beginnenden Zusammenarbeit«, mit etwa 7 bis 8 Jahren, »gegenseitige Kontrolle« und »Vereinheitlichung der Regeln«.
4. Stadium einer »Kodifizierung der Regeln«, ab etwa 11 bis 12 Jahren. Die Gesamtheit von Regeln eines Spiels treten – für die ganze »Gesellschaft« – ins Bewusstsein.

Lawrence Kohlberg (1995; 2000) legte in seinen Untersuchungen den Probanden sogenannte Dilemma-Situationen vor, bei denen die Testpersonen nicht nur eine

Entscheidung treffen, sondern diese Entscheidung auch – und dies ist der wesentliche Aspekt – begründen sollten. Die berühmteste Situation ist das sog. Heinz-Dilemma, bei dem ein Ehemann das Geld für das sehr teure lebenserhaltende Medikament für seine krebskranke Frau nicht aufbringen kann und sich nun vor die Frage gestellt sieht, ob er sich das Mittel durch Einbruch in eine Apotheke und Diebstahl beschaffen soll. Diese Dilemma-Situation ähnelt unserer Eingangsszene in vielerlei Hinsicht. Die Schemata für die Begründungsstrukturen der Befragten ordnet Kohlberg nun in ein sechsstufiges, hier von unten nach oben zu lesendes Schema:

– Orientierung an universellen ethischen Prinzipien
– Orientierung an sozialen Standards und Übereinkünften
– Orientierung an Recht und Ordnung
– Orientierung an zwischenmenschlichen Erwartungen
– Orientierung an »Tauschhandel«
– Orientierung an Strafe und Gehorsam

Die Ausbildung der Begründungsstrukturen stellt nun nach Kohlberg (u.a. 1983, Umschlag vorne) eine Stufenfolge dar, deren einzelne Stufen im lebensgeschichtlichen Ablauf nacheinander erreicht werden (können):

In unserem Eingangsbeispiel wird ein kleines Kind seine Entscheidung an dem Kriterium orientieren, welche Strafe/Belohnung das Tun/Unterlassen wohl zur Folge haben wird, ein Heranwachsender in der mittleren Adoleszenz an dem, was unter rechtlichen Aspekten geboten scheint, ein reifer Erwachsener aber an eigenständigen Überlegungen zum Zusammenleben von Menschen unter Einbezug von grundlegenden ethischen Prinzipien.

Grenzen seines Ansatzes hat Kohlberg bereits selbst gesehen und folgendermaßen markiert (Kohlberg/Hersh 1977, 58; zit. nach: Oser/Althof 1992, 87):

»Es gibt drei Hauptbereiche, in denen der strukturgenetische Ansatz zur Moralerziehung unvollständig ist: 1) der Schwerpunkt, der bei den Strukturen und nicht bei den Inhalten gesetzt wird; 2) die Konzentration auf Konzepte der Rechte und Pflichten, die Fragen des moralisch Guten vernachlässigt; 3) die Betonung des moralischen Urteilens und nicht des Handelns.«

Eine weitere Kritik an Kohlberg übte vor allem *Carol Gilligan*, die darauf hinwies, dass Kohlberg nur die männliche Entwicklung (im Sinne einer abstrakten Gerechtigkeits-Ethik), nicht aber die *weibliche* (im Sinne einer personenbezogenen Fürsorge-Ethik) berücksichtigt habe (Gilligan 1984).

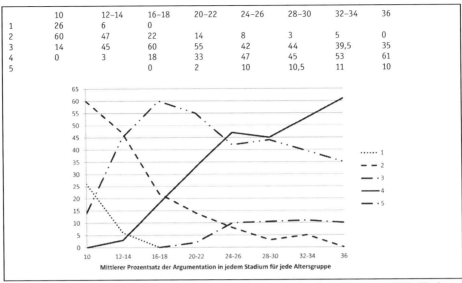

	10	12–14	16–18	20–22	24–26	28–30	32–34	36
1	26	6	0					
2	60	47	22	14	8	3	5	0
3	14	45	60	55	42	44	39,5	35
4	0	3	18	33	47	45	53	61
5		0	2	10	10,5	11	10	

Mittlerer Prozentsatz der Argumentation in jedem Stadium für jede Altersgruppe

Durchschnittswerte des Argumentationsniveaus im Altersverlauf nach Kohlberg u.a. 1983 (Titelseite)

Zudem ist unabweisbar, dass von einer »fortschrittsoptimistischen« lebensge-schichtlichen Entwicklung ausgegangen wird. Nun zeigen aber einerseits neuere Untersuchungen, dass Kinder in bestimmten Situationen gleichsam »probehalber« zu Gedanken- und Begründungsstrukturen greifen, die ihnen normalerweise noch gar nicht zur Verfügung stehen. Andererseits weist die schlichte Lebens- und Schulerfahrung darauf hin, dass auch ethisch weit entwickelte Erwachsene, etwa Lehrerinnen und Lehrer, in Extremsituationen (also unter Druck) zu Handlungs- und auch Denkweisen Zuflucht nehmen, die sie eigentlich bereits längst hinter sich gelassen haben müssten. In solche Situationen reichen die unter Laborbedingungen durchgeführten Befragungen Kohlbergs auch gar nicht hinein. Es erscheint daher ein verlockendes Gedankenexperiment, die von Kohlberg für eine Probanden-gruppe erstellte Grafik in das Persönlichkeitsbild des einzelnen Menschen einzu-zeichnen, wobei bereits für das Kind und den Heranwachsenden zumindest die nächsthöhere Stufe im Einzelfall – gleichsam probehalber – zur Verfügung steht, während dem Jugendlichen und Erwachsenen alle bereits erworbenen Stufen zwar zur Verfügung stehen, im Einzelfall jedoch – je nach Situation und bisheriger Er-fahrung – unterschiedliche Modelle zum Tragen kommen werden.

3.6.1.2.2 Kann es eine moralische Erziehung geben?

Die Frage nach der »Lehrbarkeit« von Moral, die bereits Platon im Gespräch Me-nons mit Sokrates aufwirft (Platon 1957), wurde im Laufe der Geschichte sehr unterschiedlich beantwortet und ist bis zur Gegenwart Thema intensiver pädago-gischer (Oelkers 1992) und religionspädagogischer Überlegungen (u.a. Nipkow

1998). Während mitunter die Schule geradezu als eine Anstalt zur moralischen Bildung der Heranwachsenden verstanden wurde, finden sich u.a. in soziobiologischen und evolutionstheoretischen Ansätzen auch Stimmen, die den Möglichkeiten oder der Sinnhaftigkeit einer moralischen Beeinflussung von außen skeptisch gegenüber stehen. In schriftstellerischer Verdichtung lässt etwa Theodor Fontane in seinem Roman »Der Stechlin« den alten Lehrer Krippenstapel auf die an ihn herangetragene Bitte, sich des nach dem Tode ihres Herrn zurückgebliebenen Dienstmädchens anzunehmen, antworten (1994, 386):

>»Wenn du darauf dringst, gewiß. Aber es liegt schwieriger damit, als du denkst. Solche
> Kinder, ganz im Gegensatz zur Pädagogenschablone, muß man sich selbst überlassen.
> Der gefährlichere Weg, wenn überhaupt was Gutes in ihnen steckt, ist jedesmal der
> bessere. Dann bekehren sie sich aus sich selbst heraus. Wenn aber irgendein Zwang die-
> se Bekehrung schaffen will, so wird meist nichts draus. Da werden nur Heuchelei und
> Ziererei geboren. Eigner freier Entschluss wiegt hundert Erziehungsmaximen auf.«

An dieser Stelle scheint die Unterscheidung zwischen Moral und Ethik erneut sinnvoll. Die Grenzen der moralischen Einwirkung auf einen Menschen sind dabei sicherlich sehr begrenzt, worauf Fontane mit der Unterscheidung von Zwang und eigenem freien Entschluss aufmerksam macht. Zur Aufrechterhaltung der Disziplin, freundlicher gesprochen, einer für einen sinnvollen Unterricht notwendigen Atmosphäre, sind Sanktionen notwendig, vorgesehen und anwendbar. Nur führen sie natürlich nicht (oder nur im Ausnahmefall) zu einer moralischen Entwicklung, vielmehr nur – und auch das häufig genug nur kurzfristig – zu einem an den äußeren Zwang angepassten Verhalten.

Auch eine theoretische Überlegung führt dazu, vor einer allzu großen Betonung der Bedeutung von Moral und moralischer Erziehung zu warnen, wie Niklas Luhmann formuliert (1990, 26):

>»Empirisch gesehen ist moralische Kommunikation nahe am Streit und damit in der
> Nähe von Gewalt angesiedelt. Sie führt im Ausdruck von Achtung und Missachtung zu
> einem Überengagement der Beteiligten.«

So dass Luhmann zu der auf den ersten Blick paradoxen Formulierung kommt (41):

> Es ist »die vielleicht vordringlichste Aufgabe der Ethik, vor Moral zu warnen.«

In einem gewissen Sinne ist Luhmanns Warnung sicherlich sehr berechtigt, gerade auch im Blick auf den (Religions-)Unterricht, der immer wieder durchaus in der Gefahr eines – moralisch aufgeladenen – »Überengagement[s] der Beteiligten« (26)

steht, wobei die erzieherischen Wirkungen solcher Situationen sehr vielschichtig, undurchschaubar und häufig genug nicht unbedingt im Sinne der – ebenfalls »überengagierten« – Lehrkraft sein können. Dennoch weiß auch Luhmann, dass »moralisch konditionierte Kommunikation« (37) vorkommt, ja, dass vielleicht – darüber weit hinausgehend – ein großer Teil von Kommunikation eine moralische Konnotation mit sich führt. So werden Schülerinnen und Schüler die rein »sachlich« gemeinte Feststellung einer Lehrperson, die gegebene Antwort sei »richtig« oder »falsch« stets auch im Sinne von »Ich werde geachtet/missachtet« hören. Daher spricht die psychologische Kommunikationstheorie davon, dass jede »Nachricht« sowohl einen Sachinhalt als auch einen Beziehungsaspekt hat. Moralisch codierte Kommunikation findet daher in jedem Unterrichtsgeschehen unvermeidlich statt, leider häufig genug wenig beachtet und reflektiert. Solche Kommunikation aber lässt die beteiligten Personen nicht unverändert und wirkt damit erzieherisch. Die üblichen pädagogischen und religionspädagogischen Überlegungen zur moralischen Erziehung haben diesen moralisch erziehenden Aspekt der ganz normalen Unterrichtskommunikation leider in der Regel wenig berücksichtigt.

In der Diskussion zur moralischen Erziehung werden unterschiedliche Modelle unterschieden. Friedrich Schweitzer etwa kommt zu fünf »Grundformen ethischen Lehrens und Lernens« und verweist dabei auch auf den jeweiligen klassischen Vertreter (1996, 66ff.):

- »Sittliche Elementarbildung« als »Ethisches Lehren und Lernen durch Erfahrung, Anschauung und eigenes Tun« (Johann Heinrich Pestalozzi)
- »Lernen von Vorbildern« (August Hermann Francke)
- »Erziehender Unterricht« (Herbart; neuerdings in der Form der »Stimulierung des moralischen Urteils« durch die »Dilemma-Methode« nach Kohlberg)
- »Gesinnungsbildung / Schulleben« (Friedrich Schleiermacher)
- »Schule als gerechte Gemeinschaft« (Kohlberg), auch als »Schulethos« (Oser / Althof).

Fritz Oser spricht gar von acht Strategien der Wert- und Moralerziehung (2001). Dabei erfolgt eine Gruppierung in die beiden Kategorien der »lerntheoretischen« (1–5) sowie der »konstruktivistischen« (6–8) Modelle (63ff.):

1. »Ablehnung von Moralerziehung als Prinzip moralischer Erziehung«; 2. »Öffentliches Wertklima«; 3. »Wertklärung«; 4. »Wertvermittlung«; 5. »Wertanalyse«; 6. Entwicklungs- und Erziehungsmodell nach Kohlberg; 7. Lernen »am ›außergewöhnlichen‹ Modell«; 8. »Der realistische Diskurs« in den »Just-Community-Schulen« nach Kohlberg.

Bereits diese schlagwortartige Skizzierung zeigt, dass solche und weitere Versuche, unterschiedliche Ansätze oder Modelle der Moralerziehung zu kategorisieren, breite Übereinstimmungen, aber auch Möglichkeiten zu unterschiedlichen Akzentuierungen aufweisen.

3.6.1.2.3 Stimulierung durch Diskussion von Dilemma-Situationen

Es kann an dieser Stelle nicht darum gehen, alle Ansätze zu einer ethischen Erziehung ausführlich zu charakterisieren, ihre Vor- und Nachteile abzuwägen sowie die Chancen ihrer Realisierung zu eruieren. Vielmehr wollen wir hier nur *einen* Ansatz, die »Stimulierung des moralischen Urteils« durch die »Dilemma-Methode« nach Kohlberg, herausgreifen, da ihre Wirksamkeit empirisch besonders gut abgesichert ist und sie auch breiten Eingang in den Religionsunterricht gefunden hat (Kuld / Schmid 2001). Im Anschluss daran soll auf den umfassenderen Ansatz der »Just-Community-Schools« = »Schule als gerechte Gemeinschaft« nach Lawrence Kohlberg eingegangen werden.

Ursprünglich war die Dilemma-Situation von Kohlberg zur Erhebung der Struktur des kognitiven Urteils verwendet worden. Moshe Blatt, Doktorand bei Kohlberg, führte die ersten Interventionsstudien zur moralischen Entwicklung bzw. Erziehung anhand der Diskussion von biblischen Dilemma-Situationen durch. Dabei zeigte sich, dass sich in einer Gruppe, in der über einen bestimmten Zeitraum hinweg moralische Dilemma-Situationen gemeinschaftlich diskutiert werden, das moralische Urteilsniveau der Teilnehmer im Durchschnitt gegenüber einer Vergleichsgruppe, in der keine solchen Diskussionen stattfinden, signifikant erhöht (Blatt / Kohlberg 1975). Die stimulierende Wirkung für die Weiterentwicklung des Einzelnen geht dabei von solchen Beiträgen aus, die nicht weit von dessen Niveau entfernt liegen (da er diese Anregung sonst nur als »Rauschen« empfinden kann), vielmehr genau die nächst höhere Stufe darstellen (heute meist »+1-Konvention« genannt). Unser eingangs zitiertes Beispiel stellt also sehr wohl ein brauchbares Medium für die moralische Erziehung im Sinne einer Stimulierung des moralischen Urteils der Heranwachsenden dar. Interessant ist dabei, dass zwei Faktoren, die von (Religions-)Pädagoginnen und -Pädagogen häufig als notwendige Prämissen für gelungene Lernprozesse angesehen werden, sich eher als hinderlich denn als förderlich erweisen: die Homogenität der Lerngruppe (im Blick auf die kognitive Entwicklung) sowie die Stimulierung von Lernprozessen durch die Lehrkraft. Heranwachsende lernen am besten von Heranwachsenden, die ein Stück »weiter« sind als sie selbst. Die Weiterentwicklung des moralischen Urteils stellt dabei keinen einfachen linearen Lernweg oder einen schlichten additiven Lernzuwachs dar, vielmehr einen höchst komplexen Vorgang, den die Heranwachsenden – ausgelöst durch die Anregungen bzw. »Irritationen« von außen – nur selbsttätig vollziehen bzw. »konstruieren« können. Als Einzelschritte eines solchen »Transformationsmodells« lassen sich folgende Teilschritte namhaft machen: »Verunsicherung, Grenzerfahrung – Erkennen neuer Elemente – Auflösung der alten Struktur – Einbau neuer Elemente – Zusammenbau und Anwendung der neuen Struktur« (Oser/Althof 1992, 105). Man kann daher – und auch dieser Unterschied wird häufig nicht ausreichend beachtet – »cleveren« Heranwachsenden rein formal Argumente für (deutlich) höhere Begründungsstrukturen beibringen (im Sinne von auswendig lernen lassen oder andressieren), so dass sie diese in der Klassenarbeit reproduzieren können. Eine Weiterentwicklung des moralischen Urteils aber wird damit nicht erreicht; diese ist vielmehr nur als autopoetischer Prozess des Einzelnen denkbar. Insofern ist nicht verwunderlich, dass weitere empirische Studien ergaben, dass – über die Dilemma-Diskussion hinausgehend – das Bekanntmachen der Lerngruppe mit dem Stufenschema Kohlbergs keine signifikante Weiterentwicklung des moralischen Urteils zur Folge hat. Es lässt sich zwar in einem Test abfragen, eine moralische Erziehung ereignet sich dadurch allerdings nicht.

3.6.1.2.4 Das Modell der »Just-Community-School«

Pädagogisch sehr umfassend setzt das von Lawrence Kohlberg u.a. erarbeitete Modell der »Just-Community-School« an, das als Modell der »Gerechten Schulgemeinschaft« in den achtziger Jahren auch in der Bundesrepublik, insbesondere in drei Schulen in NRW (Gymnasium, Haupt- und Realschule), praktiziert wurde, später dann in der Schweiz vorrangig in Grundschulen (Oser/Althoff 1992, 337–457; Oser/Althoff 2001). Nach diesem Modell soll die Schulgemeinschaft selbst, also Lehrer/innen und Schüler/innen gemeinsam, über organisatorisch festgelegte Verfahren und Gremien (moralische) Probleme, die sich im Zusammenleben in der Schule selbst ergeben, diskutieren, entscheiden und lösen. In einem politischen Kontext geht es dabei zugleich darum, Formen demokratischer Mit- und Selbstbestimmung mit Heranwachsenden zu praktizieren und zu üben und damit die Schule selbst – zumindest partiell und tendenziell – zu einer demokratischen Institution werden zu lassen (in NRW wurde das Programm deshalb auch »Demokratie und Erziehung in der Schule«, abgek. »DES« genannt). Für die konkrete Umsetzung lassen sich drei unterschiedliche Formen unterscheiden, nach denen entweder nur (a) für einen bestimmten Teil der Schule und/oder (b) für eine bestimmte Zeit bzw. dann (c) für die Gesamtschule über einen längeren Zeitraum oder auf Dauer das Programm umgesetzt wird.

Im Blick auf unsere Fragestellung, die moralische Entwicklung und Erziehung (und hier vor allem den Umgang mit »Missachtung«, Regelverstoß und Schuld), ist besonders interessant, dass ein (das vierte) Prinzip des Modells der »Gerechten Schulgemeinschaft« die »Abfälle des Lebens« zu einem zentralen Gegenstand und Thema der »Eigenerfahrungen« der Heranwachsenden machen will:

> »Das vierte Prinzip besagt, dass, was normalerweise durch Lehrpersonen und Schulleitung ›geregelt‹ wird, weil es störend und dysfunktional ist, zum eigentlichen Movens für Lernprozesse gemacht werden muss« (Oser/Althof 2001, 241).

Oser/Althoff nennen als Beispiel hierfür etwa die »Beschädigung gemeinsamen Eigentums« (242), etwa das Bemalen und Zerkratzen von Schultischen, doch sind natürlich zahlreiche weitere moralisch konnotierte Anwendungsbereiche denkbar, insbesondere auch im Verhalten der am Schulleben beteiligten Personen zueinander. Es ist bedauerlich, dass bei den gegenwärtigen Diskussionen und Ansätzen zur »Schulentwicklung« Elemente der praktizierten Demokratie und Moral eher eine untergeordnete Rolle zu spielen scheinen. Die vielerorts und reichlich beschworene »Schulkultur« bzw. das »Schulethos« bleiben trotz ihrer unbestrittenen Bedeutung häufig genug doch eher auf der Ebene der moralischen Appelle.

3.6.2 Fachspezifische Aspekte

3.6.2.1 Kulturelle Aspekte

Luthers reformatorischen Grundgedanken der Rechtfertigung aus Gnade allein (*sola gratia*) konsequent ernst nehmend könnte man zur Frage kommen, ob eine evangelische Moral überhaupt möglich sei. Von hier aus wird die Forderung Dietrich Zilleßens nach einer »nichtmoralischen« Religionspädagogik (2001, 486) verständlich. Dies auch mit dem zusätzlichen Argument, dass unsere postmoderne Ausgangslage die aporetische Situation eindeutiger moralischer Positionen besonders deutlich erweise (483):

> »Moralistische Vereindeutigung ignoriert diese Widersprüchlichkeit (Paradoxalität) der Werte u. Wertepositionen.«

Zilleßen kommt so zur Forderung einer »ästhetischen Ethik« für den Religionsunterricht, wobei »Ästhetik als irritierend-befremdliche interne Dimension« der Ethik fungiert (486; Beuscher/Zilleßen 1998, 111–113).

In der schwierigen, gar aporetisch scheinenden Spannung zwischen moralischer Eindeutigkeit und ästhetischer Vieldeutigkeit sowie in der noch grundlegenderen Frage nach der Bedeutung von Moral/Ethik und moralischer/ethischer Erziehung für den Religionsunterricht überhaupt, scheinen grundlegende Überlegungen Dietrich Bonhoeffers weiterzuführen. Bonhoeffer hatte in seiner »Ethik« (1992) mit der Unterscheidung zwischen dem »Letzten« und dem »Vorletzten« der Rechtfertigung aus Gnade den Rang des »Letzten« reserviert und die Ethik auf den Platz eines »Vorletzten« verwiesen:

> »Konkret wird von der Rechtfertigung des Sünders aus Gnaden her ein Zweifaches als Vorletztes angesprochen: *das Menschsein und das Gutsein*« (151).

Im Religionsunterricht geht es – lässt sich folgern – primär eben nicht um Ethik und Moral. Dies hat etwas überaus Entlastendes. Wir müssen im Religionsunterricht keine Gutmenschen sein und wir haben nicht die Aufgabe, im Religionsunterricht Gutmenschen zu bilden. Die Priorität der religiösen Erziehung im Religionsunterricht lässt sich dabei nicht nur von theologischer, vielmehr auch von soziologischer Seite her begründen, wenn etwa Luhmann Religion über den Code Transzendenz / Immanenz (gegenüber der Moral mit ihrer Differenzierung Achtung / Missachtung) definiert. Es bleibt daher festzuhalten – und dies ist gegenüber den Ersatz- / Alternativfächern Ethik etc. auch ganz praktisch eine Selbstverständlichkeit: Die genuine Aufgabe des Religionsunterrichts ist die religiöse, nicht die moralische oder ethische Erziehung.

Dennoch bleibt die moralische Erziehung eine – vorletzte – Aufgabe des Religionsunterrichts, ja sie lässt sich wohl gar nicht vermeiden, und dies aus zwei Gründen. Zum einen führt, wie bereits gesagt, jede zwischenmenschliche Kommunikation, auch die im Religionsunterricht, eine moralische Konnotation mit sich. Zum anderen aber hat sich der Religionsunterricht mit seiner spezifischen Sichtweise (der Unterscheidung von Letztem / Vorletztem nach Bonhoeffer bzw. dem Code Transzendenz / Immanenz nach Luhmann) allen menschlichen Lebensfragen zu stellen, also auch der Moral bzw. Ethik.

Mit zwei weiteren Gedankengängen zeigt wiederum Bonhoeffer die Richtung auf, in die eine Ethik theologisch fundiert zu entfalten wäre. Erstens kann sie nicht abstrakt, also vom Leben losgelöst formuliert werden, sondern muss die konkrete Situation berücksichtigen. Zweitens stellt die Alternative gut / böse eine unzulässige Verallgemeinerung und Idealisierung dar, während eine konkrete Situation häufig eine ganz andere Alternative aufwirft:

»Nun werden wir aber Tag für Tag, Stunde für Stunde vor nie dagewesene Situationen geführt, in denen wir uns entscheiden sollen und in denen wir immer wieder die überraschende und erschreckende Erfahrung machen, daß der Wille Gottes sich unseren Augen nicht so eindeutig enthüllt, wie wir hofften […], daß wir nicht in der Lage sind, zwischen Gut und Böse, sondern zwischen Böse und Böse zu wählen. Und hier liegen dann die eigentlichen, schwierigsten Probleme der Ethik« (1991, 333f.).

Diese Gedankengänge sind im Blick auf unser Eingangsbeispiel weiterführend. Es ist tatsächlich so, dass Henry, egal, wie er sich entscheidet und was er wirklich tut, schuldig wird. Im Fall der Unterlassung macht er sich schuldig gegenüber seiner Familie. Denn der Auftraggeber der bösen Tat, der zugleich der Arbeitgeber seiner Mutter ist, wird diese, als Alleinverdienerin der Familie, dann entlassen. Im anderen Fall schädigt er den alten Mann und sein Lebenswerk. Der Religionsunterricht wird von hier aus moralische bzw. ethische Erziehung nicht nur betreiben, er wird dies auch auf seine eigene, spezifische Weise tun, insbesondere durch die Thematisierung der Frage nach Schuld und Vergebung. Er wird sich also keineswegs mit der Diskussion von Dilemma-Situationen und der damit verbundenen Stimulierung der Weiterentwicklung des moralischen Urteils begnügen, vielmehr seinen eigenen Akzent auf der – grundsätzlichen und niemals auflösbaren – Bearbeitung des »ungelösten Restes« moralischen Urteilens und Handelns und damit der dunklen bzw. Schattenseiten des menschlichen Lebens setzen. Dies ist ein Thema, das die Beiträge zur moralischen Entwicklung und Erziehung – wohl nicht zuletzt aufgrund ihres latent fortschrittsoptimistischen Ansatzes – leider weitgehend vernachlässigen.

3.6.2.2 Religionspädagogische Aspekte

3.6.2.2.1 Moralentwicklung und -erziehung im Religionsunterricht

Da, wie wir gesehen haben, insbesondere die gemeinschaftliche Diskussion von Dilemma-Situationen durch Peers (mit einer gewissen, aber nicht zu großen »Bandbreite« bzw. »Streuung« des kognitiven Entwicklungsstandes) die Weiterentwicklung des moralischen Urteils stimuliert und damit in diesem Sinne moralisch erziehend wirkt, ist es sicherlich berechtigt und erfreulich, dass zahlreiche Dilemma-Geschichten auch Eingang in gängige Schulbücher und Lehrerhandbücher gefunden haben (SpurenLesen 3, 2010, 41). Im Judit-Dilemma etwa steht die Schwester der zwölfjährigen Judit vor der Frage, ob sie der Mutter sagen soll, dass diese von Judit getäuscht und belogen worden ist. Dass dann in den Klassenstufen der gymnasialen Oberstufe den Schülerinnen und Schülern auch die Stufentheorie Kohlbergs zur Kenntnis gebracht wird, macht – als zweiter (und untergeordneter) – Schritt nach der Diskussion von Dilemma-Situationen ebenfalls Sinn, bereichert dies doch das Wissen über die moralische Entwicklung. Die Kenntnis der Stufentheorie befördert allerdings – wie ebenfalls bereits dargestellt – nicht die moralische Entwicklung selbst; insofern sollte sie nicht den wesentlichen oder gar einzigen Inhalt der Beschäftigung mit dem moralischen Urteil bilden.

Der Religionsunterricht aber hat, so wurde bereits gezeigt, nicht nur die Aufgabe, Dilemma-Situationen zu diskutieren und damit die Entwicklung des moralischen Urteils zu stimulieren, sondern soll sich besonders mit den Folgen und dem »ungelösten Rest« des Urteilens und Handelns befassen, wobei die Bearbeitung dieser Folgen charakteristischer Weise wiederum die Form von Dilemma-Situationen annehmen kann – aber nicht muss. Im Fall unserer Geschichte entsteht die Frage, was Henry tun soll, nachdem er die Tat vollbracht hat. Bei der Behandlung der Geschichte im Unterricht (Dieterich/Degenhart 2004) in einer ersten Klasse einer zweijährigen Berufsfachschule Metall (entspricht der neunten Klasse einer Realschule) ließen sich prinzipiell drei Reaktionen unterscheiden (alle Schüler waren männlich): Eine erste, nur vereinzelt vertretene Reaktion erkennt keinen »ungelösten Rest«, keine Schuld, keinen Gewissenskonflikt nach Ausführung (bzw. Unterlassung) der Tat an:

> »Henry sollte erleichtert und irgendwo glücklich und stolz sein, weil er damit [mit der Durchführung der Tat] seiner Familie wirklich helfen konnte.«

Für diesen (relativ kleinen) Schülerkreis hätte der Religionsunterricht nun in der Tat die Aufgabe einer Gewissensschärfung, indem er die Frage nach »Schuld« und die Perspektive der »Opfer« nicht ausblendet.

Reinhold Mokrosch hat in einer empirisch (und historisch) angelegten Untersuchung zur »Gewissensbildung im Jugendalter« (1996) darauf hingewiesen, dass Heranwachsende – zwar selten, aber eben doch an charakteristischer Stelle, nämlich an der »Nahtstelle zwischen Wert- und Normkonflikten« (unterschieden sind die inneren Werte und die von außen herangetragenen Normen) – Gewissenskonflikte austragen (157), wobei als differenzierende und erziehende Faktoren gesellschaftliche Faktoren in Anschlag kommen: das Geschlecht (im Sinne von »gender«) sowie die Schul- und Ausbildungssituation. Gegenüber unserer wenig sensiblen (aber auch kleinen) männlichen Berufsschulgruppe kommt bei Mokrosch die Gegenposition der – vorrangig am Gymnasium anzutreffenden – skrupulösen Mädchen in den Blick, die im Religionsunterricht eher eine Gewissensentlastung nötig haben.

Die beiden anderen Antworttypologien in unserer Schulklasse (Dieterich / Degenhart 2004) rechnen damit, dass die Ausführung der Tat etwas moralisch Verwerfliches in sich enthält oder gar einen rechtlichen Straftatbestand darstellt, also auf jeden Fall eine Schuld, im moralischen oder juridischen Sinne, vorliegt. Die Frage, wie Henry mit dieser Schuld umgehen könne, wurde gegensätzlich beantwortet: etwa zur Hälfte mit defensivem Verschweigen, zur anderen Hälfte in offensivem Sinne einer aktiven Schuldübernahme und dem Versuch der Wiedergutmachung:

> »Henry sollte sich vom Kaufmann [dem Auftraggeber] die Belohnung abholen und dann einfach wieder heimgehen zu seiner Mutter und niemand etwas sagen und so tun, als ob nichts passiert ist.«

Man sieht der Antwort unmittelbar an, dass hier nicht nur eine passive, sondern auch eine regressive Tendenz nicht zu leugnen ist, während die aktive Schuldübernahme ein reiferes Persönlichkeitsbild voraussetzt bzw. impliziert:

> »Henry sollte zu dem Mann gehen und es ihm erklären. Der Mann und der Junge kommen zu einem Vorschlag, wie sie es regeln könnten. Der alte Mann hilft ihm bei seinem Problem und der Junge hilft ihm bei Bauen seines Modells.«

Das Beispiel zeigt, dass ein (Religions-)Unterricht anhand von Dilemma-Geschichten weit und weiter getrieben werden kann. Er hat und muss natürlich auch seine Grenzen haben. Diese Grenzen liegen zum einen in der Differenz zwischen Urteilen und Handeln (Garz u.a. 1999), zum andern – aber zugleich damit zusammenhängend – in der Diskrepanz zwischen Klassensituation und Außenwelt. Die Dilemma-Situationen sind ja künstlich in die Klasse hereingeholt, und sie lassen nur ein moralisches Urteil, keine unmittelbare moralische Handlung zu. Was aber, so können wir kritisch fragen, hilft es, wenn wir Heranwachsende zu einem differenzierten, hochentwickelten Urteil über außen oder gar fern liegende Probleme befähigen, ohne sie im unmittelbaren, gemeinschaftlichen moralischen Kommunizieren und Handeln zu üben?

Der unmittelbare Nahbereich für moralische Entwicklung und Erziehung ist das Klassenzimmer selbst und die Religionsstunde, die in ihm stattfindet. Im Unterrichtsgeschehen selbst, im Umgang miteinander, findet ja unentwegt moralisch konditionierte Kommunikation nach dem Code Achtung / Missachtung statt, gewollt oder ungewollt. Gerade der Religionsunterricht hat (neben dem Ethikunterricht) seine große Chance darin, sein Augenmerk auf diesen wichtigen Aspekt menschlichen Miteinanders (im Reden und Handeln) zu richten. Insbesondere wird es darum gehen, Möglichkeiten der wechselseitigen »Achtung« auszuloten und einzuüben sowie Formen der »Missachtung« aufzudecken, deren Gründe zu hinterfragen und auf deren Änderungs- und Lösungsmöglichkeiten hinzuarbeiten, wobei (mit Behutsamkeit) die Fragen nach Beleidigung, Verletzung und Schuld sowie nach Wiedergutmachung, Verzeihung und Vergebung nicht tabuisiert zu werden brauchen. Dabei wird sich zeigen, dass erstens manche Unterrichtsstörung der Auslöser für eine konstruktive Auseinandersetzung mit der »Moral« sein kann und zweitens eine prinzipielle und wechselseitige »Achtung« aller am Unterrichtsgeschehen Beteiligten Voraussetzung und Grundlage für gelungene Kommunikationsprozesse ist.

3.6.2.2.2 Ethische Kompetenz

Ethische Kompetenz ließe sich nach dem Gesagten definieren als Fähigkeit, eigenes und fremdes Denken, Reden und Handeln unter dem Aspekt von Achtung / Missachtung zu reflektieren, zu begründen, auf seine Folgen hin zu bedenken und gegebenenfalls auch zu modifizieren bzw. weiterzuentwickeln. Der strukturgenetische Ansatz spricht dabei geradezu von der »Entwicklung« als Ziel moralischer Erziehung.

Für höhere Klassenstufen (gegen Ende von Sek I und in Sek II) sowie insbesondere bei der Beschäftigung mit moralischen Fragestellungen, die den Bereich der unmittelbaren Nahbereichsethik überschreiten (Probleme der Gentechnologie etc.), gehören zur moralischen Kompetenz auch die Kenntnis von elaborierten

Verfahren zur ethischen Urteilsfindung und -begründung sowie die Fähigkeit, diese auf konkrete Fälle anzuwenden, insbesondere die in Theologie und Religionspädagogik breit rezipierten sechs Schritte der ethischen Urteilsfindung nach Tödt (1988, 21–48):

1) Wahrnehmung, Annahme und Bestimmung eines Problems als eines sittlichen
2) Situationsanalyse
3) Beurteilung von Verhaltensoptionen
4) Prüfung von Normen, Gütern und Perspektiven
5) Prüfung der sittlich-kommunikativen Verbindlichkeit von Verhaltensoptionen
6) Urteilsentscheid.

3.7 Medialität / Virtualität

3.7.1 Was heißt Medialität?

3.7.1.1 Medien in unserer Kultur

Seit etwa 100 Jahren werden audiovisuelle Medien immer mehr Menschen zugänglich und bestimmen deren Weltwahrnehmung. Der Film ermöglicht es uns, Geschehnisse mit derselben Intensität zu verfolgen, wie wenn wir Augenzeugen derselben wären. Wir können ›live‹ Dinge im Fernsehen betrachten, die an ganz anderen Orten stattfinden. In Computerspielen können wir in einer Welt interagieren, die uns so wirklich erscheint wie das Zimmer, in dem wir sitzen. Mit dem Handy kann man im Prinzip überall und jederzeit Kontakt mit anderen aufnehmen, per Skype sich beim Sprechen sehen. Grundlegende Erfahrungen von Vertrautheit, Nähe bzw. Fremdsein und Entfernung geraten auf diese Weise zwangsläufig durcheinander. Einerseits findet eine intuitive Einsozialisierung in den Gebrauch all dieser neuen Medien statt. Andererseits manifestieren sich die gesellschaftlichen Probleme auch in deren Gebrauch. Wer kann an dieser Kommunikation (nicht) teilnehmen? Wer versteht diese Medien und kann mit ihnen manipulativ wirken? Wer wird manipuliert, weil er die Mechanismen nicht durchschaut? Wer gerät in Abhängigkeit von diesen Medien? Wie steht es um deren ›Realität‹ in Verhältnis zur ›wirklichen‹ Realität?

Die Fragestellung hat definitiv auch einen hohen Anteil an technischem Verstehen; dennoch stehen hinter der Problematik der Realitätskonstruktion Beobachtungen und Überlegungen, die auch früher schon angestellt wurden, weil diese offenbar auf anthropologischen Bedingungen beruhen. Insofern ist es sinnvoll, diese Grundkonstellation von Verblendung, Freiheit und Abhängigkeit an einem traditionsreichen Text zu studieren.

3.7.1.2 Platons Höhlengleichnis als Hinweis auf mehrere Ebenen der »Realität«

Wir möchten gleich zu Beginn deutlich machen, dass die Fragestellung sich nicht erst mit Fernsehen und Internet entwickelt hat. Der griechische Philosoph Platon lässt Sokrates in seiner *Politeia* das berühmte Höhlengleichnis dem Glaukon erzählen (1998, 269):

> »SOKRATES: Stelle dir Menschen vor in einer unterirdischen Wohnstätte mit lang nach aufwärts gestrecktem Eingang, entsprechend der Ausdehnung der Höhle; von Kind auf sind sie in dieser Höhle festgebannt mit Fesseln an Schenkeln und Hals; sie bleiben also immer an der nämlichen Stelle und sehen nur geradeaus vor sich hin, durch die Fesseln gehindert ihren Kopf herumzubewegen; von oben her aber aus der Ferne von rückwärts leuchtet ihnen ein Feuerschein; zwischen dem Feuer aber und den Gefesselten läuft oben ein Weg hin, längs dessen eine niedrige Mauer errichtet ist ähnlich der Schranke, die die Gaukelkünstler vor den Zuschauern errichten, um über sie weg ihre Kunststücke zu zeigen. [...]
>
> Längs dieser Mauer – so mußt du dir nun es weiter vorstellen – tragen Menschen allerlei Gerätschaften vorbei, die über die Mauer hinausragen, und Bildsäulen und andere steinerne und hölzerne Bilder und Menschenwerk verschiedenster Art, wobei, wie begreiflich, die Vorübertragenden teils reden teils schweigen.

GLAUKON: Ein sonderbares Bild, das du da vorführst, und sonderbare Gestalten!

SOKRATES: Nichts weiter als unseresgleichen. Denn können denn erstlich solche Gefesselten von sich selbst sowohl wie gegenseitig voneinander etwas anderes gesehen haben als die Schatten, die durch die Wirkung des Feuers auf die ihnen gegenüberliegende Wand der Höhle geworfen werden?

GLAUKON: Wie wäre das möglich, wenn sie ihr Lebelang den Kopf unbeweglich halten müssen?«

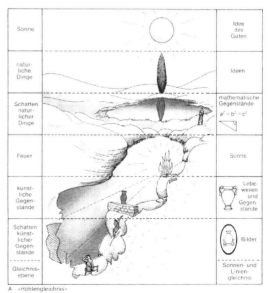

Platons Höhlengleichnis (dtv-Atlas zur Philosophie, 40)

Im weiteren Verlauf des Gleichnisses spielt nun Sokrates mit dem Gedanken, dass sich einer der Gefesselten befreien und die wirkliche Welt außerhalb der Höhle kennen lernen könnte. Für den Fall seiner Rückkehr in die Höhle zeichnet Sokrates ein düsteres Bild (272f.):

»Wenn er nun wieder, bei noch anhaltender Trübung des Blicks, mit jenen ewig Gefesselten wetteifern müßte in der Deutung jener Schattenbilder, ehe noch seine Augen sich der jetzigen Lage wieder völlig angepaßt haben – und die Gewöhnung daran dürfte eine ziemlich erhebliche Zeit fordern –, würde er sich da nicht lächerlich machen und würde es nicht von ihm heißen, sein Aufstieg nach oben sei schuld daran, daß er mit verdorbenen Augen wiedergekehrt sei, und schon der bloße Versuch nach oben zu gelangen sei verwerflich? Und wenn sie den, der es etwa versuchte, sie zu entfesseln und hinaufzuführen, irgendwie in ihre Hand bekommen und umbringen könnten, so würden sie ihn doch auch umbringen?«

Das zweieinhalbtausend Jahre alte Bild führt uns mitten hinein in die Frage nach der Medialität der Welt. Platon denkt in seinem Bild die Welt doppelt. Dabei liegen der Clou und die Absicht seiner Argumentation in der Voraussetzung, dass es nur *eine* »reale« Welt geben könne. Das Schicksal dessen, der dies den anderen zu vermitteln sucht, lässt uns erkennen, dass dies wohl nicht so einfach und konfliktfrei verlaufen wird.

3.7.1.3 Die Medialität der Welt

Wie lässt sich nun die Medialität der Welt auf der Ebene einer avancierten modernen Theorie erklären? Niklas Luhmann, dessen Medientheorie wir hier entfalten wollen, setzt am Phänomen des Spiels an (1996, 96f.):

»Auch ein Spiel ist eine Art von Realitätsverdoppelung, bei der die als Spiel begriffene Realität aus der normalen Realität ausgegliedert wird, ohne diese negieren zu müssen. [...] Es wird eine bestimmten Bedingungen gehorchende zweite Realität geschaffen, von der aus gesehen die übliche Weise der Lebensführung dann als die reale Realität erscheint. [...] Das Spiel enthält [allerdings] in jeder seiner Operationen immer auch Verweisungen auf die gleichzeitig existierende reale Realität.«

Das bedeutet für die inszenierten Spiele der Massenmedien, dass gerade auch in der inszenierten fiktiven Welt nicht alles fiktiv sein darf (99):

»Der Leser / Zuschauer muß in die Lage versetzt werden, sehr schnell ein zur Erzählung passendes, auf sie zugeschnittenes Gedächtnis zu bilden; und das kann er nur, wenn ihm in den Bildern oder Texten genügend ihm bekannte Details mitgeliefert werden.«

Das bedeutet zudem (114),

> »daß jede Operation, die im fiktionalen Bereich der Operation abläuft, auch eine Fremdreferenz mitführt, nämlich die Referenz auf die reale Realität, wie sie gewusst und bewertet und als Thematik der üblicherweise laufenden Kommunikation immer schon vorliegt. Und es ist vor allem diese Richtung der Unterscheidung von realer und fiktionaler Realität, die den Unterhaltungswert der Kommunikation produziert. Der ›Witz‹ der Unterhaltung ist der ständig mitlaufende Vergleich.«

Ist das Prinzip der Verdoppelung von Realität einmal etabliert, dann lässt es sich beliebig erweitern. Wir können immer neue Bücher zu einem Thema konsultieren. Wir können im Fernsehen durch Zappen in andere Kanäle im Falle von aktuellen Ereignissen immer neue Informationen zu gewinnen versuchen. Dasselbe ermöglicht das Internet mit der Möglichkeit theoretisch unendlich fortgesetzter Recherche. Die Erweiterung der Informationsmöglichkeiten erweckt gleichzeitig die Erfahrung, dass gerade diese Fülle der Gelegenheiten unvollständig bleiben muss, weil prinzipiell weitere möglich sind. In Luhmanns Worten heißt das (149):

> »daß die Massenmedien im Prozeß der Erarbeitung von Informationen zugleich einen Horizont selbsterzeugter Ungewissheit aufspannen, der durch weitere und immer weitere Informationen bedient werden muß. Massenmedien steigern die Irritierbarkeit der Gesellschaft und dadurch ihre Fähigkeit, Informationen zu erarbeiten.«

Wie wir sehen, macht Luhmann darauf aufmerksam, dass die Massenmedien und auch die Masse der Medien einerseits eine Fülle von möglichen Realitäten erzeugen und doch gleichzeitig erkennen lassen, dass auch diese wieder nur Möglichkeiten sind. Es ist verständlich, dass eine solche Konstellation die Frage nach der *realen Realität*, die nach dem *Singulären, Echten* als Gegenbewegung erzeugt. Dabei macht Luhmann klar, dass sich diese Fragestellung erst aus der neuen Situation ergeben hat (155): »Ohne Reproduktionen gäbe es keine Originale, ohne Massenmedien wäre Kultur nicht als Kultur erkennbar.« Indem die Moderne die Möglichkeit mehrerer Realitäten erkannt hat, kann sie *programmatisch den Gedanken einer realen Realität* entwickeln. Wir werden sehen, dass dies besonders auch den Bereich der Religion betrifft. Die Postmoderne sieht diese Unterscheidung aus der Perspektive eines »Beobachters zweiter Ordnung«. Sie kennt die Möglichkeit mehrerer Realitäten und den Wunsch nach dem Original. Sie hütet sich jedoch, diesem Wunsch auf Kosten der Abwertung je anderer Welten nachzugeben (162).

3.7.1.4 Kritische Blicke auf die Welt der Simulakren (Baudrillard)

Luhmann hatte die Verdoppelungsmechanismen der Welt analysierend dargestellt, gewissermaßen als Signatur der Moderne bzw. Postmoderne. Nun gibt es – mindestens seit Marx – auch eine kritische Perspektive auf diese Prozesse. Bei Marx verliert der einzelne Gegenstand seinen besonderen Charakter (Gebrauchswert), sobald er im Prozess der Warenproduktion nur noch ein beliebiges Gegenüber zu seiner monitären Existenz (Tauschwert, ausgedrückt im Preis) wird. Hinter dieser ökonomischen Argumentation steht die von Luhmann ebenfalls angesprochene Thematik der Originalität. Zugespitzt heißt das: Gibt es das Besondere, Einmalige, Exzentrische in einer Welt, die durch Warenproduktion und universelle Kommunikation alles verdoppelt, um es dem Markt zur Verfügung zu stellen? Dies führt in der Kunst, der Mode etc. zu dem verrückten Wettlauf darum, etwas Neues, bislang Unbekanntes zu finden, gerade um ihm den Nimbus des Besonderen zu entreißen und es in vielen Verdoppelungen der Allgemeinheit zuzuführen. Der französische Theoretiker Baudrillard (1982), dem wir hier folgen wollen, hat für diesen Prozess den Begriff des »Simulakrums« eingeführt. Das Wort bedeutet im Lateinischen »Bild«, allerdings in der Bedeutung von »Abbild«. Dies schwingt bereits im Wortkern »simul« = »zugleich« wieder. Baudrillard geht von der Herrschaft der Simulakren in der modernen Welt aus, die zu einer vollständigen Subsumption aller Lebensbereiche führt. Baudrillard sieht den Anfang solcher Entwicklung in der Renaissance, in der Entwicklung und Entfaltung des Theaters einerseits, in der Tendenz der nachahmenden Vortäuschung z.B. durch den Stuck in der Architektur andererseits (82):

> »Der Stuck zaubert aus dem unwahrscheinlichen Durcheinander von Materien eine einzige neue Substanz, eine Art von allgemeinem Äquivalent für alle anderen Materien, für alle theatralischen Gaukeleien geeignet, weil sie selbst eine Substanz der Repräsentation, Spiegel aller anderen ist.«

Eine solche Äquivalenzfigur bietet sich dann auch für den Menschen dar. Die ersten Versuche sind »Automaten«, die im höfischen Raum z.B. als Schachspieler den Höfling ersetzen, später dann die »Roboter«, die die Funktion des Arbeiters im Produktionsprozess übernehmen (84). Auf der Ebene der Herstellung wird die Epoche der Imitation durch die serielle Produktion ersetzt. Dabei besteht die Möglichkeit, dieser Serialität wieder Züge des Besonderen zu verleihen (Sonderanfertigung), indem man das Programm einer leichten Modulation unterzieht (89).

Diese Tendenz zur Serialität findet ihre Entsprechung in einer Tendenz, die natürliche Wildwüchsigkeit der Phänomene letztlich in die Struktur einer binär-digitalisierten Form zu zwingen (90):

»Die großen von Menschen geschaffenen Simulakren gehen von einem Universum natürlicher Gesetze zu einem Universum von Kräften und Kräftespannungen über, und gegenwärtig zu einem Universum von binären Strukturen und Gegensätzen.«

Solche Bewegungen sieht Baudrillard dann auch in der Präsentation der Bilder in ihrer bewegten Form als Film oder Video (99):

»Kontemplation ist unmöglich geworden; die Bilder zerstückeln die Wahrnehmung in aufeinanderfolgende Sequenzen, in Reize, auf die man nur noch unmittelbar, mit ja oder nein reagieren kann«.

Die Kunst trägt ihrerseits zu dem Verdoppelungsprozess bei, indem z.B. die Popart mit ihrer Darstellung der Objekte der Alltagswelt diese gewissermaßen verlängert.

Indem die Differenz zwischen Alltagsprodukt und Kunstwerk auch und gerade in ihrer kritischen Darstellung letztlich doch verwischt wird, wird die gesamte Realität letztlich zum Spiel der Realität (117). Das unendliche Spiel entwertet Realität und schafft ständig neue. Eine Orientierung in diesem Spiel ist schwierig und ein Ausstieg gar unmöglich.

3.7.1.5 Virtuelle Realität: die Angleichung des Bildes an die Imagination

Der hier vorgetragene Diskurs wird jedoch durch eine Entwicklung überboten, für die sich der Begriff »virtuelle Realität« eingebürgert hat. Am ausgeprägtesten erscheint das Phänomen wieder im Modus des Spiels, in diesem Fall des Computerspiels. Wie bei allen Spielen ist die Möglichkeit des Ein- bzw. des Austritts im Prinzip jederzeit möglich. Das Neue und Faszinierende liegt wohl in der Erzeugung einer psychischen Hemmung, diese Art von Spiel schnell zu verlassen. Lambert Wiesing (2005) verweist darauf, dass das Bildobjekt sich in diesem Falle an die Modi der Imagination angleicht und dies auch das Charakteristische dieser Medien sei (109). Man kann in diesen neuen Medien mit den Bildern umgehen wie mit seinen Phantasiebildern (116):

»Die digitalen Technologien ermöglichen Bilder, die dem Betrachter während der Bildbetrachtung erlauben, den dargestellten Gegenstand beliebig zu verändern. Der Betrachter bekommt einen Zugriff auf ein imaginäres Bildobjekt. […] Das Ergebnis ist eine gänzlich neuartige Bewegungsmöglichkeit von Bildobjekten im Bild: nämlich die willentlich steuerbare Bewegung.«

Dabei müssen wir eine wichtige Unterscheidung vollziehen: Können wir eine beliebige Figur auf dem Bildschirm nach unserem Gusto gestalten, dann spricht man von Animation. Sind aber die Bewegungs- und Verhaltensregeln dieser Figur festgelegt (etwa nach den Mustern ihres realen Pendants), dann sprechen wir von Simulation. Die Einschränkung unserer Manipulationsmöglichkeiten reduziert allerdings nur bedingt unsere Handlungsperspektiven. Zwar sieht der virtuelle Hund dann eben aus wie ein Hund und nicht wie ein Phantasietier, dafür kann ich aber mit ihm in eine Interaktion treten, die der der wirklichen Welt doch sehr stark angenähert ist. Getoppt wird diese Welt des Computerspiels durch die Möglichkeiten der Partizipation an vernetzten virtuellen Realitäten, wie sie sich im Internet finden lassen (Aupers/Houtman 2005, 64):

> »Gwenny, eine Programmiererin, die in Online-Rollenspielen [...] verschiedene Charaktere darstellt, erklärt, dass die Erfahrung grenzenloser Freiheit diese Spiele für sie zu einem spirituellen Erlebnis macht: ›*Ultima Online* zu spielen hat für mich ganz klar eine spirituelle Dimension. In Ultima Online kann man sich seine eigenen Kleider und Waffen herstellen, man kann fischen und man kann mit anderen Leuten reden. Es ist wie das wirkliche Leben, nur besser! Man muss keine Miete zahlen. Ich habe jede Menge Freunde dort.‹«

3.7.1.6 Medienkompetenz

Wie eingangs schon angesprochen spiegeln sich im Mediengebrauch gesellschaftliche Strukturen und Gepflogenheiten wider. Will ein demokratisches Bildungssystem Partizipationskompetenz fördern, dann müssen Heranwachsende *in der Schule* die technischen, praktischen und epistemologischen Kenntnisse erwerben, die ihnen im privaten Bereich nicht oder nur in ungleicher Weise zukommen. Die Nutzung von Mobiltelefon, Fernsehgerät, Internet, Whiteboard ist für die meisten Nutzer selbstverständlich. Gleichzeitig schließt deren Nichtbesitz bzw. -zugang faktisch aus der gesellschaftlichen Kommunikation aus. Der Umgang mit diesen Medien ist – nicht überraschend – aber immer auch ein Indikator für die Zugehörigkeit zu bestimmten Milieus mit bestimmtem Habitus. Von daher gehört es zum Bildungsauftrag von Schule, durch die Vermittlung von *Medienkompetenz* dazu beizutragen, dass auch weniger privilegierte Kinder einen Umgang mit Medien lernen, der ihnen eine qualifizierte Teilnahme an der gesellschaftlichen Kommunikation ermöglicht. Dabei wird deutlich, dass Medienkompetenz ganz offensichtlich ein sehr umfassendes und komplexes Konstrukt ist, dessen einzelne Facetten zwar ›irgendwie‹ zusammenhängen, sich aber gleichwohl in ganz verschiedenen Feldern entfalten. Wir unterscheiden hier vier Dimensionen:
– Technische Kompetenz;
– Passive Nutzungskompetenz;
– Aktive Nutzungskompetenz;
– Deutungskompetenz.

Unter 1. werden die Fertigkeiten gezählt, die Hardware und die Software so ›zum Laufen‹ zu bringen, dass die gewünschten Ergebnisse erzielt werden (Kubier 1999, 27). Dies geschieht in der Schule im Rahmen der »informationstechnologischen Grundbildung« oder im Rahmen berufsqualifizierender Fächer (Bartsch 1999).

Unter 2. fassen wir die schulischen Anstrengungen zusammen, die versuchen, das Medienverhalten der Schüler/innen zu ›kultivieren‹. Dabei geht es u.a. um Aspekte des Jugendschutzes. Aus der Einsicht, dass krasser Missbrauch (Dauer der Nutzung, Inhalte wie Gewalt und Pornografie) schädlich und vergleichbar mit anderen Suchtphänomenen ist, versuchen Schulen auch hier Präventionsprogramme zu praktizieren (Dörken-Kucharz 2008; Spitzer 2012).

Unter dem 3. Punkt verstehen wir vor allem die Fähigkeiten der Schüler/innen, in einem schülerzentrierten Unterricht in adäquater Weise dadurch zu partizipieren, dass sie in entsprechender Weise ihre Recherchen und Beiträge in die unterrichtliche Kommunikation einbringen (Schulz-Zander 2005).

Unser Hauptaugenmerk liegt auf dem 4. Punkt. Es geht uns dabei an dieser Stelle weniger um eine ideologiekritische Sicht der Medienwelt als solcher, sondern explizit um die »Realitäts-Fiktionsunterscheidung als […] Mediennutzungskompetenz« (Schreiner / Appel 2002). Wir halten es für fundamental, im schulischen Unterricht von Anfang an mit Kindern und Jugendlichen die *Konstruktivität der Wirklichkeitsdeutungen* altersgemäß zu thematisieren. Dies gilt für fast alle Schulfächer, in ganz besonderer Weise aber für den Religionsunterricht. In diesem Sinne werden wir in diesem Kapitel versuchen, die Mechanismen nachzuzeichnen, die bei der Realitätskonstruktion am Werke sind. In diesem Zusammenhang wird dann zu fragen sein, wie die Kompetenz eines »Medialitätsverstehens« im Einzelnen aussehen könnte.

Betrachtet man die Reaktionen auf die hier vorgestellten Prozesse, so finden sich zwei Tendenzen: Einerseits bleibt es wichtig, mit Schüler/innen der Sek I generell deren Mediennutzungsverhalten zu thematisieren. So wird etwa ein sächsisches Projekt (sachsen-macht-schule.de/projekte/mm97/09.html) dargestellt:

Kurzbeschreibung des Unterrichtsverlaufes:
Unterrichtsgespräch über Mediennutzungsgewohnheiten und -bedürfnisse der Schüler
Überleitung zu möglichen (erwünschten und unerwünschten) Medienwirkungen
Erörtern von Möglichkeiten der Erfassung von Mediennutzung und alternativen Freizeitmöglichkeiten
Erarbeiten von Fragebögen (Klassen 8–10), Übergabe von Fragebögen (5–7)
Hausaufgabe: Erfasst eine Woche lang Euer Mediennutzungsverhalten!
Auswertung und Interpretation klassen- und altersgruppenweise (evtl. auch geschlechtsspezifisch)
tabellarische und prozentuale Aufgliederung
digitale Aufbereitung der Ergebnisse und Ausstellung im Schulhaus.

Die Ergebnisse zeigten, nicht überraschend, eine deutliche Präferenz für die audio-visuellen gegenüber den Printmedien (Treumann 2007). Doch bleibt die Sichtweise so konventionell wie der Hinweis im baden-württembergischen Bildungsplan (15): »Im Zeitalter des Computers ist eine Beherrschung dieses Gerätes und ein sinnvoller Gebrauch des Internet-Zugangs unerlässlich«. Erst allmählich tritt das Bewusstsein für die Medialität der Welt über die Technik hinaus ins Bewusstsein. So wird etwa auf dem baden-württembergischen Bildungsserver ein fächerüber-greifendes Modell für die Jahrgangsstufe 9 vorgestellt: ICH BIN ICH – Identität und neue Medien. Ein fächerverbindendes Unterrichtsmodell für Klasse 9 (G).

Für dieses Projekt mehrerer Fächer wird dem Religionsunterricht explizit eine zentrale Rolle zugeschrieben. Ist dies symptomatisch für das genannte Thema, dann erscheint es notwendig, nochmals explizit zu bedenken, welche Rolle die Medialitätsthematik im Rahmen der Religionsdidaktik spielen soll.

3.7.2 Die Medialität der Religion

Ilona Nord (2008) macht darauf aufmerksam, dass Religion – im Speziellen das Christentum – auf einer durch Medialität geprägten Grundstruktur aufruht. Die Wirklichkeitsverdoppelung und der Wechsel zwischen zwei Realitäten sind quasi von Anfang an konstitutiv. Als Paradigma lässt sich die Gleichnisverkündigung Jesu heranziehen. Im Rückgriff auf Weder argumentiert Nord (147):

> »»Die Gleichnisse Jesu malen die Fiktion des Reiches Gottes vor Augen, um eben dieses Reich als Möglichkeit in seiner eigenen Dynamik auf den Menschen wirken zu lassen. (…) Das Gleichnis lässt vor unseren Augen die Fiktion des Reiches Gottes entstehen.‹ Eine Fiktion sei das Reich Gottes, insofern es die Wirklichkeit der Welt übersteige. Fiktional sei es, weil in ihm die Gesetze unserer Wirklichkeit nicht maßgebend seien. Und dennoch enthalte die Fiktion einen Realitätsbezug. Sie gehe im Gleichnis auf die Wirklichkeit der Welt zu.«

Damit sei die Theologie ausdrücklich auf diese virtuelle Realität verwiesen. Ilona Nord zeigt, wie Theorie und Praxis des kirchlichen Lebens sich immer wieder da-rum bemühen, diese Konstellation überall zu »finden« bzw. sie »herzustellen«. Das Lichtspiel in den Kathedralen verweist auf die himmlische Welt (13), der Sonntag als der Auferstehungstag soll und kann als Einbruch der himmlischen Welt in den Alltag erscheinen (202ff.). So bieten Kirchenraum und Kirchenzeit jeweils eine eigene Welt, in der eigene Regeln herrschen und andere Erfahrungen möglich sein sollen. Insofern stellt Frau Nord einen inneren Zusammenhang zwischen der »Glaubenswelt« und einem »Cyberspace« her (86):

»Als Sonderwelt kann auch die Welt des Glaubens verstanden werden. So z.B. wenn man das himmlische Jerusalem (Apk 21) als perfekte Simulation einer irdischen Stadt versteht [...]. Im Cyberspace heißt es dann, vollziehe sich eine Wiederentdeckung des Himmels. Der Himmel steht symbolisch für eine andere Wirklichkeit, für eine Sonderwirklichkeit, eine zweite Wirklichkeit, die eine Alternative zum irdischen Dasein bietet, indem sie Hoffnung auf ein transzendentes glückliches Leben vermittelt. Der Cyberspace trägt auf diese Weise etwas zur Rückkehr der Metaphysik bei.«

Religion ermöglicht demnach in besonderer Weise zumindest zeitweise eine Partizipation an einer transzendenten Welt. Ilona Nord nennt zahlreiche kirchliche Gelegenheiten einer solchen Erfahrung – genannt seien hier der gemeinsame Gesang (244) und das Bibliodrama (299).

3.7.2.1 Religionsdidaktische Perspektiven

Die Codierung von Phänomenen unter der Differenz »Immanenz / Transzendenz« kann in unterschiedlicher Weise vonstatten gehen. Dies ist auch im Laufe der Geschichte geschehen. In der biblischen Welt wird davon ausgegangen, dass die Welt Gottes in spezifischer Weise in die Welt der Menschen hereinragt und in Letzterer wirksam wird. Diesen Prozess werden sich auch in biblischer Zeit die Menschen unterschiedlich konkret vorgestellt haben. Nehmen wir eine Szene wie die Himmelfahrt Jesu Christi, dann finden wir ein Bildprogramm, das einerseits alttestamentliche Tradition aufnimmt (Gott in der Wolkensäule), gleichwohl aber ein Bild von Himmelfahrt suggeriert, das den Menschen in neutestamentlicher Zeit leichter erschließbar war, weil »sky« und »heaven« hier noch nicht getrennt waren. Das Bildprogramm der *Apotheose* war natürlich geprägt von den zeitgenössischen Vorstellungen der Vergöttlichung der römischen Kaiser nach deren Tod. Allerdings zeigt Senecas Satire über die »Verkürbissung« des Kaisers Claudius, dass auch die für uns so fremd erscheinenden konkreten Vorstellungen etwa von Himmelfahrt oder Vergöttlichung schon damals nicht so selbstverständlich waren, wie man heute einer wundergläubigen Antike gerne unterstellt (Dormeyer / Galindo 2003).

Fakt ist nun aber, dass es ein wichtiger Wesenszug der neuzeitlichen Theologiegeschichte ist, die Codierung Immanenz / Transzendenz so vorzunehmen, dass man die Transzendenz zunehmend als Erscheinung in der Immanenz deuten möchte. So postulierte etwa Rudolf Bultmann ausdrücklich, dass es eben keine Überwelt geben könne, die in die Welt unserer naturwissenschaftlich geprägten Moderne eingreifen könne. Sein Programm der »Entmythologisierung« lässt sich verstehen als ein Prozess der Reduktion der in der Bibel mitschwingenden mythischen Elemente als Deutekategorien der *einen* Lebenswelt.

Die Anstrengungen des sog. ›Hermeneutischen Religionsunterrichts‹ bis hin zur Symboldidaktik sind von dem Gedanken geprägt, wie es möglich werden kann, die mythenkritischen Erkenntnisse der exegetischen Wissenschaft auch Kindern und Jugendlichen zugänglich zu machen. Der symboldidaktische Ansatz versucht dies auf seine Weise, indem er die inzwischen schwer verständlichen Begriffe und Vorstellungen einer »existentialen Interpretation« in den geläufigeren Begriff des »Symbolischen« transponiert. Letztere sind einerseits Größen in der sprachlichen und bildlichen Kommunikation und dort auch erfahrbar wirkmächtig. Sie sind aber andererseits auch kompatibel mit dem modernen Wirklichkeitsverständnis.

Mit der Postmoderne verschieben sich die Akzente nochmals. Das Postulat der ›einen Wirklichkeit‹ wird zumindest infrage gestellt. Die Erfahrungen ›virtueller Realität‹ lassen die Möglichkeit eines ›Switchens‹ zwischen verschiedenen Realitäten aufscheinen. Vor allem die ›Realität‹ der eigenen Vorstellungswelt wird enorm aufgewertet. Entsprechend verliert eine positivistische Weltsicht an Kredit. Wenn Siebtklässler/innen äußern, es sei ihnen egal, ob die Heilung des blinden Bartimäus durch Jesus historisch so stattgefunden habe, wichtig sei, dass *ihnen* diese Geschichte *heute* Hoffnung gebe (Büttner 2000), dann wird deutlich, dass hier ganz offensichtlich eine neue Realitätsperspektive ins Spiel kommt. Die Erfahrungen mit Spielwelten von großer Eigendynamik und Faszination, die Möglichkeiten der Kommunikation im weltweiten Netz führen offenbar dazu, dass die absolute Gültigkeit einer positivistisch materiellen Wirklichkeit brüchig wird. Die ›Ordnung der Realitäten‹ wird jetzt ein pädagogisches und didaktisches Desiderat. Wie so ein didaktische Erschließung im Religionsunterricht aussehen könnte, sei abschließend anhand von Überlegungen im Schulbuch *SpurenLesen* entfaltet.

3.7.2.2 Die Ordnung der Realitäten als Ausdruck mediologischer Kompetenz

Folgt man unserer Argumentation, dann müsste die theologische Dimension der mediologischen Unterscheidung so entfaltet werden, dass bei den Schüler/innen erst einmal ein Gespür für die Problematik erzeugt werden müsste – gleichzeitig sollte aber deutlich werden, dass es sich hier um zentrale theologische Fragestellungen handelt. Wir haben dies in *SpurenLesen* so gehandhabt, dass eine sukzessive Behandlung dieser Fragestellung über die Sek I hinweg erfolgen soll. Im Band 1 präsentieren wir eine Kindheitserinnerung des schwedischen Dichters Enquist, um erste Reflexionen zur Thematik ›Realität‹ anzubahnen. In seinem Roman *»Lewis Reise«* hat Enquist ein Erlebnis erzählt, dass er so oder doch ganz ähnlich als Heranwachsender etwa im Alter der Schüler/innen hatte. Aufgeschrieben hat er es aber erst als Erwachsener (2003, 28–30):

»Unterhalb der Hagebuttenhecke, an dem leichten Hang zur Quelle hinunter, da war die richtige Stelle. Da konnte man es zusammenbekommen. Da konnte man sich in den Schnee legen, vorsichtig, ein paar Zentimeter einsinken und das weiche warme Schneegrab schaffen, das es möglich machte, zu Gott aufzusehen, dem, der hinter den Sternbildern war.

Die Sternbilder selbst waren nicht so interessant. Die hatte ich auf Butterbrotpapier zu zeichnen gelernt. Die konnte man lernen. Die Leier und Kassiopeia und so. Sie waren nicht schwieriger zu zeichnen als die Schwedenkarte mit den angrenzenden nordischen Reichen. Die Sternbilder konnte man lernen.

Aber hinter ihnen gab es das nicht Eingezeichnete.

In kalten und klaren Winternächten war der Sternenhimmel so deutlich und beinahe so funkelnd klar, dass die Sterne in mehreren Schichten über dem Schneegrab lagen: zuerst die bekannten Sterne, die man auf das Butterbrotpapier zeichnen konnte, wenn man in der Küche auf dem Fußboden lag; dann das, was man nicht abzeichnen konnte. Der Sternenteppich hinter, hinter! den sichtbaren Sternen, das war das, was man nicht zeichnen konnte. Das war die Erklärung dafür, dass die Fragen so schwer waren, und die Antworten so einfach, dass man es fast nicht glauben konnte.

Es gab einen Unterschied zwischen dem, was man zeichnen konnte, dem Sichtbaren, und dem, was dahinter lag, Gottes Sternenstaub. Aber wie konnte man Gott verstehen? Es war so herzzerreißend schwer, alles dazu zu bringen, dass es zusammenhing.

Die Kunst war, das zu verstehen, was man nicht zeichnen konnte.

Ich konnte dann vollkommen still im Schnee liegen und fühlen, wie es deutlicher und deutlicher wurde. Selbst war man – es war notwendig, ›man‹ zu denken und nicht ›ich‹ ein kleiner Mensch im Schnee. Und der Schnee war warm und wie Großmutters Schaffelldecke. Aber hoch über dem unwissenden und verwirrten Menschen, der nicht ein noch aus wusste, lagen die Sterne wie Schicht um Schicht von vielen Schaffelldecken, obwohl es gewissermaßen Butterbrotpapier war: zuerst das Begreifbare, das man zeichnete, und dahinter die kleineren Sterne, die fast unbekannt waren, und noch weiter dahinter, wie Mehlstaub, das beinah Erschreckende, das das eigentliche Rätsel war. Das niemand beantworten konnte.

Wenn man sich mit aller Kraft anstrengte, konnte man zwischen die verschiedenen Schichten gelangen. Immer näher an den Sternenstaub. In das Unendliche. Und wenn man sehr langsam atmete, war es, als würde der Körper schwerelos. Und man stieg und stieg, und plötzlich konnte man spüren, dass dort oben, unermesslich weit weg, das war, von dem man als Gott sprach, was man Gott nannte.

Das war das Benannte. Es war ganz und gar möglich.«

Veit-Jakobus Dieterich (2006c) sieht in Enquists Schilderung drei Ebenen von Wirklichkeit. Die erste Ebene ist die materielle. Der Ich-Erzähler liegt im Schnee. Dieser ist real und könnte längerfristig zu seinem Erfrieren führen. Darüber die

Realität der Sterne. Es sind *unsere* Bilder der Sterne, die er z.T. nachzeichnet, z.T. auswendig lernt. Natürlich haben auch diese Sternbilder eine materielle Realität. Doch es ist gerade im Hinblick auf die Sterne klar, dass die Lichtimpulse, die unser Auge treffen, aus einer Zeit stammen, in der es in der Realität der Sterne anders aussah als das, was unser Auge empfängt. Sterne zu *Sternbildern* zu gruppieren, ist ein Resultat kultureller Übereinkunft. Unterschiedliche Gesellschaften haben unterschiedliche Bilder am Himmel »entdeckt«. Die Realität der Sterne ist also zuallererst eine konstruierte Realität. Doch der Ich-Erzähler weiß von einer dritten Realität. Diese Realität ist nicht wirklich verfügbar. Sie manifestiert sich, vielleicht kann man sagen: offenbart sich gewissermaßen hinter der ersten und zweiten Realität.

Die Wahrnehmung der Medialität der Welt führt einerseits zu einer Relativierung der Realität. Sie klärt auf über die hier erscheinenden Mechanismen und sie macht – im Falle des Gelingens – aufmerksam auf eine Realität, die unsere Normalitätsvorstellungen übersteigt und die Glaubende mit Gott in Verbindung bringen.

In *SpurenLesen 2* (16ff.) wird dann für die Klassen 7 und 8 ausdrücklich thematisiert, was es bedeutet, dass etwa in Computerspielen ganz andere Welten erzeugt werden. Was wäre, wenn unsere Realität nur ein *Traumgespinst* wäre? Nimmt man diesen Gedanken einer ›gestuften Wirklichkeit‹ ernst, dann kann man auch, wie in dem Buch »Sophies Welt« darüber nachdenken, wer uns als »Marionetten« zum Spielen benutzt. Könnte das Gott sein?

Es wird gleichzeitig auch deutlich, dass Fragen nach der »Realpräsenz« Christi im Abendmahl (SpurenLesen 2, 14) oder die Frage, ob man sich von Gott ein Bild machen darf (SpurenLesen 3, 22), unmittelbar mit unserem *mediologischen Verständnis* zusammenhängen.

3.8 Ästhetik

»Ich stelle den tuckernden Motor ab, bringe das rauschende Funksprechgerät zum Verstummen, und die große Stille breitet sich aus. Es ist eine sanfte und tiefe Stille, wie die Stille meines Kopfes, wenn er zwischen ihren Brüsten ruht.

Eine Weile bleibe ich so stehen, gewöhne Körper und Sinne ein, bis dann – wie die Sterne der Wüste, die nach Einsetzen der Dunkelheit einer nach dem anderen aufleuchten – die ersten Geräusche den Vorhang des Schweigens durchbrechen: Zuerst zwitschert der kleine Vogel, das Schwarzschwänzchen, mir ins Ohr. Danach saust die Luft in meinen Lungen. Und dann rauscht mir das Blut in den Adern.

Früher, in der Schule, hatten wir mal einen alten Physiklehrer, der sich dermaßen für die Wunder der Schwerkraft begeisterte, dass er Newtons Formeln vergaß und anfing, uns Legenden zu erzählen.

›Im Herzen der Erdkugel sitzt ein alter Mann und zieht und zieht und zieht‹, erklärte er. Und da er selbst alt war, begann, er, mit den Händen imaginäre Stricke zu ziehen, und setzte eine äußerst angestrengte Miene auf, dank deren ich die Dinge sehr gut in Erinnerung behalten habe. Wer wüsste besser als du, meine Schwester, dass ich im Allgemeinen vergesslich bin. Worte und Fakten entfallen meinem Gedächtnis wie Münzen einem löchrigen Beutel. Warum in Erinnerung behalten, was sich neu erfinden lässt? Aber Gerüche und Bilder, Geschmacksnuancen und Berührungen sind meinem Gedächtnis eingeprägt wie Inschriften einem Grabstein.« (Schalev 2000, 6f.)

3.8.1 Fachübergreifende Aspekte

Die Verlangsamung, die Stille ermöglichen das Hören. Nicht Worte, Fakten und Formeln erscheinen dem Ich-Erzähler als das Unverrückbare, Erinnernswerte, sondern »Gerüche und Bilder, Geschmacksnuancen und Berührungen«. Die Aufwertung der sinnlichen Wahrnehmung ist ein zentrales Anliegen von Ästhetik. Langer stellt fest:

> Die Welt der Physik ist ihrem Wesen nach die wirkliche Welt, gedeutet durch mathematische Abstraktionen, und die Welt der Sinne ist die wirkliche Welt, gedeutet durch die Abstraktionen, welche die Sinnesorgane unmittelbar liefern. Die Annahme, dass der ›materiale Modus‹ ein primitiver und tastender Versuch auf dem Wege zu physikalischem Begreifen sei, ist ein fataler Irrtum der Erkenntnistheorie, denn sie unterbindet damit jegliches Interesse an den Entwicklungsmöglichkeiten, die das sinnliche Begreifen besitzt, und an den geistigen Zwecken, denen es dienen könnte« (Langer 1984, 98).

Ästhetik kann die Theorie der Kunst, aber auch die Lehre von der sinnlichen Wahrnehmung meinen (Grözinger 1987, 105–122). In der letztgenannten Bedeutung hat »Ästhetik« eine allgemeindidaktische Relevanz.

> »Ästhetische Bildung ist deshalb unverzichtbar, weil in ihrem Rahmen Seiten des Menschen entwickelt werden, die in Gefahr sind, vernachlässigt zu werden, wenn Erziehung vorwiegend auf die Förderung kognitiver Leistungen ausgerichtet ist und sich auf die Entwicklung zweckrationalen und instrumentellen Denkens und Handelns konzentriert.« (Wulf 2007b, 42)

Es geht um eine elementare Wahrnehmungsschulung, um eine Sensibilisierung der Wahrnehmung. »Somit geht es – generalisierend gesprochen – ästhetischer Bildung zunächst um Erlangung bzw. Wiedererlangung von Wahrnehmungsfähigkeit angesichts von Wahrnehmungsverlust und einer zunehmenden Anästhetisierung menschlicher Sinne« (Kalloch 2012a, 53). In den USA gibt es bereits seit Anfang der 80er Jahre die Bewegung der »Visual Literacy«, die sich auf die These gründet, dass »visual abilities are undervalued and underdeveloped […]. […] there are visual skills that our educational system neglects« (Sless 1984, 224). Der menschliche Organismus ist darauf angelegt, viele sinnliche Eindrücke ›wegzufiltern‹ – und das ist auch gut so, denn sonst würden wir in der chaotischen Flut sinnlicher Eindrücke ertrinken, wie das bei autistisch veranlagten Menschen der Fall sein kann. Reiz-überflutung kann aber dazu führen, dass wir zu viel und zu schnell ›wegfiltern‹, dass wir verlernen, genau und mit viel Zeit hinzusehen. Moderne Actionfilme schaffen durch das Zusammenschneiden vieler kurzer Filmsequenzen eine rasche Aufeinanderfolge unterschiedlicher Reize, um das Publikum zu affizieren.

Wahrnehmung (griech. aisthesis) meint also nicht passives Abbilden, sondern das Erkennen von Strukturen (Arnheim 1991, 324). Wahrnehmung hat eine ord-nungsstiftende Funktion. Dem Kleinkind präsentiert sich die Welt zunächst als Chaos. Durch die strukturierende Wahrnehmung, die erlernt werden muss, ver-schafft sich das Kind Orientierung und nimmt die Welt in Besitz. Wichtiges wird von Unwichtigem getrennt. Der Mensch bildet Wahrnehmungsschemata aus. Nur unter dieser Voraussetzung ist es überhaupt sinnvoll, von »ästhetischer Kompe-tenz« zu sprechen, die erlernt werden muss, obwohl alle gesunden Menschen be-reits als Babys sehen, hören, riechen und schmecken können.

Ästhetische Bildung beschränkt sich aber nicht auf die elementare Schulung der Wahrnehmung. Sie umfasst auch die Gestaltung von Wirklichkeit (griech. poiesis).

> »Der wahrnehmende ist auch der sich ausdrückende, artikulierende, gestaltende Mensch. Die zweite Herausforderung ästhetischen Lernens liegt demnach in Anlei-tung und Unterstützung des ›Sich-selbst-ausdrücken-Könnens‹ – in Sprache, Ritualen, Räumen, Kleidung, Statussymbolen« (Kalloch 2012a, 53).

Hier geht es – mit anderen Worten – in gewissem Sinne um »Performanz«, um die Verkörperung der Wahrnehmungen (Wulf 2007b sowie Kapitel »Performativität«, Kap. 3.2).

Schließlich umfasst ästhetische Bildung auch die Fähigkeit zur Unterscheidung (griech. catharsis).

> »Menschliche Wahrnehmung ist stets auch auf Erkennen und Deuten ausgerichtet. Als Aufgabe ästhetischer Bildung ergibt sich dann, Schüler und Schülerinnen zu befähigen, Urteile zu fällen, Entscheidungen zu treffen, sich zu positionieren und in der wahrge-nommenen und gestalteten Welt mündig zu verhalten« (Kalloch 2012a, 53).

Der Gegenstandsbezug ästhetischer Bildung ist damit unbegrenzt: Alles, was wir wahrnehmen, kann zum Gegenstand ästhetischer Bildung werden. In einem spezielleren Sinn kann sich ästhetische Bildung als Gegenstand wiederum ein »ästhetisches« (künstlerisches) Objekt, etwa ein Bild oder einen literarischen Text wählen. Künstlerische Objekte präsentieren eine perspektivierte Wahrnehmung von Wirklichkeit, die sich von der eigenen unterscheidet. Insofern haben künstlerische Objekte ein gebrochenes Verhältnis zu den alltäglichen pragmatischen Kontexten (Mollenhauer/Wulf 1996, 7). Dadurch können sie unsere Wahrnehmungsgewohnheiten, unsere Schemata, durchbrechen und sie so allererst in unser Bewusstsein heben, so dass wir sie eventuell in Frage stellen können. Catharsis meint dann auch die Fähigkeit, Bilder unterscheiden und beurteilen zu können (SpurenLesen 2, 2008, 232–234).

Parsons (1975) hat in diesem Sinn ein Modell zur Entwicklung des ästhetischen Urteils vorgelegt. Er unterscheidet vier Stufen: Auf der ersten Stufe (bis etwa 7 Jahre) assoziiert das Kind sehr subjektiv und nimmt danach eine Bewertung vor. Auf Stufe 2 (ca. 7–12 Jahre) bewerten Kinder, ob das Thema gut getroffen oder realistisch dargestellt ist. Auf Stufe 3 (Präadoleszenz) fragen die Jugendlichen nach der Absicht des Künstlers. Auch unrealistische Darstellungen können nun als »gut« akzeptiert werden. Auf der (nur postulierten) Stufe 4 soll die Loslösung von den eigenen emotionalen Reaktionen möglich werden. Reich berichtet von einem Unterrichtsversuch, bei dem er Kinder einer 6. Klasse mit dem Bild Dalís der »zerfließenden Uhren« konfrontierte (2000, 226). Spontan kam die Äußerung: »Der kann ja gar nicht zeichnen, so sieht doch keine Uhr aus!« Im weiteren Unterrichtsgespräch entwickelten die Kinder aber durchaus ein Verständnis für die Absicht des Künstlers, das subjektive menschliche Zeitempfinden darzustellen. Es kamen Äußerungen wie »mehrere Zahlen gibt es doppelt«, »manche stehen eng zusammen und andere weit auseinander«, »weil die Zeit manchmal langsam geht, wie wenn man warten muss«, »und manchmal ganz schnell, wenn ich am Computer sitze«, »und einige Zahlen laufen rückwärts, so wie wenn man sich erinnert« (226f). Die Kinder konnten nun auf die Frage, ob die Zeichnung schlicht »falsch« sei, erklären, »dass es sich bei dieser Zeichnung nicht um eine Unterlage für den Bau oder die Reparatur von Uhren handelt« (227). Nach Parsons Modell befinden sich diese Kinder zwischen Stufe 2 und 3. Zunächst legen sie Realitätstreue als Bewertungskriterium an. Auf Anregung der Lehrperson sind sie dann aber in der Lage, nach der Darstellungsabsicht des Künstlers zu fragen und diese zur Bewertungsgrundlage zu machen.

Beim Umgang mit ›Kunst‹, mit ›künstlerischen Objekten‹, können wir in der theoretischen Diskussion einen wahrnehmungstheoretischen und einen zeichentheoretischen Ansatz unterscheiden. Der zeichentheoretische Ansatz sieht in Texten *und* in Bildern Zeichen, die es zu lesen gilt: »Perspektivisch gemalte Bilder müssen wie alle anderen gelesen werden; und die Fähigkeit zu lesen muss erworben werden.« (Goodman 1969, 25) Allerdings ist »der ikonische Code [...] insofern als schwach zu bezeichnen, als er keinen fest definierten, syntaktischen und semantischen Regeln folgt, sondern diese von Bild zu Bild variieren können« (Wüpper 2000, 101). Die Stärke bzw. Schwäche eines Codes kann variieren:

> »Von einer starken, d.h. relativ eindeutigen Codierung lässt sich [...] am ehesten innerhalb einer Epoche oder einer Kunstrichtung sprechen, da die Verwendung der bildnerischen Mittel in diesem Rahmen relativ homogen ist.« (Wüpper 2000, 102).

In der Regel bleibt der Code bei Bildern offener als bei sprachlichen Texten. Die Aufgabe ästhetischer Erziehung ist somit der Erwerb einer spezifischen, auf ästhetische Objekte bezogenen Lesekompetenz, die – wie das Lesen von Texten – regelgeleitet ist. Diesem Ansatz verdankt sich z.B. folgende Aufforderung aus einem Schulbuch:

> »Je mehr Details du ausfindig machen kannst, umso mehr bringst du das Bild zum Sprechen. Dabei sind die Anordnung und die Farben nicht weniger wichtig als die abgebildeten Details. Du solltest die Elemente der Bildsprache möglichst wie eine Fremdsprache kennen lernen. [...] Du solltest versuchen, die Geschichte ›lesen‹ zu lernen, die das Bild erzählen will« (SpurenLesen 2, 2008, 233).

Mollenhauer spricht von »ästhetischer Alphabetisierung« (1990, 11).

Langer versucht, die Differenz zwischen sprachlichen Äußerungen und bildlichen oder musikalischen »Äußerungen« zu fassen und unterscheidet zwischen diskursivem und präsentativem Symbolismus (1984, 103). Der präsentative Symbolismus hat – anders als die Sprache – keine Denotation, er lässt sich nicht übersetzen, sondern spricht »unmittelbar zu den Sinnen«. »Er ist zuerst und hauptsächlich eine unmittelbare Präsentation eines Einzeldinges.« (102) Aber der präsentative Symbolismus ist nicht vorrational, Gefühl, Erkenntnis und Verstehen kommen in ihm zusammen (105). Und es gilt: »Wo immer ein Symbol wirkt, gibt es Bedeutung.« (103)

Der wahrnehmungstheoretische Ansatz betont dagegen, dass man einem Bild nicht zwangsläufig einen Inhalt oder eine Bedeutung zuweisen muss. Vertreter dieses Ansatzes betonen, dass Bilder in erster Linie angeschaut werden. Sehen, Anschauen meint ein sinnliches Gegenwartsbewusstsein von etwas.

> »Bilder besitzen sichtbare Eigenschaften, welche nicht in Sinn, Bedeutung oder Text transformiert werden können und welche sich daher einer Wissenschaft, die sich ausschließlich um die Erforschung von symbolisiertem Sinn bemüht, entzieht.« (Wiesing 2005, 35)

Wichtig ist bei diesem Ansatz die Betonung des bildlichen Überschusses, der nicht hermeneutisch verrechnet werden kann. Dieser Ansatz lässt sich auch auf sprachliche Texte ausweiten. Texte gilt es dann nicht mehr in erster Linie zu decodieren, sondern performativ zu verkörpern (Zenck / Jüngling 2011). Der Begriff der »Präsenz« ist hier zentral, und zwar anders als bei Langer in einer anti-hermeneutischen Zuspitzung. Didaktisch wird dieser Ansatz bisher v.a. in der Sonderpädagogik verfolgt, bei Kindern und Jugendlichen, die aufgrund geistiger Beeinträchtigungen nur sehr unvollkommen unsere (Wort-)Sprache beherrschen. Die Frage ist, inwiefern auch durchschnittlich entwickelte Kinder von einer Pädagogik, die diesem Ansatz folgt, profitieren könnten.

3.8.2 Fachdidaktische Aspekte

Ähnlich wie beim wahrnehmungstheoretischen und beim zeichentheoretischen Umgang mit Ästhetik, betonen Religionspädagogen mit Blick auf die Chancen ästhetischer Bildung entweder – wahrnehmungstheoretisch orientiert – deren nichtverrechenbare Offenheit, an der das Kontingente in besonderer Weise spürbar werde (Überblick bei Schroeter-Wittke 2003), oder aber – zeichentheoretisch orientiert – die sich bietenden hermeneutischen Möglichkeiten, die (auch) regelgeleitete ästhetische Deutungsprozesse ermöglichen.

Schoberth stellt von einem katechetisch-liturgischen Ansatz her die Offenheit ästhetischen Lernens heraus:

> »Die Wege, die sich in der ästhetischen Arbeit im Religionsunterricht auftun, können in der Unterrichtsvorbereitung nicht vorweggenommen werden. Das ist allerdings kein Nachteil ästhetischer Arbeit, sondern ihre religionspädagogische Chance. Indem vor allem offene Lernwege angelegt werden, muss der Unterricht immer auch überraschend sein und kann einen unerwarteten Verlauf nehmen, damit das, was das Kunstwerk im Unterricht zuspielt, nicht bereits im Ansatz verschlossen ist. Das heißt für die Unterrichtsvorbereitung, dass sie bescheiden anzulegen ist« (2004, 117).

Führt man diesen Ansatz radikal weiter, so verflüssigt sich das (statisch gedachte) Kunstwerk in Richtung einer Performance, der es »weniger um das Herstellen eines bestimmten Endprodukts, sondern [um] die Sache selbst, die Inszenierung« (Büttner 2007a, 195) geht. Performances sollen – so Schoberth – Erfahrungen der Gegenwart Gottes ermöglichen (Schoberth 2002b; vgl. Englert 2002, 34). Die Betonung der Offenheit ästhetischen Lernens handelt sich leicht den Vorwurf ein, den Lernanforderungen schulischen Unterrichts nicht zu entsprechen, sondern dem »Technologiedefizit« unnötig Vorschub zu leisten (Büttner 2007a, 195).

Kunstmann nimmt diesen Vorwurf so auf: »Ethiker polemisieren gegen die Ästhetiker darum mit Vorwürfen der Ästhetisierung, Beliebigkeit und selbstvergessenen, wirklichkeitsblinden Spielerei« (2007, 42; vgl. Kunstmann 2004, 324ff). Klie bezeichnet angesichts der Frage nach einem pädagogisch verantworteten Umgang mit biblischen Texten im Religionsunterricht die kritische Frage nach der Freiheit der Interpretation als »durchaus diskussionswürdig«: »Wenn immer nur mit dem Bibeltext gespielt werden soll, wird dann alles schlussendlich beliebig?« (2012, 26) Angesichts dieser Anfrage gewinnt dann der zeichentheoretische Ansatz an Gewicht. Klie rekurriert hier auf Eco und Iser: Interpretationen sind nicht beliebig, aber auch nicht vollständig festgelegt: »Die fiktive Textwelt macht aus der hin und her pendelnden Spielbewegung ein *bestimmtes* Ausagieren« (30). Entscheidend für die Bewahrheitung eines Textes sei neben der (festlegenden) Semantik die (Deutungen aushandelnde) Pragmatik: »Im Religionsunterricht ergeben sich Bewahrheitungen im Prozess« (31). Klie stellt explizit die Frage der »didaktischen Verrechenbarkeit«:

> »Pädagogisch riskant ist dabei, dass sich das Imaginäre [nach Iser 1993] der didaktischen Verrechenbarkeit entzieht. [...] Im Modus des Spiels geben Texte unter anderem zu lernen, dass Deutungen kontingent sind, biblische Texte also allenfalls eine situierte Wahrheit vermitteln, als Bewahrheitung im Hier und Jetzt des Deutungsspiels« (31).

Kalloch orientiert ihren Entwurf einer »Bibeldidaktik im Kontext ästhetischer Bildung« an dem Begriff der »ästhetischen Alphabetisierung« nach Mollenhauer und fragt danach, wann ein ästhetisches Ereignis angemessen »gelesen« wird:

> »Ob ein ästhetisches Ereignis angemessen gelesen wird, hängt zum einen davon ab, ob das konventionelle Zeichenrepertoire erkannt und gedeutet werden kann, zum anderen davon, ob durch das ästhetische Ereignis eine Begegnung stattfindet, die eine Selbstempfindung auslöst« (2012a, 54).

Das ästhetische Ereignis solle »als Glaubensausdruck eines anderen erkennbar« werden. »Offen bleiben muss, inwieweit das ästhetische Ereignis zur Sprache eigener Glaubenserfahrung werden kann.« (55) Die Begegnung mit dem ästhetischen Ereignis könne auch »vorwiegend reproduktiv und reflexiv gestaltet« sein (57). Hier liegt ein wesentlicher Unterschied zu performativen Ansätzen. Denn die Begegnung wird nicht als Erfahrung von der Reflexion abgehoben, sondern mit ihr verbunden. Im Hintergrund steht ein Konzept ästhetischer Bildung, das ästhetische Kompetenz als die Fähigkeit fasst, »ästhetische Ereignisse lesen zu lernen« (Kalloch 2012a, 54 im Anschluss an Otto 1988).

»Der Begriff ›Lesen‹ markiert hier eine deutliche Grenzziehung, denn es geht nicht um ein Hervorbringen und Zusammentragen von Assoziationen und Projektionen im Umgang mit ästhetischen Ereignissen, sondern um den Vorgang der Verarbeitung von Sinneseindrücken.« (2012a, 54; s. auch Kapitel Performativität)

Wir halten einen ästhetischen Ansatz *theologisch* insofern für angemessen, als uns das Vertrauen darauf, dass unsere Welt Gottes Schöpfung ist, nahelegt, diese Welt und diese Schöpfung möglichst genau wahrzunehmen. Das gilt zunächst im Hinblick auf ihre Immanenz: Eine Wahrnehmungsschule, wie sie allgemeindidaktisch gefordert wird, ist auch aus theologischer Sicht sinnvoll: Die Vielfalt der Farben, der Gerüche, der Geräusche etc. gilt es überhaupt erst einmal wahrzunehmen. Aus theologischer Sicht gilt es aber auch, diese Welt *als Schöpfung Gottes, also in ihrer Transzendenz,* wahrzunehmen. Ästhetik ist insofern theologisch eingezeichnet in die Codeunterscheidung von Immanenz und Transzendenz. Wahrnehmung (griech. aisthesis) heißt theologisch gewendet Wahrnehmung in der Differenz von Immanenz und Transzendenz (Büttner/Dieterich 2004, 107–110). Problematisch erscheint uns eine Annäherung von Religion und Ästhetik, die als ›gemeinsamen Nenner‹ die Unverfügbarkeit von Wahrheit und eine Form von Erkenntnis, die allem Denken vorausliege, herausstellt. Denn unverfügbar und vorrational können sehr unterschiedliche Wahrheiten sein. Der Code des Kunstsystems ist ein anderer als derjenige des Religionssystems.

Insofern halten wir es *didaktisch* auch nicht für sinnvoll, »das Programm des Religionsunterrichts mittels des Codes des Kunstsystems zu formulieren« (Büttner 2007a, 194). Dabei ist unbestritten, »dass es höchst sinnvoll sein kann, von Zeit zu Zeit experimentell offene [ästhetisch geprägte] Unterrichtsszenarien zu organisieren« (195, in Auseinandersetzung mit Schoberth 2004). Das Spezifische des Religionsunterrichts lässt sich aber durch die Annäherung von »Offenheit« und »Kontingenzbewältigung« nur unzureichend einfangen. Trennschärfer ist hier u.E. die Codeunterscheidung von Immanenz und Transzendenz. Das Programm des Religionsunterrichts ist primär über den Code des Religionssystems zu bestimmen.

Methodisch gilt es, die im Protestantismus traditionell geprägte Bilderfeindlichkeit zu überwinden, die auf einem Missverständnis von Ex 20,4 und Dtn 5,8 beruht.

»Ging es im alttestamentlichen Bilderverbot doch nicht um die Unvereinbarkeit der Übersinnlichkeit religiöser Botschaft und der Sinnlichkeit als Medium der Kunst als vielmehr um die mit der Verehrung von Kultbildern drohende Missachtung der Nicht-Darstellbarkeit und Unverfügbarkeit Gottes« (Kalloch 2012a, 54).

Bildliche und textliche Darstellungen der Kunst können im Religionsunterricht dazu beitragen:

1. »eigene Lebenssituationen und Betroffenheit zum Ausdruck zu bringen;
2. Widerspruchs- und Kontrasterfahrungen zu ermöglichen;
3. zu helfen, neue Möglichkeiten des eigenen Lebens und eine neue Sicht der Wirklichkeit zu entdecken;
4. zu helfen, der Wirklichkeit standzuhalten und das Leiden nicht zu verdrängen.« (SpurenLesen 5/6, Lehrerband 1997, 16, im Anschluss an Biehl 1989).

Der Einsatz von ästhetischen Objekten oszilliert wie in anderen Fächern auch zwischen Offenheit und didaktischer Funktionalisierung.

»Es gehört zu den Einsichten und Spielregeln gerade moderner Kunst(-betrachtung), dass sich der Sinn des Gemeinten sowieso nur über die Einfälle der Betrachter erschließen kann. Von daher erweist sich geradezu ideal für den Unterricht ein Bildertyp, der einerseits genügend konkrete Anschauung bietet, andererseits aber auch zum Knobeln und Phantasieren einlädt. Je mehr ein Bild den traditionellen fotographischen Rahmen der Darstellung verlässt, umso unmöglicher wird es für die Lehrperson, eine verbindliche Interpretation einzufordern. Anstelle einer ›richtigen‹ Interpretation wird nach einer begründeten zu fragen sein, nach einer, die eine gewisse Nachvollziehbarkeit zulässt« (SpurenLesen 5/6, Lehrerband 1997, 10).

Die intersubjektive Nachvollziehbarkeit grenzt den offenen Zugang ab von rein individuellen Assoziationen. Gegenstand ästhetischer Unterrichtsmethoden sind von diesem Ansatz her keineswegs ›nur‹ Bilder und Texte mit religiösen Motiven, sondern grundsätzlich alle Bilder und Texte, sofern sie einen neuen, ›transzendenten‹ Blick auf die Wirklichkeit eröffnen.

4. Inhaltsbezogene Kompetenzen

Im Blick auf die inhaltsbezogenen Kompetenzen stellen sich zwei grundlegende Fragen. Zum ersten die bereits thematisierte nach dem Verhältnis zwischen formalen und inhaltsbezogenen Kompetenzen, zum zweiten aber die nach den inhaltsbezogenen Kompetenzen selbst. Während die formalen Kompetenzen den Religionsunterricht unmittelbar mit den anderen Fächern verbinden, scheint sich bei den inhaltsbezogenen eine Fachspezifik aufzutun, die den Religionsunterricht zuerst einmal von den anderen Fächern abgrenzt. So wird etwa die Gottesfrage wohl in keinem anderen Fach – sehen wir einmal von der Spezifik des Ethikunterrichts ab – ein eigenständiges, differenziert ausgelotetes Diskussionsthema werden. Auf der organisatorischen Ebene spiegelt sich hier die noch grundlegendere Frage nach dem Verhältnis von spezifisch religiösen Themen und ihrem Bezug zur Lebenswelt der Schülerinnen und Schüler, traditioneller ausgedrückt: nach dem Verhältnis von »Glaube« und »Leben«. Diese Frage wird spätestens seit den siebziger Jahren des 20. Jahrhunderts in der religionspädagogischen und -didaktischen Theoriediskussion grundlegend und ausführlich diskutiert. Heinz Schmidt hat dazu den Ansatz einer die Lebenswelt und die religiöse Dimension dialektisch miteinander vermittelnden Religionsdidaktik entwickelt:

> »Dialektische Religionspädagogik hätte demnach den Versuch zu unternehmen, die Botschaft von Jesus Christus und die Alltagswelt der Hörer bzw. Schüler in dialektischen Prozessen zu verbinden« (Schmidt 1977, 14).

Für Religionsdidaktik und Religionsunterricht stellt sich dann die konkrete Aufgabe,

> »die Bezüge und Bedingungen so zu beschreiben, daß in ihnen die biblische Überlieferung ebenso erfaßt werden kann wie die heutige Erfahrungswelt, an der die Schüler teilnehmen« (Schmidt 1975, 18).

In ähnlicher Weise bestimmte Karl Ernst Nipkow (1975, 173ff.) seinen »dialektisch-konvergenztheoretische[n] Ansatz« bzw. sein »konvergenztheoretisch-dialektische[s]

Orientierungsmodell«, das dann allerdings in der verkürzten Formulierung eines »konvergenztheoretischen Orientierungsmodell[s]« teilweise als zu »harmonistisch« (miss)verstanden und kritisiert wurde. Auf der katholischen Seite entfaltete sich eine analoge Diskussion um die zentralen Begriffe einer Korrelationsdidaktik und – in jüngerer Zeit – um eine »abduktive« Korrelation.

Mit einem systemtheoretischen Ansatz lässt sich der Grundgedanke nochmals in anderer Form und auf präzise Weise formulieren. Heutige Lebenswelt und religiöse Dimension sind zuerst einmal jeweils eigene, spezifisch operierende und argumentierende Bereiche, die sich keinesfalls auf einfache Art bzw. eins zu eins aufeinander abbilden lassen. Aber sie können sich wechselseitig befragen, anregen, befruchten. In welcher Weise dann die Lebenswelt bzw. die Religion auf die »Irritationen« bzw. »Perturbationen« der jeweils anderen Seite innerhalb des je spezifischen eigenen Rahmens reagiert, bleibt eine spannende Frage und dauerhafte Herausforderung.

Dieser Herausforderung versucht sich das Kapitel auf doppelte Weise zu stellen: zum einen, indem den theologischen Erwägungen zum jeweiligen Themenfeld ein Blick auf dessen kulturelle Bedeutung zur Seite bzw. vorangestellt wird; zum anderen hinsichtlich der entwicklungspsychologischen Bedingungen, unter denen sich die Heranwachsenden in Bezug auf die Thematik befinden. Nur so können fundierte religionspädagogische Aspekte im Blick auf das Themenfeld konturiert und grundlegende Anregungen zu Niveaukonkretisierungen gegeben werden.

Der Aufbau der einzelnen Kapitel folgt damit jeweils einem fünfgliedrigen Schema: Auf einen (1) Einstieg im Sinne einer konkreten (Anforderungs-)Situation folgen (2) kulturelle sowie (3) theologische, dann (4) entwicklungspsychologische Aspekte, bevor über (5) religionsdidaktische Aspekte zuletzt Anregungen für (6) Niveaukonkretisierungen gegeben werden.

Als Auswahl boten sich wiederum sechs Themenfelder bzw. religionspädagogisch relevante »Subdomänen« an. Weithin akzeptiert scheint die Trias von »Gott«, »Jesus Christus« und »Mensch« als Kernbestand einer religionspädagogisch bzw. -unterrichtlich fundierten Themenbereichsliste. Dem gesellt sich eine weitere Trias gleichsam als »Rahmen« hinzu. Es ist an erster Stelle die Frage nach dem Weltbild, das die religiöse Dimension insgesamt erst aufzuschließen und einzuordnen vermag – als schmerzliche Lücke und als ernsthaftes Desiderat muss in diesem Zusammenhang empfunden werden, dass das Kerncurriculum der EKD aus dem Jahr 2010 wie auch die Bildungsstandards zum mittleren Bildungsabschluss von 2011 diese Thematik als eigenständigen inhaltlichen Kompetenzbereich gleichsam exkludieren; auf katholischer Seite ist sie für den Abschluss sowohl der Primar- als auch der Sekundarstufe I beim ersten »Gegenstandsbereich ›Mensch und Welt‹« immerhin zumindest partiell explizit inkludiert. Das zweite Themenfeld »Bibel« befasst sich dann mit dem spezifisch jüdisch-christlichen Aspekt des Religionsunterrichts. Und zuletzt wird mit »Religion/en« zum einen nochmals das Thema der religiösen Dimension eigenständig und umfassend in den Blick genommen und zum anderen mit dem Blick über den Tellerrand der jüdisch-christlichen Tradition hinaus und dem gegenwärtig dringend »angesagten« interreligiösen Dialog verknüpft.

Drei weitere Themen, die sich in Bildungsstandards und -plänen zumindest auf regionaler, teilweise aber auch auf der gesamtdeutschen Ebene häufig finden, wurden nicht explizit als Themenfelder berücksichtigt, aus folgenden Gründen: Die Ekklesiologie stellt – unter religionspädagogischen Gesichtspunkten – sicherlich keine »Subdomäne« im eigentlichen Sinne dar; manche grundlegenden Überlegungen zur konfessionellen Pluralität wie zum ökumenischen resp. interkonfessionellen Dialog sind zudem beim Themenfeld »Religion/en« mitbehandelt bzw. lassen sich aus dem dort Ausgeführten mühelos ableiten. Die Ethik wurde bereits bei den formalen Kompetenzen mitberücksichtigt (→ Kapitel 3.6). Die Eschatologie aber – auch sie als eigenständige »Subdomäne« fraglich – findet sich bei manchen der Themenfelder in Einzelaspekten berücksichtigt, etwa bei Weltbild, Jesus Christus und Mensch.

So ergibt sich folgende Kapitelabfolge der inhaltsbezogenen Kompetenzen:
1. Weltbild
2. Bibel
3. Gott
4. Jesus Christus
5. Mensch – Selbst – Identität
6. Religion/en

4.1 Weltbild

4.1.1 Einstieg

Christian Höger interviewt den 19-jährigen Paul kurz nach dessen Abitur zum Thema Weltentstehung / Schöpfung und resümiert (Höger 2013, 96f.):

> »Aufgrund seiner offenen Transzendenzeinstellung ist es für Paul möglich und gleichermaßen unglaubwürdig, dass Gott die Welt erschaffen hat. Pauls kosmologie-gläubige Haltung bezieht sich auf die Urknalltheorie. Das Gotteskonzept des Abiturienten siedelt einen psychisch anthropomorph vorgestellten Gott jenseits der Erde in einer

immateriellen Dimension überall im Weltraum an. Darüber hinaus glaubt Paul an et-was apersonal Göttliches, das er in der Natur und im Schönen erkennen kann und das in ihm das Gefühl des Respekts und der Ehrfurcht vor der Welt auslöst.«

Erfüllt Paul die Kompetenzen, die man zum Ende des schulischen Bildungsganges erwarten kann? Es koexistieren mindestens zwei Gottesvorstellungen. Die Vorstellung vom Schöpferlob als Konsequenz ästhetischer Eindrücke, das am Ende angesprochen wird, ist ein Motiv des RU der Grundschule. Die Einzeichnung eines anthropomorph gezeichneten Gottes in ein kosmologisches Modell ist eine individuell vollzogene Synthese, die so kaum Anhalt im Religionsunterricht der Oberstufe hat. Dazu kann man fragen, ob seine Kosmologie überhaupt an einem schulischen Ort geprägt worden ist, etwa durch den Physikunterricht. Pauls Aussage ist, soweit man es Högers Darstellung entnehmen kann, wenig von den Bildungsangeboten des gymnasialen Unterrichts ge-prägt oder wenigstens beeinflusst. Es ist demnach nicht einfach, den komplizierten Diskurs über »Weltbilder« so zu präsentieren, dass Schüler/innen ihn verstehen und beim Nachdenken über die eigene Vorstellung davon profitieren können.

4.1.2 Kulturelle Aspekte

Während Immanuel Kant dem Eindruck vom nächtlichen Sternenhimmel noch eine große Bedeutung für das menschliche Empfinden zuschrieb, wies einige Jahr-zehnte später Alexander von Humboldt in seinem »Kosmos« darauf hin, dass aufgrund der langen »Reise« des Lichts der Sternenhimmel, den wir sehen, gar nicht dem entspricht, wie die Sterne im Moment der Beobachtung »wirklich« ste-hen. Es ist nach dieser Feststellung keine Überraschung, dass die Fortschritte der Naturwissenschaft ein neues Bild der Welt hervorbrachten, das der unmittelbaren Anschauung der Menschen nur bedingt entsprach und auch anders war als das, was in einer Mischung aus biblischer Überlieferung und antikem Wissen lange Zeit als bewährtes Interpretationsmuster gedient hatte. Nicht zufällig entsteht im 18./19. Jahrhundert der Begriff der *Weltanschauung*, der dann als deutsches Wort auch in anderen Sprachen Karriere gemacht hat. Damit wird deutlich, dass es die Weltsicht im Plural gibt und die Perspektiven auf Natur, Gesellschaft, Religion of-fenbar in je spezifischer Weise miteinander verknüpft sind und sich von den jeweils anderen unterscheiden. Nachdem der Begriff als »Weltanschaulicher Unterricht« in der NS-Zeit sogar Namensgeber einer unterrichtlichen Alternative für den Re-ligionsunterricht geworden war, empfiehlt sich stattdessen der Begriff *Weltbild* als deutsche Version von *world view* (Braun 1992, 474; 502).

 Die Rede über Weltbilder akzentuiert den Gedanken der Entwicklung und da-mit den der Pluralität. Von religionspädagogischer Relevanz ist in erster Linie die

Veränderung der Weltbilder im Laufe des Heranwachsens. Doch diese Entwicklungsprozesse finden statt in einem kollektiven Prozess der Evolution und Differenzierung von Weltbildern. Im Großen und Ganzen können wir von der Dominanz eines naturwissenschaftlich rekonstruierbaren Weltbildes ausgehen, welches sich über Jahrhunderte entwickelt hat und das in sich stimmig, aber *sinnfrei* ist (Dux 1982, 294). Doch dieses Weltbild deckt offensichtlich nicht alle Sektoren menschlichen Erlebens ab. Daraus ergibt sich nach Jürgen Habermas (2012, 21) das folgende Problem:

»Angesichts der Herausforderung eines szientistisch zugespitzten Naturalismus stellt sich heute [… die] Frage, ob und gegebenenfalls in welchem Sinne die epistemische Rolle der Lebenswelt einer naturwissenschaftlichen Revision des im Alltag operativen Selbstverständnisses von Personen Grenzen zieht.«

Konkret wird damit die Spannung angesprochen, die sich auftut zwischen dem Ergriffensein vom Anblick des Sternenhimmels oder dem »Verschenken« eines Sterns an eine geliebte Person und dem astronomischen Wissen über den Kosmos. Letzteres ist in unserem Kontext als Wirklichkeitskonstruktion weitestgehend anerkannt – trotz erkenntnistheoretischer Schwachstellen an einigen Punkten. Die Frage, die Dux und Habermas erheben, richtet sich auf den Status der lebensweltlichen Erkenntnis jenseits der Naturwissenschaft. So macht Dux etwa deutlich, dass das naturwissenschaftliche Modell im Sinne seiner Sinnfreiheit keinen Platz für ein göttliches Wesen lässt. Der Versuch einer »Einzeichnung« Gottes in dieses Modell im Sinne eines Deismus bringt kaum zusätzliche Erkenntnis (1982, 301): »Ein Gott, für dessen aktuelles Handeln in der Welt kein Platz mehr ist, ist fast schon kein Gott mehr.« Jürgen Habermas weiß um die Korrespondenz zwischen der materiellen Welt und den Naturwissenschaften einerseits und der – von Geistes- und Sozialwissenschaften beforschten – Lebenswelt andererseits (2012, 48):

»Die Vernunft ist ›unzufrieden‹ mit einem ontologischen Dualismus, der in der Welt selbst aufbricht und nicht nur epistemischer Natur ist.«

Für ihn entsteht daraus der innere Antrieb, trotz der Anerkenntnis zweier eigenständiger Zugänge zur »Welt« diese in irgendeiner Weise *zusammendenken* zu wollen. Letzteres impliziert als *Bildungsaufgabe* die immer wieder vorzunehmende und auf allen Stufen neu zu denkende epistemologische Klärung des Status der einzelnen Aussagen und deren Reichweite. Es gibt darüber hinaus aber eine Entsprechung im Denken in beiden Bereichen des Wissens. So erzeugen neue Raumvorstellungen z.B. in der Physik auch neue Perspektiven etwa in der Kunst.

Das von Dux und Habermas konstatierte Auseinandertreten von naturwissenschaftlicher Weltdeutung und Lebenswelt bildet eine dreifache Herausforderung: auf der einen Seite zwingt es die Wissenschaft selbst, darüber nachzudenken, wie sie die beiden »Welten« gedanklich zusammenbringen will und kann. Zum anderen stellt sich die Frage, in welcher Weise Menschen gemeinhin mit der beschriebenen Spannung zwischen diesen beiden Feldern umgehen. Aus beiden Beobachtungen lassen sich dann drittens Überlegungen herleiten, was in dieser Hinsicht möglich und wünschenswert sein könnte.

Die Kognitionsforschung hat sich in jüngster Zeit mit der Frage beschäftigt, wie Menschen mit unterschiedlichen Deutungsmöglichkeiten desselben Sachverhalts umgehen. Es ging dabei um wissenschaftliche vs. religiöse Deutungsversuche. Cristine Legare und Aku Visala (2011, 176) unterscheiden im Anschluss an Barbour (2010) folgende Grundtypen dieses Verhältnisses:

- totaler Konflikt,
- Unabhängigkeit beider Perspektiven,
- Dialog,
- Integration.

Dazu tritt als weitere Perspektive die Relativierung der Deutungsansprüche. Wir werden im theologiebezogenen Abschnitt noch auf diese Typisierung zurückkommen. Legare und Visala sehen die Ergebnisse der psychologischen Studien durchweg innerhalb eines Typus, den sie *reconciliation* nennen. Es geht also um eine Form des *friedlichen Miteinanders als Koexistenzform*. In der o.g. philosophischen Kategorisierung bewegt sich diese Rubrik zwischen Dialog und Integration. Die Autor/innen referieren Untersuchungen zur Frage der Genese von Krankheit (AIDS: Viren vs. Hexerei), des Ursprungs der Arten (Evolution vs. Schöpfung) und der postmortalen Existenz (Himmel vs. Grab). Dabei zeigen Kinder und Erwachsene die Bereitschaft zu Deutungen, die beide Sichtweisen, die wissenschaftliche und die religiöse, in irgendeiner Weise miteinander kombinieren (Legare u.a. 2012). Legare und Visala (2011, 171f.) unterscheiden drei Modi: Integration, Aufgabenorientierung und Synthese. Im ersten Fall werden Äußerungen verschiedener Domänen assoziativ miteinander verbunden (Himmel wird verknüpft mit höchst irdischen Attributen), im zweiten Modus werden unterschiedliche Deutungen verschiedenen Kontexten zugeordnet (medizinisch gesehen: tot, religiös gesehen: ein Weiterleben im Himmel). Synthetisch gedacht wird dann, wenn eine gegenseitige Bestimmung und Zuordnung der Interpretationen vorliegt (z.B. Leib-Seele-Dualismus mit unterschiedlichem Ergehen nach dem Tod). Nach diesen Studien hält sich die von Habermas vermutete Irritation der Vernunft angesichts divergierender Interpretationen in den verschiedenen Domänen durchaus in Grenzen, wenn etwa wie im Falle der Aufgabenorientierung je nach Kontext unterschiedliche Deutungen abgerufen werden.

Was die harte Gegenüberstellung von Naturwissenschaft und Lebenswelt manchmal übersieht, ist die Interferenz beider Bereiche. Das Ideal naturwissenschaftlicher Beschreibung ist ein mathematischer Algorithmus. Dessen Präzision ist kaum zu überbieten. Um das Gesagte kommunizieren zu können, erfolgt dann häufig der Rückgriff auf metaphorische Sprache (Urknall, schwarze Löcher etc.). Technische Erfindungen wie bestimmte Pumpen bildeten die Voraussetzung für die Entdeckung des Blutkreislaufs, die Speichermodi der Computer (Festplatte) inspirieren die Gedächtnisforschung etc. Ernst Peter Fischer (2005) macht auf Parallelen zwischen neuen Weltbildern in der Physik (Raumzeit, Quantentheorie) und entsprechenden Entdeckungen in der bildenden Kunst aufmerksam (Kubismus, Abstraktion). Noch einen Schritt weiter gehen Sichtweisen, wie sie Albrecht Koschorke zeigt. In konstruktivistischer Perspektive sieht er auf Seiten beider Wissensdomänen das *Narrativ* als bestimmende Deutekategorie. D.h. nicht nur auf Seiten der Lebenswelt finden wir Narrative zur Beschreibung von Sachverhalten, sondern auch im Bereich der Wissenschaft. Dabei zeichnet es Narrative aus, dass sie eher selten zum unpersönlichen Passiv greifen (dann wurde es …), sondern ein aktives Handlungssubjekt als Verursacher gesucht wird (die Schwerkraft macht …). Die Kognitionswissenschaft spricht in diesem Zusammenhang von *agency* zur Charakterisierung einer als intentional handelnden Größe. Dabei tritt dann nicht selten die menschliche Neigung zutage,

> »Akteure mit oft übernatürlicher Handlungsmacht auszustatten, um auf diese Weise kausale Beziehungen zu unverstandenen Phänomenen herzustellen« (Koschorke 2012, 80).

D.h., dass z.B. Kinder, die nichtreligiös über den Kosmos sprechen wollen, dann von einer »Mutter Natur« reden, die so handelt, wie dies traditionellerweise vom Schöpfergott angenommen wird. So gewinnen lebensweltliche Deutungen der Welt nach wie vor praktisch auch dort eine große Bedeutung, wo der Anspruch besteht, auf der Grundlage eines »wissenschaftlichen« Weltbildes zu argumentieren.

Wie soll das Thema »Weltbilder« im Kontext *schulischer Bildung* erscheinen?

Wir werden dazu einen Blick auf das Fach Physik werfen – genauer gesagt den Bildungsplan Gymnasium Baden-Württemberg. (www.bildung-staerkt-menschen. de/service/downloads/Bildungsstandards/Gym/Gym_Ph_bs.pdf)

Der Plan kennt drei Lernkontexte: das 8. und das 10. Schuljahr und die Kursstufe. Es wird deutlich, dass es im 8. Schuljahr darum geht, einerseits an die lebensweltlichen Erfahrungen anzuknüpfen, doch andererseits in die fachspezifische Vorgehensweise und Terminologie eingeführt zu werden:

> »Wichtig ist […] das Verständnis von grundlegenden physikalischen Konzepten und Modellen, deren Tragfähigkeit ständig hinterfragt werden muss, um die Grenzen physikalischen Denkens erkennen zu können« (180).

Diese weltbildsensible Sichtweise schlägt sich im Hinblick auf die Kompetenzen und Inhalte dann so nieder, dass der erste Lehrgang (Kl. 8) sich weitgehend der Methodik und Terminologie widmet. Doch bereits in Kl. 10 findet sich ein eigener Abschnitt *Modellvorstellungen und Weltbilder*, in dem die Fragestellungen thematisiert werden, die sich beim Übergang von der klassischen zur postklassischen Physik ergeben (z.B. Kausalität, Deterministisches Chaos). Für die Kursstufe sieht der Plan dann zwei Themenfelder vor, die beide explizit Felder der postklassischen Physik betreffen: Astrophysik und Quantenphysik. Nicht überraschend finden sich hier dann auch die Kompetenz- und Inhaltsformulierungen zu Modellvorstellungen und Weltbildern wieder. Durch die Fokussierung auf ältere Schüler/innen entfällt hier die ganze Auseinandersetzung mit »Naturphänomenen«. Damit wird deutlich, dass Physik ein eigenes Wissenssystem darstellt. Die Physikdidaktik thematisiert z.B. ausdrücklich, dass intuitive Vorstellungen (Steine sind kalt, Wolle warm) überwunden werden und abstrakte Begriffe wie *Energie* benutzt werden müssen, um quantifizierbare Aussagen zu gewinnen, die idealerweise in einem mathematischen Formalismus ausgedrückt werden können. Damit geht in der Regel eine positivistische Weltsicht einher, die Phänomene der Natur adäquat beschreiben zu können – im Zweifelsfall kritisch gegen die Lebenswelt gerichtet. Doch besonders die Auseinandersetzung mit der atomaren und subatomaren Welt lässt die Abgleichung der Ergebnisse mit Phänomenen der Lebenswelt unmöglich erscheinen. Die Stichworte *Modellvorstellungen* und *Weltbilder* führen letztlich zu Fragen der Epistemologie. *Was kann ich wie erkennen? Und unter welchen Voraussetzungen gilt das?* Damit ist die positivistische Sichtweise, die letztlich an verwertbaren technischen Einsichten interessiert ist, überwunden. Stark verkürzt könnte man sagen, dass sich die Physikdidaktik darstellt in der Trias: Lebenswelt – Systemwissen – Epistemologie. Dies könnte sich als hilfreich für die Frage des Zugangs von Theologie/Religionsunterricht erweisen.

4.1.3 Theologische Aspekte

In der Kursstufe des Gymnasiums findet sich ebenfalls eine Kompetenzformulierung zum Thema Weltbild (www.bildung-staerkt-menschen.de/service/downloads/Bildungsstandards/Gym/Gym_evR_bs.pdf, 25):

> »Schülerinnen und Schüler können religiöse und weltanschauliche Standpunkte in ihrem historischen Kontext sachgerecht darstellen; können nichtchristliche und christliche Standpunkte dialogisch aufeinander beziehen; können unterschiedliche Auswirkungen religiös-weltanschaulicher Deutungen auf Leben und Handeln kritisch reflektieren.«

Man kann leicht erkennen, dass die Frage der Weltbilder hier in einer ungleich offeneren Perspektive formuliert ist. Dies ist insofern leicht erklärlich, als religiöse Deutungen sich heutzutage im Bewusstsein alternativer Sichtweisen wahrnehmen und übergreifende Wahrheitsansprüche gegenüber den jeweils anderen Perspektiven eher zurückstellen. Dies kann die Physik deshalb nicht tun, weil sie auf der Grundlage des naturwissenschaftlichen Weltbildes einen Anspruch auf *objektive, intersubjektiv nachvollziehbare* Wahrheit formuliert. Deshalb muss sie Deutungen, die dieser Sicht nicht entsprechen, als »unwahr« ausschließen. Wir werden sehen, dass von daher plurale Deutungen und Dialog nicht so einfach sind.

Andreas Benk (2000) skizziert das Weltbild der Physik am Beispiel der Quantentheorie und reflektiert, wie hier eine theologische Dialogposition aussehen könnte. Quantenphysik beschäftigt sich mit Vorgängen im subatomaren Bereich. Bekannt sind die Experimente am Doppelspalt, die dazu führen, das Licht einmal als Welle, einmal als Teilchen zu identifizieren. Dazu kommt die Erkenntnis, dass es nicht möglich ist, ein Teilchen gleichzeitig zu lokalisieren und zu messen. Benk (193) resümiert, dass es unmöglich ist, »damit anschauliche Vorstellungen zu verbinden. Eine ›anschauliche‹ Erklärung quantenphysikalischer Experimente gibt es nicht.« Von daher verwundert es nicht, dass der Erkenntnisfortschritt sich hier häufig durch gelungene mathematische Operationen eingestellt hat und die Deutungen dann gewissermaßen nachhängen:

> »Eine physikalische Theorie ist als ein *interpretierter mathematischer Formalismus* zu verstehen und besteht dementsprechend aus *mathematischem Formalismus* und dessen *Interpretation*« (215).

Benk (218) streicht heraus, dass diese mathematischen Formalismen und ihre Interpretation in einem Dialog von der Theologie nicht ernsthaft infrage gestellt werden können. Interessant sind die philosophischen Hintergrundannahmen der Physiker. So hat eine subatomare Welt, in der Kausalannahmen nicht mehr stimmen und Aussagen statistischen Charakter haben, das geschlossene Weltbild der klassischen Physik irritiert und Annahmen etwa von der *Komplementarität* von Aussagen zutage gefördert, die erkenntnistheoretisch auch außerhalb der Physik fruchtbar wurden, wie unten zu zeigen sein wird. Andererseits haben neue Entdeckungen von Elementarteilchen auch diese Deutung wieder in ihrer Bedeutung eingeschränkt. Gleichwohl provozieren die Beobachtungen gerade in diesem Feld grundlegende Annahmen zum Charakter der Materie zwischen Determinismus und Zufall. Im Rahmen dieses Deutungsprozesses greifen dann auch renommierte Physiker auf religiöse Elemente zurück. Doch – so betont Benk (244) – sind deren »Gottesvorstellungen« dann in der Regel so abstrakt, dass sie nur bedingt mit dem christlichen Gottes- und Weltbild kompatibel sind. Damit wird dann aber klar, dass ein »Dialog« zwischen Physik und Theologie so einfach nicht ist. Entweder man formuliert wie Benk (2012) eine »negative Theologie« oder man geht von der Autonomie naturwissenschaftlicher und religiöser Deutungssysteme aus, die einander allenfalls »irritieren« können (Reis/Ruster 2012). Dann ist keines dieser Systeme gezwungen, sich sachfremde Logiken zu eigen zu machen. Ein solches Vorgehen kann dann aber unmittelbar an die Kompetenzformulierungen der Physik zur Weltbildthematik anknüpfen. Es geht dann in aller erster Linie um die Klärung epistemologischer Fragen in allen Domänen: *Was weiß man? Was kann man wissen? Woher weiß man das? Woher wissen es die Experten?* Wir werden sehen, dass diese Vorgehensweise für die Theologie durchaus üblich ist, wenn sie etwa ihre Vorstellung von »Schöpfung« anhand von durchaus unterschiedlichen biblischen Belegstellen entwickelt, deren Status als Quelle sie jeweils bedenkt.

4.1.4 Entwicklungspsychologische Aspekte

Karl Ernst Nipkow (1992, 377f.) hat darauf hingewiesen, dass es beim Heranwachsen Jugendlicher typische »Einbruchstellen« für den Zweifel an Gott gibt. Eine davon liegt im Glauben an Gottes Schöpferhandeln. Für das Kind ist das *schaffende Handeln* Gottes im Sinne des *Artifizialismus* gut nachvollziehbar und sein *archaisches Weltbild* entspricht weitgehend dem der Bibel: Im »Stockwerk über der Erde« wohnt Gott »im Himmel«. Im Sinne des *Finalismus* sind die Tiere *für den Menschen* da (Bucher 2000). Doch der Schöpfungsgedanke kollidiert mit zwei naturwissenschaftlichen Großtheorien: der astrophysikalischen Theorie vom Urknall und der biologischen Theorie von der Evolution des Lebens. Nipkow datiert die Wahrnehmung der Diskrepanz zwischen religiöser und wissenschaftlicher Deutung auf den Beginn des Jugendalters. Doch lässt sich zeigen, dass bereits im Grundschulalter hier Fragen auftauchen (Kalloch 2012b; Dieterich 2004). Nun ist die Entwicklung von »Weltbildentwicklung und Schöpfungsverständnis« (Fetz u.a. 2001) gut erforscht, doch zeigt es sich, dass das Verstehen der Weltbilder (Ziebertz/Riegel 2008) die Perspektive erweitern muss von der Frage nach »Glaube und Naturwissenschaft« (Dieterich 1996) hin zur Frage nach der »Wirklichkeit« (Dieterich 2006b).

Besonders einflussreich für die deutschsprachige Diskussion ist die Schweizer Studie von Fetz u.a. (2001). Sie untersuchten in einer qualitativen Studie die Weltbildentwicklung von Kindern und Jugendlichen. Ihre 60 ursprünglichen Probanden waren zwischen fünf und 19 Jahren alt (152). Vier bzw. sieben Jahre später konnten 21 und schließlich neun der ursprünglichen Probanden nochmals interviewt werden, so dass eine echte Panel-Studie vorliegt. Die Studie ist in ihrer Begrifflichkeit stark von Piaget bestimmt. So nimmt der Begriff des »Artifizialismus« eine zentrale Rolle ein. Auch wenn hier durch die sog. Agent-Theorie differenziertere Sichtweisen bestimmend geworden sind, wird man die Ergebnisse von Fetz u.a. im Wesentlichen auch heute noch als valide ansehen können.

Die Autoren sehen – wie schon erwähnt – die Zeit der Kindheit bestimmt durch eine artifizialistische Sicht. Dies bedeutet, dass die Dinge der Welt als »gemacht« angesehen werden. In mancher Hinsicht gleicht das kindliche Weltbild dem vormoderner Völker oder auch der biblischen Vorstellung von einem Schöpfergott – auch dann, wenn die Kinder nicht mit entsprechenden Geschichten in Berührung gekommen sind. Das artifizialistische Modell generalisiert Beobachtungen aus der Nahumwelt, z.B. dem Wirken der Handwerker beim Häuserbau (341f.). Fetz u.a. unterscheiden verschiedene Stadien des Artifizialismus (167ff.). Die Kinder differenzieren ihre Sichtweise, indem sie dann zunehmend die Rolle der Akteure (Gott, Menschen) unterscheiden. In der »Auflösungsphase« des Artifizialismus (220ff.) treten diese Deutungen zunehmend neben solche des naturwissenschaftlichen Weltbildes.

Mit dem Beginn formaler Operation wird das Denken auf der Objektebene ergänzt bzw. abgelöst durch die Fähigkeit zur Mittelreflexion, d.h. zur Einnahme einer Meta-Perspektive. Jetzt werden die naturwissenschaftliche und biblische Weltsicht in ihrer Eigenständigkeit wahrgenommen und zwingen die Jugendlichen zu einer Entscheidung. In dieser Situation stellt sich verschärft die Frage, ob und gegebenenfalls wie sich die beiden Sichtweisen miteinander vereinbaren lassen (324ff.). Dabei wird ein Modell von Komplementarität ins Spiel gebracht, das die ursprünglich in der Physik entwickelte Denkfigur (s.o.) hier geltend zu machen versucht. Fritz Oser und Karl Helmut Reich (2000) hatten auf der Grundlage einer kleinen empirischen Studie ein entsprechendes Entwicklungsmodell postuliert: Demnach (220–222) können Kinder im Grundschulalter bei entsprechenden Aufgaben (z.B.: Braucht ein guter Klavierspieler Talent oder Übung?) nur eine Option nennen (Stufe I) bzw. beide vage in den Blick nehmen (Stufe II). Auf Stufe III wird die Notwendigkeit beider Aspekte gesehen und auf Stufe IV schließlich in ihrem inneren Zusammenhang begriffen. Im Alter von 11–14 Jahren dominieren die Stufen II und III, von 15-20 dann die Stufen III und IV. Dabei kann nicht automatisch geschlossen werden, dass sich diese Ergebnisse 1:1 auf die Fragestellung Schöpfung / Urknall / Evolution anwenden lassen. Fetz u.a. (2001) haben als Schlüsselproblem die jeweilige Gottesvorstellung der Heranwachsenden ausgemacht (317):

> »Was den Heranwachsenden als erstes bewußt wird, ist der Umstand, daß der sehr menschlich vorgestellte, mit menschlichen Körperteilen ausgestattete Gott *seine* Vorstellung ist – oder war, sofern er nun auf diese Vorstellung als auf etwas Überwundenes zurückblickt. In anderen Bereichen hingegen wird den Heranwachsenden noch lange nicht bewußt, daß auch hier das Denken nicht einfach eine vorgegebene Wirklichkeit

wiedergibt, sondern ebenfalls von den eingesetzten Denkmitteln abhängig ist. So wird der Modellcharakter der dem Bibelglauben gegenüber mit einem neuen Objektivitäts-anspruch auftretenden Naturwissenschaften relativ spät – wenn überhaupt – entdeckt.«

Wenn wir uns an die von Andreas Benk formulierten Überlegungen zu einem möglichen Gottesbild angesichts der Weltbilder der Physik erinnern, dann wird eine wichtige Beobachtung der Studie von Fetz u.a. (2001, 266) gut nachvollzieh-bar:

»Nicht jene Probanden haben ein festes, fixes Gottesbild, die an Gott glauben, sondern jene, die Gott abgelehnt haben. Bei jenen, die wir in einem weiteren (nicht konfessio-nellen) Sinn als ›an Gott glaubend‹ bezeichnen dürfen, läßt sich ein weitgehend offenes Gottesbild beobachten, bei dem nach Möglichkeit auf inhaltliche Fixierungen ver-zichtet wird. Als inadäquat empfundene Bestimmungen werden hier von Gott negiert, Bestimmungen von existentieller Bedeutung können hingegen neu ins Zentrum gerückt werden. […] Da hier die Tendenz vorherrscht, weiter an Gott glauben zu wollen, d. h. nicht Gott selbst zu negieren, wird das negiert, was am Gottesbild störend und unpas-send empfunden wird; umgekehrt wird das stark gewichtet, was dem Gottesglauben für die jeweilige Person seinen Sinn gibt. Bei den ›Atheisten‹ hingegen treffen wir auf ein Gottesbild, das als feststehend erscheint. Gott wird als ein Wesen vorgestellt, dem Eigenschaften zugeschrieben werden, die als bekannt und als fixe Größen gelten.«

Die Studie von Fetz u.a. gibt Hinweise für den »vertikalen« Verlauf der Weltbild-entwicklung. Hier liegt der Schwerpunkt auf der Krise am Ende des Artifizialis-mus und der Skizzierung eines möglichen Neben- bzw. Zueinanders religiöser und naturwissenschaftlicher Weltbildkonstruktionen. Ziebertz und Riegel (2008) haben nun in einer quantitativen Studie (deutschlandweit 2047 Elft-klässler/innen) Weltbildkonstruktionen von Jugendlichen erforscht. Dieses Verfahren lässt nun quasi »horizontal« typische Konstellationen erkennen – freilich unter Absehung von individuellen Varianten und inneren Spannungen. Aus den Resultaten sind vier Aussagen für uns bedeutsam (80):

»– Das religiöse Weltbild besteht aus universalistischen und deistischen Komponenten, also der Anerkennung eines transzendenten Weltrahmens mit einer unbestimmten Gottheit.
– Explizit christlich-religiöse Inhalte finden keine Zustimmung.
– Im nicht-religiösen Weltbild dominieren evolutionäre und agnostische Vorstellun-gen, also eine Weltbildkomposition nach den Gesetzen der Natur und dem Zweifel an der Gültigkeit religiöser Ideen.
– Explizit anti-religiöse Vorstellungen finden keine Zustimmung.«

Dabei konstatieren die Autoren (189), dass »das evolutionistische Weltbild zumindest so viel Kosmologie [enthält], dass es anschlussfähig ist für religiöse Konnotationen«. Die Frage ist, was dieses Resultat im Hinblick auf die Didaktik eines christlichen Religionsunterrichts bedeutet. In einem ersten Schritt ist zu fragen, welchen genuinen Input zum Thema »Schöpfung« der Religionsunterricht vorsieht (Büttner 2004b), bevor wir dann nochmals einen Blick auf dessen Ergebnisse werfen.

Über die Schuljahre hinweg findet eine Auseinandersetzung mit den beiden Schöpfungsdarstellungen in Gen 1 und 2 statt. Spätestens mit dem Beginn der Sek I kommt es dabei zu einem Vergleich beider Darstellungen. Dabei geht es meist nur insoweit um die Details, als anhand der Unterschiede gezeigt werden soll, dass es *die eine biblische Vorstellung* von Schöpfung nicht gibt. Hier oder anhand der Schöpfungspsalmen werden dann auch Aussagen zur Gattung wichtig. Ein Text zum Schöpferlob will offensichtlich anders verstanden werden als ein wissenschaftlicher Text. Dennoch, nicht nur bei Schüler/innen, sondern ebenso bei angehenden Religionslehrer/innen herrscht offenbar große Unsicherheit, wie man die biblischen Aussagen gegenüber den Erkenntnissen der Naturwissenschaft positionieren soll (Benk 1998; Kondring / Reis 2012).

4.1.4.1 Epistemologische Klärungen – ein Lösungsversuch

Das Thema »Schöpfung « ist eines der Schlüsselthemen des RU und wird von der Grundschule bis zur Sek II mehrfach mit unterschiedlichen Akzentsetzungen unterrichtet. Von daher ist es der klassische Ort der Auseinandersetzung mit der Weltbildthematik. Suggeriert die Fetz-Studie, dass diese Fragestellung tendenziell erst mit der Phase der formalen Operation zu Beginn der Sek I auftaucht, so zeigen empirische Studien, dass das Thema bereits in der Grundschule Bedeutung gewinnt. So fällt den Schüler/innen i.d. Regel das Fehlen der Dinosaurier in den Bibelgeschichten auf. Viele haben auch schon etwas vom Urknall gehört und wollen diesen auch in dem Ursprungsszenario sehen. Die Tendenz geht dabei dahin, Elemente der unterschiedlichen Weltbilder miteinander zu verbinden. Dies wird in der deutschsprachigen Diskussion dann als »hybrides« Weltbild bezeichnet. Oft stehen auch die Positionen der Schüler/innen in der Klasse einander gegenüber, ohne dass der Wunsch nach einer definitiven Klärung auftaucht. Manchmal werden kreative »Lösungen« gesucht (Dieterich 2004; → Kapitel 4.2). Angesichts der denkerischen Voraussetzungen dieser Kinder ist zu fragen, welche Klärungsmöglichkeiten sich hier anbieten. Büttner (2012) hat den Schüler/innen einer dritten Klasse, in der naturwissenschaftliche und religiöse Deutungen zur Weltentstehung vertreten wurden, die Frage gestellt, *woher man denn das wüsste*, was sie vortragen. Auf die Antworten »fromme Männer / Gott« bzw. »die Wissenschaftler« konterte der Lehrer mit der Gegenfrage, woher diese das wüssten und wie sie zu dieser Erkenntnis gekommen seien. Dabei war für die Schüler/innen überraschend, dass das Urteil der Wissenschaftler auf diese Weise hinterfragt wurde. Diese Frage, was man weiß und was man wissen könnte, ist wohl entgegen den bisherigen Unterrichtsplänen eine relevante Fragestellung.

Hanna Roose (2013) beschreibt etwa eine Unterrichtsstunde zum Thema Mose. Angesichts der Ermordung eines ägyptischen Sklavenaufsehers durch Mose stellen die Schüler/innen die Frage, ob das wirklich so war. Damit ergibt sich eine Schlüsselfrage, nicht nur für die Schüler/innen.

Wir werden sehen, dass die Bearbeitung dieser Fragestellung für die biblischen Aussagen zu epistemologischen Kriterien führt, die dann auch für die naturwissenschaftlichen »Fakten« von Bedeutung sind. Man wird als Historiker etwa in Rechnung stellen müssen, dass zwischen dem »Ereignis« und der Niederschrift lange Zeiträume liegen, dass im AT die am weitesten zurückliegenden Ereignisse am detailliertesten geschildert werden etc. Dazu kommen aber immer stärker narratologische Überlegungen: Warum wurde die Geschichte wann aufgeschrieben? Welche Rolle spielte sie in biblischer Zeit, welche heute?

So ist bereits Grundschüler/innen klar, dass bei der »Schöpfung« der Welt kein Mensch dabei gewesen sein kann. Die alttestamentliche Wissenschaft fragt von daher zu Recht, wann etwa jede der beiden Schöpfungsgeschichten der Genesis entstanden sein könnte bzw. warum das für die Menschen dieser Zeit von Bedeutung gewesen sein könnte. Wenn von dem wichtigen »Ereignis« der Schöpfung der Welt zwei sich unterscheidende Versionen überliefert werden, dann ist die Frage, welche »richtig« ist, als »schwer zu lösen« markiert. Der RU will damit ein Stück »Aufklärung« über ein wichtiges Theologumenon bieten. Eine konstruktivistische Sicht der Geschichte (Dieterich 2006a; Dieterich 2011) macht deutlich, dass es auch bei späteren Ereignissen, ob es sich um David, Jesus, Cäsar oder Luther handelt, kaum möglich ist, hinter die Quellen zurückzukommen. Was vielmehr greifbar ist, ist ein narrativer Strom, der die Ereignisse immer neu perspektiviert. Dem kann kein Erzähler entgehen. Doch sollte er sich im RU zumindest zwei wichtige Fragen stellen: 1. Welches Bild von dem Erzählten habe ich und auf welcher Grundlage habe ich mir dieses Bild gemacht (Erzählung, Film, eigene Phantasie)? 2. Mit welcher Kommunikationsgemeinschaft teile ich meine Sicht und welche Alternativdeutungen gibt es? Oft ist schon hilfreich, sich einmal der Details einer Geschichte anzunehmen: Wie sah der Tempel z.Zt. Jesu aus? Wer durfte wohin gehen? Waren Zöllner eigentlich eher arm oder reich? Kann man das genau wissen? Dieses genaue Nachdenken führt dazu, dass die Lehrperson die *Grenzen ihres Wissens* bewusst wahrnehmen kann. Diese Grenzen des Wissens auch mit den Schüler/innen zu kommunizieren, ist essentiell. Die Grenzen markieren ihrerseits den Raum, innerhalb dessen dann auch in der Klasse bewusst nach Auslegungs-

möglichkeiten gesucht werden kann und je nach Frömmigkeitstyp verschiedene
Deutungen festgehalten werden können.

Was bedeutet es, wenn man diese Haltung gegenüber der religiösen Überlieferung auch auf das naturwissenschaftliche Weltbild der Schüler/innen bezieht?
SpurenLesen 3 (14) zitiert die Haltung einer Neuntklässlerin:

> »In der Bibel steht zwar, ›Gott erschuf die Welt‹, doch ich glaube nicht an so was wie
> ›Zauberei‹. Ich habe auch keine Ahnung von Antimaterie und Materie. Ich glaube nur,
> dass irgendwas die Erde schuf und mit all den Gasen, die dabei entstanden, auch das
> Leben entstand.«

Der Text ist nicht untypisch für die Vorstellung von Schüler/innen und (in differenzierterer Form) auch Lehrer/innen. Sofern man die biblische Schöpfungsdarstel-
lung als »Zauberei« empfindet, kann man sie nur ablehnen. Die Schülerin behält
die Rede vom »Erschaffen« bei, obgleich das Subjekt dieses Schaffens Züge der
von Ziebertz und Riegel konstatierten *unbestimmten Transzendenz* trägt. Doch
passend zu den narratologischen Grundeinsichten bleibt der Wunsch nach einem
intentional handelnden Subjekt erhalten. Der Gebrauch des Wortes »glauben« in
diesem Kontext ist nicht untypisch. Viele Schüler/innen artikulieren es so: »Ich
glaube an den Urknall« und man könnte ergänzen, »obgleich ich kaum etwas davon weiß oder gar verstanden habe«. Dies führt zu den beiden Fragen: Was wissen
die Schüler/innen zu den naturwissenschaftlichen Theorien der Entstehung der
Welt? Und wie konstituieren sie ihr Weltbild? Der Gedanke einer Evolution des
Lebens erscheint vergleichsweise anschaulich. So werden die Details des priesterlichen Schöpfungshymnus oft im Sinne eines Evolutionsmodells gelesen, in dem
lediglich die Dinosaurier fehlen. Beim genaueren Hinsehen gibt das der Text aber
nicht her. Nun zeigen Untersuchungen von Biologiedidaktikern (Lammert/Graf
2009), dass selbst Neunt- und Zehntklässler/innen zu etwa einem Drittel »evolutionäre Theorien« vertreten, die den Grundprinzipien der wissenschaftlichen
Theorie nicht entsprechen. D.h., dass man selbst in diesem Feld davon ausgehen
muss, dass weder das biologische noch das theologische Detailwissen die All-
tagsvorstellungen der Schüler/innen bestimmt. Im Hinblick auf die Kosmologie
gilt das alles in gesteigerter Form. Kleinere Studien hierzulande (Büttner 2012)
bestätigen nur umfassendere wie die von Blown und Bryce (2006) und Bryce und
Blown (2006). Diese zeigen die große Komplexität der Vorstellungen von Kindern
und Jugendlichen in Bezug auf die sichtbaren Himmelskörper. Dabei erweist es
sich als anspruchsvolle Aufgabe, Phänomene zu verstehen, die sich in unserem
Sonnensystem abspielen. Ein wirkliches Verständnis von Galaxien und den dort
beobachtbaren Phänomenen kann man (wohl auch bei den Lehrer/innen) nicht
voraussetzen. Damit erweist sich die Rede vom »Urknall« als eine Metapher, die

zum Ausdruck bringen will, dass die Autonomie von gesetzmäßig ablaufenden Prozessen akzeptierend vorausgesetzt wird, deren Details man nicht wirklich versteht, selbst dann nicht, wenn populärwissenschaftliche Darstellungen geboten werden. Dieses Nichtverstehen ist nun aber keine diffuse Haltung, sondern im Idealfall sehr wohl begrenzt von Wissen. Auch kompetente Wissenschaftler/innen müssen in diesem Feld mit Modellen arbeiten, deren Grenzen ihnen bewusst sind. Dieser Status ist – natürlich auf einem deutlich niedrigeren Niveau – letztlich auch für Schüler/innen und Religionslehrer/innen anzustreben. Wenn wir uns an die Notiz aus der Fetz-Studie erinnern, dann spricht diese davon, dass die Gottesvorstellungen mit zunehmendem Wissen ungenauer werden – nur diejenigen, die Gott ablehnen, haben ein fixes Bild. Generalisiert man diese Einsicht, dann werden wir der wissenschaftlichen und der religiösen Seite dann am ehesten gerecht, wenn wir jeweils die Grenzen des Wissens und des »Wissbaren« herausarbeiten und deutlich markieren.

4.1.4.2 Kognitionspsychologische Hintergründe

Die Frage »Woher weißt Du bzw. weiß man das?« führt zu einigen wichtigen Erkenntnissen. Paul Harris u. a. (2006) machen darauf aufmerksam, dass Kinder (aber nicht nur sie) ihr Wissen häufig nicht aus unmittelbarer Erfahrung haben, sondern von anderen übernehmen. D.h., dass Kinder z.B. von Bakterien und Sauerstoff reden können, ohne über eigene Beobachtungen zu verfügen. Damit verhält es sich – dies betonen die Autoren ausdrücklich – genau wie mit religiösen Phänomenen wie Engeln. Von dieser Einsicht her ergibt die Aussage »Ich glaube an den Urknall« durchaus Sinn. In einer Gemeinschaft, die diesen *Glauben* teilt, ist es konsequent, dass Kinder diesen auch übernehmen. Die Frage ist, ob man eine solche erkenntniskritische Einsicht bereits mit Kindern teilen kann. Dafür spricht, dass Kinder heute bereits in extrem pluralistischen Kontexten aufwachsen. Damit spielen die von Fowler für die Adoleszenz hervorgehobenen »signifikanten Anderen« vermutlich auch schon bei jüngeren Kindern eine große Rolle. Wie sollen sie sich entscheiden, wenn die einen an Jesus Christus, andere an Allah und wieder andere an den Urknall glauben? Harris hat in einer anderen Studie (2000) darauf verwiesen, dass bereits Vorschulkinder Wirklichkeit und Möglichkeit auseinanderhalten können und hypothetische Szenerien durchdenken. Wenn dem so ist, ist die Frage nach dem Ursprung des eigenen und fremden Wissens vielleicht auch für Grundschulkinder eine wichtige erkenntniskritische Möglichkeit. Elard Klewitz (1999) hat gezeigt, dass es durchaus fragwürdig sein kann, wenn Kinder auf »Theorien« fixiert werden, die sie nur bruchstückhaft verstehen und die ihnen ihre eigene Sicht, z.B. im Hinblick auf den »Sonnenlauf«, verstellen. Unsere Frage nach der Herkunft des Wissens impliziert damit automatisch eine kritische Haltung.

Zwar müssen Kinder lernen, dass es mehr gibt als das, was sie selber entdecken können. Dem selbst Entdeckten sollten sie trauen, es aber kritisch ins Verhältnis zu dem setzen, was kollektiv überliefert ist. Victoria C. Vaden und Jacqueline Woolley (2011) haben gezeigt, dass ab dem Grundschulalter die Fähigkeit zunimmt, den Wirklichkeitsgehalt von Geschichten zu beurteilen. Doch machen religiöse Kinder bei biblischen Geschichten eine Ausnahme – diese dispensieren sie von der kritischen Beurteilung und halten sie grundsätzlich für *wahr*. Es lässt sich leicht nachvollziehen, dass das bedeutet, dass Weltbilder – naturwissenschaftlich wie religiös – zunächst und vor allem garantiert werden durch Zugehörigkeit. Diese Übereinstimmung mit der eigenen weltanschaulichen Gruppe ist durchaus legitim und wünschbar. Der Bildungsauftrag einer kritischen Schule liegt nun aber darin, diese Weltsicht transparent zu machen. In diesem Sinne formulieren wir unser didaktisches Programm.

4.1.5 Religionsdidaktische Aspekte

Wenn wir die didaktische Diskussion bis zum Punkt der Kompetenzformulierung treiben wollen, dann müssen wir wissen, was sachlich geboten ist und inwieweit dies im Rahmen der kognitiven Möglichkeiten der Schüler/innen realisierbar ist. Ian G. Barbour (2010) formuliert für das Verhältnis von Naturwissenschaft und Religion vier Beziehungsmöglichkeiten. Im Modell *Konflikt* fordert jede der beiden Seiten die alleinige Lösungskompetenz. Auf Seiten der Naturwissenschaft wird dies aktiv vertreten, wenn etwa Dittmar Graf (2008) zu bedenken gibt, dass jede Vorstellung von einem »Schöpfer« sich als Lernhindernis für die Evolutionstheorie erweise. Entsprechende kreationistische Positionen, die die wissenschaftlichen Erklärungen eliminieren wollen, sind religionspädagogisch nicht präsent. Die Variante *Unabhängigkeit* ist gedanklich interessant, hat aber im pädagogischen Feld keine wirkliche Entsprechung. Im Prinzip geht es als Alternative zu einer exklusiv materialistischen Sicht um Modelle des *Dialogs* bzw. der *Integration*. Beim Versuch, das Verhältnis von Naturwissenschaft und Religion zu kategorisieren, lassen sich zwei Typen unterscheiden. Wie oben erwähnt gelang es Legare u.a. (2012), im Hinblick auf verschiedene Wissensfelder drei Typen der Zuordnung zu unterscheiden (Büttner / Dieterich 2013, 94f.): Integration (I), Aufgabenorientierung (A) und Synthese (S). Betrachtet man die Ankerbeispiele z.B. zum Thema »Ursprung des Menschen«, dann werden dort angeführt: Gott schafft Affen, die sich dann zu Menschen entwickeln (I), Mensch hat unsterbliche Seele – im Gegensatz zum Affen (A), von jedem ein bisschen (S). Diese Antworten von Erwachsenen zeigen das weite Spektrum von Antworten, denen dann Entsprechungen bei den Kinderantworten zugeordnet werden können. Uns fiel allerdings die Schwierigkeit der

Unterscheidung besonders zwischen I und S auf. Weiter erweist es sich faktisch als unmöglich, Züge einer möglichen Entwicklung auszumachen. Ist ein Himmel mit Flugzeugen und Engeln äquivalent zu einer deistischen Sicht der Welt und ist dies dann I oder S? Hier hat das Modell der Komplementarität – zumindest als regulative Idee – den Vorteil, dass man angeben kann, welche Perspektivierung anspruchsvoller ist und von daher einen Denkvorteil darstellt. Andererseits stellt das Modell vergleichsweise hohe Ansprüche, denn streng genommen können wir nur zwei Größen in Zuordnung bringen, die irgendwie äquivalent sind. Ist dies der Fall, wenn der Besucher eines paläontologischen Museums meint, für die Dinosaurier gelte wohl die Evolution, doch den Menschen habe Gott erschaffen?

Wir entfalten unser didaktisches Modell im Sinne von Veit-Jakobus Dieterich (2008), erweitern es aber im Hinblick auf die Grundschule. Nach der kleinen Studie von Sarah-Lena Eikermann (2012) bewegen sich die Antworten der Zweitklässler/innen am ausgeprägtesten innerhalb des artifizialistischen Schemas. Dabei »benutzen« sie jedoch Elemente aus der religiösen und aus der naturwissenschaftlichen Semantik (142): »Als erstes waren Staubkörner da. Daraus hat Gott die Erde gemacht.« oder »Die Welt ist vielleicht aus Wasser entstanden oder von Gott, weil er Blumen und uns Menschen macht.« Vermutlich kann man auch in dieser Altersstufe schon durch Nachfragen zu Präzisierungen kommen, gerade in Hinblick auf die Herkunft des Wissens.

Die breiter dokumentierten Beiträge vom Ende der Grundschulzeit (Kalloch 2012b; Kropač / Mohr 2012; Eikermann 2012) zeigen nun Antworten, die man gut in das Modell von Legare einordnen kann:

> »Gott hat alles geschaffen, aber manches ist auch von alleine entstanden.«; »Vielleicht ist die Welt vom Urknall gekommen … und Gott hat dann die Tiere und Menschen gemacht und so …«; »Ja, die Menschen hat Gott gemacht, aber nicht alle Tiere, die Dinosaurier zum Beispiel nicht …« (Kalloch 2012b, 56).

Statt zu klären, was »richtig« ist, kann man auf jeden Fall bedenken, woher die Vorstellungen stammen, z.B. auch durch Rekursnahme auf entsprechende Medien (Kinderbibel, Sachbuch) (Kalloch 2012b, 57). Damit werden die Hybridisierungen zumindest ein Stück weit aufgeklärt. Generell scheint es sinnvoll, durch die Anreicherung mit Wissen aus beiden Wissensdomänen Differenzierungen anzubahnen. Dabei werden sowohl im Hinblick auf Gott (als Schöpfer) als auch im Hinblick auf kosmologische Inhalte mit zunehmendem Wissen das Unwissen und die Unerkennbarkeit deutlich. Von daher ist der Vorschlag von Carina Pitschmann (2012) an dieser Stelle so plausibel, von der Mathematik her den Gedanken der *Unendlichkeit* ins Spiel zu bringen. Mit dessen Hilfe kann man dann die allzu schlichten Modelle auch für die Kinder selbst als unzureichend markieren.

Diese erkenntniskritische Sicht wird dann in der Sek I weitertrainiert. Es geht jetzt zunehmend um Dinge und Wesenheiten, die unzugänglich sind, gleichwohl in Begriffe oder (Sprach-)Bilder übersetzt werden können, so dass sie kommunizierbar werden (→ Kapitel Medialität). Dabei geht es um die *Modellierbarkeit* von *Realität*: Wie kann ich Veränderungen in der Wirklichkeit in den Modellen sichtbar machen? Wie kann ich mit einem Modell (z.B. einer Landkarte) in der wirklichen Welt Orientierung gewinnen? Ziel dieses Vorgehens ist es, eine harte positivistische Sicht auf die physikalische Wirklichkeit zumindest soweit zu brechen, dass deren eigene erkenntnistheoretische Vorüberlegungen sichtbar gemacht werden. Nur auf dieser Grundlage ist dann eine Begegnung von Naturwissenschaft und Religion sinnvoll und möglich.

Eine wichtige Frage liegt (gerade im Anschluss an Ziebertz/Riegel 2008) in der Problematik, dass die Synthese von Naturwissenschaft und Religion letztlich die Gestalt einer Version des Deismus annehmen muss. Von den Grundschulkindern bis zu den erwachsenen Lehrer/innen ist die Tendenz vorherrschend, Gott eine Rahmenkompetenz für die Geschehnisse in der Welt zuzugestehen. Diese selbst folgen dann jedoch den Regeln der Naturwissenschaft. Ein alternatives Denkmodell wird dann im Bibel-Kapitel eingebracht – in Barbours Modell wäre es eine Variante der *Unabhängigkeit*. Reis und Ruster (2012) plädieren dafür, die Wissensdomänen als jeweils eigenständige, in sich geschlossene »autopoietische« Systeme anzusehen. D.h., die Kosmologen versuchen mit den Mitteln der Astrophysik ihre Modelle zu entwickeln und müssen sich keine Gedanken über Gott o.ä. machen. Theologen entfalten ihre Vorstellung von Gott als »Schöpfer des Himmels und der Erde« auf der Grundlage des biblischen Zeugnisses – natürlich nicht gegen die offensichtlichen Ergebnisse der Wissenschaft, aber ohne Konzessionen an deren Weltbild. Beide Semantiken sind in sich abgeschlossen – sie reagieren allenfalls auf Impulse der Umwelt. Nehmen wir an, es fänden sich belastbare Argumente für die Existenz eines erdähnlichen Planeten mit vermutlich intelligenten Bewohnern. Dann muss eine christliche Theologie ihre Schöpfungstheologie keineswegs von ihren biblischen Voraussetzung ablösen, sie wird aber – auf ihre, d.h. eine theologische Weise – darauf reagieren müssen.

4.1.6 Niveaukonkretisierungen

Das folgende Modell gibt an, welche Kompetenzen in den einzelnen Klassenstufen im Hinblick auf die Weltbildthematik erreicht werden sollten. Für die Sek I folgt sie ausdrücklich den jeweiligen Eingangskapiteln von SpurenLesen (1–3). Es geht dabei neben der Vermittlung von Inhalten naturwissenschaftlicher und biblischer Provenienz immer auch um die Frage der Möglichkeit bzw. Unmöglichkeit von Erkenntnis überhaupt und um die Generierung und Benutzung von Modellen.

Klassen / Themen	Themenfelder	
	Weltwahrnehmung / Naturwissenschaften	Gottesgedanke / Theologie
Grundschule	Grundwissen Erde, Sonne, Mond, Sterne; verschiedene biblische Geschichten zum Thema Schöpfung	Verschiedene Vorstellungen und Namen für die Gottheit
5/6	Weltwahrnehmung: Menschen – Tiere; Kinder – Erwachsene; Versch. Kulturen; Detailwissen zur (beobachtbaren) Kosmologie	Unsichtbarkeit Gottes; verschiedene Schöpfungsgeschichten; Spekulationen über Ursprung und Tradierung dieser Geschichten
7/8	Mediale – Reale Welt – Welt des Denkens	Abendmahlselemente; Wunder; Unsichtbarkeit Gottes
9/10	Modellhaftigkeit (Landkarten, Atommodelle etc.)	Unvorstellbarkeit Gottes; Modellhafte Gottesvorstellung
Gymnasiale Oberstufe	Komplementarität (Quantenphysik, Licht etc.)	Komplementarität: Verborgener / geoffenbarter Gott

4.2 Bibel

4.2.1 Einstieg

»»In der Bibel werden erstaunlich viele Morde begangen‹, sagte er an einem der Abende, ›es beginnt schon bei Genesis 4, Kain und Abel, und dann geht es immer so weiter, aber der schönste Mord ist der von Jael an Sisera – sie nagelt ihn mit einem Zeltpflock durch seine Schläfe am Boden fest, phantastisch –, ja, es ist ein prächtiges Buch, die Bibel, vor allem in der ersten Hälfte, bis Esra ist es glänzend; ich wollte, ich hätte es eher gelesen.«« (Hart 2003, 113)

Zwei junge Erwachsene unterhalten sich darüber, was sie mit der Bibel assoziieren:

»Also ich assoziier da immer mit ne Erinnerung an meinen Vater, wo ich, ähm, mal ins Wohnzimmer gekommen bin und gefragt hab, ob er mir n Märchen vorlesen kann und dann meinte er, dann hol mir mal die Bibel her und dann assoziier ich damit noch immer meine Mutter, die sich ehrlich über die Bibel aufregt, weil auch eben wegen dieser Gewaltsache, dass Kinder[n] die Bibel schon eben vorgelesen wird und die dann auch mit dieser Gewalt in den ganzen Geschichten konfrontiert werden, also wo Leuten die Augen ausgestochen werden, wo Brüder sich gegenseitig umbringen ...«
»Ja man muss das nicht alles für wahre Münze nehmen.« (Schmitt 2012, IX)

Beide Äußerungen beziehen sich auf dieselben biblischen Geschichten: zum einen Kain und Abel, zum anderen Jael und Sisera. Offensichtlich stechen diese Erzählungen heraus. Der Romanautor vermutet, dass sie seinen Lesern zumindest teilweise präsent sind, für die Mutter definiert sich ihre Einstellung zur Bibel wesentlich über diese Morderzählungen. Die Bewertungen fallen sehr unterschiedlich aus: Die literarische Figur im Roman von Hart freut sich an den Morden, sie hält die Bibel für ein »prächtiges Buch«. Die Mutter des jungen Erwachsenen hingegen findet gerade diese Geschichten abstoßend. Biblische Texte wirken sehr unterschiedlich auf ihre Leser und Leserinnen – je nachdem, welche Erwartungshaltung an das Buch herangetragen wird. Die Mutter wirft auch die Frage auf, ob die Bibel Kindern überhaupt zuzumuten sei. Neben dieser didaktischen Frage wird die hermeneutische Frage nach der »Wahrheit« von Bibeltexten aufgeworfen. Der Vater des einen jungen Erwachsenen tut die Bibel als Märchenbuch ab – wohl mit der Implikation, dass das, was dort zu lesen ist, nicht »wahr« (im Sinne von: nicht so passiert) – sei. Ein anderer Erwachsener formuliert, dass man nicht alle biblischen Texte für »wahre Münze« (statt »bare Münze«) nehmen müsse. Wie aber sind biblische Texte dann angemessen zu verstehen?

4.2.2 Kulturelle Aspekte

Die Bibel ist ein historisches Dokument, das uns Einblick in die Zeit zwischen 1000 v. Chr. bis 200 n. Chr. gewährt. Daher lehnt sich die in den biblischen Wissenschaften etablierte historisch-kritische Methode an die Geschichtswissenschaften an. Als Kind der Aufklärung suspendiert sie »kritisch« die theologische Frage, inwiefern uns in der Bibel Gottes Wort begegnet, und fragt danach, was die Menschen, die uns in der Bibel begegnen – entweder als Figuren im Text oder als Verfasser – geglaubt haben, wie sie gelebt haben etc. (vgl. Roose 2009, 10–11). Sie fragt also nicht primär danach, ob die biblischen Erzählungen tatsächlich so passiert sind, sondern sie versucht, die Texte in ihren historischen Kontexten auszulegen und (theologisch) wertzuschätzen. So schreibt Zenger, ein historisch-kritisch arbeitender Exeget, zur Ermordung Siseras mit einem Zeltpflock:

Der Text

»erzählt einerseits einen grausamen Meuchelmord, aber andererseits gestaltet die Erzählung eine Bildwelt, die sich mit der Gewalt des Krieges insofern auseinandersetzt, als sie die mit Kriegen oft verbundene Vergewaltigung von Frauen am Heerführer selbst vollziehen lässt: Dass Jael den Zeltpflock in die Schläfen des Mannes hineinschlägt, evoziert die Vergewaltigung mit umgekehrten Geschlechterrollen. Dieses Motiv, dass die Personifikation der militärischen Macht von einer ›schwachen‹ Gegenfigur mit List vernichtet wird (vgl. David und Goliath, aber auch Judit und Holofernes), hat letztlich eine anti-kriegerische Aussageabsicht. Es geht um die Botschaft, dass JHWH den Kriegen ein Ende setzen will (vgl. Jdt 16,2; Ps 46,10), indem er die ›Kriegsherren‹ entmachtet bzw. vernichtet« (2004b, 421).

Die Bibel hat eine enorme Wirkungsgeschichte. Martin Luther urteilt:

»Da die Heilige Schrift das wichtigste Buch der Christen ist, sollen sie es genau lesen, und es ist eine Sünde und Schande, dass wir dieses Buch so wenig kennen. Ich denke aber, dass die Obrigkeit die Pflicht hat, die Untertanen zu zwingen, ihre Kinder zur Schule zu schicken. Meine Meinung ist, dass man die Knaben jeden Tag eine Stunde oder zwei zur Schule gehen lässt. Die übrige Zeit können sie dann zu Hause arbeiten, ein Handwerk lernen oder wozu man sie sonst haben will. Dann ist beides zusammen möglich, Schule und Arbeit« (M. Luther; zit. nach SpurenLesen 2, 85).

Dieses Zitat Luthers verdeutlicht die epochale kulturelle Bedeutung der Bibel, nicht nur im Bereich der Theologie, sondern auch im Bereich der Ausbildung der fundamentalen Kulturtechniken des Lesens und Schreibens.

Die Bibel ist also als historisches Dokument bleibendes Kulturgut. Sie prägt wesentlich das kulturelle Gedächtnis insbesondere der westlichen Welt (vgl. Assmann 2002, 196–228). Ihre Wirkungsgeschichte in Kunst und Literatur ist – gerade in unseren westlichen Kulturkreisen – enorm. Viele Schriftsteller verarbeiten biblische Stoffe. Bibelkenntnisse gehören daher unverzichtbar zur kulturellen Bildung. Die Frage nach biblischen Themen, Motiven und Figuren sowie ihrer Rezeption und Transformation in künstlerischen und literarischen Werken dient ihrem tieferen Verständnis (vgl. z.B. den Sammelband hg. von Schmidinger 2000). So trägt es zum Verständnis des oben zitierten Romanausschnittes von Maarten ’t Hart bei, wenn die Lesenden die Erzählung von Kain und Abel sowie von Jael und Sisera kennen.

Die Verwendung und Transformation biblischen Materials kann dann auf die Bibel zurückstrahlen und neue theologische Impulse geben:

»Moderne christliche Literatur ist für die Theologie heute unverzichtbar geworden. […] Sie kann Gegen-Modelle entwickeln, Alternativen aufzeigen, utopische Entwürfe anfertigen. Sie kann dort weitergehen, wo die Theologie einhalten muss, an Schrift oder Tradition gebunden. Sie kann das ›So könnte es gewesen sein‹ ausformulieren […] Moderne christliche Literatur ist freier als die Theologie, unabhängiger, und darin liegt ihre Chance, *ihre* Chance […]« (Kuschel 1987–88, 315–316).

Nicht so weit verbreitet ist im deutschsprachigen Raum die Betrachtung der Bibel *als* Literatur. Dabei geht es darum, die Bibel selbst als ein Werk der Weltliteratur zu betrachten und mit den hermeneutischen und methodischen Verfahren der Literaturwissenschaft zu untersuchen. Das ist dann nicht allein Aufgabe der theologischen Disziplinen, sondern auch eine genuin kulturwissenschaftliche Domäne. Denn:

»Von Kulturwissenschaftlern ist zu erwarten, dass sie diese [biblischen] Texte nicht einfach nur zitieren oder ihre Bedeutsamkeit beschwören, sondern sie wenigstens so genau lesen, wie sie andere Texte lesen können« (Weidner 2008, 12).

4.2.3 Theologische Aspekte

Das Christentum sieht in der Bibel seine heilige Schrift. Es vertraut darauf, dass uns in der Bibel Gottes Wort begegnet.

»Nie hat die Kirche – wie schon Israel – in Frage gestellt, dass die Selbstmitteilung Gottes durch seinen Geist geschieht. Der Geist trifft die ›Stelle‹ – oder sagen wir: die ›Antenne‹? – im Menschen oder in einer Gruppe von Menschen, wo Wörter, Sprache und Sätze verstanden werden. Darum heißt es in unendlichen Variationen im Alten und Neuen Testament und seither im Judentum und in der Kirche, dass Gott ›spricht‹, ›gesprochen hat‹« (Ritschl / Hailer 2008, 206).

Wie das geschieht, ist innerhalb der christlichen Theologie umstritten. Eine radikale Position, die in der lutherischen Orthodoxie entfaltet wurde, besagt, dass jedes Wort der Bibel dem Schreiber von Gott eingegeben worden sei. Diese Lehre heißt »Verbalinspiration«: Jedes Wort ist von Gott inspiriert. Im Rahmen dieser Position trägt es zum Verständnis der Bibel nichts bei, wenn wir nach den historischen Kontexten der einzelnen biblischen Schriften fragen. Es verbietet sich von dieser Position her auch, nach Differenzen oder gar Widersprüchen zwischen einzelnen Bibelstellen zu fragen – denn dann würde Gott sich selbst widersprechen. Vielmehr müsste sich jede Stelle der Bibel mit jeder anderen harmonisieren und erklären lassen.

In der modernen christlichen Theologie wird diese Position so gut wie nicht mehr vertreten. Gottes Wort wird nicht mit dem Wortlaut der Bibel in eins gesetzt. Moderne Theologen gehen eher davon aus: Gottes Wort findet seinen Niederschlag in zeitlich bedingten menschlichen Äußerungen. Deshalb ist es sinnvoll, den jeweiligen historischen Kontext einer biblischen Schrift zu erhellen und nach möglichen Divergenzen zwischen der Theologie des Matthäus und derjenigen des Lukas zu fragen. Die Bibel präsentiert eine Vielfalt an Stimmen, und wir haben keine wissenschaftliche Methode, um aus den vielen menschlichen Äußerungen das »reine« Wort Gottes herauszudestillieren. Das bedeutet auch, dass uns im Umgang mit biblischen Texten eine erhebliche Verantwortung zufällt. Welche der vielfältigen Stimmen der Bibel machen wir uns zu eigen, welche nicht, und warum tun wir das?

Die Diskussion um Einheit und Vielfalt der Bibel ist in der Frage nach ihrer Kanonizität verortet. Kanon als »Richtschnur« suggeriert Einheit. Reis / Ruster weisen in systemtheoretischer Perspektive darauf hin, dass

> »die Einheit der Bibel keine ontische Qualität [darstellt], die in der Bibel zu finden ist, sie wird nur in der Rezeption beobachtbar, wenn die Bibel als Kanon genutzt wird, um die Gesellschaft in einer bestimmten Situation zu beobachten und zu beurteilen« (2012, 280).

Die Bibel wird also nur in der Rezeption als Kanon beobachtbar, ihr kanonischer Status strahlt gleichzeitig auf die Rezeption zurück. Zwei Aspekte sind dabei von Bedeutung:

Erstens stellt sich die Frage, wie sich die *Begrenzung* der biblischen Schriften durch den Kanon auf die Lektüre einzelner biblischer Texte auswirkt. Im Entstehungszeitraum der biblischen Schriften sind viele weitere jüdische und christliche Schriften entstanden, die dann nicht kanonisch wurden (vgl. von Lips 2004). Der Kanon begrenzt also den Umfang der biblischen Schriften. Führt das auch zu einer Begrenzung der »angemessenen Bedeutungen« biblischer Texte? Die Frage ist in der Bibelwissenschaft umstritten. Einerseits wird geltend gemacht, dass der kanonische Anspruch auf bleibende Aktualität immer neue Lesarten generiert (vgl. Fowler 2004). Wer den Anspruch erhebt, dass die Bibel uns heute noch etwas zu sagen hat – und diesen Anspruch erheben Christinnen und Christen, wenn sie die Bibel als (ewige, göttliche) »Richtschnur« qualifizieren – muss diesen Anspruch in immer neuen konkreten Situationen durch neue Auslegungen biblischer Texte einlösen können. Andererseits wird angeführt, dass der Kanon »die Weite angemessener Bedeutungen, die ihnen [den autoritativen Texten] zugeschrieben werden dürfen«, legitimiert und damit auch begrenzt (Aichele 2005, 166). Denn

»der Kanon stellt den maßgeblichen Kontext zum richtigen Verständnis jedes biblischen Textes bereit. Als Kanon zieht die Bibel Eigentumsgrenzen und schließt Außenseiter aus« (Aichele 2005, 166).

Zweitens stellt sich die Frage, welche Auswirkungen die kanonische *Autorität* auf christliche Lektüren der Bibel haben kann bzw. soll. Müssen Christinnen und Christen der Bibel »gehorchen«, müssen sie sich alle Texte gleichermaßen zu eigen machen? Der protestantische Theologe Michael Roth lehnt das ab. Seiner Meinung nach liegt der verpflichtende Charakter des biblischen Kanons darin, »dass der Kanon ausgezeichnetes Objekt seiner [des Christen] Verstehensbemühungen wird« (2003, 247). Es geht also nicht um kritiklose Übernahme und Unterordnung, sondern um (kritische) Auseinandersetzung. Ein Christ könne

»unmöglich verpflichtet werden, an Aussagen der Schrift zu glauben, die sich ihm nicht als wahr erschließen, d.h. an Aussagen, die ihn nicht zu einem Verstehen seiner selbst befähigen. Die Geltung der Schrift für den Glaubenden bleibt gebunden an ihre Eigenschaft, ihm ein Verstehen seiner selbst zu ermöglichen« (Roth 2003, 242–243).

Ulrich Körtner spricht in diesem Zusammenhang vom »inspirierten Leser«.

»Der Sinn der biblischen Texte konstituiert sich neu in solchen Akten des Lesens, in welchen ihr Leser sich selbst in einer Weise neu verstehen lernt, welche die Sprache der christlichen Tradition als Glaube bezeichnet. Das Problem der Inspiration kehrt also wieder in die theologische Debatte ein, verlagert sich aber vom Text und seinem Autor auf den Leser und den Akt des Lesens« (1994, 16).

Hier findet die Frage nach der Wahrheit biblischer Schriften eine beachtenswerte Antwort. »Wahr« ist nicht (an und für sich) das, was einmal genauso passiert ist, sondern »wahr« ist (für mich) das, was mir zu einem neuen Verständnis meiner selbst verhilft.

Das Verhältnis von biblischem Kanon und moderner Lebenswirklichkeit fassen Reis/Ruster (2012) im Anschluss an die Systemtheorie von N. Luhmann als das von (geschlossenem) System und Umwelt. Insofern gehen sowohl der Fundamentalismus als auch die Hermeneutik in die Irre und bewahren gleichzeitig – paradox – unhintergehbare Einsichten:

»Der Fundamentalismus tut so, als könnte man direkt an die biblischen Operationen anknüpfen[,] und übersieht dabei, dass die Rezeptionsgemeinschaft die Bibel nur als Fremdreferenz in das eigene System in systemspezifischer Weise aufnehmen kann. Die hermeneutische Theologie steht in der Gefahr, die biblischen Operationen durch

Beobachtungen der Texte aus der Perspektive der Gesellschaft zu ersetzen, wodurch deren Einheit in der Kanonisierung aus dem Blick gerät und damit auch ihre Rezeptionsmöglichkeit in einer gegenwärtigen Glaubensgemeinschaft problematisch wird. Richtig erkennt der Fundamentalismus die Bedeutung der strukturellen Kopplung zwischen Bibel und Rezeptionssystem und die hermeneutische Theologie, dass gerade die in der Bibel erhaltene Vielfalt an Beobachtungsstandpunkten für die aktualisierende Beobachtung von Gesellschaft bedeutsam ist« (2012, 281).

In der Schule rückt das Kommunikationssystem Bibel in die gesellschaftliche Rezeptionsgemeinschaft der Schulklasse ein. Damit dominiert tendenziell die hermeneutische Zugangsweise.

4.2.4 Entwicklungspsychologische Aspekte

Die Bibel ist insofern kein Kinderbuch, als sie nicht für Kinder geschrieben wurde. Dennoch gilt Gottes Botschaft natürlich auch ihnen. Aus dieser Überzeugung erwächst die didaktische Aufgabe, Kindern und Jugendlichen biblische Texte verantwortet nahezubringen. Zu fragen ist u.a., ab welchem Alter Kinder die kognitiven Verstehensvoraussetzungen mitbringen, um sinnvoll mit ausgewählten biblischen Texten umgehen zu können. Dabei bedarf schon das Wort »sinnvoll« einer Interpretation. Klassische entwicklungspsychologische Forschungen zum Bibelverständnis von Kindern postulieren ein »richtiges« Verständnis eines biblischen Textes und untersuchen, wie weit Kinder aufgrund ihrer psychologischen Entwicklung von diesem Verständnis (noch) entfernt sind. Ein kritischer Punkt ist dabei mehreren Untersuchungen zufolge das Erreichen der formal-operatorischen Phase im Alter von ca. 11–12 Jahren. Davor könnten Kinder insbesondere Gleichnisse nicht im übertragenden Sinn verstehen. Während Goldman (1972) daraus den Schluss zieht,

> »dass die Bibel kein Buch für Kinder ist, dass das, was sie in weiten Teilen lehrt, dem Verständnis des Kindes für Religion eher schaden als nützen kann, und dass zu viele biblische Stoffe zu früh und zu häufig verwendet werden« (1972, 18–19),

empfiehlt Bucher, bei der Behandlung von Gleichnissen in der Grundschule aus didaktischen Gründen nur in der Bildhälfte zu bleiben (1990a, 67). Er plädiert für die »erste Naivität« und räumt insofern Kindern das Recht ein, biblische Texte auf ihre (defizitäre) Weise zu verstehen (1989).

Diese Forschungen stehen im Horizont des strukturgenetischen Ansatzes, wie ihn Piaget entfaltet hat. Dieser Ansatz rechnet bekanntlich mit universalen, bereichsübergreifenden, inhaltsunabhängigen Entwicklungsstufen.

»Denkentwicklung besteht nach dieser Position in alterstypischen *bereichsübergreifenden* Veränderungen inhaltsunabhängiger Denkstrukturen« (Mähler 1999, 53).

Neueren Forschungen zufolge ist kognitive Entwicklung hingegen als Veränderung bereichsspezifischen Wissens beschreibbar (vgl. Sodian 1995). Entwicklung wird also stärker domänenspezifisch betrachtet. In diese Richtung weist der Befund von Pfeifer zur Entwicklung des Metaphernverständnisses bei Kindern, wenn sie feststellt, dass das pauschalisierende Urteil von Bucher, nach dem Grundschulkinder noch nicht in der Lage seien, Gleichnisse als Metaphern zu verstehen, unzutreffend sei (Pfeifer 2001, 196). Vielmehr sei hier – auch inhaltsabhängig – zu differenzieren:

»Als wichtige, jeweils unterschiedlich genutzte Einflüsse auf den individuellen Signifikationsprozess erwiesen sich dabei die strukturale Komplexität des bildspendenden Metaphernterms, sein habitualisierter Bedeutungsumfang und seine syntagmatische Vernetzung, sowie die Anschaulichkeit des bildempfangenden Referenzbereichs« (Pfeifer 2001, 205).

So erklärt sich, wie Kinder beim Gleichnis vom Schalksknecht (Mt 18,21–35) durchaus in der Lage sind, den König mit Gott in Verbindung zu bringen, in den Geldschulden jedoch keine Metapher für moralische Schuld sehen können (vgl. Roose 2009b).

Im Zuge einer verstärkten Subjektorientierung in der Religionspädagogik (u.a. in der »Kindertheologie«) geht es zahlreichen neueren Untersuchungen darum, das je *eigene* Verstehen biblischer Texte von Kindern und Jugendlichen zu erheben (vgl. u.a. Fricke 2005; Butt 2009; Roose 2009b). Entwicklungspsychologische Modelle dienen dabei der Beschreibung, nicht aber der Bewertung eigener Verstehensleistungen. Schluß setzt Kindertheologie und Entwicklungspsychologie folgendermaßen ins Verhältnis:

»Kindertheologie kann deutlich machen, dass ein prinzipielles Edikt gegen bestimmte Textsorten in bestimmten Altersstufen nicht angemessen ist – Entwicklungspsychologie kann deutlich machen, in welchen Altersgruppen welche Verstehenshindernisse von biblischen Texten besonders wahrscheinlich sind – wodurch Kindertheologie wiederum mit besonderer Sensibilität für diese Fallstricke des Verstehens gewappnet sein kann« (2005, 32).

4.2.5 Religionsdidaktische Aspekte

Der Gebrauch der Bibel im Religionsunterricht ist seit der problemorientierten Phase nicht mehr selbstverständlich, sondern muss didaktisch reflektiert und begründet werden. Bibeldidaktische Bemühungen zielen darauf, Kinder und Jugendliche zu einer engagierten, informierten und kritischen Auseinandersetzung mit biblischen Texten zu befähigen.

Diesem Anliegen können unterschiedliche Hindernisse im Weg stehen.

❑ Horst Klaus Berg kritisiert zu Recht einen unreflektiert-normativen Einsatz biblischer Texte im Religionsunterricht, bei dem die Bibel »den heutigen Adressaten als selbstverständliche, unbefragte Autorität vorgestellt wird und diese keine Möglichkeit haben, sich kritisch mit ihr auseinanderzusetzen« (1993, 32). Biblische Erzählungen würden im Unterricht – gerade der Primarstufe – so weitergegeben, »als wenn es sich um Tatsachenberichte handelte« (ebd.).

❑ Die Vielstimmigkeit der theologischen Entwürfe geht in Lehrplänen durch eine »Mosaiktechnik«, bei der Versatzstücke aus allen Evangelien zu einem – mehr oder weniger harmonischen – Jesusbild kombiniert werden, verloren (vgl. Roose 2007b, 119).

❑ Die – zugerechnete – kanonische Autorität biblischer Texte kann ebenfalls den Eindruck erwecken, dass es hier keinen Raum für offene und kritische Auseinandersetzungen gibt. Der US-amerikanische Theologe Aichele berichtet:

> »Ich bin immer wieder darüber verwundert, wie viele meiner nichtchristlichen Freunde, die meisten von ihnen durchgehend säkularisierte Abendländer, regelmäßig akzeptieren, was Billy Graham, der Papst oder Mel Gibson über die Bibel zu sagen haben, als ob das die einzige vernünftige Auslegung wäre. Natürlich glauben meine Freunde nichts davon, aber sie stellen auch deren Exegese nicht in Frage« (2005, 171).

❑ Die wissenschaftliche Exegese hat ebenfalls die Tendenz, Laienauslegungen als »amateurhaft« abzuwerten und die richtige Auslegung für sich zu beanspruchen (vgl. Schramm 2008, 13–18).

All diese Aspekte können dazu beitragen, dass die biblische Tradition als monolithischer Block begegnet, dessen Aussagen es entweder en bloc zu »schlucken« oder – eher in der Sekundarstufe I – in Gänze abzulehnen gelte.

Didaktisch geht es angesichts dieser Problemstellung darum, die Schülerinnen und Schüler als kompetente (vgl. die Untersuchung von Schramm 2008) und eigenständige Ausleger/innen biblischer Texte anzusprechen. Das kann gelingen, wenn die regelgeleitete Interpretation biblischer Texte erkennbar offen gehalten wird; etwa indem die (kanonische!) Vielfalt biblischer Stimmen zu einem Thema aufgezeigt wird oder indem sich auch die Lehrkraft als Suchende und weniger als Wissende einbringt (vgl. Roose 2009a, 41). Sinnvoll erscheint vor diesem Hintergrund auch die verstärkte Lektüre von biblischen Ganzschriften, wie Peter Müller (1999) sie für das Markusevangelium in der Grundschule und Büttner/ Roose (2007) für das Johannesevangelium in der Sekundarstufe I vorgelegt haben.

Biblische Schriften begegnen so als theologische Entwürfe, die – innerchristlich! – auch anders ausfallen könnten. Die Grenze zwischen »christlich« und »nicht-christlich«, zwischen »innen« und »außen«, wird somit durchlässig für eine Gruppe, die gemeinsam Fragen an die biblischen Texte stellt und nach Antworten sucht. Die Verbindlichkeit des Kanons besteht nach unserer Meinung am ehesten darin, dass wir theologisch und didaktisch verpflichtet sind, uns auch mit unbequemen und schwierigen biblischen Texten auseinanderzusetzen, bei denen die Lernchancen weniger in der Bestimmung einer »elementaren Wahrheit« liegen als

> »in der Wahrnehmung von Spannungen und Widersprüchen (z.B. im Gottesbild), im Üben der Nachdenklichkeit, im Hinterfragen von vertrauten Annahmen, im Kritisieren und Stellung-Nehmen, im Entwickeln von Gegenbildern und -modellen zum Text, aber auch im Eingestehen der Perplexität (Sokrates)« (Fricke 2005, 558).

Biblische Texte sind bei Kindern und Jugendlichen kaum noch lebensweltlich verankert. Dadurch erhöht sich der hermeneutische Anspruch:

> »In einer posttraditionalen Gesellschaft muss die fehlende lebensweltliche Vertrautheit mit Traditionen wettgemacht werden durch ein erhöhtes Maß an hermeneutischer Kompetenz« (Englert 2005, 66).

Wie sind biblische Texte organisiert, worum geht es ihnen, gibt es rote Fäden, die sich durch die Überlieferung ziehen? In diesem Zusammenhang wird auch relevant, welches Beziehungsmodell zwischen Altem und Neuem Testament im Hintergrund steht. Unterschiedliche Modelle werden in der Theologie diskutiert (vgl. Fricke 2005, 123–130):

1. Das Kontrastmodell betrachtet das Alte Testament als Kontrastfolie zum Neuen:

> »So erscheint für Luther wie für Paulus das Alte Testament als Ganzes unter dem Begriff des Gesetzes, d.h. als Ausdruck des fordernden Gotteswillens. Steht der Mensch des Alten Testaments unter der Forderung, so der des Neuen unter der Gnade Gottes, die ihn als Sünder annimmt« (Bultmann 1968, 184).

2. Das Subordinationsmodell ordnet das Alte Testament dem Neuen unter. Aus dem Alten Testament spricht demnach nicht unmittelbar das Wort Gottes (vgl. Elert 1956, 189).

3. Das Heilsgeschichtliche Modell setzt die beiden Testamente in das Verhältnis von Erwartung und Erfüllung: »Dieser im Alten Testament bezeugte Bund

ist Gottes Offenbarung, weil er Erwartung der Offenbarung Jesu Christi ist« (Barth 1960, 89). Im Neuen Testament werde das »Ziel der Offenbarungsgeschichte erreicht« (Gese 1995, 37).

4. Das »Modell der doppelten Leseweise« geht davon aus, dass die Jüdische Bibel einen »doppelten Ausgang« in Judentum und Christentum findet (Dohmen 1996, 20). Das Christentum ist auf das Judentum verwiesen,

> »so dass bei jeder einzelnen Verstehens- und Zugangsweise, die im Christentum [zum Alten Testament] gewählt wird, die je andere [jüdische] als Korrektiv im Hintergrund stehen bleibt« (Dohmen 1996, 20).

5. Das Modell der »Dauerreflexion innerhalb des Kanons« betont – anders als das »Modell der doppelten Leseweise« – dass es möglich sein müsse, im Alten Testament »mit gutem intellektuellen Gewissen Elemente des Christusgeschehens angedeutet zu finden« (Oeming 1995, 88).

Diese Modelle implizieren je unterschiedliche bibeldidaktische Konsequenzen: Soll man bei schwierigen alttestamentlichen Texten, die Gewalt und Vernichtung beinhalten (z.B. Sintflut) und bei denen die Frage aufkommt, warum Gott die Menschen bestraft,

> »in der alttestamentlichen Erzählung ›verbleiben‹, d.h. in ihrem Rahmen allein Gottes Handeln erklären bzw. hinterfragen und das Alte Testament damit für voll gültig erklären, oder die Relativierung hin zum Neuen Testament suchen« (Fricke 2005, 121)?

Unserer Meinung nach ist es durchaus sinnvoll, der Sintflutgeschichte andere biblische Erzählungen an die Seite zu stellen, in denen Gott anders handelt. Inhaltlich und didaktisch problematisch erscheint uns allerdings eine schematische Aufteilung des göttlichen Handelns in Altes und Neues Testament.

Aus diesen Überlegungen ergeben sich einige Kriterien zur Auswahl biblischer Texte (vgl. Roose 2012, 138–139):

❑ Die biblischen Texte sollten unterschiedliche Positionen zu einer bestimmten theologischen Frage möglichst gleichwertig ins Spiel bringen. Dieses Kriterium ist aus der Politikdidaktik (genauer: dem »Beutelsbacher Konsens«) entlehnt, nach dem das, »was in Wissenschaft und Politik kontrovers ist, […] auch im Unterricht kontrovers erscheinen [muss]« (Schneider 1999, 173–174).

❑ Die biblischen Texte sollten (gerade in der Grundschule) überwiegend narrativ oder poetisch gestaltet sein. Narrative Texte sind in der Regel leichter zugänglich als argumentativ-entfaltende. Sie laden zur Identifikation ein, zum Austausch mit den und über die auftretenden Figuren. Narrative Texte sind »lebendig«, sie lassen sich kaum auf eine »Lehre« komprimieren (vgl. Münch 2004, 273–279).

❑ Die biblischen Texte sollten zu unterschiedlichen Interpretationen anregen. Ein Blick in die exegetische Fachliteratur verrät, zu welch unterschiedlichen Interpretationen biblische Texte anregen können. Diese Vielfalt wahrzunehmen, kann verwirren, sie kann aber auch davon entlasten zu meinen, den Schülerinnen und Schülern die »richtige« Interpretation des biblischen Textes nahe bringen zu müssen. Das heißt aber nicht, dass wahllos Ideen gesammelt werden. Lehrkräfte sollten sich anhand der Fachliteratur einen Überblick verschaffen, welche Fragen zu einem bestimmten Text diskutiert werden und welche (unterschiedlichen) Antworten in Betracht kommen. Es ist oftmals erstaunlich, wie viel davon auch Schülerinnen und Schüler entdecken. Es geht um strukturell geplante Freiheit im Diskurs.

❑ Die biblischen Texte sollten sich produktiv vernetzen lassen. Hartmut Rupp hat ein »Lernritual« entwickelt, das dabei helfen soll, »ein biblisches Rahmenwissen aufzubauen, das einmal eine Vorstrukturierung biblischer Inhalte zur Verfügung stellt, grundlegende Gehalte biblischen Wissens für die Aneignung anbietet und schließlich die Lebensbedeutsamkeit der biblischen Botschaft heraushebt« (Rupp 2009, 144). Die Vernetzung kann auch kleinschrittiger geschehen, etwa über ein gemeinsames theologisches Thema (z.B. Schuld und Vergebung) oder über die narrative Struktur der Texte, die es erlaubt, z.B. durch einen »Figurentausch« weiterführende Gedankenexperimente zu initiieren.

❑ Die biblischen Texte sollten zum Perspektivwechsel anregen: Wer sieht wen wie und warum?

❑ Die biblischen Texte sollten (in der Sekundarstufe I) ein Stück (kontroverser) Auslegungsgeschichte transparent machen. So wird deutlich, dass schon die ersten Nachfolger Jesu um Wahrheit(en) gerungen haben. Warum schreibt Matthäus ein »eigenes« Evangelium, obwohl er das Markusevangelium kennt und verwendet?

4.2.6 Niveaukonkretisierungen

Niveaukonkretisierungen lassen sich einerseits am Inhalt, andererseits an der Auslegungsmethode festmachen.

Inhaltlich geht es in der Grundschule sinnvollerweise v.a. um (kurze) erzählende Einzeltexte, etwa Gleichnisse und Wundergeschichten, aber auch die Josefsnovelle und das Markusevangelium. Mit Beginn der Sekundarstufe I rückt die gesamte

Bibel als ein Buch in den Fokus. Damit wird auch die Frage explizit, inwiefern es sich um *ein* Buch oder um *viele* Bücher zwischen zwei Buchdeckeln handelt, also die Frage nach Einheit und Vielfalt der Schrift. Außerdem können vermehrt auch argumentative Texte, z.B. aus den paulinischen Briefen, thematisiert werden.

Hermeneutisch ist den Kindern in der Grundschule zuzugestehen, dass sie überwiegend »in« den biblischen Geschichten bleiben und sie sich von hier aus selbst erschließen. Mit Beginn der formal-operatorischen Phase kann das übertragende, symbolische Verstehen vermehrt eingeübt werden. Die Schülerinnen und Schüler sollten sich verstärkt mit (zwei) unterschiedlichen biblischen Stimmen zu einem Thema auseinandersetzen (vgl. Roose 2012). Ihre je eigene Auslegung sollten sie vermehrt begründen und mit anderen vergleichen können. In der Oberstufe kann dann die Auseinandersetzung mit (zwei) unterschiedlichen (wissenschaftlichen) Auslegungen zu ein und demselben biblischen Text hinzutreten. Unterschiedliche hermeneutische Zugänge, z.B. zu Wundererzählungen, können nun thematisiert werden (vgl. Büttner / Roose / Spaeth 2011, 54–65).

4.3 Gott

4.3.1 Einstieg

Die 11jährige Nora hat die Möglichkeit, sich über Fragen, die bei ihr bei der Lektüre von »Sophies Welt« oder nach Anstößen aus dem Religionsunterricht auftauchen, mit einem Philosophen auszutauschen. Als dieser ihr vom Treffen mit G.W.F. Hegel in einem imaginären »Café der toten Philosophen« berichtet – speziell über dessen Gottesvorstellung – schreibt Nora (K. / Hösle 1996, 65f.):

> »Zu Hegel habe ich eine Frage: ›Lieber Herr Hegel. Können Sie beten?‹ Denn ihrer Meinung nach ist Gott doch keine richtige Person, oder? Und zu einer ‚Substanz‘ kann man doch nicht reden! Vielmehr kann man sie nur sachlich beurteilen. Aber man betet doch nicht zu ihr. Trotzdem will ich Sie das fragen. Es könnte ja sein, dass Sie das anders sehen.‹«

Die Gottesthematik kommt demnach nicht nur im Religionsunterricht vor. Doch zeigt Noras Frage auch, dass man sich offenbar in unterschiedlicher Weise diesem »Gegenstand« annähern kann und dass sich daraus unterschiedliche Perspektiven ergeben.

4.3.2 Kulturelle Aspekte

Diese vielfältige Bedeutung des Gottesbegriffs und der damit verbundenen Vorstellungen schlägt sich dann auch in den Lehrplänen der betroffenen Fächer nieder. So kommt das Fach Ethik nicht darum herum (z.B. Rahmenlehrplan für die Sek I, Berlin: Ethik 2012), sei es im Rahmen von Umweltethik oder dem Thema Weltreligionen, und für das Fach Philosophie gilt der Satz des Philosophen Jens Halfwassen (2013, 189), wonach diese ihr Wesen verliert,

> »wenn sie aufhört, nach Gott zu fragen und ihn zu denken. Denn sie kann damit nur aufhören, indem sie zugleich aufhört, auf das Ganze des Seienden auszugreifen und nach dessen Ursprung zu suchen. […] Gott ist somit ein genuiner Gegenstand des philosophischen Denkens, ja mehr noch, er ist dessen ursprünglichster und vorzüglicher Ort.«

Wir begegnen der Gottesthematik auch im Fach Sozialkunde. In den Einheitlichen Prüfungsanforderungen in der Abiturprüfung Sozialkunde / Politik der KMK von 2005 findet sich explizit eine Aufgabe, die die Frage des Gottesbezuges in einer möglichen europäischen Verfassung thematisiert. Der Landtag von NRW hat 2011 ausdrücklich über die Streichung des Gottesbezuges in der Verfassung diskutiert (Ev. u. Kath. Büro NRW 2012) und nach wie vor ist in der Präambel des GG von der »*Verantwortung vor Gott und den Menschen*« die Rede. Angesichts der pluralistischen, multireligiösen Situation in Deutschland dürfte klar sein, dass dies nicht explizit auf das christliche Gottesverständnis gemünzt sein kann. Nun zeigt Helmut Goerlich (2004), dass in die Gottes-Formel der Verfassung ganz unterschiedliche Konnotationen eingehen. Neben der explizit christlichen Tradition – auch über das Gottesgnadentum – sind auch solche aus der Aufklärung eingeflossen, die eher von einem »Höheren Wesen« denn vom biblischen Gott ausgehen. Zudem öffnet die Doppelform »vor Gott und den Menschen« eine Letztfundierung mit oder ohne Religionsbezug. Unsere Verfassung macht damit ein Identifikationsangebot zumindest an die monotheistischen Religionen, jeweils »ihren Gott« in dieser Formel zu finden. Wir stehen hier – wie auch im Hinblick auf die Philosophie – vor der Tatsache, dass der in unserer Gesellschaft gebrauchte Gottesbegriff keinesfalls identisch ist mit der biblisch-christlichen Vorstellung. Es gibt nun aber – als Spezifikum europäischer Religions- und Philosophiegeschichte – sehr wohl Beeinflussungen zwischen diesen Deutungen. Wir werden deshalb exemplarisch einen Blick auf den platonischen Gottesbegriff werfen, weil dieser anschlussfähig ist auf religionsphilosophische Gespräche auch im RU, weil dieser aber auch mannigfachen Niederschlag findet im Islam und der christlichen Theologie.

Nach Halfwassen (2013, 188ff.) beginnt mit den Vorsokratikern eine Philosophie, die sich von den Mythen der Götter gelöst hat und über das Sein und seinen Ursprung nachdenkt. Platon gebraucht in seiner Schrift »Politeia« erstmals den Begriff *theologia* und erläutert dabei seine Vorstellung von *Gott*. Diesen unterscheidet er von den Homerischen Göttern, die er wegen ihrer moralischen Unzuverlässigkeit nicht als Modell für die heranwachsenden Staatsbürger ansieht (Hofmeister 2005, 77f.):

> »Der Staat hat für die Einhaltung der Grundregeln eines Redens von Gott Rechnung zu tragen, weil ihre Einhaltung der Eckpfeiler der Sittlichkeit und des geordneten Zusammenlebens ist. Die erste dieser Regeln lautet: Gott ist gut. Er kann nicht der Urheber von Übeln sein und deshalb nicht die Ursache von allem, was dem Menschen an Bösem eigen ist. Gott kann nur Grund von dem Guten sein, das dem Menschen widerfährt. [...] Selbst die Möglichkeit, sich zu verändern, wird Gott abgesprochen, denn dies könnte, weil Gott vollkommen ist, nur eine Verschlechterung sein. Derjenige, der der Grund alles Seienden, aller veränderlichen Dinge ist, Gott, kann nicht die Seinsweise veränderlicher Dinge haben. Gott, das Gute, weil es das Sein-Gebende ist, heißt es wiederholt bei Platon, ist jenseits aller Seiendheit.«

Diese Aussagen von der Güte und Unveränderlichkeit Gottes haben in der christlichen Theologie Karriere gemacht, nicht zuletzt durch die Übersetzung des Gottesnamens in Ex 3,14 in der Septuaginta (*eimí ho on* – ich bin der *Seiende*), der die hebräische Bedeutung im Sinne einer Ontologie verändert (Maas 1974, 20f.). So verwundert es nicht, dass der katholische Theologe Wilhelm Maas formulieren kann (ebd., 20):

> »Die Lehre von der Unveränderlichkeit Gottes ist etwas so Selbstverständliches, daß [...] sie [...] ein nicht mehr hinterfragtes Axiom [ist].«

In anderen Schriften Platons finden sich noch andere Nuancen seines Gottesbildes (Weischedel 1983, 51):

> Das »Göttliche wird von Platon weiter als Weltregent bestimmt. In den ›Nomoi‹ heißt es an betonter Stelle, ›der Gott‹ halte ›Anfang, Ende und Mitte alles Seienden‹ (N 715e–716a): er sei ›aller Dinge Maß‹ (N 716c), [...] Aber der Gott ist für Platon nicht nur Regent der Welt, sondern auch deren Verfertiger. So heißt es im ›Sophistes‹: ›Wir und die übrigen Lebewesen sowie das, woraus das Gewachsene ist, Feuer, Wasser und das diesen Verschwisterte – von all dem wissen wir, daß ein jedes als Erzeugnis Gottes verfertigt ist‹ (So 266b)«.

Wir referieren diese Stellen, weil damit Gottesattribute eingeführt werden, die einerseits in der Entwicklung christlicher Theologie aufgenommen und andererseits unter Bezug auf die Bibel weiterentwickelt wurden. Wir werden im Folgenden zeigen, dass viele Argumentationsmuster und Vorstellungen, die von heutigen Schüler/innen ins Feld geführt werden, sich stärker im Rahmen dieser philosophischen Gedanken bewegen als in denen der Bibel. Bevor wir zur explizit christlich-theologischen Gotteslehre übergehen, sei noch eine antike Stimme zu Gehör gebracht, die sich – in Auseinandersetzung natürlich mit platonischer Philosophie – explizit zur Allmachtsthematik äußert. Der große Naturforscher Plinius d.Ä. schreibt (Nat. hist. II,(5)27) (Bauke-Ruegg 1998, 402f.):

»Für die unvollkommene Natur im Menschen aber ist es der größte Trost, daß auch die Gottheit nicht alles vermag. Denn sie kann (1) sich nicht selbst den Tod geben, selbst wenn sie es möchte […], sie kann (2) Sterbliche nicht mit Unsterblichkeit beschenken und nicht Tote auferwecken, noch (3) bewirken, daß jemand, der gelebt hat, nicht gelebt hat oder daß, wer Ehrenstellen bekleidet hat, sie nicht bekleidet hat […], daß sie (4) nicht bewirken kann, daß zwei mal zehn nicht zwanzig sei und vieles Ähnliches mehr […].«

Warum unser ausführliche Rekurs auf die antike Religionsphilosophie? Wenn wir theologische Äußerungen von Kindern und Jugendlichen, wie sie etwa im Rahmen kinder- und jugendtheologischer Untersuchungen veröffentlicht wurden, zur Gottesfrage heranziehen, dann können wir leicht erkennen, dass sich deren Nachdenken genau um diese Fragestellungen dreht. Insbesondere die Schlüsselfrage der Theodizee, die den Religionsunterricht stark bestimmt, wie unten im Detail zu zeigen sein wird, bewegt sich zentral um die Fragen von Gottes Güte und (All-)Macht angesichts des Leids. Beim Blick auf die »abrahamitischen« Religionen wird dann deutlich, wie stark diese in der einen oder anderen Weise durch philosophische Figuren von Platon und Aristoteles mitgeprägt wurden. Dabei geht es oft gerade um die Gottesattribute, die hier angesprochen wurden.

4.3.3 Theologische Aspekte

Eine fundamentaltheologische Betrachtungsweise muss darüber nachdenken, woher denn unser Wissen von Gott herrührt. Zunächst ist bei der Unterscheidung zwischen Immanenz und Transzendenz Letzteres die *unmarkierte Seite*. Wenn wir sie als »Gott« charakterisieren, müssen wir über die damit einhergehenden Präzisierungen Rechenschaft ablegen. Schon Sokrates sprach von seinem *daimon* als Quelle seiner Anschauung, diese mythische Sicht wird ergänzt durch unsere Erfahrungen mit der Welt, die über sich selbst hinaus weist (Berger 1975). In der katholischen und lutherischen Dogmatik spricht man hier von *natürlicher* Theologie. Diese teilt z.B. mit der Philosophie das Nachdenken über Gott und ermöglicht auch eine (gegebenenfalls durch die Sünde eingeschränkte) Gotteserkenntnis. Diese muss aber überboten und präzisiert werden durch Gott, wie er sich in Jesus Christus in der Bibel offenbart hat. Letztlich ist dann nur von dieser Offenbarung her alles andere zu deuten. Man spricht in diesem Zusammenhang dann auch manchmal von *Natur* und *Gnade* als den beiden (ungleichen) Wegen zu Gott. Dieses Modell bringt viele Vorteile mit sich. Schon im NT wird bei Paulus' Argumentation im Römerbrief und bei seiner Areopagrede (Apg 17,17–34) davon ausgegangen, dass die Menschen von Haus aus einen Sensus für Gott haben, an den die christliche Predigt anknüpfen kann. Diese Sichtweise entspricht einer didaktischen Perspektive, die ja in ihrer »Verkündigung« sich an dem orientieren muss, was sie bei den Menschen vorfindet. Im Prinzip ist diese Optik auch bestimmend für das Gespräch mit anderen Religionen. Der lutherische Theologe Paul Althaus (1947, 13; 15f.) charakterisiert diese »Uroffenbarung« so:

> »Nun knüpft aber das biblische Zeugnis von d[...]er Offenbarung [Gottes in Jesus Christus] an eine vorausgehende Bezeugung Gottes an, nicht nur an die alttestamentliche, sondern an eine allen Menschen zuteil gewordene. [...] Denn die Offenbarung in Jesus Christus kommt als Heil zu den Menschen, als Heilung eines Gottesverhältnisses, das schon da ist. [...] Die Wirklichkeit, auf die das Zeugnis sich bezieht, ist also nicht erst und nicht nur die Geschichte Jesu Christi, sondern zuvor schon die Natur und die Geschichte, die menschliche Gemeinschaft, die Erfahrung des Gewissens, die Selbsterfassung des Menschen überhaupt.«

Wir werden sehen, dass eine solche Sichtweise höchst anschlussfähig für eine entsprechende Religionspädagogik ist. Die Kritik an dieser Sichtweise formulierte in den 30er Jahren des letzten Jahrhunderts Karl Barth. Er setzte sich (1934) mit der programmatischen Schrift »Nein!« mit einer Publikation seines Kollegen Emil Brunner auseinander, der sich aus praktisch-theologischen Gründen für eine natürliche Theologie im beschriebenen Sinne eingesetzt hatte. Barth hält eine christliche Gottesrede nur dann für angemessen, wenn sie sich allein auf die Offenbarung Gottes in Jesus Christus konzentriert und alle Anknüpfungen an ein religiöses Empfinden als solches strikt ablehnt. Zentral sind zwei Punkte: Gott wird offenbar (allein) in der Person Jesu Christi und dies geschieht im Wort Gottes der Bibel. In der an Barth orientierten Dogmatik Otto Webers (1977, 185; 196) heißt es:

> »Die christliche Rede von Gott meint stets Den, der mit dem Menschen in keinem Sinne identisch ist. Offenbarung ist daher, sofern christlich von ihr gesprochen wird, jedenfalls die Selbstäußerung des uns gegenüber schlechthin Anderen [...].

Wenn wir vom Wort Gottes als der Gestalt der Selbsterschließung Gottes sprechen, so verstehen wir das zunächst so: *Gott erschließt sich dem Menschen, indem er ihn anredet.*«

Diese Argumentation ist theologisch gut nachvollziehbar, in gewisser Weise aber antiempirisch – d.h. allenfalls metaphorisch verstehbar. Wir werden dies sehen, wenn es um eine religionspädagogische Umsetzung geht. Ihre Stärke hat diese Argumentation in der theologischen Auseinandersetzung. In dem Althaus-Zitat wurden die Felder angesprochen, in denen prinzipiell auch Offenbarung Gottes erfahrbar sei. In der NS-Zeit wurde nun aber postuliert, dass besonders das »Volk« im Verständnis dieser Zeit eine Quelle von Gotteserfahrung sein könne. Damit trifft die Kritik Barths den wunden Punkt jeglichen Redens über Offenbarung außerhalb der Bibel. Denn in religiöser Aufladung kann uns dort mancherlei begegnen. Martin Luther hat in seiner Auslegung der Zehn Gebote im Großen Katechismus in diesem Zusammenhang ausdrücklich zwischen Gott und Abgott unterschieden (Luther 1529/1983a, 20):

»Was heißt ›einen Gott haben‹ oder was ist Gott? Antwort: ein Gott heißet das, dazu man sich versehen soll alles Gute und Zuflucht haben in allen Nöten. Also, daß ›einen Gott haben‹ nichts anderes ist, als ihm von Herzen trauen und glauben; wie ich oft gesagt habe, daß alleine das Vertrauen und Glauben des Herzens beide macht: Gott und Abgott. [...]. Worauf Du nun (sage ich) Dein Herz hängest und verlässest, das ist eigentlich Dein Gott.«

Das Kriterium für die Unterscheidung liegt nun für Luther wie für Barth in der Heiligen Schrift, genauer gesagt im Christuszeugnis des NT. Allein von dorther ist letztlich eine christliche Aussage über Gott möglich. So heißt es denn auch in der ersten These der Barmer Bekenntnissynode von 1934 (http://www.ekd.de/glauben/bekenntnisse/barmer_theologische_erklaerung.html):

»Jesus Christus, wie er uns in der Heiligen Schrift bezeugt wird, ist das eine Wort Gottes, das wir zu hören, dem wir im Leben und im Sterben zu vertrauen und zu gehorchen haben.
Wir verwerfen die falsche Lehre, als könne und müsse die Kirche als Quelle ihrer Verkündigung außer und neben diesem einen Worte Gottes auch noch andere Ereignisse und Mächte, Gestalten und Wahrheiten als Gottes Offenbarung anerkennen.«

In der Verwerfungsformel wird klargestellt, dass jegliche Gotteserfahrung immer rückgebunden sein muss an die Christusoffenbarung der Heiligen Schrift. Dies gilt gerade und umso mehr, als die individuelle Gewissheitserfahrung gerade im Protestantismus ebenfalls besonders betont wird.

4.3.3.1 Argumentation zwischen Reflexion und Erfahrungen (Gottesbeweise, Gebet, Providenz)

Wollen wir von daher wichtige Facetten einer Gotteslehre ins Spiel bringen, dann wird deutlich, dass diese sich in einem Spannungsfeld darstellt zwischen logischer Stimmigkeit auf der einen Seite und existentieller Wahrheitserfahrung auf der anderen. Diese spiegelt sich auch unmittelbar in der didaktischen Erschließung der Thematik wider. Wir wählen exemplarisch zwei Aspekte der Gotteslehre: den *Gottesbeweis* und die Rede von Gott als *Schöpfer und Bewahrer.*

In den Gesprächen mit Kindern (Büttner 2007c) tauchen zwei Argumentationen auf, die affin sind zu klassischen Gestalten der Theologie. Geht man von Kausalketten aus, dann kann man fragen, was die Ursache von A ist; wenn man A als Bewegung sieht, dann kann man fragen, wer oder was diese Bewegung ausgelöst hat. Lässt man sich auf diese Denkbewegung ein, dann kann man sie im Prinzip immer weiter zurück fortsetzen (infiniter Regress). Nun kam bereits Aristoteles, später dann Thomas von Aquin zu dem Schluss, dass am Beginn dieser Kette ein *erster Beweger* bzw. eine *erste Ursache* stehen müssten, die dann jeweils *Gott* genannt wurden. Der zweite hier zu zitierende Gottesbeweis stammt von Anselm von Canterbury. Sein *ontologischer Gottesbeweis* geht von seiner Gottesdefinition aus. Gott bedeutet, dass nichts Größeres über ihn hinaus gedacht werden kann. Lasse ich mich auf diese Definition ein, dann habe ich zwei Möglichkeiten. Ich kann diesen Gott *existierend* und *nicht existierend* denken. Von der Definition her muss ich dann für Gott die Variante nicht-existierend verwerfen, weil die Variante mit der Existenz »größer« ist, also allein dem Inhalt der Gottesdefinition entspricht. Es ist klar, dass die »Beweise« von ihren Voraussetzungen und Annahmen wissenschaftslogisch nicht wirklich bestehen können, wenngleich sie immer wieder philosophische Beschäftigung herausfordern (vgl. Bromand/Kreis 2011). Interessant ist es, die Gattung zu beachten, die Anselm für seine Beweisführung wählt. Es ist die der Anrede bzw. des Gebets (Anselm 1995, 85):

> »Ach Herr, der du die Glaubenseinsicht gibst, verleihe mir, daß ich, soweit Du es nützlich weißt, einsehe, daß Du bist, wie wir glauben, und das bist, was wir glauben. Und zwar glauben wir, daß Du etwas bist, über dem nichts Größeres gedacht werden kann.«

Anselms Gottesbeweis beruht demnach nicht allein auf seiner logischen Argumentation, sondern wird performativ im Gebet gesichert. Als Sprechakt schafft das Gebet selbst Wirklichkeit.

Von dorther ist es nur ein kleiner Schritt zu Gerhard Ebelings Dogmatik (1987), in der er seine Gotteslehre explizit im Gebet fundiert. Auch wenn er dies nicht im Sinne eines Gottesbeweises verstanden sehen will (194), so wird doch die performative Verankerung seiner Argumentation sichtbar (199):

Es wird »deutlich, daß es im Gebet darum geht, daß und wie Gott zur Erfahrung kommt. Denn wer zu Gott redet, und zwar so, daß er ihm in bestimmter Lebenssituation ein Leben überhaupt als von ihm empfangenes einbringt, der befindet sich bereits innerhalb einer Gotteserfahrung, die dazu einlädt, alle Lebenserfahrung in das Gebet einzubeziehen und sie zum Material der Gotteserfahrung werden zu lassen.«

Dies führt zu dem Fazit (213):

»So wenig in der Tat die bloße Existenzaussage in das Gebet rückübersetzbar ist, bringt doch der Vollzug des Betens als solcher die Seinsaussage elementar zum Ausdruck.«

Eine ähnliche Spannweite der Zugänge erleben wir bei der Rede über *Gott als Schöpfer*. Die Thomas'sche Frage nach dem ersten Beweger und der ersten Ursache bringt zumindest indirekt die Frage nach Gottes Schöpferhandeln ins Spiel. Im Rahmen des Weltbild-Kapitels haben wir gezeigt, dass die moderne Naturwissenschaft allenfalls – wenn überhaupt – eine deistische Vorstellung von Gott zulässt. Dem steht nun ein ganz anderer, existenzieller Zugang bei Luther (1529/1983b) gegenüber. Er antwortet auf die Frage der Bedeutung des ersten Glaubensartikels im Kleinen Katechismus (141):

»Ich glaube, daß mich Gott geschaffen hat samt allen Kreaturen, mir Leib und Seele, Augen, Ohren und alle Glieder, Vernunft und alle Sinne gegeben hat und noch erhält.«

Der Text setzt zwei argumentative Schwerpunkte. Für Luther ist Schöpfung kein Geschehen an einem zeitlich weit entfernten Punkt, vielmehr eine spürbare Erfahrung des gegenwärtigen Lebens. Dies wird deutlich an dem Fokus auf die *Erhaltung*. Die Rede vom Schöpfergott ist bestimmend für das, was aktuell erlebt wird. Luthers Thema ist die *providentia Dei*, die *Vor- und Fürsorge* Gottes im täglichen Leben. Damit verschiebt sich auch der Beweisort – weg von Kosmos und Natur hin zum tagtäglichen Leben. Der Gedanke, dass Gott unser Leben bis in den konkreten Alltag hinein leitet und begleitet, ist der Leitgedanke in vielen Paul-Gerhardt-Liedern und liegt letztlich auch Leibniz' Resümee über die von ihm begrifflich »erfundene« Theodizee zugrunde, wir lebten trotz allen Leides »in der besten aller Welten«. Das neue Interesse an der Providentia-Thematik ergibt sich zwingend aus der faktischen Dominanz einer Deismus-Haltung (s.u.). In der theologischen Diskussion finden wir die für die Schöpfungsthematik bestimmenden Zugänge wieder: vom Kosmos oder von der eigenen Existenz her gedacht.

Reinhold Bernhardt (1999, 466) kommt am Ende seines umfassenden Durchgangs durch die Providenz-Thematik zu der Aussage:

>»Das Bittgebet erhält [...] seinen Sinn als Bitte um Erkenntnis dessen, was Gott ›vor-sieht‹ und als Bitte um die Kraft des Geistes und der Wahrheit, an der Realisierung des Vorgesehenen mitzuwirken. Der Betende wird jedoch immer auch mit der Erfahrung konfrontiert sein, daß die erbetene Kraft und Einsicht ausbleibt. Das Bittgebet wird sich dann zur Klage wandeln und diese wiederum zur neuen Bitte um die Kraft, diese Erfahrung aushalten zu können. [...] Die Erkenntnis des von Gott ›Vorgesehenen‹ und seines Vorsehungswirkens in der Welt bleibt daher immer angefochten.«

Die ausdrückliche Konzentration auf eine *providentia generalis* bedeutet, dass man Gottes Präsenz und Handeln in der Welt nur in dem Sinne verstehen kann, dass alles Geschehen nach Gottes Plan geschieht, den der Mensch nur als gegeben hinnehmen kann. Seine Reaktion erschöpft sich in der einwilligenden Gebetsfor-mulierung »Dein Wille geschehe!« Die hoffende Erwartung, dass Gott als Folge meines Bittens oder meiner Fürbitte in konkreter Weise »in den Weltenlauf ein-greift«, wird damit abgewiesen.

Ernstpeter Maurer (2013) setzt nun gerade am anderen Ende an. Angesichts der Frage, ob man für ein krankes Kind beten kann oder soll, setzt er ausdrücklich an der *providentia speciali*s, genauer *specialissima* ein. Ähnlich wie Luther betont Maurer, dass wir Gottes Fürsorge nur ganz konkret erfahren können. Wenn Paul Gerhardt (EG 447.3) schreibt »Dass unsre Sinnen wir noch brauchen können und Händ und Füße, Zung und Lippen regen, das haben wir zu danken seinem Segen«, dann bringt er diese Erfahrung zum Ausdruck. Von ihr her sind wir dann auch ermutigt, um Gottes konkre-te Hilfe in den Bedrängnissen dieser Welt zu bitten – durchaus in der Hoffnung, dass Gott »für mich« handelt. Nur von dieser Erfahrung her ist es dann für Maurer sinnvoll, quasi im Analogieschluss zu der Annahme zu kommen, dass der Gott, der mich be-wahrt, im Sinne der providentia generalis auch den Weltenlauf im Großen gut lenkt.

4.3.3.2 Der biblische, trinitarische Gott

Wir haben dem philosophisch geprägten Nachdenken über Gott deshalb einen so großen Raum zugestanden, weil das religionspädagogische Reden über Gott sich sehr stark in diesem Raum bewegt. Dies gilt ganz besonders dann, wenn die Theodizeeproblematik stark in den Vordergrund tritt. Wir versuchen an dieser Stelle, einige Grundzüge eines spezifisch christlichen Zugangs zur Gottesfrage zu skizzieren, um dann eine Weiterführung im religionspädagogischen Abschnitt zu unternehmen. In seiner Einleitung zu einem Buch zur Trinitätstheologie hält Ernstpeter Maurer (1999, 10) fest:

>»Christlicher Glaube antwortet auf die Frage ›Wer ist Gott‹ mit einer Geschichte. Weil Gott lebendig ist, bleibt diese Geschichte spannend und nimmt immer wieder über-

raschende Wendungen. Sie umgreift viele einzelne Geschichten, denn es geht um die Begegnung Gottes mit den Menschen in ganz unterschiedlichen Situationen. Und doch bilden die vielen Geschichten eine Einheit: Gottes Gegenwart in Jesus Christus zeigt den Menschen, daß Gott verläßlich ist und ihnen treu bleibt – auch wenn sie sich von Gott entfernen und gegen Gott rebellieren. Die differenzierte Einheit Gottes: hier liegt der Ansatzpunkt für die Entfaltung der Trinitätslehre.«

Der Text zeigt, dass die christliche Rede von Gott ein wirkliches Kontrastprogramm zur philosophischen Aussage, etwa bei Platon, darstellt. Es geht gerade nicht um eine vorrangige Sicherung der Einheit Gottes (etwa um den Preis der Unveränderlichkeit), sondern im Sinne biblisch-hebräischen Denkens um einen Gott, der sich verändert, weil er mit den Menschen mitgeht. So ist die oben zitierte Stelle zur Selbstoffenbarung JHWHs Ex 3,14 wohl eher im Sinne von »Ich werde bei dir sein« zu übersetzen als im Sinne eines »ewigen Seins«. Von zentraler Bedeutung für das christliche Gottesverständnis ist seine Offenbarung an sein Volk Israel und in Jesus Christus. Das Besondere – etwa im Gegensatz zum Islam – liegt in der Anerkenntnis, dass sich diese Offenbarung Gottes in *vielen* Geschichten manifestiert. Dabei haben die Autoren des Alten wie des Neuen Testament der Versuchung widerstanden, diese Geschichten zu vereinheitlichen. Auch der naive Bibelleser stößt auf Passagen, die in Spannung, gar im Widerspruch stehen zu anderen. Das ist es, was nach Maurer die »Gottesgeschichten« so spannend macht. Trinitätslehre heißt dann jenseits der diffizilen Einzelbeobachtungen zunächst einmal: von Gott wird in verschiedener Weise in der Bibel berichtet. Neben Gott-Vater tritt die Manifestation in Jesus Christus. Die spezifische Kommunikation zwischen Gott-Vater und Gott-Sohn ist bereits für Kinder ein Anlass zum Theologisieren. Dann – und da wird es aktuell – geht es natürlich immer auch um die Frage, wie denn Gott oder wie Jesus Christus heute *präsent* sein kann. Die Rede vom Heiligen Geist ist dann die Brücke in die Gegenwart. Wo und wie ist Gott hier und heute lebendig? In der Trinitätslehre unterscheidet man eine *immanente* und eine *ökonomische Trinität*. Erstere basiert auf dem »inneren Verhältnis« der Personen und ist religionspädagogisch schwer zu transportieren. Die ökonomische Trinität stellt hingegen die Frage, wo und wie die »Personen« der Trinität in der »Heilsgeschichte« wirksam geworden sind und noch werden.

Hartmut Rupp (2009) hat den Maurer'schen Gedanken eine (religionspädagogische) *Gestalt* verliehen, indem er die biblischen Geschichten auf der Grundlage von »heilsgeschichtlichen Bodenbildern« inszeniert. Jede Perikope bekommt damit – ungeachtet ihrer jeweiligen Besonderheit – ihren Ort im großen Heilsplan Gottes. Damit ist die Fülle der Manifestationen Gottes gefasst in einem sinnhaften Plan. Rupp betont die Möglichkeit, in dieses Planmodell Äußerungsformen heutiger Welt »einzuschreiben«. Damit wird deutlich, wie sehr das Reden von Gott eingezeichnet ist in eine *narrative Wirklichkeit*. Hinter diese kann man nicht zurück, in ihr können sich aber Gottesgeschichte und meine Geschichte verknüpfen – eine echte Alternative zur Theorieästhetik der Religionsphilosophie.

4.3.4 Entwicklungspsychologische Aspekte

Wer Kinder Gottesbilder malen lässt, erhält in der Regel Figuren mit Menschengestalt. Bei Jugendlichen findet man dagegen oft abstrakte Konstruktionen mit symbolisch gemeinten Zeichen. Kann man dies verallgemeinern? Helmut Hanisch (1996) modifizierte nach seiner Studie den Befund dahingehend, dass es zu dieser Entwicklung eines Religionsunterrichts bedürfe, der eine Veränderung der Gotteskonzepte fördere. Fände ein solcher nicht statt, dann sei damit zu rechnen, dass auch Jugendliche bei einem konkreten Bild verharrten und dieses dann als unzureichend ablehnten. Man hat mit Recht das Malen von Gottesbildern kritisch kommentiert (vgl. Fischer / Schöll 2000). Wenn Kinder mehrere Gottesbilder malen, dann machen sie deutlich, dass eines allein im Grunde unbefriedigend bleiben muss; mit ihren Kommentaren machen sie deutlich, dass ihre Vorstellungen komplexer sind, als sie es im Bild darstellen können. Kognitionspsychologische Studien von Justin Barrett haben zudem plausibel gemacht, dass schon kleine Kinder – je nach Kontext – eher zu abstrakten oder eher zu anthropomorphen Gottesbildern neigen, wie übrigens Erwachsene auch (vgl. Büttner / Dieterich 2013, 162ff.). Von daher wird die Religionspädagogik gut daran tun, sich nicht einseitig auf eine Entwicklungslinie vom Konkreten zum Abstrakten zu fixieren, sondern differenziert beide Sichtweisen anzusprechen und zu reflektieren.

In ihrer Studie haben Fritz Oser und Paul Gmünder (1996) in Analogie zu den Stufen Kohlbergs (→ Kapitel Moralität) ein Stufenmodell zur Entwicklung des »religiösen Urteils« vorgelegt. In seinen beiden ersten Stufen zeigt dieses Modell, wie das Kind Gott bzw. das Ultimate erst einmal als mehr oder weniger absolute Macht erlebt, die handelt, wie sie will. Doch im Laufe der Grundschulzeit entwickelt sich eine Vorstellung von Gegenseitigkeit: Gott reagiert auf mein positives oder negatives Verhalten. Diese beiden Stufen zeigen eine große Parallele zu den entsprechenden Moralstufen bei Kohlberg. Mit dem Pubertätsalter wird den Heranwachsenden klar, dass dieses »Do-ut-des« so nicht wirklich funktioniert. Gebete werden nicht in vorhersehbarer Weise erhört, Verfehlungen führen nicht unbedingt zur »Strafe«. Oser spricht hier von einer Stufe des Deismus. Wenn es einen Gott gibt, so lässt er sich doch kaum in Beziehung setzen mit dem, was mir tagtäglich widerfährt. Im Alter der Sek II könnte dann, zumindest bei einigen, eine Stufe IV entstehen. Hier erkennt man an, dass unser Leben im Prinzip nach den Regeln funktioniert, die wir kennen und nach denen wir unser Handeln ausrichten. Gleichzeitig können wir in Erwägung ziehen, dass genau dieses Geschehen nach Gottes Plan abläuft. Gottes Handeln findet in und nach den Regeln dieser Welt statt.

Lassen wir unsere obigen Überlegungen zur Konzeptualisierung Gottes Revue passieren, dann wird deutlich, dass Osers Konzept an einer *allgemeinen* Gottesvorstellung orientiert ist. Wenn er vom Ultimaten spricht, dann postuliert er, dass dieses Modell universell gilt, bei Anhängern aller Religionen ebenso wie bei Agnostikern. D.h. nicht, dass es damit nicht anwendbar sei auf die biblisch-christliche Gottesvorstellung. Doch kann man dieses Modell, ähnlich wie das Kohlberg'sche Vorbild, als normativ aufgeladen sehen; Ziel ist eine »liberale« Perspektive, die menschliche Freiheit mit dem Gottesglauben kompatibel sieht. Gravierend an Osers Konzept ist die Stufe III. Als *Durchgangsstufe* konzipiert, muss sie dort versagen, wo der Deismus und seine Varianten die herrschende Sichtweise darstellen. Es gibt keinen wirklichen Entwicklungsanreiz, über diese Stufe hinauszukommen.

Für die Praxis des RU halten wir die Stufen I und II für hilfreiche Interpretamente. Besonders die Vorstellung einer Gegenseitigkeit im Sinne des Do-ut-des findet sich in vielen biblischen Perikopen und in den Vorstellungen der Kinder. Die Stufe IV bildet einen Orientierungspunkt, unsere Wirklichkeit gewissermaßen »doppelt zu codieren« (→ Kapitel 4.1), säkular und religiös. Sie ist gewiss ein Entwicklungsziel des RU. Für das Alter der Sek I halten wir eher eine Denkfigur des Entwicklungsmodells von James Fowler für hilfreich, das für diese Phase davon ausgeht, dass die Orientierung an den »signifikanten Anderen« erfolgt. Das Gottesbild wird an das meiner Bezugspersonen angeglichen – eine inhaltliche oder formale Akzentuierung in irgendeiner Weise muss daraus nicht entspringen. Wichtig ist eher, dass den eigenen inneren (Gottes-)Bildern jetzt mehr zugetraut wird. Sie treten in ein Verhältnis zu denen der Überlieferung.

4.3.5 Religionspädagogische Aspekte

4.3.5.1 Die Gottesfrage als Theodizee?

Seit Jahrzehnten manifestiert sich die Gottesfrage im RU als Theodizee. Karl Ernst Nipkow (1992, 377f.) sah in dieser Frage *das* Einfallstor für den Glaubenszweifel im Jugendalter. Nipkow hatte eine große Zahl von Aussagen von Berufsschüler/innen analysiert und war zu dem Ergebnis gekommen, dass die Existenz von Leid und des Bösen für viele Jugendliche ihren bisherigen Glauben an Gott in Frage stellt. Offenbar formulierte Nipkow das Empfinden vieler Religionslehrkräfte. War bis dahin die politische Infragestellung Gottes im Sinne von Feuerbach, Marx oder Freud ein zentrales Unterrichtsthema der Sekundarstufen gewesen (für die Sek I Herrmann 2012), so trat an dessen Stelle die Theodizee, z.B. durch die Aufnahme des Hiob-Themas

(Pflichtthema in Baden-Württemberg). Implizierte Nipkows Argumentation, dass in der Sekundarstufe ein im Prinzip intakter Gottesglaube der Kinder angefochten wurde, so zeigte etwa Anton Bucher (1992), dass bereits Grundschulkinder mit Interesse und Kompetenz das »Hiob-Dilemma« diskutieren. Bucher ordnet die Antworten der Kinder in die Entwicklungslogik Osers ein, konzediert den Kindern dabei ausdrücklich, dass sie Theologen seien. Angesichts von Berichten über Kinderängste vor Krieg und Umweltzerstörung schloss sich so der Kreis. Fragt man wie Bucher in einer Studie, ob ein rechtschaffener Richter, dem ohne eigenes Verschulden sehr viel Unglück zustößt, weiterhin an Gott glauben sollte, dann können die Schüler/innen dem Thema freilich nicht ausweichen. Werner H. Ritter hatte dann im neuen Jahrtausend Zweifel, ob die Theodizeefrage wirklich so ubiquitär bei den Schüler/innen sei. Zusammen mit Helmut Hanisch u.a. (2006) konfrontierte er Kinder und Jugendliche zweier Evangelischer Schulen mit der Geschichte eines Kindes, das trotz seines inständigen Gebets schließlich stirbt. Die Schülergruppen, denen die Geschichte vorgelegt wurde, konnten die Geschichte diskutieren, wie sie wollten. Es zeigte sich, dass nur ein Teil der Schüler/innen das Thema als Grundlage für einen Zweifel ansah. Ritter und Hanisch sahen damit die Allgemeingültigkeit von Nipkows Annahme infrage gestellt. Eine vorläufige Klärung der Frage brachte die Studie von Eva Maria Stögbauer (2011). In Äußerungen zum Thema Gott bei katholischen Schüler/innen der gymnasialen Oberstufe griff in der Tat nur ein Teil der Ausführungen auf die Theodizeethematik zurück. Stögbauer unterschied dabei mehrere Gruppen mit jeweils unterschiedlicher Haltung gegenüber Gott. Wer stark an Gott glaubte, für den waren Leiderfahrungen kein Grund zum Gotteszweifel, wer nicht glaubte, für den eher auch nicht. Die Theodizeefrage stellte sich eigentlich nur für eine Gruppe, die Zweifler. Für die Skeptiker ist die Theodizee allenfalls ein weiterer Grund für ihre Ablehnung Gottes. Das Ergebnis macht deutlich, dass die Theodizeethematik dann besonders virulent wird, wenn Menschen irgendwie noch an Gott glauben, allerdings ihre Gottesvorstellung nicht mehr mit einer Welt zusammenbringen können, in der Gott offensichtlich nicht als »lieb« und unterstützend erlebt wird. Offenbar herrscht bei einem größeren Teil der Jugendlichen keinerlei Erwartung in dieser Richtung – also ergibt sich keine Theodizeefrage.

Was in der deutschen Diskussion nicht wahrgenommen wurde, waren die Ergebnisse einer großen US-amerikanischen Studie zum Glauben von Teenagern (Smith / Danton 2009). Sie konstatieren bei den Jugendlichen über alle Konfessionen hinweg eine *deistische Grundhaltung*. D.h. ein Eingreifen Gottes wird ebenso wenig erwartet wie Ansprüche Gottes an ihr Verhalten. Allenfalls in Notsituationen erhofft man vielleicht seine Hilfe (162f.). Die Oser'sche Deismus-Stufe scheint demnach relativ universal zu sein, zumindest ab dem Jugendalter. Wenn Gott demnach mit dem, was hier auf der Welt abläuft, kaum etwas zu tun hat, dann bedarf es allerdings auch keiner Theodizee.

Die Theodizeethematik ist dann immerhin noch religionsphilosophisch interessant: Man kann logisch ausleuchten, welche Konsequenzen es hat:

- wenn ich Gott als Lenker aller Geschehnisse denke,
- wenn ich Gottes Macht durch einen Gegenspieler eingeschränkt sehe (Teufel),
- wenn ich dem Menschen einen freien Willen und entsprechende Verantwortung zugestehe,
- wenn ich von Modellen des Miteinanders von Gott und Mensch ausgehe,
- wenn ich Gottes Handeln von Ohnmacht und Liebe bestimmt sehe,
- etc.

Eine *Lösung* ergibt sich dabei nicht, man kann aber zumindest eine gewisse Stringenz in die Argumentation bringen. Man kann leicht nachvollziehen, dass der Argumentationsraum sich vergrößert, wenn ich den Gedanken der Sünde ins Spiel bringe und vor allem, wenn ich die Menschwerdung Gottes in Jesus Christus mitbedenke. Die skizzierte Theodizeediskussion ist faktisch christologiefrei. Wenn Gott in der Passion selber in den Leidenszusammenhang einbezogen wird, dann zerbrechen die klassischen Argumente zur Theodizee. Es ist wohl kein Zufall, dass die Theodizeefrage diese Dominanz gewinnt in einer Zeit, wo Leiderfahrungen im Vergleich weniger geworden sind. Für die Christ/innen, die in echten Leidenskontexten leben müssen, tritt dagegen eher eine christologisch geprägte Theologie des Leidens in den Vordergrund.

4.3.5.2 Wie anfangen, von Gott zu reden?

Ist »Gott« ein Unterrichtsgegenstand wie Bibel, Mensch oder Jesus Christus? In mancher Hinsicht muss man diese Frage verneinen. »Gott« ist zunächst einmal als »Transzendenz« *das Jenseits* aller Immanenz. Von daher macht es Sinn, die Unfassbarkeit und Unverfügbarkeit Gottes im Zuge einer negativen Theologie (Benk 2012) zu betonen. Doch auch in der Wahrnehmung der Kinder ist Gottes *Unsichtbarkeit* von großer Bedeutung (vgl. Kuld 2001). D.h., dass es erst einmal darauf ankommt, dass Kinder mit diesem Begriff etwas verbinden können. Idealerweise wachsen Kinder in eine religiöse Praxis hinein, wo in Gebet und Gottesdienst Gefühle sowie innere und äußere Bilder erzeugt werden, die mit dem Wort »Gott« in Verbindung gebracht werden können und dann zu den berühmten Kinderfragen führen, von denen in Dtn 6,20 die Rede ist (Wenn dein Kind dich fragt ...). Doch wie soll der RU verfahren, wenn er solche Erfahrungen nicht mehr voraussetzen kann? Dann stellen sich nochmals ganz praktisch die Fragen, die wir oben mit den Namen Althaus, Brunner und Barth verhandelt haben. Wir skizzieren im Folgenden zwei Ansätze, die in der Grundschulreligionsdidaktik relevant waren und sind: Hubertus Halbfas und Ingo Baldermann.

Halbfas überlegt, in welcher Weise religiöse Erfahrung gefördert und an diese begrifflich angeknüpft werden kann. Im Prinzip ist für ihn die religiöse Disposition der Menschen der Ausgangspunkt (→ Kapitel Spiritualität). Wir zeichnen sein Vorgehen in seinem »Religionsbuch für das 2. Schuljahr« (Halbfas 1984) nach. Er beginnt das Gotteskapitel mit einem Bild, das die Christusfigur in einer Mandorla (Aura um die ganze Person) zeigt (21). Darunter findet sich der folgende Text:

»›Kannst du mir Gott zeigen?‹
›Vielleicht ist es mit Gott wie mit der Sonne.‹
›Wie ist es denn mit der Sonne?‹
›Nun, du weißt ja: Die Sonne geht am Morgen auf und macht es hell und warm bei uns. Blumen und Bäume, Tiere und Menschen können leben, weil sie da ist. Ohne Sonne würde alles Leben erstarren.‹
›Aber immer scheint die Sonne auch nicht.‹
›Selbst wenn dunkle Wolken über uns sind und den Tag grau machen: Über den Wolken strahlt die Sonne doch. Ich denke, ähnlich ist es bei Gott.‹
›Aber nie können wir Gott sehen, auch nicht an hellen Tagen.‹
›Nicht mit den äußeren Augen. Wer Gott sehen will, muß seine inneren Augen öffnen.‹«

Dieser Text bildet quasi das Programm für das Schuljahr. In der Tolstoj-Geschichte vom König und vom Bettler (32) muss der König erfahren, dass man Gott so wenig sehen kann, wie ein Blick in die Sonne möglich ist. Wir sehen ein Bild mit Christus im Zentrum eines Sinnensymbols (33). Im Religionen-Kapitel wird das Sonnenmotiv aufgenommen, mit Bild und Text zu Echnaton und Bildern vom Sonnenwagen aus germanischer Zeit (64ff.). Schließlich wird (67ff.) die Geschichte vom Verschwinden und vom Wiederfinden der Sonne erzählt. Die Bilder und Narrative bilden also den Hintergrund für den zitierten programmatischen Text. Dazu kommen Chagall-Bilder von Manifestationen Gottes als Engel, im Regenbogen, im brennenden Dornbusch.

Man kann aus diesem kleinen Ausschnitt die Strategie erkennen: starke Bilder und Geschichten werden als Einladung präsentiert, sich dem Transzendenten zu öffnen, wie es im Sonnensymbol bzw. dem inneren Aufmerksamsein erscheint. Diese »Symboldidaktik« wurde protestantischerseits oft kritisiert – folgt sie doch ganz offensichtlich einem Lernmodell, das die eigene Erfahrung als Ort des Religiösen zum Ausgangspunkt nimmt für die Begegnung mit den Inhalten und Symbolen der biblischen Tradition. Doch neuerdings hat Karl Ernst Nipkow (2010) diese Orientierung an der Spiritualität ausdrücklich befürwortet.

Wie sieht der alternative Ansatz von Ingo Baldermann aus? Baldermanns (1989) Entdeckung geht dahin, dass es biblische Texte gibt, die Kindern ermöglichen, das zum Ausdruck zu bringen, was sie bewegt, besonders ihre Ängste. Das bevorzugte

Medium sind für ihn Psalmverse – besonders aus den Klagepsalmen. Er begründet exegetisch, warum er diese Einzelverse aus dem jetzigen Textbestand herausnimmt und jeden Vers für sich sprechen lässt. Verse wie Ps 31,13b »Ich bin geworden wie ein zerbrochenes Gefäß« bieten den Kindern eine Gelegenheit, ihre eigene Verletztheit zur Sprache zu bringen, ohne dass sie sich öffentlich bloßstellen müssen. Theologisch folgt Baldermann der Logik des Psalmaufbaus der Klagepsalmen, die von der Klage am Ende zum antizipierten Dank übergehen. Baldermann macht dies am Gottesnamen JHWH fest. Nach Baldermann richtet sich die Klage nicht an irgendwen, sondern an den Gott mit diesem Namen. Dieser ist Programm, denn er heißt (so übersetzt Baldermann) »Ich bin (für euch / für dich) da!«. Damit »garantiert« gewissermaßen bereits der Name, dass meine Klage nicht umsonst ist. Baldermann entfaltet sein Programm mit Schülerbildern und Karten, auf denen die markantesten Worte präsent gehalten werden. Er hat diesen Ansatz später erweitert und auch auf neutestamentliche Texte angewandt. Überzeugend ist die Übertragung auf die Seligpreisungen der Bergpredigt in Verbindung mit Wundergeschichten (1991, 35ff.). Baldermanns Arbeit mit den Psalmen ist gewiss ein großer Wurf. Er zeigt, wie Kinder ihre Ängste und Hoffnungen mit den Worten der Bibel verknüpfen und so gleichzeitig zu dem dahinter stehenden biblischen Gott in Verbindung treten. Im Vergleich zu Halbfas erleben wir hier ein eindeutiges Pro für die Worte der Bibel. Nun ist Baldermanns Konzept lange nicht so umfassend wie das von Halbfas. Doch gerade für die Gottesfrage hat sich dieser Zugang bewährt, zumal Baldermann hier z.T. das praktiziert, was später »performativer RU« genannt wird.

Rainer Oberthür hat in gewisser Weise beide genannten Konzepte zusammengeführt und um den Gedanken der Kindertheologie bereichert. Er rezipiert die Halbfas'sche Symboldidaktik, verbindet sie (etwa durch seine Psalmwortkartei (1995b) mit der Bibeldidaktik und nimmt die »großen Fragen« der Kinder auf, ausdrücklich auch die nach *Leid und Gott* (1998). Damit vollzieht Oberthür – ganz im Sinne der Kindertheologie – einen Perspektivwechsel hin zu den Schüler/innen. Insofern unterscheidet sich dieses Programm von seinen Vorgängermodellen in den 70er Jahren: Dies ist an der religionspädagogisch bedeutsamen ersten Version des Kursbuches (5/6) erkennbar, wenn es dort heißt (zit. n. Herrmann 2012, 80):

> »Viele Menschen glauben an Gott – Menschen aus allen Religionen. Was ist das Besondere am christlichen Glauben? Wir fragen: Wie sieht Gott aus? Die Bibel sagt: Es ist gefährlich, sich ein Bild von Gott zu machen.«

An diesem Zitat fällt die kritische Dimension auf: Kritik an Gottesbildern, aber auch an der Vergottung bestimmter Dinge, spielt eine Rolle. Die Erfahrung Gottes im Mitmenschen wird akzentuiert. Dieses Programm ist nicht von den Schüler/innen her entwickelt, sondern verdankt sich einer bestimmten theologischen Programmatik. Diese findet ihren Niederschlag nach wie vor in den Lehrplänen der Sek I und II. Erkennbar ist das z.B. in den Einheitlichen Prüfungsanforderungen in der Abiturprüfung Religion (EPAs) (Evangelische Kirche in Deutschland 2011). Veit-Jakobus Dieterich (2012) hat zu Recht die Frage gestellt, wie ein solcher normativer Theologieansatz mit dem Gedanken einer Jugendtheologie vereinbar sein könne. Nach dem Baden-Württembergischen Bildungsplan des Gymnasiums wird die Dimension Gott in den Klassen 7/8 mit den Themen Luther / Reformation, Amos und Islam verknüpft. In den Klassenstufen 9/10 verbindet sich das Thema mit Unterrichtseinheiten wie Bibel, Bergpredigt, Kirche und Auschwitz sowie Hinduismus bzw. Buddhismus. Eine eigenständige Thematisierung der Gottesthematik findet sich dann erst wieder in der Sek II.

Die EPAs enthalten vier Themenfelder:
1. Das Wort »Gott« – Gott: Wer ist das eigentlich?
2. Gott in Beziehung – Was heißt es, an Gott zu glauben?
3. Streit um die Wirklichkeit Gottes – Was hält der Kritik stand?
4. Gott ist einer – Glauben Juden, Christen und Muslime an denselben Gott?

Der erste Punkt thematisiert Luthers Gottesdefinition »woran du dein Herz hängst«, biblische Belege für Gottes Zuwendung zu den Menschen und die Unterscheidung von Gott und Götzen sowie das Bilderverbot. Der zweite Punkt betont die notwendige Verankerung der Gottesrede mit der eigenen Biografie. Hier kommt dann einerseits das Thema Theodizee ins Spiel, andererseits die Schwierigkeiten christlicher Gottesrede nach der Schoah. Als Drittes wird die Religionskritik thematisiert: innerbiblisch (z.B. Amos) und dann paradigmatisch bei Feuerbach. Der vierte Punkt setzt den christlichen Glauben ins Verhältnis zu Judentum und Islam und betont die Bedeutung trinitarischer Rede.

Will man die implizite Argumentationsstruktur der Prüfungsanforderungen benennen, dann sieht man sich erinnert an die Argumentationsmuster scholastischer Theologie. Diese beginnt in der Regel mit der Formulierung von Einwänden, die dann durch biblische Belege und Denkanstöße überwunden werden (z.B. Thomas von Aquin 1985). Von der Entwicklungspsychologie des Jugendalters her gedacht ist das gar keine schlechte Strategie.

Was in der bisherigen Kompetenzdiskussion zum Thema Gott zu kurz kam, ist ein Zugang über Artefakte, in denen sich der »Gottesdienst« der Glaubenden manifestiert. Hier ist in erster Linie an die Kirchenraumpädagogik zu denken. Ganz gewiss manifestieren sich in vielfacher Weise zentrale Glaubensaussagen über Gott – gerade auch in ihrer Verschiedenheit – in entsprechenden Gebäuden. Dass eine Übertragung auf Synagogen und Moscheen jederzeit möglich ist und auch praktiziert wird, versteht sich. Ergänzend müsste man vielleicht das angelsächsische

Konzept »A Gift to the Child« (Grimmitt u.a. 1991) noch stärker ins Auge fassen, das in Weiterführung von Maria Montessoris Atrium-Ansatz religiöse Artefakte als Ausgangspunkt des religiösen Gesprächs nimmt. Auch wenn der Protestantismus arm an *Devotionalien* ist, so gibt es sie doch. Man denke an Bibelkalender, das Losungsbüchlein, die Praxis des Kerzen-Anzündens usw.

4.3.6 Niveaukonkretisierungen

Nach dem Gesagten könnte sich eine Kompetenztabelle etwa so darstellen:

Klassen	Inhalte	Kompetenzen
Grundschule	Biblische Geschichten des AT und NT; Gebete, Gottesdienst, Gotteshäuser; Unsichtbarkeit Gottes	Bezüge zwischen biblischen Geschichten von Gott und eigenem Leben herstellen können; Überlegungen anstellen, wie Gott und Jesus zusammenhängen
5/6	Biblische Geschichten des AT und NT; Gebete, Gottesdienst, Gotteshäuser; Symbole und Bilder für Gott; »unser« Gott in Beziehung zu Judentum und Islam	Psalmen inszenieren; Unterschiede und Gemeinsamkeiten verschiedener Gotteshäuser erklären können; Bildhaftes Reden über religiöse Inhalte kennen und selbst aktiv praktizieren können; Argumente kennen und anwenden können, in denen die Existenz Gottes bestritten und mit denen sie begründet wird
7/8	Gottesvorstellungen im Kontext der Reformation	Konkurrierende Gottesbilder kennen, deren Bezug zur Bibel benennen und deren Wandel im Laufe der Zeit verstehen
9/10	Theodizee; Gottesrede nach der Schoah; Verhältnis der monotheistischen Religionen zu Hinduismus oder Buddhismus	Argumente der Theodizee formulieren können, Antwortversuche kennen, wie sie etwa das Hiob-Buch bietet; Fragen von Vergleichbarkeit bzw. Nicht-Vergleichbarkeit im Hinblick etwa auf asiatische Religionen diskutieren können; Modellhafte Gottesvorstellung
Gymnasiale Oberstufe	Theodizee; Gottesrede nach der Schoah; Religionskritik (Feuerbach u.a.); Innerbiblische Religionskritik (z.B. Amos); implizite und explizite Gottesbilder; Konsequenzen des Gottesglaubens	Die eigene Position (Gottesglaube oder Ablehnung) vertreten können (dabei sollten Argumente der biblischen Überlieferung, Philosophie und Theologie begründend herangezogen werden); Argumentative Begründungen für den trinitarischen Glauben an Gott im Gespräch mit anderen monotheistischen Religionen formulieren können; Argumente der Religionskritik kennen und ihre erkenntnistheoretischen Voraussetzungen offen legen können

4.4 Jesus Christus

4.4.1 Einstieg

Wir befinden uns im Fachpraktikum in einer 2. Grundschulklasse in Niedersachsen. Die Studierenden sprechen mit den Kindern im evangelischen Religionsunterricht über das Helfen. Wann haben sie anderen geholfen? Wann hat jemand anderes ihnen geholfen? Dann leiten die Studierenden zur Wundererzählung des Gelähmten (Mk 2,1–12) über: »Jesus hat auch anderen Menschen geholfen. Dazu erzählen wir euch jetzt eine Geschichte aus der Bibel.« Ein Junge steht auf und verlässt wortlos den Raum. Auf Nachfrage erklärt mir die Lehrkraft, dass das muslimische Kind von seinen Eltern gesagt bekommen habe, es solle den evangelischen Religionsunterricht verlassen, wenn von Jesus die Rede sei. Sie habe sich auf diese Regelung eingelassen, damit die Eltern ihr Kind nicht ganz vom Religionsunterricht abmelden.

Diese Szene kann als Anlass genommen werden, über die Organisationsform des konfessionellen Religionsunterrichts an Grundschulen in Niedersachsen nachzudenken. Wir konzentrieren uns hier aber auf den – im weitesten Sinne – christologischen Aspekt. Der Regelung liegt – auf Seiten der Eltern des betroffenen Kindes – eine bestimmte Wahrnehmung vom Christentum und vom evangelischen Religionsunterricht zugrunde: Spezifisch christlich wird es genau da, wo von Jesus die Rede ist; der evangelische Religionsunterricht behandelt einerseits allgemeine (ethische?) Themen und andererseits christliche Themen – die man wiederum daran erkennt, dass von Jesus gesprochen wird. Daraus lässt sich für die Eltern eine pragmatische Regelung generieren, die auch für einen Zweitklässler handhabbar ist. Die Lehrkraft hat dieser Regelung aus pädagogischen Gründen zugestimmt – der Junge soll möglichst im Klassenverband verbleiben. Theologisch ist sie nicht einverstanden. Denn Jesus komme doch auch im Islam vor und er habe in Deutschland nicht nur eine religiöse, sondern auch eine kulturelle Bedeutung: literarisch, musikalisch, architektonisch etc. Interessant ist ihre Einschätzung, nach der Jesus (Christus?) eigentlich nichts Trennendes zwischen Christentum und Islam ist, sondern beide Religionen miteinander verbindet. Aus christlich-dogmatischer Sicht ist es spätestens hier geboten, eine christologische Dimension einzuziehen, die in der Tat spezifisch christlich ist: der Glaube an Jesus Christus als zweite Person der Trinität, als wahren Menschen *und* wahren Gott.

4.4.2 Kulturelle Aspekte

Der Glaube an Jesus Christus hat unsere westliche Kultur zweifellos nachhaltig geprägt. Kirchen sind »in Stein gemeißelte Christologie«, Kirchenmusik ist in Klang umgesetzte Christologie. Dabei stehen auch hier v.a. die Kreuzigung/Auferstehung sowie die Geburt im Zentrum. Fragt man, zu welchen Gelegenheiten die Kirchen heutzutage voll sind, fallen einem wohl v.a. zwei Antworten ein: einerseits am Heiligen Abend, andererseits bei Kirchenkonzerten, insbesondere bei den »klassischen« Oratorien von Johann Sebastian Bach, v.a. beim Weihnachtsoratorium oder der Matthäus- sowie der Johannespassion. Die Begegnung mit Jesus Christus erfolgt hier meist eher unter kulturellen als unter religiösen Vorzeichen. Es geht um den Kunstgenuss oder um die »weihnachtliche Stimmung«, die Weihnachten auch für Nicht-Christen attraktiv macht. In ihrem Roman »Familienleben« beleuchtet Viola Roggenkamp die kulturelle und die religiöse Bedeutung von Weihnachten aus einer jüdischen Perspektive. Der Roman spielt in Hamburg im Jahr 1967 in einer deutsch-jüdischen Familie. Die jüdische Mutter, die ihr Judentum nicht praktiziert, setzt sich mit ihrer 17-jährigen Tochter auseinander:

> »Geh doch in die Synagoge, schrie meine Mutter, geh benschen, iß koscher, meinetwegen können wir jüdisches Neujahr und Jom Kippur feiern, aber mein Weihnachten lasse ich mir nicht nehmen, so schön, wie wir Weihnachten feiern, feiert niemand Weihnachten […] Also, eigentlich ist es doch ein jüdisches Fest, sagte sie, mit vollen Backen kauend, die Mutter ist Jüdin, der Sohn ist Jude, wer der Vater war, ist nicht so wichtig. Sie nahm eine Keule in ihre Hand, sie verspeiste die knusprige Haut. Und das haben die Deutschen den Juden auch geklaut, sie feiern am Vorabend zum Fest, denn Weihnachten ist ja erst am anderen Morgen« (Roggenkamp 2008, 189; 424).

Diese unchristologische Deutung von Weihnachten kontrastiert mit christologisch aufgeladenen Deutungen, wie sie uns z.B. im Weihnachtsoratorium von J.S. Bach begegnen. An dieser Stelle bieten sich fächerübergreifende Projekte insbesondere mit dem Fach Musik an. So ist im Niedersächsischen Kerncurriculum für den Musikunterricht an den Gymnasien, Klasse 5–10 (2012) das Arbeitsfeld »Musik in Verbindung mit Sprache, Szene, Bild, Film und Programm« einschlägig. In den Klassen 5–10 soll es dabei um das »Herstellen« (5–6), »Untersuchen« (7–8) und »Deuten« der »Beziehungen zwischen Musik und deren außermusikalischer Vorlage« gehen (2012, 20). Aus dem religionspädagogischen Bereich gibt es hier durchaus Unterrichtsmaterialien und Anregungen (z.B. Katechetische Blätter 2005; Roose 2009c). Andreas Reinert berichtet, dass Kolleginnen und Kollegen geradezu die Erwartung an das Fach Religion haben, dass sie bei den Schülerinnen und

Schülern für zentrale Werke aus der Musik (Oratorium, Passion, Messe, Requiem, Motette) »den Grundstein vom Textgehalt her« legen und ihnen dafür biblisches Grundwissen vermitteln (Reinert 2011, 11). Theologisch ist das Verhältnis der christlichen Offenbarung zur Kultur allerdings – im Rahmen der Diskussion um eine »Natürliche Theologie« – hoch umstritten (→ Kapitel 4.3.3). Dabei geht es um die Frage nach dem Verhältnis von menschlicher Vernunft und göttlicher Offenbarung (in Jesus Christus). Wie kann der Mensch diese Offenbarung, die ihm von außen zukommt, verstehen? Wie kann es sein, dass auch außerhalb des Christentums und des Glaubens von Gott und zu Gott geredet wird? Besitzt jeder Mensch »von sich aus« eine »natürliche« Theologie, an die die göttliche Offenbarung (bruchlos?) »andocken« kann? Können wir Gott in der Natur (und in der Kultur) – also jenseits seiner Offenbarung in Jesus Christus – (zumindest ein Stück weit) erkennen? Oder – mit den Worten Emil Brunners – gibt es im Menschen einen – wie auch immer gearteten – »Anknüpfungspunkt« für die göttliche Offenbarung (vgl. Ott/Otte 1981, 71-80)? Im Protestantismus hat bekanntlich insbesondere die Dialektische Theologie die Möglichkeit einer natürlichen Gotteserkenntnis in Zweifel gezogen. Demgegenüber hält das I. Vatikanische Konzil fest:

> »Gott, aller Dinge Grund und Ziel, kann mit dem natürlichen Licht der menschlichen Vernunft aus den geschaffenen Dingen mit Sicherheit erkannt werden« (Ott/Otte 1981, 76).

Die Frage nach einer »Natürlichen Theologie« ist auch religionsdidaktisch relevant (s.u.; Büttner 2007b, 226–229).

4.4.3 Theologische Aspekte

Wenn wir an das Leben Jesu denken, dann denken wir vielleicht an seine Geburt in Bethlehem, an seine Tätigkeit als Wanderprediger, an seine Gleichnisverkündigung, an seine Wundertaten und Mahlgemeinschaften mit Ausgestoßenen und an seine Kreuzigung und Auferstehung. Das apostolische Glaubensbekenntnis, das regelmäßig im Gottesdienst gesprochen wird, konzentriert sich demgegenüber ganz auf die »Stationen« von Empfängnis, Geburt, Kreuzigung, Auferstehung und Wiederkunft. Im Zentrum dieser Christologie steht nicht das Leben Jesu, sondern die Frage, wie Jesus Christus heute unser »Erlöser« sein kann (zum Folgenden vgl. Kraft/Roose 2011, 10–11). Empfängnis, Geburt, Leiden, Kreuz, Auferstehung und Wiederkunft (Parusie) Christi erhalten von hier her ihre Bedeutung – alles andere wird nahezu ausgeblendet. Die Systematische Theologie bezieht sich in ihrer wissenschaftlichen Arbeit fast ausschließlich auf diesen Christus. Denn sie definiert sich über die Frage, wer Jesus Christus für uns ist. Sie hat darin durchaus ein prominentes neutestamentliches Vorbild: Paulus, der dem irdischen Jesus nie begegnet ist, entwirft sein Reden über Christus ganz von der Offenbarung des Auferstandenen her. Hätten wir nur die paulinischen Briefe, wir wüssten über das Leben Jesu so gut wie nichts. Aber auch die Evangelien sind keine »neutralen«, historischen Berichte über das Leben Jesu, sondern sie beschreiben das Leben Jesu aus der Perspektive des Glaubens an den auferstandenen Christus.

4.4.3.1 Die Anfänge der Christologie als Übergang vom »historischen Jesus« zum »kerygmatischen Christus«

> »Nicht mehr Jesus selbst verkündigt, sondern er wird verkündigt. Was Jesus einst sagte und wie Jesus nach Kreuz und Auferstehung erfahren und gedacht wird, fließen nun ineinander und bilden etwas Neues: Jesus selbst wird zum Gegenstand des Glaubens und zum Inhalt des Bekenntnisses« (Schnelle 2007, 146).

So beschreibt Schnelle die Entstehung der Christologie. Es geht dabei um den »Übergang von der Verkündigung Jesu zur Verkündigung von / über Jesus« (146). Dieser Übergang kann einerseits von der Diskontinuität her gedacht werden. Zwischen der Verkündigung des historischen Jesus und der Verkündigung von / über Jesus, also dem kerygmatischen Christus, gibt es einen Bruch. Der historische Jesus habe sich selbst weder als Messias / Christus noch als Menschensohn verstanden. W. Wrede (1901) vertritt als erster die These, dass das Leben des historischen Jesus unmessianisch gewesen sei. Erst mit dem Osterglauben sei der Messiasglaube aufgekommen, der dann auf das Leben Jesu zurückprojiziert worden sei. Der Übergang vom historischen Jesus zum kerygmatischen Christus kann andererseits von der Kontinuität her gedacht werden. Die Christologie versteht sich dann als Fortschreibung des vorösterlichen Anspruchs Jesu unter der veränderten Perspektive der Osterereignisse (Hahn 2002, 125). Wie auch immer man hier entscheidet: Die neutestamentlichen Texte sind stark nachösterlich geprägt. In ihnen begegnet uns Christologie, der historische Jesus ist in ihnen bereits zum kerygmatischen Christus geworden.

4.4.3.2 Historie und Glauben

Das Christentum zeichnet sich damit gegenüber anderen Religionen durch das Bekenntnis aus, dass Gott in einer konkreten, historisch greifbaren Person Mensch geworden ist (zum Folgenden vgl. Kraft / Roose 2011, 79–82). Damit bindet die christliche Religion den Ewigen, den Schöpfer, den Allmächtigen etc. an einen ganz konkreten Menschen. Diesen konkreten Menschen verkündigt sie als den

»Sohn Gottes«, den »Herrn«, etc. Die Unterscheidung zwischen dem historischen Jesus und dem verkündigten/kerygmatischen Christus wirft also die schwierige Frage auf, wie sich im Christentum Historie und Glauben zueinander verhalten. Haben Erkenntnisse der historisch-kritischen Forschung zum historischen Jesus Auswirkungen auf den christlichen Glauben – oder auf meinen persönlichen Glauben? Können Erkenntnisse der historischen – etwa der archäologischen – Forschung meinem Glauben Halt geben, können sie ihn gefährden? Die ungebrochene Faszination für archäologische Funde und ihre z.T. abenteuerliche Auswertung sprechen dafür, dass viele Menschen einen solchen Zusammenhang sehen. Gerd Theißen und Annette Merz warnen in diesem Zusammenhang vor einer vermeintlichen »Transzendenz zum Anfassen«, sie weisen aber gleichzeitig auf die bleibende Faszination der Spuren des historischen Jesus hin (Theißen/Merz 1996, 172), in dem – nach christlicher Überzeugung – Gott Fleisch wurde (vgl. Joh 1,14).

Das Geheimnis des christlichen Glaubensbekenntnisses entfaltet sich erst in der Verschränkung zwischen historischen Aussagen und Glaubensaussagen. Die (historisch wahrscheinliche) Geburt durch Maria wird durch die Jungfrauengeburt zu einer Glaubensaussage, und auch die Kreuzigung wird schon in den Evangelien theologisch gedeutet: Christus leidet und stirbt für uns, um unserer Sünden willen etc. Die Glaubensaussagen lassen sich nicht komplett von den historischen Aussagen abtrennen. Das heißt: Nach christlicher Überzeugung ist der Christus des Glaubens nicht ohne den historischen Jesus von Nazareth zu haben und umgekehrt. »Wie viel« historischen Jesus wir allerdings für unseren bzw. den christlichen Glauben brauchen, ist – auch in der theologischen Forschung – umstritten. Bei Experten und Laien bewegt sich die Bewertung der Rückfrage nach dem historischen Jesus zwischen zwei Extremen: Auf der einen Seite steht der kerygmatische Christus ohne historischen Jesus, also die Überzeugung, dass der historische Jesus für den christlichen Glauben ohne Belang sei (in diese Richtung tendieren einige Theologen). Auf der anderen Seite steht die Reduktion des kerygmatischen Christus auf den historischen Jesus, also die Überzeugung, dass nur das als »wahr« zu gelten hat, was damals vom historischen Jesus so gesagt oder getan wurde (in diese Richtung tendieren viele – gerade auch nicht-christliche – Laien). Christologie zu treiben entpuppt sich damit als spannende Gratwanderung zwischen Historie und Glauben.

4.4.3.3 »Christologie von unten« und »Christologie von oben«

Die Rede von Jesus Christus oszilliert zwischen einer »hohen« Christologie, die die göttliche Seite stärker betont, und einer »flachen« Christologie, die den Menschen Jesus in den Vordergrund rückt. Daneben kann dann noch eine gänzlich unchristologische Rede von Jesus als einer historischen Figur stehen, etwa von Jesus als einem Juden. Während eine »flache« Christologie eher »von unten« konzipiert wird, bietet sich bei einer »hohen« Christologie eine Konzeption »von oben« an. Eine »Christologie von unten« setzt bei Jesus als Mensch an. Jesus ist zunächst einmal ein Mensch (fast) wie du und ich: Er hat Eltern und Geschwister (Mk 6,3), er weint, als er vom Tod eines engen Freundes hört (Joh 11,35), er wird wütend (Mk 11,15–17). Vielleicht lässt sich Jesus sogar treffend als »Minimalmensch« beschreiben: »Er hatte keine Frau, keine Kinder, keine Wohnung, keinerlei Besitz, Diplome oder Ehrenämter.« (Ritschl/Hailer 2008, 126) Er zieht als galiläischer Wanderprediger umher, bis er schließlich durch die römischen Behörden zum Tod am Kreuz verurteilt wird. Spätestens mit der Rede von der Auferstehung schwingt sich die Christologie von unten dann »hinauf«. Die Frage ist, inwiefern dieses »Aufschwingen« immer einen gewissen Bruch impliziert.

Eine »Christologie von oben« beginnt »im Himmel«. So verfährt – sehr anschaulich – das Johannesevangelium. Es setzt in Joh 1 im Himmel, bei Gott, ein. Der präexistente Christus begegnet uns als das Wort, der Logos, der dann Fleisch wird und auf die Erde kommt (Joh 1,14). Sein ganzes irdisches Leben steht nun gleichsam unter der Prämisse seiner himmlischen Herkunft. Der »neuralgische Punkt« ist hier bereits die Fleischwerdung, also die »Abwärtsbewegung« aus dem Himmel auf die Erde bei der Geburt. Bedeutet sie eine echte Veränderung, wird der Logos ein »echter« Mensch, oder ist das göttliche »Vorzeichen« so dominant, dass das Leben auf der Erde zwar eine Ortsveränderung, aber keine tiefgreifende Wesensveränderung bedeutet? Wandelt hier in Jesus eigentlich ein Gott über die Erde? (vgl. Roose 2007b, 126)

4.4.3.4 »Historischer Jesus« und »menschliche Natur«

Das altkirchliche Dogma von Chalcedon (451 n.Chr.; vgl. Ritschl/Hailer 2008, 135–142) formuliert, dass Jesus Christus wahrer Gott und wahrer Mensch sei. Er sei *einer* »in zwei Naturen«, einer göttlichen und einer menschlichen, und insofern wahrer Gott *und* wahrer Mensch. Ist die menschliche Natur Jesu Christi, von der hier die Rede ist, gleichzusetzen mit dem »historischen Jesus«? – Nein (zum Folgenden vgl. Kraft/Roose 2011, 84–85). Der »historische Jesus« ist das Produkt historisch-kritischer Quellenforschung und archäologischer Ausgrabungen. Die menschliche Natur Jesu Christi hingegen ist das Produkt theologischen Nachdenkens über die Fragen »Wie geschieht Erlösung?« und »Wie ist Jesus Christus Gott und Mensch gleichzeitig?« Diese Fragen hat die Alte Kirche insbesondere in den Jahren 110–451 n.Chr. – also nachdem die Schriften des Neuen Testament entstanden waren – stark beschäftigt. Die menschliche Natur Jesu Christi wird aus der Überzeugung heraus postuliert, dass uns nur jemand erlösen kann, der so ist wie wir – Mensch. Es geht hier also um das Mensch-sein Jesu Christi als solches, nicht darum, wer der konkrete Mensch Jesus von Nazareth war. Die Rede von den »zwei Naturen«, einer menschlichen und einer göttlichen, steckt seit der Zeit der Alten Kirche den theologischen Rahmen für jegliches christologisches Nachdenken ab.

4.4.4 Entwicklungspsychologische Aspekte

Betrachtet man Unterrichtsmaterialien und Lehrpläne zu Themen um Jesus Christus, so stellt man fest, dass es eine Tendenz gibt, mit dem Menschen Jesus anzufangen und – in der Auferstehung – mit Jesus Christus als Gottessohn zu enden (s.u.). Diese Vorgehensweise spiegelt in gewisser Weise die historische Entwicklung der Christologie, insofern die neutestamentliche Wissenschaft überwiegend davon ausgeht, dass eine hohe Christologie als Zeichen für eine späte Datierung gewertet werden kann (vgl. Schnelle 2002, 520–521; anders Berger 1999, 313 und ders. 1995, 240–248).

In seiner empirischen Studie zur Christologie von Schülerinnen und Schülern der Klassen 1–9 (Büttner 2002) bricht Büttner mit dieser Tradition, indem er sich von dem üblichen didaktischen Verfahren einer historisch-genetischen Erschließung bewusst abgrenzt und statt dessen die Leitfrage »Was ist?« in den Mittelpunkt rückt (104). Büttner fokussiert in seiner Untersuchung nicht etwa das Kreuz, sondern er wählt sich eine narrative Gattung, die in der wissenschaftlichen Theologie christologisch nur zurückhaltend reflektiert wird: die Wundererzählungen. Diese Erzählungen begreift Büttner als »Konkretionen christologischen Denkens« (105). Büttner entwirft eine Wundererzählung, die Interpretationsmöglichkeiten in unterschiedliche Richtungen eröffnet.

> »Es müsste eine alltägliche Lösung geben, eine (gerade für Grundschulkinder) ›zauberhafte‹, eine im Sinne der rationalistischen Wunderdeutung ›natürliche‹ und schließlich eine symbolisch metaphorische.« (112)

Anhand dieses Settings möchte Büttner eruieren, wie sich das christologische Denken bei den Kindern und Jugendlichen entwickelt. Auf der Grundlage entwicklungspsychologischer Modelle ermittelt Büttner drei Stufen der Auseinandersetzung bei den Schülerinnen und Schülern. Er unterscheidet drei Entwicklungsstufen:

1. »Die Befunde der Klassen 1–3 bestärkten die Vorstellung von Jesus als hilfreicher Kraft, die damals wie heute wirksam werden kann. Die entwicklungspsychologischen Voraussetzungen Artifizialismus [im Sinne von: Jesus »macht«, dass der Sturm weggeht], mythisch-wörtliches Verstehen) lassen in dieser Altersstufe eine relativ unmittelbare Rezeption besonders der Wundergeschichten zu.« (272) »Inter-

essant und wichtig ist die große Bedeutung, die das Verhältnis zwischen Jesus und Gott einnimmt. Eine zentrale Rolle spielt dabei das Gebet als Medium im ›innertrinitarischen Gespräch‹.« (167)

2. »Kennzeichnend für diese Übergangsphase [in den Klassen 4–7] ist die Uneinheitlichkeit der dort anzutreffenden Schüler/innenantworten. […] Wir treffen noch bis in die 6. Klasse hinein relativ ›naive‹ Antworten im Sinne des zu Klasse 1–3 Gesagten. Wir begegnen den typischen Aussagen der Übergangsphase, die sehr skeptisch sind gegenüber den Konkretionen etwa des Wunderhandelns Jesu, dabei jedoch gleichzeitig von der Hoffnung auf ein erfolgreiches Eingreifen Jesu bestimmt sind. […] Bestimmender als der Trend zur Symbolisierung [ist] der Trend zur Subjektivierung, bzw. beide [gehen] Hand in Hand.« (276)

3. In den Klassen 8 und 9 beschreibt Büttner die starke Tendenz, »die Aussagen ganz stark auf das subjektive Erleben zu konzentrieren. Dabei existiert die Tendenz, dies als Ausdruck eines radikalen Pluralismus zu verstehen, der die Meinung des je Einzelnen respektiert und deshalb auch den Streit um eine mögliche Wahrheit vermeidet.« (278)

Mit der Dissertation von Tobias Ziegler (2006) liegt eine empirische Untersuchung vor, die nach den Christologien von Jugendlichen fragt. Ziegler hat 386 Aufsätze von Jugendlichen der 11. Jahrgangsstufe aus 25 Religionsgymnasialklassen in Baden-Württemberg zu der vorgegebenen Fragestellung »Was ich von Jesus denke …« analysiert und beschreibt auf dieser Grundlage »elementare« Zugänge Jugendlicher zur Christologie.

Ziegler unterscheidet fünf Grundhaltungen der Jugendlichen, die »ein überraschend heterogenes Bild« zum Thema Jesus Christus bieten (212):

– 15,3 % kritiklos-indifferent (19 % m / 12 % w)
– 24,4 % kritisch-ablehnend (bei Jungen etwas häufiger als bei Mädchen)
– 16,8 % zweifelnd-unsicher (viele Fragen ohne Antwort)
– 19,9 % kritisch-aufgeschlossen (Anteil der Mädchen etwas höher)
– 23,6 % kritiklos-zustimmend

Zusammenfassend lassen sich die Befunde und Beobachtungen von Ziegler wie folgt beschreiben (500ff.):

– das »Einverständnis« (Karl Ernst Nipkow) und das Urteil über die Wahrheit der Gottessohnschaft geht bei den Jugendlichen weit auseinander, d.h. die Pluralität der Positionen gegenüber Jesus Christus ist das bestimmende Merkmal jugendlicher Ausgangslagen.
– das Spektrum der Deutungs- und Verstehenszugänge der Jugendlichen umfasst eine große Bandbreite, in der Logik von kognitiv-strukturellen Entwicklungs-

theorien lassen sich die Differenzen als Reflexionsebenen zwischen der zweiten und vierten Stufe (Fowler und Oser/Gmünder) beschreiben.

– die christologischen Zugänge der Jugendlichen sind durch eine Vielfalt je individueller lebensgeschichtlicher Zugänge und Bezüge gekennzeichnet.

– weibliche Jugendliche sind Glaubensfragen und dem Glauben an Jesus Christus deutlich aufgeschlossener als männliche Jugendliche, darüber hinaus ist ihre Fähigkeit zu symbolisch-übertragenen Deutungen deutlich ausgeprägter.

Aus entwicklungspsychologischer Perspektive ist an dieser Untersuchung insbesondere interessant, dass sich die Äußerungen der Jugendlichen sehr unterschiedlichen entwicklungspsychologischen Stufen zuordnen lassen. Die Stufen dienen insofern als heuristische Dimensionen zur Beschreibung einer relativ geschlossenen Alterskohorte. Das heißt: Im jahrgangsspezifischen Unterricht wird immer mit unterschiedlichen Verstehensmustern zu rechnen sein.

4.4.5 Religionsdidaktische Aspekte

4.4.5.1 Die didaktische Gewichtung von »historischem Jesus« und »kerygmatischem Christus«

Didaktisch ist durchaus umstritten, inwiefern Kinder und Jugendliche überhaupt auf christologische Themen ansprechbar sind. Folkert Rickers ist hier skeptisch. Er empfiehlt, sich didaktisch stärker auf den historischen Jesus zu fokussieren und

> »ihm die christolog[ische] Problematik zuzuordnen. Auf diese Weise könnte die heikle Frage der Motivation der Jugendlichen (v.a. auch der aus anderen Religionen) besser gelöst werden« (Rickers 2001, 903).

Unbestritten hat die Frage nach dem historischen Jesus ihren berechtigten Platz im Religionsunterricht. Gerhard Büttner und Jörg Thierfelder betonen jedoch,

> »dass die Christologien der Kinder und Jugendlichen – wie fragmentarisch sie auch immer erscheinen mögen – kein Argument bieten für eine eher moralisch argumentierende Jesulogie, sondern Anstoß bieten für die Aufnahme der christologischen Diskussion in allen Altersstufen« (Büttner/Thierfelder 2001, 11).

Die Annahme von Rickers, nach der Kinder und Jugendliche nur bedingt auf christologische Themen ansprechbar seien, ist inzwischen durch empirische Studien weitgehend widerlegt worden. Das zeigen u.a. die bereits zitierten Studien von Büttner und Ziegler.

Wir plädieren deshalb für eine stärkere Gewichtung der Christologie (zum Folgenden vgl. Kraft/Roose 2011, 11–12). Aus pädagogischer Sicht geht es dabei um die Grunderfahrung, dass Menschen an ihre Grenzen stoßen und aus eigener Kraft nicht weiter kommen. Diese Erfahrung kennen auch Kinder und Jugendliche. Christologie setzt an dem Punkt an, an dem der Mensch an seine Grenzen stößt. Sie thematisiert Hilflosigkeit, Schuld und Tod. Die Antworten, die kirchliche und wissenschaftliche Christologien geben, werden und müssen nicht (immer) die Antworten der Kinder und Jugendlichen sein. Aber ein christologisches Nachdenken mit Kindern und Jugendlichen – auch im Sinne von Gedankenexperimenten (vgl. Büttner 2007b, 223–224) kann sie dazu anregen, sich mit diesen Fragen auseinanderzusetzen und sich die Sprache der »Experten-Christologien« in Teilen eigenständig anzueignen. Aus theologischer Sicht ist zu bedenken, dass Christologie die wesentliche Differenz zwischen dem Christentum und anderen – auch monotheistischen – Religionen markiert. Sie stellt auch Anfragen an unsere persönlichen Überzeugungen. Sie ermöglicht damit die Wahrnehmung und das Aushalten von Differenz und fordert zu einer eigenen Positionierung – die durchaus nicht die »offiziell christliche« sein muss – heraus. Unterrichtswerke, die zu Jesus Christus die Lektüre einer biblischen Ganzschrift empfehlen, betonen den christologischen Zugang. Denn sie profilieren die Christologie der jeweiligen biblischen Schrift. So bringt Peter Müller Grundschulkindern das Markusevangelium nahe (1999), wir haben Ähnliches für die Sek I mit dem Johannesevangelium versucht (vgl. Büttner/Roose 2007).

4.4.5.2 Vom historischen Jesus zum kerygmatischen Christus?

Betrachtet man Lehrpläne unter der Fragestellung, wie Jesus (Christus) dort vorkommt, so manifestiert sich eine Tendenz, mit dem Menschen Jesus, seiner Verkündigung (Gleichnisse) und seinen Taten (Wunder) zu beginnen und mit Kreuz und Auferstehung zu enden. In Niedersachsen zeigt sich dieser Bogen sowohl in der Grundschule als auch – erneut – in den Klassen 5–10. Das Niedersächsische Kerncurriculum für die Grundschule (2006) spricht in den Klassen 1–2 bei den inhaltsbezogenen Kompetenzen konsequent von »Jesus«. Erst in den Klassen 3–4 kommt als profiliert christologische Kompetenz hinzu: »Die Schülerinnen und Schüler nehmen das Kreuz als Symbol christlichen Glaubens wahr und können Kreuz und Auferstehung auf Christus hin deuten« (24; vgl. Roose 2011). In den Klassen 5/6 »beginnt« die Behandlung dann erneut bei Jesu Zeit und Umwelt, setzt sich dann in 7/8 mit seinem Wirken und seiner Botschaft fort und mündet in den Klassen 9/10 wiederum in Kreuz und Auferstehung (Niedersächsisches Kerncurriculum für das Gymnasium 2009). Kritisch ist hier anzufragen, ob sich diese thematische Strukturierung

»aus der Logik von Jahrgangsstufen heraus begründen lässt. Anders gefragt: Müsste nicht im Sinne eines kumulativen Lernaufbaus die Verschränkung von historischem Jesus und geglaubtem Christus den Lernprozess bestimmen?« (Kraft/Roose 2011, 66)

Neben Lehrplänen zeigen auch Schulbücher und andere Unterrichtsmaterialien die Tendenz, vom »Menschen« Jesus zum Auferstandenen voranzuschreiten. Typisch für die Behandlung des historischen Jesus sind in der 5./6. Klasse etwa Einheiten, die im Zusammenhang mit Jesus auf das jüdische Leben zur Zeit Jesu in Galiläa eingehen und Jesus als einen »typischen« Juden präsentieren (vgl. Kursbuch Religion elementar 5/6, Kapitel »Umwelt Jesu: Bei Jesus zu Hause« 2003, 106–119). Ess- und Trinkgewohnheiten, Schulleben, Berufe etc. werden zum Thema. Das Oberstufenheft »Jesus Christus« (Büttner/Roose/Spaeth 2008) präsentiert demgegenüber eine »Christologie von oben«. Das Heft orientiert sich am Kirchenjahr und beginnt mit einem Kapitel zu »Advent«, das unter der Frage steht: »Wer rettet die Welt?« (4). Das letzte Kapitel ist mit »Himmelfahrt und Wiederkunft« überschrieben (2008, 70–80). Das Buch von Peter Müller zum Markusevangelium, das Unterrichtsvorschläge für die Grundschule präsentiert (1999), macht dagegen deutlich, dass es möglich und sinnvoll ist, bereits in der Grundschule mit den Kindern das »Abenteuer Christologie« zu wagen (Kraft/Roose 2011).

4.4.5.3 Jesus Christus im Religionsunterricht zwischen »orthodoxer« Vielfalt und »Häresie«

Die stärkere Gewichtung der Christologie könnte sich dem Vorwurf aussetzen, dass hier ein dogmatischer Zugang forciert werde, der die Kinder in ihrem eigenständigen Denken eher einenge als befördere. So urteilt Thomas Klie:

»Im Religionsunterricht ergeben sich Bewahrheitungen im Prozess – sie liegen, dies ist einer der zentralen Konstruktionsfehler der sog. ›Kindertheologie‹, nicht dem Unterricht voraus« (Klie 2012, 31).

Demgegenüber vertreten wir die Ansicht, dass die Wahrheiten (im Plural!) aus der wissenschaftlichen Expertentheologie allererst die »Bausteine« darstellen, die Kinder und Jugendliche brauchen, um persönliche Bewahrheitungen im Prozess eines theologischen Sprachspiels (vgl. Büttner 2007b, 228–229) ausbilden zu können. Im Blick auf das Thema Jesus Christus ist es dabei einerseits wichtig, die Vielfalt der biblischen Entwürfe zur Christologie stark zu machen (vgl. Roose

2009a, 41–42): Das Markusevangelium entfaltct eine andere Christologie als das Johannesevangelium oder als Paulus etc. Die Profilierung der Vielfalt macht deutlich, dass die Christologie kein monolithischer Block ist, den es entweder in Gänze anzunehmen oder aber zu verwerfen gelte. Andererseits ist es wichtig, auch als häretisch eingestufte Positionen einzubeziehen (→ Kapitel Diskursivität). Wie das unterrichtspraktisch aussehen kann, veranschaulicht Petra Freudenberger-Lötz (2007, 188–218): Im Zuge der Behandlung des Gleichnisses vom verlorenen Schaf stoßen die Kinder auf die Frage, in welchem Verhältnis Jesus und Gott stehen. In Anspielung auf das Konzil von Chalcedon bringt die Lehrkraft zwei unterschiedliche – jeweils auch biblisch begründete – Stellungnahmen zu dieser Frage (nach den Modellen der Logoschristologie und der adoptianischen Christologie) von »Bischöfen« ein. Vor- und Nachteile beider Positionen werden anschließend thematisiert. Abschließend bilden sich die Kinder eine eigene Meinung zu dieser Frage und formulieren ein persönliches Glaubensbekenntnis, z.B.: »Ich glaube, dass Jesus Gott und Mensch ist, denn er litt und fühlte wie ein Mensch, doch er handelte (heilen, helfen, etc.) wie ein Gott.« (211); oder: »Ich glaube das [sic] Jesus ein Halbblüter ist, er hat das Blut eines Menschen und das Blut von Gott.« (210) Während die erste Formulierung recht »orthodox« anmutet, weicht die zweite Formulierung deutlich von Formulierungen aus der wissenschaftlichen Theologie ab. Ein kindertheologischer Zugriff auf diese Thematik – wie wir ihn hier vertreten – bedeutet nun, dass beide Meinungen so stehen bleiben und nicht abschließend am Kriterium einer »theological correctness« gemessen werden. Insofern entstehen hier durchaus persönliche Bewahrheitungen im Prozess.

4.4.5.4 Jesus Christus und die Fragen der Kinder

Während Kinder durchaus von sich aus Ideen entwickeln, wie sie sich Gott vorstellen, hat es wenig Sinn, sie nach ihrem Bild von Jesus Christus zu fragen, wenn sie noch nie etwas von ihm gehört haben. Im eben zitierten Unterrichtsbeispiel kommen die Kinder auf eine christologische Fragestellung, weil sie über das Gleichnis vom verlorenen Schaf nachdenken. Fragen nach Jesus Christus sprudeln also nicht »von selbst« aus den Kindern heraus, wie es in anderen Bereichen – etwa der Gottesfrage – durchaus der Fall sein kann. So bleibt die Christologie bei den von Rainer Oberthür zitierten »großen Fragen« der Kinder ausgeklammert (1995a, 14–16). Theologisch formuliert: In der »natürlichen Theologie« der Kinder kommt Jesus Christus nicht vor. Welche pädagogischen Konsequenzen ergeben sich daraus? Es ist umstritten, welchen Stellenwert die Christologie im Rahmen der Kindertheologie einnehmen sollte (vgl. Schweitzer 2011a; Büttner 2012b).

Fragen nach Jesus Christus können Kinder erst stellen, wenn sie vorher zumindest ansatzweise über ihn informiert wurden. Damit sind wir auf die biblische

Tradition verwiesen. Die Frage ist also, inwiefern die biblische Überlieferung und mit ihr die Christologie das theologische Nachdenken von Kindern und Jugendlichen befördern kann.

> »Die Bezugnahme auf biblische Geschichten führt – etwa in Bezug auf das Theodizee-problem – zu keiner Lösung, doch lässt sich zeigen, dass die Argumentation zusätzliche Facetten gewinnt. […] So schlagen etwa Kinder [in der Auseinandersetzung mit Mk 7,31–37] vor, von Jesus Christus jederzeit Hilfe zu erwarten, jedoch damit zu rechnen, dass Gott-Vater ihm dazu nicht in allen Fällen die Macht gibt« (Büttner 2007b, 227 mit Verweis auf Büttner / Freudenberger-Lötz 2006).

Umstände, die es den Kindern erschweren, »die Christologie breit zu entfalten, sind die offensichtlichen Defizite im Hinblick auf Soteriologie und Eschatologie« (Büttner 2007b, 227–228).

4.4.6 Niveaukonkretisierungen

Wir haben gesehen, dass Niveaukonkretisierungen beim Thema Jesus Christus bisher überwiegend durch ein Fortschreiten vom (historischen) Jesus zum kerygmatischen Christus vorgenommen werden. Dieses Vorgehen scheint uns weder zwingend noch sinnvoll. Wir haben dafür plädiert, christologische Fragen durchgängig und auch schon in der Grundschule zu thematisieren. Wie aber könnten dann Niveaukonkretisierungen aussehen?

Differenzieren wird man hinsichtlich des Materials, anhand dessen christologische Fragen bearbeitet werden. Grundschülerinnen und Grundschüler sind hier stärker auf narrative Elemente angewiesen, um christologische Überlegungen möglichst konkret umsetzen zu können. Beispielhaft dafür ist die Erzählung aus der Studie von Gerhard Büttner (2002), in der die Kinder überlegen sollen, ob bzw. wie Jesus seinen Freunden, die in Seenot geraten sind, hilft (aufgenommen in SpurenLesen1 2007, 144). Mit zunehmendem Alter und zunehmender Übung können die Schülerinnen und Schüler dann auch begrifflich-abstrakt denken und formulieren, z.B. anhand unterschiedlicher christologischer Hoheitstitel.

Inhaltlich finden Niveaukonkretisierungen dadurch statt, dass die Anzahl biblischer und häretischer Positionen zu Jesus Christus, die – meist von der Lehrkraft – in den Religionsunterricht eingebracht werden, zunimmt. Dasselbe gilt für den Umfang an historischer Einbettung – und zwar nicht nur zur »Umwelt Jesu«, sondern auch zum philosophischen Umfeld, in dem die altkirchliche Christologie sich entwickelt.

4.5 Mensch – Selbst – Identität

4.5.1 Einstieg

>>Luisa: ja, also ich würd sagen jeder hat ne seele, jetzt aber nich so wie man sich das
    immer vorstellt, irgendwie so n geist oder irgendwie sowas, sondern
Sina: n blaues ding da
Luisa: sondern ich würd sagen, der charakter, die gefühle und die gedanken, alles zu-
    sammen, das macht die seele von nem menschen aus, aber das ist halt
Friederike: ja, irgendwie
Luisa: sein, das, die seele, das existiert nur im kopf. und es is jetzt nicht irgendwas
    extra, was in einem rumschwabbelt oder so, das is einfach nur
Sina: nee, die seele besteht aus dem was luisa gerade gesagt hat, gefühle, gedanken
Imke: charakter
Sina: und charakter, ja. […]
Friederike: und dann, irgendwie, ja. seele is mal wieder die einzig, einzigartigkeit des
    menschen.<< (Bederna 2012, 128f.)

Der Ausschnitt aus einem Interviewgespräch in einer neunten Klasse eines Gymnasiums zeigt bei der gemeinsamen geistigen Suchbewegung manche (religiösen)
Kompetenzen: etwa die Vorstellung der Seele als Zentrum des Menschen, als
Kern seiner Identität, eine Aussage, die dann sowohl in individueller als auch in
allgemeiner, anthropologischer Hinsicht gilt; der Ausschluss von allzu kruden,
ironisch kommentierten Auffassungen einer sichtbaren, dinglich feststellbaren
>>Seele<<; das Wissen um die Vielschichtigkeit des Menschen mit Gefühls- und
Gedankenwelt sowie einem >>Charakter<< und die Bestimmung der Seele als den
ganzen Menschen umgreifend; schließlich die Betonung der >>einzigartigkeit
des menschen<<. All das scheint theologisch unmittelbar anschlussfähig. Aber
natürlich besteht weiterer Klärungsbedarf, zum einen in allgemeiner Hinsicht,
etwa: Was ist Charakter? Ist die Seele nur eine Vorstellung, >>existiert sie [nur]
im Kopf<<, ist sie also ein menschliches Konstrukt? Und: Welche Ursachen und
welche Folgen hat die >>einzigartigkeit des menschen<<? Auf einer anderen Ebene
wäre zu fragen, ob Konzeptionen der biblisch-christlichen Tradition, etwa die
Rede von der Gottebenbildlichkeit des Menschen oder von der Seele als >>Ort<<
seiner Gottesbeziehung und Gottesbegegnung die geführte Diskussion wesentlich bereichern und weiter führen und damit die (religiöse) Kompetenz der Heranwachsenden fördern könnte.

4.5.2 Kulturelle Aspekte

»Der Mensch ist Geist. Doch was ist Geist? Geist ist das Selbst. Doch was ist das Selbst? Das Selbst ist ein Verhältnis, das sich zu sich selbst verhält; das Selbst ist nicht das Verhältnis, sondern dass sich das Verhältnis zu sich selbst verhält« (Kierkegaard 1962, 13).

Eine zeitgemäße philosophische Anthropologie (Thies 2009, 43–46) geht weniger von der Frage nach der Bestimmung eines wie immer gearteten menschlichen »Wesens« (Essenz) aus als von der menschlichen Möglichkeit, Fähigkeit und Notwendigkeit, nicht einfach nur zu leben, gleichsam zu »vegetieren«, sondern das eigene Leben zu beobachten, sich also zu sich selbst in ein Verhältnis zu setzen – wie das auch im angeführten Klassengespräch geschieht – und damit gleichsam das Leben (bewusst) zu leben, also ein Leben erster und zweiter Ordnung zugleich zu führen (Existenz).

Damit ist keine absolute Trennungslinie zwischen Mensch und Tier gezogen, denn Experimente mit höheren Menschenaffen zeigen, dass diese nicht vor ihrem Spiegelbild fliehen wie andere Tiere, sondern sich selbst erkennen. Washoe, eine Schimpansin, die die Zeichensprache für Taubstumme erlernt hatte, antwortete auf die Frage, was das im Spiegel sei: »Ich, Washoe!«

Eine solche relationale Perspektive auf den Menschen hat für unsere Zwecke mehrere grundlegende Vorzüge. Zum einen entspricht sie unserem beobachtungs- und perspektivtheoretischen Ansatz, nun anthropologisch bzw. selbstreflexiv (an)gewendet. Zum zweiten geht sie nicht von einem Primat von Geist, Vernunft oder (Selbst-)Bewusstsein aus, setzt ein Beobachten zweiter Ordnung doch das erster Ordnung voraus, das reflektierte das unmittelbare Leben, das Erkennen des Gesichts im Spiegel das Gesicht selbst, das Denken (mind) das Gehirn (brain), der Geist den Leib. Drittens erlaubt sie die Thematisierung zweier philosophischer Grundfragen zugleich, nämlich der Frage einerseits »Was ist der Mensch?« (Gattungswesen), andererseits »Wer sind wir?« bzw. »Wer bin ich?« (Einzelwesen). Viertens sind damit weitere Bestimmungen des Menschen – etwa als »animal rationale« bzw. »zoon logikon« (resp. »zoon logon echon«) oder das »zoon politicon« (beides bereits bei Aristoteles) oder als »das noch nicht festgestellte [und damit entwicklungsoffene] Tier« (Nietzsche 1984, 69) – nicht ausgeschlossen, vielmehr als (Teil-)Aspekte mit behandelbar. Fünftens erlaubt ein solcher Ausgangspunkt nicht nur eine Bestimmung des Menschen, vielmehr auch eine Reflexion auf dessen Grenzen, also eine prinzipielle Öffnung und Offenheit, denn: »Der Mensch ist grundsätzlich mehr, als er von sich wissen kann.« (Jaspers 2003, 50) Sechstens ist diese perspektivische bzw. relationale Grundlegung theologisch unmittelbar anschlussfähig (→ folgendes Teilkapitel). Und zuletzt ist damit bereits eine grundlegende Kompetenz angesprochen, im doppelten Sinne des Wortes: Der Mensch ist einerseits zuständig dafür und andererseits fähig dazu, eine »Doppelexistenz« zu führen, also (s)ein Leben (selbst)bewusst zu führen. Diese Fähigkeit gilt es, zu entwickeln und zu fördern.

Im Zentrum allgemeiner Überlegungen zum Menschen (von Bohlken / Thies 2009) steht also sein Verhältnis zum eigenen Leben, sein Selbst bzw. Selbstbewusstsein, und zwar auf drei Ebenen: grundlegend, also anthropologisch-philosophisch, in geschichtlich-gesellschaftlicher Hinsicht, also kulturell, sowie im Blick auf den Einzelnen, also das Individuum. Von hier aus lassen sich dann zentrale Themen der Anthropologie thematisieren und entfalten, etwa seine Leiblichkeit wie seine geistigen Fähigkeiten; seine Entwicklungsmöglichkeiten wie auch seine Begrenztheit und in ethischer Hinsicht seine Möglichkeiten zu konstruktiver Kooperation, aber auch zu (selbst)zerstörerischer Destruktion.

Für das Selbst des Menschen hat der Hirnforscher António Damasio ein differenziertes, dynamisches Stufen-Modell entwickelt: An basaler Stelle steht ein – unbewusstes – »Proto-Selbst«; wird die Bewusstseinsschwelle überschritten, konstituiert sich ein relativ invariables »Kernselbst«, auf dem ein sich ständig weiter entwickelndes bzw. veränderndes, ja sich neu konstituierendes und konstruierendes »autobiographisches Selbst« aufbaut (Damasio 2000, 211).

Im Blick auf das Individuum wird die *Identität* zur zentralen Kategorie, verstanden als das »Gefühl, ein Selbst zu sein« (Erik H. Erikson), was allerdings weder individualistisch noch statisch missverstanden werden darf. Die Identität baut sich vielmehr im sozialen Kontext auf, in einem Wechselspiel von »I« und »Me« (Mead 2010); sie erfolgt im Kontext, aber nicht in schlichter Anpassung an gesellschaftliche Rollenerwartungen und lässt sich damit als Handlungsfähigkeit zwischen Selbstbestimmung (Eigensinn) und Anpassung begreifen. Hierfür müssen Teilkompetenzen wie Rollendistanz, Empathie, Ambiguitätstoleranz und Identitäts-Darstellung erworben und entwickelt werden (Krappmann 2010, 132–173). Zugleich ist Identität weder als statische noch als monolithische Größe zu begreifen – denn sie stellt keinen festen »Besitz« oder »Bestand« dar und besteht aus unterschiedlichen Facetten oder Relationen –, so dass schon vorgeschlagen wurde, das Wort »durch den stärkere Flexibilität und Mobilität signalisierenden Begriff der Identifikation zu ersetzen« (Reese-Schäfer 1999, 36).

Die gesellschaftliche Modernisierung mit ihren Tendenzen zu Pluralisierung, Liberalisierung, Subjektivierung und Individualisierung hat dem Einzelnen zwar einerseits einen enormen Freiheitszuwachs und nahezu unendliche Möglichkeiten der Selbstfindung und -verwirklichung gebracht (u.a. Auflösung standardisierter Lebensläufe, alle Arten von Lebensberatung und Lebenshilfe), andererseits aber einen Zwang zu Identität, Individualität und individualistisch (miss)verstandener Selbst-Definition auferlegt. Thomas Luckmann spricht von einer »»Sakralisierung«

des Subjekts« bzw. des »Ich« (2010, 181). Niklas Luhmann formuliert: »Individuum-Sein wird zur Pflicht« (1989, 226). Dieser Zwang aber führt nicht nur zu Isolierung, sondern bedeutet letztlich eine Überforderung, so dass der Sozialpsychologe Alain Ehrenberg die Depression bzw. »Das erschöpfte Selbst« als Signum unserer Zeit diagnostiziert hat: Der Mensch »ist erschöpft von der Anstrengung, er selbst werden zu müssen« (2011, 15). Ulrich Beck beschreibt das zeittypische »Labyrinth der Selbstverunsicherung, Selbstbefragung und Selbstvergewisserung« mit den Worten:

> »Besessen von dem Ziel der Selbstverwirklichung reißen sie sich selbst aus der Erde heraus, um nachzusehen, ob ihre Wurzeln auch wirklich gesund sind« (Beck 1986, 156).

Noch weitsichtiger, vielschichtiger und dialektischer analysierte bereits Sören Kierkegaard die Situation des Menschen in der Moderne als »Verzweiflung«, einer »Krankheit zum Tode«:

> »Verzweiflung ist eine Krankheit im Geist, im Selbst, und kann so ein Dreifaches sein: verzweifelt sich nicht bewusst sein, ein Selbst zu haben (uneigentliche Verzweiflung); verzweifelt nicht man selbst sein wollen, verzweifelt man selbst sein wollen« (Kierkegaard 1962, 13).

4.5.3 Theologische Aspekte

> »Ich glaube, dass mich Gott geschaffen hat samt allen Kreaturen, mir Leib und Seele, Augen, Ohren und alle Glieder, Vernunft und alle Sinne gegeben hat und noch erhält […] und das alles aus lauter väterlicher, göttlicher Güte und Barmherzigkeit, ohne all mein Verdienst und Würdigkeit […]« (Luther 1529/1983b, 145).

Mit diesen Worten erläutert Martin Luther in seinem »Kleinen Katechismus« von 1529 den ersten Glaubensartikel und weist damit auf ein Grunddatum einer *theologischen Anthropologie* hin. Der Mensch, ich selbst, wir alle verdanken und führen unser Leben aufgrund von Voraussetzungen, über die wir nicht selbst verfügen können, die also kontingent sind. Eine theologische Perspektive stellt gegenüber einer philosophischen einen Perspektivwechsel dar und sieht den Menschen »coram deo« (vor Gott). Entstehung (creatio prima) und Erhaltung (creatio continuata) verdanken Welt und Menschheit (providentia generalis) wie auch Ich als Einzelner (providentia specialis) einem Andern. Dasselbe gilt in analoger Weise – selbstreflexiv gewendet – für diese Aussage selbst: Der Mensch wie auch Ich können nicht aus uns selbst heraus Gott glauben und vertrauen, vielmehr ist dieser das Heil darstellende Glaube (sola fide) das Geschenk der göttlichen Gnade (sola gratia), so der Grundgedanke der Rechtfertigungslehre, die zugleich darauf hinweist, dass der Mensch wie der Einzelne seine grundlegende Bestimmung, ein Leben in der Liebe, verfehlt (Sünde) und der Befreiung (Rechtfertigung) bedarf. So stellt für Luther das zentrale Thema der sündige, verlorene Mensch und der gnädige, rechtfertigende Gott dar. Dabei wird eine theologische Anthropologie geradezu in einen Gegensatz zu einer humanwissenschaftlichen geraten, weil nämlich – wie Helmut Peukert formuliert – die menschliche Identitätsfindung,

> »der Versuch, verzweifelt man selbst sein zu wollen, zu dem Versuch werden [kann], sich zur eigenen Macht zu entschließen und angesichts eigener Ohnmacht nichts sein zu wollen als Wille zur Macht und zu ihrer Steigerung, und dies gegenüber aller Wirklichkeit und damit auch gegenüber den anderen« (Peukert 2005, 190).

Demgegenüber ist jedoch interessant, dass Luther in seiner Disputation »De homine« von 1536 die grundlegende philosophische Bestimmung des Menschen als Vernunftwesen zwar durch die theologische Bestimmung überboten, aber dadurch keineswegs ab- oder gar entwertet sieht. Tatsächlich hält er es für richtig, die Vernunft an sich (also ohne »Sündenfall«) als »Sonne« und »eine göttliche Macht« (sol et numen) im Menschen zu bezeichnen. So ist es zwar einerseits richtig, eine bloße Doppelung und Verstärkung des menschlichen Bedürfnisses nach Selbstfindung und Selbstbestätigung durch die Theologie – nach dem Motto: Gott liebt Dich bedingungslos bzw. wie Du bist – abzulehnen, andererseits aber über eine antagonistische Entgegensetzung hinauszugelangen gemäß Paul Tillichs Aufforderung zum »Mut, sich zu bejahen als bejaht« (1969, 117). Bei Tillich geschieht dies über die Bestimmung Gottes als das absolute Sein, das »Sein-Selbst«, das das »Selbst-Sein« des Menschen transzendiert und darin bejaht. Eine theologische Perspektive des Glaubens als »Offenheit für die Geschichte mit Gott« lässt sich dann mit dem humanwissenschaftlichen Blick einer psychosozialen Identität als »Einheit und Ganzheit der Persönlichkeit« (Schneider-Flume 1985, 132) in dialektischer Weise verschränken (Tietz 2005). In den Blick kommen dabei das Fragmentarische unserer Identität und ihre (Zukunfts-)Offenheit, die die Wirklichkeit(en) unseres Selbst offen hält für seine Möglichkeit(en):

> »Sie [unsere Identität] ist gegenüber einem sich selbst genügenden und behauptenden Selbstsein sich offenhaltende, hoffende ›Nicht-Identität‹« (Peukert 2009, 393).

Oder, in den Worten Henning Luthers: »Wir müssen uns nicht gefunden haben, um zu leben, sondern wir leben, um uns zu finden« (1992, 151). Die Mystik entfaltete dafür das Bild eines Weges oder einer Entwicklung in Stufen, die etwa bei

Bernhard von Clairvaux in vier Formen von einer Liebe des »Selbst« über die Gottesliebe jeweils im eigenen Interesse hinaus zur Gottesliebe sowie zur Selbstliebe »um Gottes willen« führt.

Alle relevanten Frage- und Themenstellungen bzw. Teilaspekte einer theologischen Anthropologie sind bereits im Alten Testament pointiert angesprochen (Wolff 2010) und werden im Neuen unterschiedlich akzentuiert weiter geführt: seine Geschöpflichkeit und Sterblichkeit; seine Gottebenbildlichkeit; seine Verbundenheit mit der Natur sowie seine Herrschaft über sie (dominium terrae); seine Zweigeschlechtlichkeit und Fruchtbarkeit; seine Bestimmung (zur Liebe) sowie deren Verfehlung; seine Freiheit und deren Missbrauch resp. seine Unfreiheit / Versklavung samt der Befreiung, Errettung, Erlösung; seine soziale Bezogenheit und Einbettung sowie seine Einmaligkeit und Individualität; seine Geschichtlichkeit und Zukunftsoffenheit. Zusammengehalten wird dies im Alten Testament von der erstaunten, genuin theologisch-anthropologischen Frage:

> »Was ist der Mensch, dass du seiner gedenkst
> Und des Menschen Kind, dass du dich seiner annimmst?« (Ps 8,5)

Eine gegenwärtige theologische Anthropologie (Pröpper 2011; Sauter 2011) steht vor einer dreifachen Aufgabe: einerseits die biblischen sowie theologiegeschichtlichen Themenstellungen in und für unsere Gegenwart neu zu durchdenken; andererseits die anthropologischen Grundfragen, wie sie in anderen Wissenschaften, insbesondere der Philosophie und den Humanwissenschaften, bearbeitet werden, aufzunehmen; und schließlich beides, den tradierten Glauben und die gegenwärtige Lebenswelt bzw. Erkenntnisse der theologischen sowie der philosophisch-humanwissenschaftlichen Anthropologie reflektiert, (selbst-)kritisch und dialektisch aufeinander zu beziehen. Spannende Fragen ergeben sich dann etwa bei der vollkommen unterschiedlich verstandenen Bestreitung der menschlichen Willensfreiheit durch die Hirnforschung (in einer Alltagssituation) und bei Luther (im Blick auf sein Seelenheil) oder bei der Bestimmung eines Zusammenhangs zwischen Gottebenbildlichkeit und Begründung von Menschenwürde und Menschenrechten oder zwischen biblischem Herrschaftsauftrag (dominium terrae) und gegenwärtiger Naturbeherrschung und -zerstörung. Dass dabei die biblische und theologische Tradition und Position keineswegs als monolithische Einheit verstanden werden darf, diese vielmehr – sogar innerhalb von Konfessionen – nur in pluralen Ausformungen vorliegt, zeigt die vollkommen unterschiedlich, ja in ihren Folgerungen geradezu gegensätzlich akzentuierte theologische Anthropologie zweier reformatorisch gesinnter Theologen. Bei Martin Luther führte der reformatorische Grundgedanke zur Doppelbestimmung des Menschen als »freier Herr« und »dienstbarer Knecht« sowie als Gerechtfertigter und Sünder zugleich (simul iustus et peccator) und verband sich – möglicherweise auch in teilweisem Widerspruch zum eigenen Ansatz – mit einem tendenziell pessimistischen Menschen- und konservativen, ja reaktionären Weltbild. Dagegen entfaltete ein gutes Jahrhundert später der zur tschechischen Reformation gehörende Theologe und Pädagoge Johann Amos Comenius (1592–1670) das Projekt einer universalen »Verbesserung der menschlichen Angelegenheiten« durch den Menschen selbst, wobei er den berechtigten Einwand der Sündhaftigkeit des Menschen (»Wir sind alle verdorben durch Adam«) mit dem Hinweis auf dessen Erlösung und Erneuerung konterte (»Wir sind aber auch erneuert durch den neuen Adam, durch Christus«; dazu: Dieterich 2003 51f). Biblische und theologische Menschenbilder oder Anthropologien sind offensichtlich nur im Plural zu haben.

Die Frage, durch welchen gemeinsamen Fixpunkt oder Begriff denn diese Pluralität zusammengeführt bzw. das genuin religiös-theologische einer theologischen Anthropologie bestimmt werden könnte, ließe sich mit dem Hinweis auf das Gewissen beantworten, ist dieses doch im Kern zu definieren als das, wessen sich der Mensch im Blick auf sich selbst, auf Gott und den Mitmenschen bzw. die Welt gewiss sein darf – oder eben nicht. Wir schlagen aber hier – trotz möglicher Missdeutungen und notwendiger Abgrenzungen etwa gegenüber Philosophie und Psychologie – den Begriff der »Seele« vor, scheint er doch anschlussfähig zu sein einerseits für ein heutiges auch bei Heranwachsenden anzutreffendes Menschenbild und andererseits für die theologische Tradition, wenn etwa Augustinus bekennt: »Gott und die Seele will ich erkennen. – Weiter nichts? – Gar nichts.« Oder wenn Jesus gleichsam rhetorisch fragt: »Was hülfe es dem Menschen, wenn er die ganze Welt gewönne und nähme doch Schaden an seiner Seele?« Mit Seele, das wird hier deutlich, ist damit weder die menschliche Psyche noch ein bestimmter – möglicherweise – unsterblicher (An-)Teil in der Trias von Geist – Seele – Leib gemeint, vielmehr das, was den Menschen noch einmal auf einer tieferen Ebene bzw. in einer anderen Dimension als das Selbst oder die Identität ausmacht und bestimmt (Janowski/Schwöbel 2013).

4.5.4 Entwicklungspsychologische und soziologische Aspekte

Die gegenwärtige, post-piagetsche, domänenspezifisch ausgerichtete entwicklungspsychologische Forschung geht für die Vorstellungen vom Menschen von der zentralen Unterscheidung bewusst/unbewusst aus: nur Menschen sind in der Lage, bewusst zu (re-)agieren, also zu handeln. Das Kernelement der »Domäne« Anthropologie oder Psychologie bildet damit eine »Theory of Mind« (ToM). Diese impliziert eine »Mentalisierung«, also die Kompetenz, das menschliche Verhalten (der eigenen oder einer anderen Person) durch eine Zuschreibung mentaler Zustände zu interpretieren, bzw. einen »Prozess, durch den wir erkennen, daß unser Geist unsere Weltwahrnehmung vermittelt« (Fonagy u.a. 2011, 10). Bereits im ersten Lebensjahr begreifen Kinder, dass Menschen sich nicht nur einfach bewegen, also gleichsam wie physikalische Körper getrieben werden, sondern dies in absichtsvoller Weise tun, und entfalten dann bis zum mittleren Kindergartenalter ein ausgereiftes Konzept des (selbst-)bewussten menschlichen Akteurs (»human agency«). Recht gut untersucht sind dabei zwei für unsere Fragestellung besonders interessante Bereiche, nämlich die Unterscheidung von Leib, Geist und Seele (Body-mind-soul-Konzept) sowie das Tod- resp. Nach-Tod-Konzept im Blick auf den Menschen (Büttner/Dieterich 2013, 103ff.). Dabei zeigt sich u.a., dass viele Kinder ab dem mittleren Kindergartenalter ein Seelenkonzept entwickeln, wobei die Seele häufig mit »spirituellen« Funktionen, also etwa dem Beten, verbunden ist, und zugleich als recht unveränderlich und stabil angesehen wird, also gleichsam einen Hort der »Stabilität« und »Identität« des Menschen darstellt. Ein dem erwachsenen, naturwissenschaftlichen ähnliches biologisches Todesverständnis – mit den Merkmalen der Nonfunktionalität, Irreversibilität, Universalität und Kausalität – erwirbt die Mehrheit der Kinder bereits in der Phase des Übergangs vom Kindergarten- zum Grundschulalter; vorrangig während der Grundschulzeit entwickeln viele Kinder zudem ein religiöses Todesverständnis, das vom Weiterleben der menschlichen Seele ausgeht, sodass gegen Ende der Kindheit häufig mit zwei Todesverständnissen operiert wird. So löste etwa eine dritte Grundschulklasse das in einem Kinderbuch dargestellte kognitive Dilemma, dass der tote Opa auf dem Friedhof liegt und sich vielleicht andererseits jetzt im Himmel befindet, folgendermaßen auf:

> »SCHÜLERIN: Aber das stimmt doch auch, der Körper liegt auf´m Friedhof und der Geist ist im Himmel.
> Eine zweite SCHÜLERIN: Ich würde nicht sagen Geist, sondern Seele.« (Rose/Schreiner 2002, 122)

Zusammengefasst lässt sich sagen: Im Verlauf der Kindheit bildet sich bei vielen Kindern ab dem mittleren Kindergartenalter ein Konzept aus, das das Selbst des Menschen – neben seinem Körper und seinem Geist bzw. Denken – vorrangig in der menschlichen Seele verortet, die dann so »stabil« ist, dass sie auch nach dem biologischen Tod weiter existiert. Interessant ist, dass auch nicht wenige junge Erwachsene im Studentenalter bei gewissen Phantasieaufgaben die Vorstellung haben, dass bestimmte geistige bzw. seelische Funktionen eines körperlich toten Menschen noch weiter funktionieren, selbst manche derer, die sich auf Nachfrage als Vertreter einer »Ganztodthese« bezeichneten.

Im Blick auf das Selbst des Individuums lässt sich die frühe Entwicklung mit drei wichtigen Aspekten beschreiben: Kleinkinder erwerben die Fähigkeit, sich selbst in ihrem Spiegelbild zu erkennen, im Alter von 16 bis 24 Monaten. Im 3. Lebensjahr folgt das Ich-Sagen mit der Erprobung des eigenen Willens (früher auch »Trotzphase« genannt). Ab dem Alter von etwa drei Jahren entwickelt sich durch Ablösung der kindlichen Amnesie ein autobiographisches Gedächtnis.

Im Blick auf das eigene Selbst und die Identitätsthematik, die nach Erik H. Eriksons Modell zur psychosozialen Entwicklung in der Jugendzeit ganz in den Vordergrund tritt, leisten bereits die vorangehenden Phasen der Kindheit – charakterisiert durch die Pole: »Vertrauen gg. Misstrauen«, »Autonomie gg. Scham, Zweifel«, »Initiative gg. Schuldgefühl« und dann im Grundschulalter »Werksinn gg. Minderwertigkeitsgefühl« – wichtige Beiträge zum Identitätsaufbau; diese lassen sich folgendermaßen charakterisieren (Erikson 1981):

- »Ich bin, was ich an Hoffnung habe und einflöße.« – Früheste Kindheit (108)
- »Ich bin, was ich unabhängig wollen kann.« – Frühe Kindheit (116)
- »Ich bin, wovon ich mir vorstellen kann, dass ich es sein werde.« – Kindergartenalter (124)
- »Ich bin das, was zum Funktionieren zu bringen ich lernen kann.« – Grundschulalter (130)

Pubertät und Jugendzeit werfen dann in der Polarität von »Identität gg. Identitätsdiffusion« die Frage nach dem eigenen Selbst auf in einem fundamentalen, umfassenden Sinn:

»Wer bin ich (wer bin ich nicht) / Das Ich in der Gemeinschaft« (Erikson 1973, 215)

Dies gilt natürlich auch für die Frage nach der religiösen (bzw. areligiösen) Identität.

Zur Entwicklung des Selbstkonzepts im Jugendalter hat Susan Harter ein auf empirischen Daten beruhendes Modell mit drei Phasen vorgelegt (1999; 2003): In der frühen Jugendphase entwickeln die Heranwachsenden abstrakte Konzepte über die eigene Person (z.B.: Ich bin mitfühlend), die vereinzelt für sich stehen (Phase der »single abstractions«). In der mittleren Jugendphase können unterschiedliche abstrakte Konzepte (z.B. Ich bin nett / Ich bin unhöflich) in statischer Weise miteinander verglichen werden (Phase der »abstract mappings«). Erst im höheren Jugendalter ist eine wirkliche Vermittlung zwischen disparaten, widersprüchlichen abstrakten Konzepten möglich (Phase der »abstract systems« – z.B. Situations- bzw. Beobachterabhängigkeit: In der einen Situation bin ich ...; in den Augen von bin ich ... etc.).

Bereits seit längerem bekannt und empirisch belegt ist, dass sich der Blick für die Sinnthematik in der Jugendzeit nicht nur formt und bildet, vielmehr – im Kontext einer »Reorganisation der Welt nach formal-operativen Regeln« – auch entwickelt und entfaltet, wobei sich die Frühadoleszenz auf den unmittelbaren Nahbereich beschränkt. Als mögliche Selbstmordmotive werden hier von den Befragten in der Regel eine Häufung von »Pech« oder der Verlust einer wichtigen Beziehung, etwa der Freundin, angegeben. Während der mittleren bis späten Adoleszenz weitet sich der Blick hin auf einen Gesamtentwurf des Lebens; als Selbstmordmotive werden dann besonders Sinnkrisen und das Gefühl von Sinnlosigkeit genannt (Döbert 1978).

Den sozialen Aspekt der Ich-Entwicklung, also die Entfaltung von Sozialkompetenz, hat bereits Robert L. Selman noch in der piagetschen Denkweise mit einem Modell der sozialen Perspektivübernahme ausgeleuchtet (1984). Demnach verläuft die Entwicklung in fünf Stufen, die sich heute vielleicht besser als – auch nebeneinander existierende – Stile verstehen lassen: eine undifferenzierte Vorstellung von Personen und egozentrische Vorstellungen von Beziehungen als Stil 0 dominiert im Kindergartenalter; über den besonders im frühen Grundschulalter erprobten subjektiven oder differenzierten Stil 1 und den dann entfalteten selbstreflexiven oder reziproken Stil 2 entsteht als dritte Form gegen Ende der Kindheit eine Perspektive, die unterschiedliche Positionen wechselseitig aufeinander zu beziehen und noch einmal von einer anderen Warte aus zu beleuchten erlaubt. Ab dem Jugendalter kann sich als vierter Stil ein Denkmodell entwickeln, das ein tiefenpsychologisches Verständnis von Personen und ein gesellschaftlich-symbolisches von Beziehungen erlaubt.

4.5.5 Religionsdidaktische Aspekte

Das Thema »Der Mensch« stellte im religionspädagogischen Diskurs gegenüber etwa der Gotteslehre bzw. der Christologie lange Zeit ein eher vernachlässigtes Thema dar. 2012 aber legte Bernhard Grümme eine umfassende »religionspädagogische Anthropologie« vor, in der er die religionspädagogisch zu reflektierende »conditio humana« unter neun Dimensionen entfaltet: »Körper – Leib – Geist«, »Endlichkeit«, »Identität«, »Sozialität«, »Freiheit«, »Versagen, Schuld, Sünde«, »Zeit[lichkeit]«, »Rationalität« sowie »Religion« (Grümme 2012, 155ff, 495f.). Als Ausgangspunkt für religiöse Bildungsprozesse »in indikativer wie normativer Hinsicht« sieht Grümme eine »Anthropologie der Gottbegabung« (497) mit der »Kernaussage«:

> »Gott ist derjenige, der jeden Menschen je schon mit sich selber begabt hat, der ihn gewollt hat, anspricht, freisetzt und auf sich hin in einen geschichtlich situierten Liebesprozess hinein öffnet, darin getragen von der Hoffnung auf erlösende, rettende, auferstehende Vollendung in ihm.« (496)

Ließe sich in reformatorischer bzw. lutherischer Tradition auch stärker die Verlorenheit bzw. sündhafte Verstrickung des Menschen, das Rechtfertigungsgeschehen und sein dialektisches Dasein als »Gerechtfertigter und Sünder« zugleich (simul iustus et peccator) hervorheben, besteht die Stärke des Ansatzes von Grümme doch darin, das grundlegende Angewiesensein des Menschen sowie Gottes Zuwendung sowohl im Blick auf das menschliche Dasein überhaupt wie auch hinsichtlich seiner Bestimmung zu einem der Liebe gemäßen Leben (Schöpfung und Erlösung) in einem »alteritätstheoretischen« Ansatz zusammen zu denken. Hierbei greift er vorrangig auf Franz Rosenzweigs Ansatz einer durch »Vorordnung des Du vor dem Ich« als »asymmetrisch« zu charakterisierenden »Dialogik« zurück (126), die die menschliche resp. religionspädagogische Grundsituation als »[v]om Anderen eröffnete Erfahrung« charakterisiert (Grümme 2007, Titelformulierung).

In deutlichem Gegensatz zur langanhaltenden Vernachlässigung einer grundlegenden Berücksichtigung der Anthropologie im religionspädagogischen Diskurs steht die deutliche Akzentuierung und Ausrichtung auf eine Subjektorientierung – wobei immer wieder, vor allem in jüngerer Zeit, eine subjektivistische bzw. individualistische Verengung und Fokussierung auf den Einzelnen, das Individuum, erfolgt, bei gleichzeitiger Vernachlässigung etwa der sozialen, gemeinsamen, kulturellen und strukturellen Aspekte des Lernens (etwa bei manchen pointierten Varianten einer konstruktivistischen Didaktik oder eines selbstgesteuerten Lernens). Die religionsunterrichtliche wie -pädagogische Grundaufgabe kann etwa mit den Schlagworten von »Lebensbegleitung und Erneuerung« (Nipkow 1992) umrissen werden. Die Angewiesenheit des Menschen auf den (absolut) Anderen bzw. dessen vorgängige Verheißung wird hierbei zum grundlegenden Fundament:

> »Nur ein größeres Ich, ein unbedingtes transzendentes Gegenüber kann dem Kind diejenige Anerkennung schenken, durch die sein Ich zu einem freien Gegenüber aller Menschen werden soll.« (Schweitzer 2005, 30)

Der religiös mündige Mensch bildet das Ziel aller religionspädagogischen Bemühungen. Bereits Kinder werden als selbstständige Theologinnen und Theologen ernst genommen. Die Jugendzeit lässt sich als Phase der »Suche nach eigenem Glauben« charakterisieren (Schweitzer 1998), wobei in der Gegenwart nicht mehr feste, starre Identitätskonzepte bzw. Identitäten, vielmehr »polyphone Selbste« bzw. »Selbst-Texturen« (Hämel 2007, 128ff.) im Zentrum religionspädagogischer Überlegungen und religionsunterrichtlicher Bemühungen stehen.

Auch die konkreten (kirchen-)amtlichen Empfehlungen bzw. Vorgaben für den Religionsunterricht verbinden grundlegende anthropologische Aspekte mit dem Blick auf den Einzelnen. Nach den – nichtverbindlichen – Bildungsstandards der EKD für den Abschluss der Sekundarstufe I sollen die Schülerinnen und Schüler erstens eigene Lebenserfahrungen formulieren, zweitens »ihren Glauben und ihre Erfahrungen vor dem Hintergrund christlicher und anderer religiöser Deutungen reflektieren« und drittens »die Bedeutung der Gottebenbildlichkeit als Begründung von Menschenwürde erläutern und sie auf aktuelle gesellschaftliche Kontroversen beziehen« können (Kirchenamt 2011, 20f.). Dies wird im EKD-Kerncurriculum für die gymnasiale Oberstufe durch eine spezifisch theologische Dreierreihe von Begriffspaaren resp. Fragestellungen profiliert und ergänzt:

»Themenbereich 1: Das christliche Bild des Menschen
Der Mensch als Geschöpf und Ebenbild Gottes – Wer bin ich?
Der Mensch als Sünder und Gerechtfertigter – Gnade vor Recht?
Freiheit und Verantwortung – Was macht mich frei?« (Evangelische Kirche in Deutschland 2010, 29–34)

Die – verbindlichen – Bildungsstandards für den mittleren Bildungsabschluss auf katholischer Seite stellen einerseits »die Frage nach der Herkunft und Zukunft des eigenen Lebens und der Welt« sowie andererseits »Vergebung« als »christliche Antwort auf Erfahrungen von Schuld und Sünde« ins Zentrum des inhaltsbezogenen Kompetenzbereichs »Mensch und Welt« (4.1) und pointieren hier nach der »biblische[n] Sicht von Schuld und Vergebung (z.B. [...] Lk 15,11–32)« und der Anwendung »auf Alltagserfahrungen« durchaus konfessionell katholisch:

»Die Schülerinnen und Schüler [...]
– erläutern an Beispielen, dass Vergebung eine zentrale Aufgabe der Kirche ist [...]
– stellen die Bedeutung des Bußsakramentes dar« (Sekretariat der Deutschen Bischofskonferenz 2004, 19).

Für den Abschluss der Primarstufe zielen die Kirchlichen Richtlinien für diesen inhaltsbezogenen Kompetenzbereich recht anspruchsvoll bereits auf

– »die Einmaligkeit der Person« einschließlich deren Deutung »von der christlichen Botschaft her« sowie »die Einmaligkeit jedes Menschen mit seinen Möglichkeiten und Grenzen«;
– »die biblische Zusage von der bedingungslosen Annahme jedes Menschen durch Gott«;

– Die »Fragen nach der Herkunft und Zukunft des eigenen Lebens und der Welt« inklusive einer Bestimmung des »Ort[es] des Menschen in der Schöpfung« (Sekretariat der Deutschen Bischofskonferenz 2006, 26f.).

4.5.6 Niveaukonkretisierungen

Im Blick auf Niveaukonkretisierungen scheint es sinnvoll zu sein, sich die Grundzüge der Entwicklungslinien der Heranwachsenden nochmals zu vergegenwärtigen.

Während der mittleren bis höheren Kindheit, also im Grundschulalter bzw. noch zu Beginn der Sekundarstufe, sind die Kinder zunehmend in der Lage, das eigene Denken und Leben bewusst wahrzunehmen und in soziale Bezüge einzuordnen, mit anderen Perspektiven in Beziehung zu setzen, allerdings auf einer konkreten, anschaulichen Ebene.

Mit der Pubertät erfolgt durch die körperlichen und hirnphysiologischen Veränderungen ein solch fundamentaler Umbruch im Bereich des Denkens und Fühlens, dass sehr viel von dem in der Kindheit Erreichten wieder verloren zu gehen scheint und erst wieder neu aufgebaut und strukturiert werden muss, nun allerdings mit der zusätzlichen Möglichkeit des abstrakten Denkens, also auch des Nachdenkens über das eigene und allgemein menschliche Denken. Dafür ist offensichtlich anfänglich eine Konzentration auf das »Ich«, die Wahrnehmung der eigenen Innenperspektive bzw. »Innenwelt« und die Dominanz eines monolinearen und ichzentrierten Denkens nötig. In diesem Sinne titelte einmal eine Lehrplaneinheit dieser Altersstufe: »Wegen Umbaus geschlossen«. Diese Position kann sich dann zunehmend über die Bedeutung von Gleichaltrigengruppe und Freundschaft(en) zur Wahrnehmung größerer, auch gesellschaftlicher Zusammenhänge und mehrperspektivischer Sichtweisen weiten. Die hierfür notwendige (religions-)pädagogische Begleitung und Förderung muss dabei jedoch sowohl bestimmt als auch behutsam vorgehen, da sie einerseits die Jugendlichen in emotionaler wie kognitiver Hinsicht »persönlich« einbeziehen und ansprechen muss, andererseits die Heranwachsenden als Personen zu respektieren hat und ihnen keinesfalls zu nahe treten darf, eine Gratwanderung, die am besten über geeignete Medien, insbesondere (auto-)biographische Erzählungen sowie Bilder, geschehen kann.

Einen stichwortartigen, rudimentären Überblick über die thematischen Kompetenzbereiche und Lernbezüge in unterschiedlichen (Klassen-)Stufen liefert die abschließende Tabelle:

Klassen/ Themen	Ich, theologisch; Identität	Fächerübergreifende Bezüge; Dialoge	Mensch, theologisch	Fächerverbindende Bezüge; Dialoge
1–4	Ich bin einmalig; Wir in der Klasse; Gemeinsames Feiern	Schulleben; Schulgottesdienste	Mensch in der Schöpfung	Alle Fächer, Naturkunde
5/6	Wir – Schulklasse Meine / unsere Wünsche und Fähigkeiten	Strukturen und Regeln in Gruppen; Klassenpatenschaften	Kinder in aller Welt: Lebenswelten, Ängste und Hoffnungen	Sozialkundliche Fächer
7/8	Ich – Wir – Du; Geschlechts-Identität – Gruppe – Liebe	Soziales Lernen; Diakonische Projekte	Geschlechtlichkeit; Gemeinschafts-fähigkeit	Biologie- und Sozialkundeunterricht
9/10	Freiheit – Beruf; Lebensgestaltung; Sinnfrage	Individuum und Gesellschaft; Demokratie	Tod – Nachtod; Sterblichkeit; Auferstehung	Biologische, medizinische Aspekte
Gymnasiale Oberstufe	Sinnthematik; Religiöse Mündigkeit und Identität	Humanwissenschaftliche / philosophische Anthropologie	Theologische Anthropologie	Gesellschaftswissenschaftliche Fächer

4.6 Religion(en)

4.6.1 Einstieg

»Nächstes Jahr, falls meine Lunge so lange mitspielt, widmen wir uns dem Taoismus, dem Hinduismus und dem Judaismus –« Der Alte hustete, und dann fing er an zu lachen, was ihn wieder zum Husten brachte. »Lieber Gott, vielleicht halte ich nicht so lange durch. Aber etwas möchte ich noch zu den drei Religionen sagen, die wir dieses Jahr durchgenommen haben. Der Islam, das Christentum und der Buddhismus, sie alle beziehen sich auf eine Gründerfigur – Mohammed, Jesus und Buddha. Und bei näherer Betrachtung stellen wir fest, dass jede dieser drei Gründerfiguren eine Botschaft von radikaler Hoffnung mitbrachte. Ins Arabien des 7. Jahrhunderts kam Mohammed mit dem Versprechen, dass jeder Erfüllung und das ewige Leben finden könnte, wenn man dem einen wahren Gott Treue gelobte. Buddha brachte die Hoffnung, dass das Leiden überwindbar ist. Jesu Botschaft war, dass die Letzten die Ersten sein würden, dass selbst Steuereintreiber und Leprakranke – die Outcasts

von damals – Grund zur Hoffnung hatten. Dies ist die Frage, die ich Ihnen für die Abschlussprüfung mit auf den Wege gebe: Worin besteht für Sie der Grund zur Hoffnung?« (Green 2007, 269).

Eine kurze Szene aus dem Jugendbuch »Alaska« von John Green führt uns hinein in einen Religionsunterricht an einer US-amerikanischen High School. Kompetenzen im Blick auf Religionen werden hier geschult, in verschiedener Hinsicht: (1) drei der Weltreligionen werden in einem Schuljahr durchgenommen – aber eben nicht einfach erratisch und isoliert thematisiert, vielmehr (2) in einen Zusammenhang miteinander gebracht (Gründerfiguren), der nun wiederum nicht schematisch und statisch bleibt, vielmehr (3) mit menschlichen Erfahrungen, Ängsten und Wünschen in Verbindung gebracht wird (Hoffnungselement), wobei schließlich (4) ganz konkret eine lebendige Beziehung zu den eigenen Erfahrungen und Vorstellungen der Heranwachsenden hergestellt werden soll (Frage für die Abschlussprüfung: »Worin besteht für Sie der Grund zur Hoffnung?«).

Haben wir mit dieser kurzen Analyse bereits eine gültige Definition von (inter-) religiöser Kompetenz und von ihrer gelungenen Förderung gefunden?

4.6.2 Kulturelle Aspekte

Nachdem im letzten Drittel des 20. Jahrhunderts die Säkularisierungsthese mit ihrer Diagnose eines Bedeutungsverlusts oder gar Absterbens von Religion die öffentliche Debatte in der Bundesrepublik Deutschland beherrscht hatte, ist spätestens seit dem neuen Jahrtausend das Schlagwort von einer »Rückkehr der Religionen« zu einem Modethema geworden. Selbst »religiös unmusikalische« Denker wie Jürgen Habermas sehen sich genötigt, das Thema »Religion« auf die Agenda zu setzen, Veröffentlichungen zur Religion finden weite Verbreitung, 2007 wurde gar ein neuer »Verlag der Weltreligionen« (innerhalb des Suhrkamp Verlags) gegründet.

Bereits die Zahlen sprechen für sich: weltweit betrachtet ist einer von drei Menschen Christ, jeder fünfte Muslim, jeder siebte Hindu, jeder sechzehnte Buddhist. Als keiner Religionsgemeinschaft zugehörig bzw. explizit atheistisch oder antireligiös lässt sich nur jeder sechste Mensch bezeichnen.

Dabei scheint es alles andere als klar zu sein, was »Religion« eigentlich ist. Sammelwerke zur Religionstheorie (Schlieter 2010; Drehsen u.a. 2005) etwa zeigen die Mannigfaltigkeit und Diversität der Bestimmungsversuche auf. Etymologisch lässt sich das aus dem Lateinischen stammende Wort »Religion« auf »relegere« als kultischer Verehrung der Götter (etwa bei Cicero) oder auf »religare« als Rückbindung und Verpflichtung auf einen Gott (etwa bei Laktanz und Augustinus) zurückführen. Dabei ist zu berücksichtigen, dass der Religionsbegriff seine Konturen in der abendländischen, vor allem der christlichen Tradition erhielt. Wie eng die Definition des Religionsbegriffs mit der Erfassung und Beobachtung von religiösen Phänomenen verknüpft ist, zeigt sich etwa am Buddhismus, der unter dem Kriterium eines Gottesbezugs weniger als Religion denn als Philosophie erscheint, im Blick auf die Erlösungs- und Nirwana-Vorstellungen aber wiederum als religiöses System anzusehen ist. Wichtig scheint es damit gerade auch beim Thema »Religion« zu sein, sowohl die Beobachterperspektive (Selbstbeschreibung / Fremdzuschreibung) sowie die eingeführten Beobachtungs- bzw. Differenzkriterien im Auge zu behalten bzw. zu reflektieren. Insgesamt erweist sich Religion somit im Kern als »diskursiver Tatbestand« (Matthes 1992).

In der Systemtheorie Niklas Luhmanns spielt die Religion eine fundamentale Rolle (1977; 2000). Da für ein System die Umwelt stets überkomplex, nur ausschnitthaft beobachtbar, somit im Kern kontingent und daher weder durchschaubar noch handhabbar ist, wird mit Hilfe der Religion Unbestimmbares in Bestimmbares überführt (etwa durch die »providentia Dei«), also Komplexität reduziert bzw. es erfolgt eine »Transformation unbestimmbarer in bestimmbare Komplexität« (1977, 20).

> »Wenn die Welt und die laufend vorauszusetzende Angepaßtheit der Systeme sich der Beobachtung und erst recht der kognitiven Verarbeitung entziehen: Wie kann das System dann so etwas wie Sinnvertrauen entwickeln? Und die Vermutung liegt nicht ganz fern, daß hierfür Religion zuständig ist« (Luhmann 2000, 47).

Als Kontingenzbewältigungspraxen (Lübbe) bzw. als »Orientierungssysteme« (Waardenburg 1986, 34) können Religionen damit für den Einzelnen wie für eine Gesellschaft fundamentale Bedeutung gewinnen.

Der Vorgang der Komplexitätsreduktion bzw. der Transformation unbestimmbarer in bestimmbare Komplexität ist allerdings dialektisch, erzeugt er doch zugleich neue Komplexität, neue Unbestimmbarkeit (etwa die Theodizee-Problematik). Insofern wird mit der religiösen Frage nicht nur »die Welt selber und das In-der-Welt-Sein […] fraglich«, also sowohl »Weltdistanz« als auch »Selbstdistanz« möglich (Luther 1992, 25), vielmehr generiert die Religion nicht nur Antworten, sondern neue Fragen, ja, noch grundlegender, die Frage nach ihrer eigenen (Un-)Bestimmbarkeit, die nur in einem – endlosen, unendlichen – Prozess der Re- und Dekonstruktion zu haben ist:

> »Wir haben es folglich mit einer Aporie, mit einem gewissen Fehlen des Weges, der Bahn, des Ausganges, des Heils zu tun […]« (Derrida 2001, 11).

In ähnlicher Weise lässt sich nach den Worten des italienischen Philosophen und Politikers Gianni Vattimo Religion heute nur als »Die Spur der Spur« begreifen (Vattimo 2001, 107). Vielleicht ist es aus diesem Grund angemessener, das Phänomen der Religion nicht mit einer Definition, sondern mit dem Begriff der *Narration* zu beschreiben: Religionen sind dann verstanden als Erzählgemeinschaften, als Gemeinschaften, die durch eine große Erzählung generiert und zusammengehalten werden. Als ebenso charakteristisch wie paradox lässt sich dann das Phänomen bezeichnen, dass es just in der Situation der Postmoderne als dem Ende der großen – neuzeitlichen – Metaerzählungen zu einer Renaissance der Religionen, also zu einer Renaissance wiederum von Mega-Narrativen kommt (Vattimo 2001, 109ff.).

Im Blick auf eine Analyse und Diagnose der konkreten religiösen Situation in der (bundesrepublikanischen) Gesellschaft der Gegenwart lässt sich über den grobschlächtigen Antagonismus von »Säkularisierung« vs. »Wiederkehr der Religion(en)« hinausgehend mithilfe der bereits auf Jean-Jacques Rousseau zurückgehenden, in neuerer Zeit spezifisch auf das neuzeitliche Christentum bezogenen (Rössler 1994, 90ff.; 93) dreifachen Aufgliederung in die *individuelle*, die *institutionelle* sowie die *gesellschaftliche* Form bzw. *Gestalt von Religion* bzw. Christentum ein differenzierteres Bild erstellen.

Unbestreitbar ist für Deutschland – und in dieser Hinsicht behält die alte Säkularisierungsthese Recht – ein Rückgang der Bedeutung der traditionellen institutionalisierten Religion (Enttraditionalisierung von Religion), also insbesondere der beiden Großkirchen, ablesbar nicht nur an den Austrittszahlen bzw. dem Mitgliederschwund, vielmehr auch an dem Bedeutungsrückgang der traditionellen Glaubenslehre für einen (Groß-)Teil der Mitgliedschaft selbst (Traditionsabbruch; Segregation nicht nur aus den Kirchen, sondern auch innerhalb). Dies bedeutet jedoch keinesfalls einen Bedeutungsverlust oder gar ein Verschwinden von Religion insgesamt, vielmehr erfolgen eine *Individualisierung von Religion* und ihre Verlagerung ins rein »Private«. Sie wird zur »unsichtbaren Religion« (Luckmann 2010), ein Prozess, der sich auch innerhalb der beiden Großkirchen in Deutschland beobachten lässt (Bochinger u.a. 2009). Schließlich ist eine *Pluralisierung* von religiösen Sinnangeboten festzustellen, die sowohl die verstärkte Präsenz der sogenannten Weltreligionen (vorrangig von Islam und Buddhismus), aber auch die unterschiedlichsten Formen »neuer Religionen« oder pseudo-religiöser Lebensführungsangebote umfasst und den Einzelnen gleichsam einem »Zwang zur Häresie« (Berger 1980) aussetzt und ihm zugleich breite Möglichkeiten zu »Patchwork«-Formen von Religion eröffnet.

»9.900 eigenständige Religionen soll es heute geben, mit zunehmender Tendenz, und jeden Tag kommen zwei oder drei neue hinzu. Das Christentum kennt heute 33.000 Konfessionen, gegenüber 1.800 um das Jahr 1900.«

So der Soziologe Klaus Eder zu Beginn des 21. Jahrhunderts (zit. nach: Danz 2005, 11). Insgesamt scheint geradezu ein *religiöser »Markt«* vorhanden zu sein mit einem Wettbewerb auf Anbieterseite und einer »rationalen Wahl« (rational choice) auf Teilnehmerseite, nach dem Motto: »Was bringt mir (die / diese) Religion?« Formen von »Wellnessreligion« boomen.

Im Blick auf den öffentlichen Raum wird das Thema »Religion« in zwei weiteren Kontexten diskutiert, zum einen im Blick auf Formen von »Zivilreligion« (etwa Debatte um religiöse Rekurse in Präambeln von Verfassungen), zum andern hinsichtlich der Verwendung religiöser, häufig biblischer Motive in primär nicht-religiösen Kontexten (Werbung, Pop-Musik etc.). Der Religionsbegriff oszilliert dabei zwischen einem engeren materialen bzw. substantiellen und einem weiten, funktionalen, der auch religions-äquivalente Formen von Sinnstiftung, Gemeinschaftsbindung und »Letztbegründung« als religiös bzw. »quasi-religiös« ansieht, etwa die Inszenierung von sportlichen Großereignissen.

In normativer Hinsicht wird mitunter die Religion primär positiv konnotiert, etwa bei dem soziologischen Klassiker Émile Durkheim, bei dem sie als »kollektive Repräsentation« den Zusammenhalt und die Stabilität einer Gesellschaft bewirkt, wodurch Religion und Gesellschaft nahezu in eins fallen (Durkheim 2010). Demgegenüber ist in jüngster Zeit – insbesondere im Gefolge von 09/11 – eine breite öffentliche Debatte um die Probleme und Gefahren, vor allem des Gewaltpotentials und der Destruktivität von Religionen insgesamt (René Girard), der monotheistischen Religionen (Jan Assmann) wie speziell auch des Christentums (Herbert Schnädelbach) entbrannt. In diesem Kontext erfahren fundamentalistische Positionen – vorrangig im Blick auf den Islam – verstärkt negative Aufmerksamkeit und Kritik. Hierbei wird der Fundamentalismus keineswegs mehr als ausgeprägter religiöser Konservativismus verstanden, vielmehr als Produkt und Antipode der (Post-)Moderne, der den (religiösen) Pluralismus mit – etwa technisch – modernsten Mitteln radikal bzw. extremistisch bekämpft (Meyer 2011). Als Gegenpol ist der »Pluralismus« zu sehen, der sich der (religiösen) Pluralität bewusst und konstruktiv stellt und diese weniger als Gefahr denn als Bereicherung sieht. Dem diagnostizierten und prognostizierten »Kampf der Kulturen« (Huntington 1996) wird programmatisch die Notwendigkeit und Möglichkeit eines »Weltethos« (Küng 2011) bzw. des »Interreligiösen Dialogs« entgegengestellt.

4.6.3 Theologische Aspekte

Für die systematisch-theologische Reflexion des Verhältnisses des christlichen Glaubens zu anderen (Welt-)Religionen bzw. religiöser Geltungsansprüche insgesamt hat sich der Name »Theologie der Religionen« bzw. »*Religionstheologie*«

etabliert (Danz 2005, 25). Schematisch betrachtet finden sich hier drei Positionen: Der Exklusivismus in konservativen bzw. traditionalen Theologien beider großer Konfessionen (etwa auch in der Tradition der Dialektischen Theologie) geht vom Absolutheitsanspruch und einem exklusiven Wahrheitsanspruch des christlichen Glaubens aus, den Karl Barth mit der apodiktischen Aussage »Religion ist Unglaube« in einen unversöhnlichen Widerspruch zur Religion insgesamt stellt. Der Inklusivismus erkennt in anderen Religionen – auch in verdeckter oder verschlüsselter Form – Elemente des christlichen Glaubens, auf katholischer Seite durch Karl Rahner auf die Formel des »anonymen Christentums« gebracht. Der Pluralismus mit dem zentralen Vertreter John Hick begreift die Religionen als grundlegend gleichberechtigt auf der Suche nach einer transzendenten Wahrheit, die jedoch letztlich erst eschatologisch zugänglich, gleichsam »verifiziert« wird.

Von dem von uns vertretenen beobachtungs-, positions- bzw. perspektivenkritischen Ansatz aus scheinen alle drei Konstrukte unbefriedigend, die beiden erstgenannten, da sie die Bedingtheit der eigenen Position nicht grundlegend genug hinterfragen, die letzte, da sie die Standpunkte in unangemessener Weise nivelliert bzw. von einer gleichsam »neutralen«, übergeordneten Warte aus die Religionsfrage betrachten will – einem »archimedischen Punkt«, den es jedoch für uns Menschen nicht geben kann. Als mögliche Lösung bietet sich ein Denkmodell an, das sich der Positionalität der eigenen wie der anderen Religionen in der Weise bewusst ist, dass der Wahrheitsanspruch des eigenen Glaubens nicht aufgegeben, der von anderen Seiten her vertretene jedoch zugleich anerkannt wird. Diese Position lässt sich entweder als »mutualer«, also wechselseitiger »Inklusivismus« (Bernhardt 1993; 1994) oder aber als »positioneller Pluralismus« bezeichnen. Dieser aber muss sich zugleich der pluralen Interpretationen, also der »Uneindeutigkeit« und ständig neuen Interpretations- und Reflexionsbedürftigkeit sowohl der eigenen als auch der anderen Glaubensrichtungen, bewusst, also (selbst-)reflexiv bzw. (selbst-)kritisch sein.

Eine Theologie der Religionen geht in der Regel zuerst einmal von einer Grenzziehung und grundlegenden Differenz zwischen den Religionen einerseits sowie von einer gewissen Einheitlichkeit der jeweiligen (Hoch-)Religionen andererseits aus. In differenzierterer Weise lassen sich dabei dann jeweils wiederum Untergruppierungen identifizieren, was auf Seiten des Christentums zur Frage nach den Konfessionen und dem ökumenischen Dialog führt.

Prinzipiell sind jedoch auch ganz andere Differenzierungen und Grenzziehungen möglich. Dorothee Sölle unterschied in ihrer theologischen Einführung zwischen drei theologischen bzw. religiösen Grundpositionen: einer orthodoxen, liberalen und radikalen bzw. befreiungstheologischen Option (1990, 17ff.). Noch weiter vereinfacht, reduziert und schematisiert wurde im Blick auf die gesellschaftlichen Verflechtungen und Wirkungen von zwei Typen bzw. Formen von Religion gesprochen, von einer gesellschafts- bzw. herrschaftsstabilisierenden Variante und einer herrschaftskritischen, prophetischen, (im Extremfall) revolutionären Option. Theo Sundermeier sprach in einer analogen, wenngleich nicht identischen Differenzierung von primärer und sekundärer Religionserfahrung (2007, 38ff.). Jan Assmann konkretisierte die beiden Formen einerseits anhand der Religion Ägyptens, konzentriert in der Ma'at-Vorstellung, sowie andererseits der israelitischen Exoduserfahrung (2006, 17ff.). Der Konflikt durchzieht dann die Geschichte des Alten Israel, sichtbar etwa an der Dichotomie von Berufs- und freiem Prophetentum, sowie die Geschichte des Christentums bis hin zu den Auseinandersetzungen um eine Theologie der Befreiung, insbesondere in der katholischen Kirche der letzten Jahrzehnte. Eine solche Unterscheidung bzw. Grenzziehung eröffnet zugleich andere Perspektiven auf den Vergleich von Religionen wie den interreligiösen Dialog. Als weitere Differenzmarker lassen sich u.a. angeben: Orthopraxie vs. Orthodoxie; gelebte vs. gelehrte resp. »Hoch-« vs. Alltagsreligion etc.

Auf wissenschaftstheoretischer Ebene ist es grundlegend, zwischen der (christlichen) Theologie als – reflektierter bzw. wissenschaftlicher – Interpretation auf der Basis des (christlichen) Glaubens und der Religionswissenschaft (vgl. Hock 2011) zu unterscheiden. Für diese stellt der Konsens des Kongresses der »International Association for the History of Religion« im Jahr 1960 in Marburg bis heute eine wesentliche Grundlage dar, »Religion« bzw. »Religiosität« nicht als etwas »Letztgültiges« zu betrachten und zu analysieren, wodurch gleichsam eine doppelte Distanz gegenüber eigenen wie anderen religiösen Einstellungen eingezogen wird. Das heißt nicht, wie mitunter unterstellt, dass sich die Religionswissenschaften als »neutral« verstünden bzw. ihre eigenen Voraussetzungen nur unzureichend reflektierten, im Gegenteil. Eine solche doppelte Distanz erlaubt, ja ermöglicht einerseits, sich in immanente Sichtweisen anderer Religionen hineinzuversetzen und diese dann in den wissenschaftlichen Diskurs einzubringen, und andererseits, eine eigene, auch »engagierte« Position einzubringen, etwa im Sinne von Menschenwürde und Menschenrechten. Diese Überlegungen haben Auswirkungen bis hin zur Diskussion um das Verhältnis von schulischem Religions- und Ethikunterricht, in dem das Thema der Religion(en) ebenfalls auf der Agenda steht, bzw. auf das Fach LER. Für das Verhältnis von Theologie und Religionswissenschaft propagiert Theo Sundermeier – nach Ablehnung anderer möglicher Modelle – eine Zuordnung als zwei sich teilweise überschneidende Ellipsen mit einem gemeinsamem und jeweils einem eigenen Brennpunkt (2007, 273ff.; 306f.). Ein solches Modell führt zu wichtigen Folgen für die Beschäftigung der Theologie mit anderen Religionen. Diese hat dabei durchaus einen eigenen, spezifischen Standpunkt und Zugang, darf jedoch zugleich die genannten religionswissenschaftlichen Standards – von deren Standortbeschreibung abgesehen – nicht hintergehen.

In welcher Weise aber kann die sich die Theologie mit anderen Religionen befassen? Der häufig geführte, oberflächlich betrachtet »phänomenologische« Vergleich unterschiedlicher Elemente, Teilaspekte oder »Phänomene« ist aus mindestens drei Gründen höchst problematisch: zum einen erfolgt die Auswahl primär aus der eigenen Perspektive, zum zweiten ist fraglich, was womit verglichen werden soll (etwa die Bibel mit dem Koran und Jesus mit Mohammed oder doch angemessener Jesus mit dem Koran?) und drittens kommt die jeweils andere Religion, eventuell auch die eigene, kaum als Ganze und damit möglicherweise auch nicht in ihrem spezifischen eigenen Anliegen in den Blick. Einen sich bewusst bescheiden gebenden, die genannten Probleme zumindest teilweise vermeidenden bzw. überschreitenden, zugleich originellen und beachtenswerten Versuch hat Hans-Martin Barth mit seiner »Dogmatik« (2008) vorgelegt, in der er den »Evangelische[n] Glaube[n] im Kontext der Weltreligionen« darstellt und dabei in einem Dreischritt jeweils zuerst Kernelemente des christlichen Glaubens (A) darstellt, dann nach »Außerchristliche[n] Entsprechungen« (B) sucht und zuletzt die Vergleichbarkeit nochmals durchdekliniert und reflektiert (C), mit einem thesenartigen Abschluss (D).

Wir schlagen hier eine noch weiter reduzierte und zugleich stärker formal bzw. funktional angelegte Vorgehensweise vor: Im Zentrum der Religion stehen drei Elemente: einerseits die Transzendenz (z.B. Gott), andererseits die Immanenz (Mensch, Welt) sowie schließlich eine Art der Vermittlung der beiden (z.B. Jesus Christus, Erlösung). Dieser Ansatz liegt in der Nähe der vierten der Kant'schen Grundfragen: »Was dürfen wir hoffen?«, die als Grundfrage der Religion angesehen werden kann. In analoger Weise geht der Religionslehrer in John Greens Roman »Alaska« vor. Eine solche Zuspitzung und Reduktion erscheint uns sowohl dem Phänomen »Religion« wie auch der Situation des Religionsunterrichts angemessen. Daher stellen auch die drei Kapitel »Gott«, »Mensch« sowie »Jesus Christus« den Kern unserer inhaltsbezogenen Kompetenzen dar, zu deren angemessenem Verständnis die drei anderen Themen (Weltzugang, Religion(en) und Bibel) als Voraussetzung und Rahmung zugeordnet sind. Aber natürlich ist damit auch gemeint, dass sich der Zugang zum Phänomen »Religion« und der kompetente Umgang mit den konkreten (Welt-)Religionen über diesen Weg erarbeiten und darstellen lassen.

4.6.4 Entwicklungspsychologische und soziologische Aspekte

Fundierte empirische Studien zur Entwicklung der religiösen Differenzwahrnehmung bei Kindern und Jugendlichen sind eher rar. Dennoch lassen sich manche wichtigen Befunde zusammentragen, die, ergänzt durch Studien zu benachbarten Fragestellungen wie der Wahrnehmung kultureller Differenzen und durch einen Blick auf die allgemeinen Theorien zur religiösen Entwicklung, die Konturen einer Konzeption erkennen lassen.

Bereits in den frühen sechziger Jahren hatte David Elkind (1961/62/63) bei jüdischen, katholischen und protestantischen Heranwachsenden festgestellt, dass bereits Kinder religiöse Differenzen wahrnehmen, diese aber vor allem an äußeren, sinnlich wahrnehmbaren Verschiedenheiten festmachen, während erst beim Übergang zum Jugendalter auch innere Unterschiede, also Gefühle, Einstellungen, Haltungen bzw. Überzeugungen Berücksichtigung finden. Diesen Befund haben Tübinger Studien zum Verständnis von konfessionellen Differenzen in der Grundschulzeit und in der Sekundarstufe I (Schweitzer/Biesinger 2002 resp. 2006) sowie zur religiösen Differenzwahrnehmung von Kindern im Kindergartenalten (Schweitzer u.a. 2011b) bestätigt und durch weitere Punkte erweitert. So definieren Grundschulkinder ihre religiöse Zugehörigkeit vorrangig über die Gruppe, in der sie Religionsunterricht erhalten, bzw. über die Person der Religionslehrkraft (nach dem Motto »Ich bin evangelisch und gehöre zu Frau X.«) und begründen den Sinn der Existenz unterschiedlicher Konfessionen häufig mit zweckhaften, teleologischen Argumenten (im Stile von: »Damit es zwei verschiedene Religionslehrerinnen gibt.«).

Im Blick auf die Einstellung nehmen sowohl Kinder als auch Jugendliche (Schweitzer/Biesinger u.a. 2006; Ziebertz/Riegel 2008) die religiöse Pluralität überwiegend positiv wahr, nach dem Motto: »Damit nicht alle dasselbe sind« bzw. »Weil es sonst langweilig wäre«. Jugendliche betonen dabei häufig – im Sinne der Individualisierungsthese – das Recht jedes Menschen auf seinen eigenen Glauben sowie komplementär dazu die Notwendigkeit der Toleranz. Allerdings geraten auch die möglichen Probleme der religiösen Pluralisierung mitunter in den Blick, etwa »Verwirrung« oder »Streit«. In diesem Kontext werden zwei Differenzmarker zur Beurteilung von Religion relevant: »locker« vs. »streng« (häufig mit Protestantismus vs. Katholizismus verbunden) bzw. »normal« (geringe Ausprägung von Religiosität) vs. »extrem« (z.B. Neuapostolische Kirche oder der Islam). Insgesamt, dies belegen auch andere empirische Untersuchungen (etwa von Heinz Streib), zeigen Jugendliche eine Zustimmung zur religiösen Vielfalt und lehnen in ihrer Mehrheit extreme und fundamentalistische Positionen ab.

Es lässt sich ein Trend vom konkreten, anschaulichen Blick auf Religion und religiöse Differenz in der Kindheit hin zu einer erweiterten Perspektive in der Jugendzeit feststellen. Diese nimmt erstens die innere Welt der Gefühle, Einstellungen, Haltungen bzw. Überzeugungen ernst (»Verinnerlichung von Religion«). Zweitens registriert sie abstrakt-logische Gedankengänge (»formal-operatorisches Denken«) bis hin zum Nachdenken über das Denken und die Denkmittel selbst (»Mittelreflexion«). Drittens nimmt sie Religion als solche in einer umfassenden Perspektive in den Blick. Dieser Trend ist kompatibel mit älteren Erkenntnissen im Gefolge der Piaget-Tradition. Bei weiteren Differenzierungen empfiehlt sich heute jedoch eher ein Konzept von religiösen »Stilen«, die zwar einerseits – wie bereits dargelegt – eine gewisse Entwicklungslogik beinhalten und teilweise erst im Laufe des Älterwerdens erworben werden, dann aber andererseits nebeneinander bei einer Altersgruppe und sogar innerhalb ein und derselben Person existieren können. So hat etwa Heinz Streib die Theorie zur religiösen Entwicklung seines Lehrers James Fowler zu einer Theorie religiöser Stile weiterentwickelt (dazu: Büttner/Dieterich 2013, 82–87) und dabei fünf religiöse Stile unterschieden: subjektiv-egozentrisch; instrumental-reziprok; wechselseitig; individuierend-systemisch sowie dialogisch. Beim letzten Stil werden Fremdes und Differenz nicht als Bedrohung, vielmehr als Bereicherung des Eigenen wahrgenommen und mit diesem in einem komplementären Verständnis vermittelt im Sinne einer sog. »Zweiten Naivität«.

Nach der Theorie der religiösen Stile werden – unter Verzicht auf eine festgelegte Abfolge von Stufen – die Stile vergangener Lebensabschnitte nicht »überwunden«, sondern bleiben erhalten, wie die älteren geologischen Schichten beim Aufbau der Erde. Aber anders als alte Erdschichten erfordern die tieferen psychologischen Schichten beim Menschen weiterhin psychische Energie, um in die Gesamtpersönlichkeit sinnvoll integriert werden zu können. Sonst verselbstständigen sie sich und führen zu erstarrten, verzerrten, lebensfeindlichen Fehlformen wie Okkultismus oder Fundamentalismus. Doch bedeutet dies nicht einfach die Rückkehr bzw. das Festhalten an einem früheren religiösen Stil, etwa dem ersten oder zweiten, denn die anderen Stile sind nun zumindest als Möglichkeit ebenfalls präsent und nötigen zur Auseinandersetzung, wobei die Gefahr entsteht, dass umgekehrt keine Integration der differenzierten Formen gelingt, diese vielmehr abgespalten und vehement bekämpft werden (müssen). So erhält der Fundamentalismus seine rigorosen, militanten, lebensfeindlichen Züge, die in den ursprünglichen Formen dieses Stiltyps nicht vorhanden waren.

Ergänzend dazu berichtet Annemie Dillen (2009) über eine empirische Studie unter älteren (zehn- bis zwölfjährigen) Kindern aus Belgien, die zeigt, dass bei Kindern – im Gegensatz zu den Befunden unter Erwachsenen – »ein buchstabengetreues Denken und positive Akzeptanz der Transzendenz (Orthodoxie) nicht mit Ethnozentrismus« korreliert (57), was auch von dieser Seite her bestätigt, dass ein Fundamentalismus von Erwachsenen keinesfalls mit einem kindlichen »Fundamentalismus« gleich gesetzt werden darf.

Die Theorie der religiösen Stile stellt damit selbst ein pluralistisches Modell dar.

Im Sinne von »Denkstilen« lässt sich denn auch das von Milton J. Bennett in den 80er und 90er Jahren des 20. Jahrhunderts entfaltete und empirisch validierte Entwicklungsmodell interkultureller Sensibilität (Developmental Model of Intercultural Sensivity, DMIS) verstehen, das vom Denken und In-Beziehung-Setzen mehrerer, mindestens zweier Größen/Kulturen ausgeht und sicherlich auch wichtige Schlaglichter auf eine im Detail noch auszuarbeitende und empirisch zu erhärtende (Entwicklungs-)Theorie interreligiöser Denkstile wirft (Willems 2011, 194–200). Bennett (2007) unterscheidet sechs Stile und bezeichnet die ersten drei als »ethnocentric«, die restlichen drei dagegen als »ethnorelative«. Der erste Stil (Denial/Verneinung) übersieht oder leugnet die Existenz von Differenzen zwischen Kulturen (resp. Religionen), der zweite verteidigt die Eigenposition durch negative Stereotypisierung der Fremdposition und/oder Verabsolutierung, Superiorisierung bzw. Überhöhung der Eigenposition, wobei sich auch die umgekehrte Form (»reversal«) einer Überhöhung des Fremden – z.B. nach einem Auslandsaufenthalt – findet (Defense/Verteidigung). Der dritte sieht zwar Unterschiede, versucht diese aber entweder zu minimieren (letztliche Einheit bzw. transzendenter Universalismus) oder auf Unabänderlichkeiten (z.B. Naturgegebenheit) zurückzuführen, so dass faktische Differenzen in den Hintergrund treten bzw. ausgeblendet werden (Minimization/Minimierung). Der vierte Stil betrachtet Differenzen als fundamental, notwendig und anerkennenswert (Acceptance/Akzeptanz), der fünfte nimmt (zeit-/probeweise) die fremde Position ein, vermag hin und her zu »switchen«, bildet zwar auch Prototype und gar Stereotype aus, erkennt und anerkennt jedoch zugleich die Pluralität bei Fremdpositionen, inklusive Devianz (Adaption/Anpassung), die letzte integriert die kulturelle Vielfalt in eigener Person (Integration/Integration) und ist in abstrakter Form in der pluralistischen Religionstheologie, konkret jedoch nur in Einzelpersonen, z.B. Gandhi, zu finden.

Für die Ausbildung der zweiten Gruppe von Denkstilen ist es notwendig, Kulturen bzw. Religionen sowie deren Differenzen nicht als fixe »Tatbestände«, vielmehr als »Prozesse«, also menschliche Konstrukte, und den Menschen als geschichtlich-gesellschaftlichen Mitschöpfer von Wirklichkeit begreifen zu können. Anstelle von »ethnorelativ« lässt sich damit aber diese Gruppe eher mit dem Begriff »ethno-reflexiv«, im Blick auf unser Thema »religio-reflexiv« bezeichnen. Diese Position schließt die Fähigkeit zum Perspektivenwechsel, zur vieldimensionalen Wahrnehmung von Binnen- und Außenperspektiven, von Intra- und Extra-Positionen ein.

Das von Matthias Vött vorgestellte »Interreligiöse Dialogkompetenz«-Modell (2002, 138f.) mit pyramidenförmig einander zugeordneten »Dimensionen interreligiöser Dialogkompetenz auf den Logischen Ebenen« ist zwar im Blick auf die Erwachsenenpädagogik entwickelt worden, liefert aber gleichwohl wichtige Anregungen für Aspekte, die bei einem (inter-)religiösen Kompetenzmodell zu berücksichtigen sind, insbesondere mit der Analyse der Umweltbedingungen (»Wann?, Wo?«) als Basis; darauf aufbauend die Verhaltensreflexion und -flexibilisierung (»Was?«); dann der Entwicklung von Fähigkeiten wie differenzierte Selbstwahrnehmung, Empathie, Metakommunikation (»Wie?«); weiter die Einstellungsreflexion mit Klärung eigener Wert- und Glaubensvorstellungen, wertschätzendem Polyzentrismus sowie Ambiguitätstoleranz (»Warum?«); ferner die Klärung der – eigenen wie »fremden« – religiösen Identität (»Wer?«); und zuletzt die Positionierung in einer religiöse(n) Zugehörigkeit (»Woraufhin?«).

In jüngster Zeit hat eine Berliner Arbeitsgruppe um Dietrich Benner und Rolf Schieder eine höchst interessante empirische Studie zur (inter-)religiösen Kompe-

tenz von 15-jährigen Schüler/innen vorgelegt (KERK-Sekundarstufe I), die überwiegend am evangelischen Religionsunterricht teilgenommen hatten (Benner u.a.
2011). Angewendet wurde ein dreistufiges Kompetenzmodell mit den Aspekten
»Religionskundliche Kenntnisse«, »Religiöse Deutungskompetenz« sowie »Religiöse Partizipationskompetenz« (21f., 31 u.ö.). Als Inhaltsbereiche fungierten
drei Formen von Bezugsreligionen: die eigene sowie andere Konfession/en resp.
Religion/en, insbes. Judentum und Islam, sowie drittens das Phänomen Religion in
Kultur und Gesellschaft. Als Ergebnis ließ sich festhalten: gegen Ende der Sekundarstufe I (10. Klassenstufe) ist bei Schüler/innen des Evangelischen Religionsunterrichts eine deutliche Zunahme insbesondere der interreligiösen (Grund-)Kennt-
nisse und der diesbezüglichen Deutungskompetenz (135–140) festzustellen, wobei
die Dauer der Partizipation am RU, ein hohes formales Bildungsniveau sowohl
des Elternhauses als auch der besuchten Schulform (Gymnasium), das Geschlecht
(Mädchen) sowie eine Teilnahme am kirchlichen Leben eine fördernde Wirkung
aufwiesen. Auch die Einstellung gegenüber der Religionsthematik erwies sich als
eindeutig: interkonfessionelle und interreligiöse Themen führten die Wunschliste
für Themen des RU an. Wenn sich auch manche Rückfragen an das angewandte
multiple-choice-Verfahren im Allgemeinen sowie an einzelne Frage- resp. Ant-
wortvorgaben stellen (z.B. »Chanukka« im Wissensbereich oder Interpretation
der Ringparabel im Deutungsbereich), scheint die breit beachtete Studie doch dem
(evangelischen) Religionsunterricht eine beachtliche Relevanz und Effektivität gerade im Bereich der Förderung interreligiöser Kompetenz zu bescheinigen. Dass es
dennoch zu schwierigen Unterrichtssituationen besonders im Blick auf den Islam
kommen kann, zeigen Unterrichtsprotokolle (Asbrand 2000).

4.6.5 Religionsdidaktische Aspekte

Nach der traditionellen Weltreligionen-Didaktik fokussierte die religionspädagogische Diskussion in den 80er und 90er Jahre des 20. Jh. das Ökumenische Lernen und
rückte seit Mitte der neunziger Jahre und verstärkt dann im neuen Jahrhundert das
Interreligiöse Lernen ins Zentrum der Aufmerksamkeit. Religiöse Differenz wird
dabei primär als Bereicherung und als Chance wahrgenommen (Weiße/Gutmann
2010). Mehr noch: die Religionspädagogik insgesamt soll sich der Herausforderung
einer pluralen Gesellschaft stellen und sich als »Pluralitätsfähige Religionspädagogik« erweisen, wie der Reihentitel der von führenden Religionspädagogen beider
großen Konfessionen im Jahr 2002 initiierten Schriftenreihe »Religionspädagogik
in pluraler Gesellschaft (RPG)« programmatisch formuliert (Schweitzer u.a. 2002).
   Im Blick auf didaktische Grundsätze für die Thematisierung von anderen Religionen im Religionsunterricht wurden bereits 1987 anlässlich einer Tagung zur

Religionen-Didaktik in Goslar wichtige Prinzipien formuliert, die auch für das Interreligiöse Lernen ihre Gültigkeit behalten haben. So solle der Unterricht über Weltreligionen erstens »als ein Unterrichtsprinzip, nicht nur als Teilinhalt eines Schulfaches« verstanden werden; es sei dabei zweitens »nach der ›Mitte‹ (›Sinn-mitte‹?) der jeweiligen Religion zu fragen«; man solle »den anderen als expliziten oder impliziten Gesprächspartner« vor Augen haben und die Rückfrage stellen: »Kann er sich in meiner Darstellung seines Glaubens wiederfinden?« Viertens sei eine existentielle Begegnung anzustreben (Achilles u.a. 1988, 169).

Auf katholischer Seite propagierte Stephan Leimgruber die »Begegnung« als »Königsweg« des Interreligiösen Lernens: »Lernen in der Begegnung und durch die Begegnung« (2007, 101; 351), auf evangelischer entfaltete Johannes Lähne-mann eine didaktische Stufenfolge: sich gegenseitig kennen/verstehen/achten/voneinander lernen/füreinander eintreten (1998, 409). Eine »Begegnung« mit dem Anderen durch die unmittelbare personale Präsenz und Kommunikation unter An-wesenden lässt sich auf unterschiedliche Arten durchführen: durch einen Besuch in einer jüdischen oder muslimischen Gemeinde, eine Einladung von Vertreter/innen anderer Religionsgemeinschaften in den Religionsunterricht oder durch konfessions- bzw. fächerübergreifenden Unterricht (Ethik), ist aber in jedem Fall auf sorgfältige Planung und Begleitung angewiesen. »Begegnung« kann jedoch auch über »Medi-en« vermittelt stattfinden: über religiöse Artefakte bzw. Kultgegenstände (Grimm-mitt u.a. 1991), etwa »Kippa, Kelch und Koran« (Sajak 2010) oder über literarische Texte (Clément 2003; Gellner/Langenhorst 2013), insbesondere auch über (auto-) biographische Darstellungen. Die Grenzen eines unmittelbaren – performativen – Erlebens religiöser Grunderfahrungen im Religionsunterricht zeigt sich etwa an der Problematik einer Inszenierung von religiösen Festen resp. Ritualen wie Seder-Feier oder Abendmahl. Bei einer offenen Fest- resp. Unterrichtsgestaltung lassen sich drei didaktische Wege, die den pluralistischen Ansatz auf je eigene Weise entfalten, unterscheiden: ein multireligiöses Vorgehen stellt Elemente unterschied-licher Konfessionen/Religionen zusammen, ein interreligiöses (i.e.S.) akzentuiert die probeweise – etwa auch gedankliche oder argumentative – Übernahme anderer Positionen, bei einer »transreligiösen« Variante entstehen in kreativer, phantasie-voller resp. projektiver Weise neue Ideen bzw. Elemente (Baur 2007).

Wie bei allen Formen einer dialogischen Interaktion bzw. Kommunikation sind drei Gefahren bzw. Fehlformen des interreligiösen Lernens möglich: die Über-höhung der eigenen Position bei Abwertung der anderen bei unterschiedlichen Spielarten von Vorurteilen oder Fundamentalismus; komplementär dazu das Auf-geben der eigenen Position, die Überhöhung oder die »emphatische Umarmung« des Anderen (Drehsen 1994, 63) und schließlich das Verfehlen des dialogischen Prozesses, also alle Formen des Aneinander-Vorbeiredens, der Missverständnisse bzw. des unangemessenen Vergleichens.

Es gilt also, sowohl die eigene Position selbstbewusst zu vertreten als auch, sich der Faszination des Fremden zu öffnen, dieses jedoch in seiner Fremdheit zu respektieren, die »Spur des Anderen« (Levinas) zu verfolgen. Auf der emotionalen Ebene ist dafür mutuale Anerkennung sowie Ambiguitätstoleranz nötig, auf der kognitiven die Fähigkeit zum (selbst-)kritischen, mehrperspektivischen sowie komplementären Denken (Nipkow 2007, 16).

Dass dabei eine eigene religiöse Identität sowie eine dialogische Auseinandersetzung mit anderen religiösen Positionen keinesfalls eine zeitlich bzw. entwicklungslogisch gestaffelte Abfolge darstellt, wie das noch die EKD-Denkschrift mit dem Titel »Identität und Verständigung« im Jahr 1994 nahelegte, vielmehr nur als zugleich stattfindender, ineinander verwobener, ja sich wechselseitig bedingender einheitlicher und lebenslanger Prozess verstanden werden kann, ist heute religionspädagogischer Konsens und entspricht auch den Lebens- und Erfahrungsbedingungen heutiger Heranwachsender, die spätestens mit Eintritt in den Kindergarten mit der religiösen Pluralität konfrontiert sind und dies auch wahrnehmen. Zur Entwicklung und Ausbildung einer begründeten religiösen Identität bzw. der religiösen Mündigkeit in einer pluralistischen Gesellschaft, dem zentralen Bildungsziel des Religionsunterrichts, gehört damit die interreligiöse Dimension unabdingbar dazu.

Ein kompetenzorientierter Religionsunterricht geht dabei von Anforderungssituationen aus wie der folgenden, formuliert für die gymnasiale Oberstufe:

»Die siebzehnjährige Miriam beschließt nach einem Streit mit ihrer atheistischen Mutter über ihre religionskritische Erziehung bewusst, ein neues Leben einzuschlagen. In ihren Augen kommt ein Leben als Jüdin, als Buddhistin oder als Christin in Frage. Bevor sie sich entscheidet, will sie sich die drei Glaubensformen genau ansehen.

→ Sie werden von ihr gebeten aufzuzeigen, worin sich christlicher Glaube zeigt.

→ Stellen Sie die wichtigsten Merkmale christlichen Glaubens zusammen.« (Rupp / Dieterich 2014, 316)

Für den Abschluss der Sekundarstufe I hat die EKD im Jahr 2011 »Kompetenzen und Standards für den Evangelischen Religionsunterricht in der Sekundarstufe I« veröffentlicht und u.a. für unser Thema formuliert,

»was Schülerinnen und Schüler [...] nach zehn Jahren Religionsunterricht [...] können sollen und was zugleich messbar ist.

1. Den eigenen Glauben und die eigenen Erfahrungen wahrnehmen und zum Ausdruck bringen sowie vor dem Hintergrund christlicher und anderer religiöser Deutungen reflektieren. [...]

3. Individuelle und kirchliche Formen der Praxis von Religion kennen und daran teilhaben können.

4. Über das evangelische Verständnis des Christentums Auskunft geben. […]

6. Sich mit anderen religiösen Glaubensweisen und nicht-religiösen Weltanschauungen begründet auseinandersetzen, mit Kritik an Religion umgehen sowie die Berechtigung von Glaube aufzeigen.

7. Mit Angehörigen anderer Religionen sowie mit Menschen mit anderen Weltanschauungen respektvoll kommunizieren und kooperieren.

8. Religiöse Motive und Elemente in der Kultur identifizieren, kritisch reflektieren sowie ihre Herkunft und Bedeutung erklären.« (Evangelische Kirche in Deutschland 2011, 20–22)

Zwar sind diese Vorgaben für den evangelischen Religionsunterricht in der Bundesrepublik nicht verbindlich, doch stellen sie das Ergebnis eines längeren, u.a. auch über das Comenius-Institut in Münster kanalisierten Diskurses zu religionspädagogischen Kompetenzenformulierungen dar und werden zugleich in starkem Maße wahrgenommen und deshalb auch für künftige länderspezifische Bildungspläne stilbildend wirken. Auf katholischer Seite formulierten die von den deutschen Bischöfen erlassenen »Kirchliche[n] Richtlinien zu Bildungsstandards für den katholischen Religionsunterricht« für den mittleren Schulabschluss reduzierte, inhalts- bzw. gegenstands- wie kirchenbezogene und nun als »normative Vorgaben« (38) auch verbindlich zum – sechsten – »Gegenstandsbereich ›Religionen und Weltanschauungen‹«:

»Die Schülerinnen und Schüler können […] in Grundzügen darstellen«: erstens das Judentum, zweitens den Islam, drittens »das Verhältnis der Kirche zum Judentum und Islam« (wobei hier der Operator »darstellen« durch den anspruchsvolleren »erläutern« ersetzt ist) und viertens »sektenhafte Frömmigkeit als Fehlentwicklung einer Religion beispielhaft darstellen« (Sekretariat der Deutschen Bischofskonferenz 2004, 28f.).

Im Sinne eines Spiralcurriculums fordert eine weitere Verlautbarung für die Primarstufe / Grundschule beim sechsten »Gegenstandsbereich – ›andere Religionen‹«:

»Die Schülerinnen und Schüler können wichtige Elemente des jüdischen [resp. muslimischen] Glaubens benennen.« Als Stichwörter sind für das Judentum Thora, Mose, Schabbat, Pessach und Synagoge genannt, im Blick auf den Islam Koran, Mohammed, Ramadan und Moschee (Sekretariat der Deutschen Bischofskonferenz 2006, 37).

Auf evangelischer Seite steht eine analoge Veröffentlichung der EKD bisher noch aus. Doch zeigt ein Blick auf kompetenzorientierte Bildungspläne, etwa in Baden-Württemberg, dass auch hier ein langsames Vertrautwerden mit der »christlichen Religion« sowie der eigenen Konfession, »Achtung« vor Menschen mit anderen – religiösen – Orientierungen sowie das Kennenlernen von grundlegenden Merkmalen der beiden anderen bzw. aller drei monotheistischen Religionen Ziele des Religionsunterrichts in der Primarstufe sind, etwa zentrale »Merkmale der [jeweiligen] Glaubenspraxis« bzw. der Glaube an »einen Gott, in unterschiedlichen Formen«.

Ein Blick in Schulbücher für den Religionsunterricht der beiden großen Konfessionen zeigt, dass die eigene religiöse resp. konfessionelle Identität, die Beschäftigung mit anderen Konfessionen bzw. Religionen sowie das interreligiöse Lernen einen durchgängigen Themenkreis vom Schulbeginn bis zum Abschluss der Sekundarstufe I darstellen. Gemeinsamkeiten der drei abrahamitischen / monotheistischen Religionen (Abraham, Gottesvorstellung etc.) werden dabei ins Zentrum gestellt und über Feste und Personen anschaulich dargestellt, während die fernöstlichen Religionen sowie explizite Fragen des interreligiösen Dialogs gegen Ende der Sekundarstufe I thematisiert werden.

Drei nicht unbedenkliche Tendenzen lassen sich dabei in aller Kürze erkennen und benennen: zum einen erscheinen die Konfessionen resp. Religionen in sich weitgehend als monolithische Einheiten und werden teilweise auf starre Begriffe bzw. Schemata festgelegt bzw. reduziert (Speisevorschriften im Judentum, fünf Säulen des Islam); zweitens sind Unterschiede zugunsten der Gemeinsamkeiten als tendenziell nach- bzw. untergeordnet dargestellt (etwa die trinitarische Gottesvorstellung) und zuletzt werden ethisch problematische Seiten von Religionen, insbesondere die Gewalt- und die Frauen-Thematik, explizit aus dem Bereich der Religion exkludiert und als Themen anderer Bereiche, insbesondere der Politik, namhaft gemacht. Alle Religionen erscheinen so als dem Frieden und der Gleichstellung der Frau gleichermaßen verpflichtet wie verbunden. Ob damit aber solch grundlegende Problemstellungen dann im Religionsunterricht noch angemessen und tiefgreifend bearbeitet werden können, bleibt eine offene Frage.

4.6.6 Niveaukonkretisierungen

Im Blick auf die Entwicklungslogik ist es sicherlich weiterhin richtig, von konkreten, anschaulichen Darstellungen in der Primarstufe zu abstrakteren Überlegungen gegen Ende der Sekundarstufe I weiter zu gehen, wobei Beispiele und Bezüge zu Alltag und Lebenswirklichkeit weiterhin ihre Bedeutung behalten.

Als Weiterentwicklungsmöglichkeiten gegenüber den bisherigen religionsdidaktischen wie -unterrichtlichen Gepflogenheiten bieten sich aufgrund des Gesagten folgende an:

– Übungen zu (religiösen) Perspektivwechseln sollten – auf verschiedenen Konkretions- und Abstraktionsstufen – ein durchgängiges Prinzip der (inter-)religiösen Dimension des Religionsunterrichts sein.

– Religionen und Konfessionen sollten dabei von Anfang an nicht als monolithische und auf bestimmte Schlagworte reduzierbare Einheiten dargestellt,
 sondern in ihrer Vielgestaltigkeit fassbar werden.

– Thema müsste auch die Ambivalenz jeder Konfession und Religion sein. Religionen lassen sich nicht nur politisch missbrauchen, eine Herrschaftsstruktur
 – mit den Polen von Beherrschung und Befreiung – ist auch dem »religiösen
 Feld« selbst eigen (Bourdieu 2000, 56 u.ö.).

– Für eine solche zugleich differenzierte und offene Darstellung von Religion
 eignen sich (Lebens-)Erzählungen und Darstellungen der Bildenden Kunst in
 besonderer Weise.

Einen möglichen Überblick über die thematisch akzentuierten Kompetenzbereiche
in der Primar- und Sekundarstufe gibt folgende Tabelle (wobei stets exemplarisch,
nicht summarisch bzw. enzyklopädisch vorzugehen ist):

Klassen/ Themen	Religion allgemein	Eigene Religion/ Konfession	Andere Konfession/en/ Weltreligionen	Interreligiöser Dialog
1/2	Religion: Besondere Zeiten, Orte; im Alltag	Feste im Christentum	Feste im Judentum und Islam	Gemeinsam feiern
3/4	Religion und Fragen des Lebens	Elementarer Überblick: Christlicher Glaube	Elementarer Überblick: Judentum, Islam	Gemeinsam nach dem Leben fragen
5/6	Religiöse / nicht-religiöse Perspektiven Perspektivenwechsel	Pfingsten Christliche Kirche(n)	Judentum (Exodus, Tora, Feste)	Abrahamitische Religionen: Abraham Feste
7/8	Perspektivenwechsel: Religion und Medien	Reformation Evangelisch	Judentum heute; Islam; Strömungen	Evangelisch/ Katholisch Jesus als Jude Jesus im Koran
9/10	Private, öffentliche, institutionalisierte Religion	Merkmale des eigenen Glaubens	Freikirchen und/ oder Sondergemeinschaften Buddhismus	Shoa Buddha/Jesus
Gymnasiale Oberstufe	Religionsbegriff/ Religionstheorie	Basiskurs Christentum	Basiskurs (Welt-)Religionen	Interreligiöser Dialog Ringparabel

5. Nachhaltiges Lernen im Religionsunterricht – ein Epilog

Religionsunterricht leidet generell an einem normativen Überschuss. Auch die Überlegungen zum Kompetenzerwerb laufen Gefahr, immer mehr zu wollen, als möglich ist. Die Orientierung an Messverfahren fördert eine Zeitperspektive, die die Erfolgskontrolle möglichst nahe an die Lernphase platzieren möchte, weil da die besten Ergebnisse zu erwarten sind. Dabei wird leicht vergessen, dass der Anstoß zur Kompetenzorientierung von Vergleichsstudien herrührt, die sich gerade durch ihre *Ferne* von konkreten Lernarrangements in einer bestimmten Klasse her definierten. Dies gilt exemplarisch für die PISA-Studien.

Diese haben so auch den Schulunterricht verändert. Der dort verwendete Aufgabentyp erwartet von den Schüler/innen die Bewältigung komplexerer Aufgaben. Eine Folge dieses neuen Anforderungstyps war die Umstellung der Lehrpläne auf Bildungsstandards und Kompetenzen. Das Fach Religion (mit den konfessionellen Varianten) hat diese Entwicklung mitgemacht, wenngleich sich die neuen, kompetenzorientierten Pläne z.T. deutlich unterscheiden. Die Idee ist, dass Schüler/innen in konkreten Anforderungssituationen dazu in der Lage sein sollen, ein bestimmtes Problem zu lösen (Beispiel: In einem Trauerfall einen Kondolenzbrief schreiben können, in dem sich die christliche Auferstehungshoffnung niederschlägt). Betrachtet man diesen Aufgabentyp, dann kann man einerseits seine »Problemorientierung« erkennen. Auf den zweiten Blick beschleicht einen aber die Vermutung, dass eine solche Aufgabe nur der lösen kann, der etwas vertrauter mit der spezifischen christlichen Tradition ist. Es handelt sich hier immerhin um eine Transferaufgabe. Nun lässt sich aber feststellen, dass die Formulierungen der Kompetenzen in aller Regel erfolgt, ohne dass empirische Studien darüber zugrunde liegen, ob das, was erwartet wird, für diese Stufe überhaupt realistisch ist (Obst 2008, 68f). Andererseits werden Kompetenzen, die sich einstellen, gar nicht erwähnt, weil man sie noch nicht wahrgenommen hat (Roose 2011).

Wir möchten im Folgenden zeigen, was man auf der Basis empirischer Forschungen an (nachhaltigen) Lernleistungen erwarten kann und was nicht, und formulieren einige Vorschläge, wie sich die Nachhaltigkeit des Lernens im RU wohl verbessern lässt.

5.1 Fragestellungen

Die für Kompetenzen übliche Formulierung »Am Ende der 8. Klasse soll ...« produziert bislang ungelöste Folgefragen. Wenn ich im Rahmen des Zwei-Jahres-Rhythmus zu Beginn der 7. Klasse ein Thema behandelt habe, kann ich am Ende der UE prüfen, wie gut die erwünschten Kompetenzen und Inhalte jeweils gelernt worden sind. Doch was dann? Können/dürfen/sollen die Schüler/innen danach alles wieder vergessen? Muss ich dann als Lehrkraft dafür sorgen, dass wenigstens zum Ende der 8. Klasse eine Auffrischung erfolgt? Und danach? Sollen die erworbenen Kompetenzen und Inhalte später – etwa in der Oberstufe – noch präsent sein?

Es gibt für diese Fragen bislang nur ein Antwortmodell: Im Rahmen zentral gestellter Abiturprüfungen war es schon immer Usus, den Stoff der letzten beiden Schuljahre zur schriftlichen Abiturprüfung hin zu wiederholen, so dass auch Stoffe, die 1 ½ Jahre vorher behandelt worden waren, nochmals präsent sind. Vergleichbares ist in anderen Altersstufen nicht üblich. Damit erheben sich mindestens vier Fragen: Wie lange können denn gelernte Inhalte überhaupt erinnert werden (5.2)? Gibt es für die Inhalte des RU eine Logik des Erlernens (5.3)? Wie könnte, sollte eine Praxis des Wiederholens aussehen (5.4)? Ist der erhoffte Transfer der erworbenen Kompetenzen in die Alltagswelt realistisch (5.5)?

5.2 Behalten und Vergessen

Womit kann man im Hinblick auf Gedächtnisleistungen rechnen? Die meisten Studien berichten von einer Zunahme der Gedächtnisleistung mit dem Alter bei Kindern und Jugendlichen. Damit meint man in der Regel die Fähigkeit, Gehörtes und Gelesenes zeitnah reproduzieren zu können. Im Rahmen der Münchner Grundschulstudien wurde jedoch auch einmal gemessen, was von einer vor einem Jahr letztmals gehörten Geschichte behalten wurde. Monika Knopf und Wolfgang Schneider resümieren (1998, 90):

> »Bei dieser Analyse zeigte sich, daß die Zahl der im Gedächtnis längerfristig behaltenen Elemente der Geschichte bei den meisten Kindern sehr niedrig war. Durchschnittlich wurden lediglich knapp vier von 74 möglichen Sinneinheiten der [im Versuch so genannten] Umzugsgeschichte reproduziert.« Das Ergebnis schwankte zwischen Null und 12.

D.h., dass die Erwartung im Hinblick auf einmal erzählte und dann besprochene Geschichten auch im RU nicht zu hoch sein sollte. Maria Fölling-Albers und Katja Meidenbauer haben Dritt- und Viertklässler/innen jeweils am Abend nach dem vormittäglichen Unterricht befragt. Dabei wurden formale Aspekte (»das Arbeitsblatt in Mathe«) stärker erinnert als inhaltliche (2010, 236). Nach einem kleinen Impuls konnte etwa die Hälfte der Inhalte – wenn auch knapp – erinnert werden (237). Doch nur leistungsstarke Schüler/innen können den Unterrichtsinhalt wiedergeben. Entscheidend ist nach beiden hier erwähnten Studien die Fähigkeit zur Strukturierung der Inhalte. Wo die – wie bei den leistungsschwachen Schüler/innen – fehlt, wird kaum Sinnhaftes erinnert. In einer Master-Arbeit hat Jordis Radtke untersucht, woran sich Drittklässler/innen aus dem RU des laufenden Jahres noch erinnern. Dabei fiel auf, dass Formales und Methodisches denselben Rang einnahm wie Inhalte (»Da haben wir ein Rollenspiel gemacht.« »Das war das mit dem Lied.«). Von daher erklären sich auch die Befunde des Rückblicks von Abiturienten auf »1000 Stunden Religionsunterricht« (Kliemann/Rupp 2000). Auch hier dominieren eher bestimmte »Events« oder Lehrereigenheiten gegenüber konkreten Inhalten. Man wird bereits an dieser Stelle die Vermutung äußern können, dass es eine Koppelung von Inhalten an Präsentationsformen gibt, die im Gedächtnis der Schüler/innen erhalten bleibt. Dies steht dem Kompetenzgedanken insofern entgegen, als dort davon ausgegangen wird, dass sich die Inhalte quasi entkoppeln lassen, um dann in neuen Anforderungssituationen – nun in einer neuen »Koppelung« – wieder appliziert zu werden. Dabei scheint nach der Studie von Dominik Helbling (2010) die Bereitschaft, RU-Inhalte in entsprechenden Lebenssituationen zur »Anwendung« zu bringen, eher gering zu sein. Es stellt sich von daher die Frage, wieweit es überhaupt sinnvoll und grundsätzlich möglich ist, die Inhalte des RU aus ihrem Unterrichtskontext heraus disponibel machen zu wollen für eine reale oder simulierte Alltagswelt. Interessant ist an dieser Stelle die Studie von Georg Ritzer. Er untersuchte den RU von Oberstufenschüler/innen in Österreich über ein Schuljahr. In Bezug auf Einstellungen z.B. im Hinblick auf Toleranz gab es keine signifikanten Veränderungen. Diese gab es nur im Hinblick auf die Größe »Katholisches Wissen« – einem Pool von Wissensfragen (2010, 258):

> »Bei den Teilnehmer/innen am katholischen Religionsunterricht zeigt sich, dass sie durchschnittlich um über zwei der gestellten Fragen mehr beantworten können als SchülerInnen, die nicht am RU teilnehmen.«

Demnach ist das Verfügen über Wissen letztlich wohl am ehesten die Kompetenz, deren Zuwachs wirklich gemessen werden kann. D.h. im Umkehrschluss, dass es für die anderen Dimensionen von Religion eher nicht gilt.

An dieser Stelle lohnt sich ein Blick auf die Studie von Matthias Proske. Er charakterisiert die messbaren Lernfortschritte einzelner Schüler/innen als Oberflächenphänomen. Er geht davon aus, dass es im Anschluss an Überlegungen von Aleida und Jan Assmann ein Klassengedächtnis gäbe. In diesem sind dann kollektive Lernfortschritte gespeichert. Die Klasse »weiß« dann als Wissensfiktion, was »sie« weiß (2009, 807). Solches Klassenwissen ist – so zeigt Proske – besonders bedeutsam im Hinblick auf Einstellungen, z.B. einer kritischen Haltung gegenüber NS-Phänomenen. Proske resümiert (810):

> »Anders als die Unterrichtsforschung optiert das Konzept des Unterrichtsgedächtnisses erstens für einen zeitlich deutlich längeren Wirkungshorizont. Die Erzeugung lernrelevanter Bedeutsamkeiten auf Seiten der Schüler wird erwartet von der wiederholten Auseinandersetzung mit dem kanonisierten Wissen einer Gesellschaft.«

Proske insistiert damit auf Mechanismen der Wiederholung und ausdrücklich auf der Berücksichtigung der Zeitdimension beim Lernen. Damit kann er den Hiatus überbrücken, der in der Kompetenzdiskussion innerhalb der Religionspädagogik dort auftritt, wo zwar der Ansatz verteidigt wird, gleichzeitig aber betont wird, dass die wesentlichen Erfahrungen des RU sich jenseits dessen ereigneten. Wir lesen Proske an dieser Stelle so, dass es zwar wichtig ist, bestimmte Unterrichtsinhalte durch bestimmte Mechanismen des (Auswendig-)Lernens und der Wiederholung im Klassengedächtnis zu etablieren, dass aber etwas wie ein Frömmigkeitsstil nur durch eine über längere Dauer durchgehaltene gemeinsame Praxis etabliert werden kann. Bevor zu den Möglichkeiten des Wissensaufbaus etwas gesagt werden kann, sei noch eine weitere kleine unveröffentlichte Studie zitiert. Kristina Stemprock hat in einer norddeutschen Realschule das Wissen zu einer Reihe von Items zur biblischen Weihnachtsgeschichte in den Klassen 5–10 erfragt. Dabei ergab sich insgesamt eine U-Kurve, d.h., dass das Wissen von 5 nach 6 leicht anstieg, um dann abzunehmen und in der 10. Klasse etwa das Niveau der Fünftklässler wieder zu erreichen. Nun ist der Wissenseinbruch in den Pubertätsjahren kein Geheimnis. Dennoch wird man, sollten die Ergebnisse der kleinen Untersuchung wirklich valide sein, die Konstruktion z.B. von Spiralcurricula nochmals kritisch hinterfragen müssen.

5.3 Strategien der Nachhaltigkeit

Folgt man Proskes Gedanken, dann wird man zweierlei bedenken müssen: 1. Strategien, nach denen in einer pluralistischen Welt Einigung über kanonische Texte zu gewinnen ist, 2. Strategien der Systematik des Wissensaufbaus und der Sicherung des Gelernten.

Die EKD hat im Hinblick auf Bildung ein Grundwissen gefordert, das in dieser Form wohl auch in der katholischen Kirche so akzeptabel ist (EKD 2006, 79),

> »durch Einführung in eine evangelische [bzw. katholische] Frömmigkeitstradition, durch Kenntnis biblischer Grundtexte und zentraler Glaubensaussagen der christlichen Tradition, durch Begegnung mit wichtigen Gebeten und geistlichen Liedern, durch Beschäftigung mit Vorbildern christlicher Existenz und theologischen Denkens.«

Bernhard Bosold und Hartmut Rupp haben in diesem Sinne »Basics im Religionsunterricht« formuliert: »Basics im RU bezeichnen das, was unverzichtbar, grundlegend und profilgebend ist[,] sowie das, was Heranwachsende brauchen, um sich in der Welt zurecht zu finden.« Dabei formulierten sie *gemeinsam* 12 biblische Perikopen, das Glaubensbekenntnis, das Kirchenjahr, Ps 23, das Vater Unser und den aaronitischen Segen, sechs biblische Bilder aus der Kunstgeschichte, dazu dann jeweils evangelische und katholische Basics wie Choräle oder die Eucharistiefeier. Ein solches Programm ist in Details gewiss modifizierbar. Zumindest im Kontext einer Schule müsste aber ein Konsens darüber herbei zu führen sein, in welcher Weise diese Basics vermittelt und eingeübt werden sollen. Letzteres meint dann auch eine In-Gebrauch-Nahme und eine Wiederholung als Auffrischung. Dies alles gilt, weil nicht mehr vorausgesetzt werden kann, dass es für die einzelnen Schüler/innen eine Wiederbegegnung mit diesen Inhalten in Familie oder Kirche gibt.

In diesem Zusammenhang muss auch das Auswendiglernen angesprochen werden (vgl. Dinkel 2002). Dieses Verfahren gewährleistet am ehesten – wie das Englische und das Französische zeigen –, dass ein Gegenstand »verinnerlicht« wird, »mit dem Herzen gelernt«. Dies ist keine autoritäre Praxis, sondern schafft gerade die Voraussetzung, beim Theologisieren oder Philosophieren auf geprägte Argumentationen zurückgreifen zu können. Gerade im mündlichen Diskurs benötigt man geprägte Tradition, um das bloß subjektive »ich meine« zu überwinden und seine Begründungen in einen größeren Zusammenhang stellen zu können.

Bosold und Rupp haben ihren »Kanon« auf der Grundlage dessen gewählt, was nach ihrem Dafürhalten Konsens der beiden Kirchen sein könnte. Damit ist aber noch keine didaktische Entscheidung getroffen. Wolfgang Klafki hatte einst in seiner Dissertation darüber nachgedacht, ob es eine innere Logik für Stoffauswahl und deren Reihenfolge gibt. Die Frage gilt nach wie vor und sogar noch verschärft. Solange Religionsunterricht sich primär am Kirchenjahr orientierte bzw. sich einer biblisch fundierten Heilsgeschichte (Tzscheetzsch 2002) als Gliederungsprinzip verbunden wusste, war es einfacher, den einzelnen Inhalt zuzuordnen und mit anderen Inhalten zu verknüpfen. Die notwendige Aufnahme der Themen der pluralen Lebenswelt erweist sich bei der Frage eines kohärenten Wissens eher als Nachteil.

Unseres Wissens gibt es aber noch keinerlei Versuche, Logiken in die Themen des RU einzuziehen. Die gebotenen Grundlinien durch die Jahre sind wichtige Orientierungen für die Lehrperson, doch kaum vom Lernen der Schüler/innen her entworfen. Dass ein Thema oder Motiv nach der 4. Grundschulklasse nochmals in Klasse 8 begegnet, bleibt lerntheoretisch irrelevant. Hier wäre zu fragen, wie Wissensbestände über die Jahre hinweg gepflegt werden können. Wir wissen um die positive Wirkung sog. »advance organizers«, die helfen, die Lernfortschritte sichtbar zu machen und die Ergebnisse in gut visualisierte Formen zu bringen. Greift man auf die eingangs zitierten empirischen Befunde zurück, dann müsste man überlegen, ob nicht die zentralen Inhalte des RU jeweils mit einer »Event-Struktur« versehen werden müssten. Oft sind es bisher eher periphere Themen, die mit einer Exkursion, einem Besuch im Unterricht o.ä. verbunden sind, während die zentralen Themen eher »klassisch« und damit eher »vergessensrelevant« behandelt werden.

5.4 Heilsgeschichtliche Konstruktionen als Medien der Gedächtnisbildung

Besonders in der Sek I folgt der RU in starkem Maße den Herausforderungen der sehr pluralen Lebenswelt der Schüler/innen. Dies ist gewiss sinnvoll, hinterlässt aber im Nachhinein den Eindruck, man habe »bloß geredet«. Eine Einordnung der Inhalte in ein starres Konzept theologischer Vorgaben schließt sich aus. Wie ist es dann möglich, sich in der Lebenswelt der Jugendlichen zu bewegen und gleichwohl zum Aufbau kohärenten Wissens beizutragen? Die Frage ist doppelt kompliziert, weil wir – wenn wir ehrlich sind – kaum etwas über Wissensaufbau in religiösen Themen wissen. Zum andern – das kann man bei Foucault lernen – ist »Die Ordnung der Dinge« (2009) immer auch eine Manifestation der Macht, worauf gerade Schüler/innen der Sek I allergisch reagieren. Die »Ordnung der Dinge« im »Klassengedächtnis« müsste demnach Produkt eines Aushandlungsprozesses sein und gleichwohl anschlussfähig bleiben an die »Ordnungen« der Tradition.

Für die Ordnung des biblischen Wissens schlägt Hartmut Rupp deshalb folgendes Vorgehen vor (2009, 144f.):

> »Die Aufgabe sehe ich darin, ein biblisches Rahmenwissen aufzubauen, das einmal eine Vorstrukturierung biblischer Inhalte zur Verfügung stellt, grundlegende Gehalte biblischen Wissens für die Aneignung anbietet und schließlich die Lebensbedeutsamkeit der biblischen Botschaft heraushebt. Dieses Rahmenwissen soll so angelegt sein,

dass es immer wieder aufgerufen werden kann und deshalb für alle Schulstufen und Schularten geeignet ist. […] Neue Inhalte schwirren da nicht wie freie Atome durch den Raum, sondern erhalten in einer geistigen Landkarte einen Ort zugewiesen, der das Behalten und den situativen Gebrauch erleichtert sowie Hinweise auf einen (hoffentlich) lebensbedeutsamen Gehalt gibt.«

Rupp konkretisiert dies mittels eines Legerituals (2009, 149f). Dabei werden bestimmte Linien biblischer Theologie mit farbigen Tüchern auf dem Boden gelegt (Schöpfung, Jesus u.a.). Diesem Muster werden nun die einzelnen biblischen Perikopen, die im Unterricht vorkommen, zugeordnet. Dies lässt sich dann aber ergänzen durch Medien der Lebenswelt, die im RU ebenfalls auftauchen und sich in Bildern, Texten von Popsongs und dergleichen symbolisieren lassen.

Zwar gibt es eine Vorstrukturierung anhand der großen Motive der Bibel, doch jede Klasse konstruiert im weiteren Fortschreiten ihr Klassengedächtnis, das dann auch immer neu »aufrufbar« ist und bei grundsätzlichen neuen Erkenntnissen sogar modifizierbar bleibt.

Das hier skizzierte Modell kann und soll nur ein Baustein sein, dessen Funktionieren auf Dauer dann auch empirisch überprüft werden müsste. Es trägt dann dazu bei, nachhaltiges Lernen zu ermöglichen, nicht durch Schreibtischdekrete, sondern auf der Basis empirischer Befunde.

5.5 Was können bzw. was sollen Kompetenzen leisten?

Will man ein Fazit aus den bisherigen Ausführungen ziehen, dann dieses: Es ist wohl am einfachsten und erfolgversprechendsten, den Zuwachs bzw. das dauerhafte Behalten von materiellem Wissen zu kontrollieren. Entscheidend für den Lernerfolg dürfte es sein, in welchem Maße Schüler/innen in der Lage sind, das neue Wissen in entsprechende domänenspezifische Schemata einzuordnen.

Dazu kommen erwartete operationale Fähigkeiten zum Umgang mit den Inhalten. Hier zeigt die kleine Studie von Kraft (2011) bzw. Roose (2011), dass es ohne empirische Nachprüfung nicht einfach ist, bestimmte Deutungskompetenzen alters- und schulformspezifisch zu formulieren. Unter der Fragestellung »Was können Kinder nach vier Jahren evangelischem Religionsunterricht an der Grundschule?« bearbeiteten Kinder einer 5. Klasse mündlich und schriftlich folgende Fragen:
❑ »Einige Kinder gehen in eine Kirche und sehen das Bild [abgebildet ist ein Kruzifix]. Julia fragt: Warum hängt der Mann am Kreuz? Was würdest du Julia antworten?

❑ Durch Jesus Christus haben Menschen vom Reich Gottes erfahren. Was weißt du darüber?

❑ Menschen aus Südamerika, die an Jesus Christus glauben, haben dieses Bild gemalt [abgebildet ist ein buntes Lebenskreuz]. Was siehst du auf dem Kreuz? Warum haben die Menschen das Kreuz so gestaltet?

❑ Wenn du an Jesus denkst: Welche Fragen beschäftigen dich?« (Roose 2011, 19)

Die Beiträge der Kinder wurden dann auf der Grundlage der »Grounded Theory« ausgewertet. Dabei ergaben sich folgende Analysekriterien:

- »Inwiefern verfügen die Kinder über differenziertes religiös-biblisches Wissen?
- Inwiefern verwenden die Kinder geprägte religiöse Sprache?
- Inwiefern vernetzen die Kinder ihre Wissensbestände?
- Inwiefern gebrauchen die Kinder religiöse Sprache in eigenständiger Weise?
- Inwiefern können die Kinder (ansatzweise) in Paradoxien denken?
- Inwiefern erkennen die Kinder in theologischen Fragen eine Relevanz (für sich)?« (Roose 2011, 30)

Deutlich wird hier, dass die Fragen einerseits auf Wissen (1.), andererseits auf den Umgang mit Wissen (2–6) abheben. Die befragten Kinder verfügen über beachtliches biblisches Wissen. Hinsichtlich der Vernetzung des Wissens, des selbständigen Gebrauchs religiöser Sprache, des Denkens in Paradoxien und der Relevanzfrage zeigen sich deutliche Unterschiede im Leistungsniveau (2011, 39).

Darüber hinaus wurde danach gefragt, wie weit die Aussagen der Kinder Rückschlüsse darauf zulassen, inwiefern sie bestimmte Kompetenzen des niedersächsischen Kerncurriculums für den ev. Religionsunterricht der Grundschule erworben hätten. Im Zentrum steht dabei die für die Klassenstufen 3/4 formulierte Kompetenz: »Die Schülerinnen und Schüler nehmen das Kreuz als Symbol christlichen Glaubens wahr und können Kreuz und Auferstehung auf Christus hin deuten.« Die Gespräche zeigen, dass diese Kompetenz nicht von der Erfahrungswelt der Kinder her formuliert ist. »Nicht das Kreuz, sondern die Heilungsthematik und die Frage nach der graduellen Nähe Jesu stehen für die Kinder im Zentrum der Christologie.« (2011, 30)

Auch hier gibt es im Hinblick auf Dauerhaftigkeit keine sicheren Ergebnisse. Zu vermuten ist, dass Wissen und Deutung in der Regel eng verbunden sind. Wer ein Gleichnis nur unvollkommen erinnert, kennt meist auch keine Interpretationsregeln und umgekehrt. Die vom Religionsunterricht erwünschte Habitualisierung von Haltungen und Einstellungen folgt – nach Proske – wohl eher langfristigen Prozessen und ist deshalb jenseits dessen, was Kompetenzen erfassen können.

Den derzeit methodisch avanciertesten Versuch einer auch testtheoretisch ausgearbeiteten Kompetenzbestimmung haben Benner u.a (2011) vorgelegt. Sie kommen als Fazit ihrer Hauptuntersuchung zu dem Ergebnis (2011, 123):

»dass sich reflexive Fähigkeiten von Schülerinnen und Schülern im Zusammenhang mit Themenstellungen aus dem Evangelischen Religionsunterricht durch zwei trennscharfe Skalen darstellen lassen. Die eine Skala erfasst eindeutig den Bereich religiöser Grundkenntnisse (Wissen), die andere die Fähigkeit zum religiösen Interpretieren und Beurteilen.«

Damit lässt sich ein Zusammenhang zwischen Wissen und Interpretieren-Können annehmen. Die erste Skala entspricht zudem den zitierten Ergebnissen Ritzers (2010). Für den von den Autoren theoretisch postulierten Bereich der Partizipationskompetenz konnten nicht genügend geeignete Aufgaben zur Testung erarbeitet werden (Benner u.a 2011, 41).

Wir sehen diesen Ansatz zumindest als anschlussfähig an das Konzept einer *Theologischen Kompetenz*, wie ihn Mirjam Zimmermann entwickelt hat (2010, 163). Diese betont zu Recht den Inhaltsaspekt christlicher Theologie (z.B. trinitarische Perspektive, Christologie) (2010, 161f.) und verknüpft diesen mit »spezifisch theologischen Reflexionsformen« (2010, 160). Beides zusammen mündet in eine theologische Problemlösungskompetenz. Schüler/innen sollen demnach in die Lage versetzt werden, »eigenständige Lösungsansätze zu schwierigen theologischen Fragen zu entwickeln« (2010, 161). Auch hier finden wir – natürlich theologisch zugespitzt – die Koppelung eines Inhalts- bzw. Wissensaspektes mit operationalen Fähigkeiten und Fertigkeiten – natürlich insbesondere bezogen auf die theologisch relevanten Themen und Texte.

5.6 Passungen

Mirjam Zimmermann betont die Lehr- und Lernbarkeit der Kompetenzen (2010, 164). Im Anschluss an Hartmut Rupp haben wir mögliche Wege der Präsentation biblischer Inhalte skizziert. Dass das theologische Gespräch mit Schüler/innen definitiv einen Lerneffekt hat, können wir im Anschluss an die Arbeiten von Lawrence Kohlberg begründet annehmen (vgl. Kap. Moralität). Was an dieser Stelle aber zu besprechen ist, ist das Problem der Passung zwischen den Fragen und Problemen der Schüler/innen einerseits und dem Angebot der Theologie bzw. des Religionsunterrichts andererseits. Folgt man Friedrich Schweitzer, dann sind die Leitfragen einer Kindertheologie etwa (2011a, 49f.):

> »1. Wer bin ich und wer darf ich sein? – Die Frage nach mir selbst.
> 2. Warum musst du sterben? – Die Frage nach dem Sinn des Ganzen.

3. Wo finde ich Schutz und Geborgenheit? – Die Frage nach Gott.
4. Warum soll ich andere gerecht behandeln? – Die Frage nach dem Grund ethischen Handelns.
5. Warum glauben manche Kinder an Allah? – Die Frage nach der Religion der anderen.«

Nimmt man an, dass dieser Katalog den wichtigsten Fragen der Kinder folgt, dann stellen sich gleichwohl Fragen. Die Punkte entsprechen nur zum Teil dem Kanon christlicher Theologie. D.h. sie könnten ohne Schwierigkeiten auch zum Ausgangspunkt eines kinderphilosophischen Programms oder Curriculums werden. Man kann die Kinderfragen hinter diesem Programm gewiss als ein Ausdruck »impliziter Theologie« (Schlag/Schweitzer 2011) sehen. Dann stellt sich aber umso dringlicher die Frage einer entsprechenden Theologie. Carsten Gennerich (2010) hat es unternommen, das weite Feld möglicher religiöser Äußerungen in einen großen Rahmen klassischer Theologumena einzuzeichnen. Doch zeigt sich beim genaueren Hinsehen, dass sein Entwurf von einer unmittelbaren unterrichtlichen Umsetzung trotz des Verweises auf Unterrichtsmodelle im Einzelnen noch weit entfernt ist. In dem didaktisch fruchtbaren, protestantischerseits aber wenig geliebten Modell einer »natürlichen Theologie« wäre der Schweitzersche Katalog danach zu befragen, wo seine offenbarungstheologischen Entsprechungen zu suchen sind. Diese Frage stellt sich ganz pragmatisch, wenn man etwa die klassischen Themen der Theologie an den Katalog heranträgt, ganz besonders im Hinblick auf die Christologie.

Bevor wir einer konkreten Möglichkeit nachgehen, wie es zur Passung zwischen Schülerinteresse und theologischen Schlüsselinhalten kommen kann, sei ein Blick auf die Rhetorik geworfen. Nach Aristoteles stellt diese das Vermögen dar, »bei jedem Gegenstand das Glaubenserweckende zu erkennen« (Rhet. 1.2.1 [1355b]) zit. nach: Ueding/Steinbrink 2005, 211). D.h. hinter dieser Äußerung steht die Vermutung, dass vermutlich fast jedem Inhalt etwas »Glaubenserweckendes« abzugewinnen sei. So unterteilt die Rhetorik nach der spezifischen angenommenen Rezeptionsbereitschaft der Zuhörer/innen (2005, 213f.), d.h., dass auch für erst einmal uninteressierte Hörer/innen nach Mitteln und Wegen gesucht wird, diese zur Aufnahme des Inhaltes geneigt zu machen. Hier liegt ein wichtiges verwandtes Element zum Elementarisierungskonzept. Die implizite Hypothese besteht bei beiden darin, durch die Antizipation der Rezeptionsbedingungen eine bessere Aufnahme und damit Nachhaltigkeit zu erreichen. Immerhin wird auch dort darüber nachgedacht, wie bei widrigen Bedingungen ein Erfolg bei den Zuhörer/innen zu erreichen sei.

Im Blick auf den RU führt das zu einem in der Nachhaltigkeitsdiskussion bislang kaum bedachten Aspekt. Wir haben bereits auf die Studie von Kliemann und Rupp (2000) hingewiesen. Sie zeigt, dass der Normalunterricht leichter vergessen wird als die *Events*. Damit sind in allererster Linie außergewöhnliche Projekte wie Aufführungen, Exkursionen etc. gemeint. Es gibt aber noch eine andere Ebene. Manchmal gelingt es, in einzelnen Religionsstunden, eine besondere Dichte zu erreichen. Oft geschieht dies ungeplant und sogar entgegen der ursprünglichen Planung. Und doch gibt es Medien, mit denen man (zumindest bestimmte Lehrkräfte) eine besondere Involviertheit erzeugen kann. Am Ende der weiterführenden Schulen geht es um die Frage des Übergangs z.B. in den Beruf. Man kann dies thematisieren z.B. im Zusammenhang mit dem Thema »Arbeit«. Doch geht es bei diesen Übergängen auch um archetypische Prozesse mit einer hohen Affinität zu bestimmten Symbolen, die wiederum durch ein bestimmtes Unterrichtsangebot angesprochen werden. Wir skizzieren dies anhand der Unterrichtserfahrung mit Herrmann Hesses Märchen »Der Flötentraum«.

In einer traumartigen Atmosphäre wandert ein junger Mann aus seinem Dorf hinaus. Schließlich trifft er ein Mädchen und freundet sich mit ihm an. Doch dann zieht er weiter und kommt schließlich an einen Fluss. Dort steigt er zu einem Fährmann ins Boot. Beide singen Lieder, wobei der Fährmann immer die andere – vom jungen Mann nicht angesprochene – Seite des Themas besingt. Dies irritiert den Jüngling und er äußert den Wunsch, auszusteigen und wieder zurückzukehren.

Wenn man an dieser Stelle des Märchens aufhört, ergibt sich die Frage, ob der junge Mann umkehren kann. Interessanterweise waren Realschüler/innen der 10. Klasse und Abiturient/innen – im Sinne des Schlusses bei Hesse – in ihrer Mehrzahl der Meinung, er könne nicht mehr umkehren, im Gegensatz zu den Zwölftklässler/innen, die ihn umkehren ließen. Man wird dieses Ergebnis gewiss nicht überinterpretieren, wenn man davon ausgeht, dass die Schüler/innen ihre Lebenssituation in diesem Märchen spiegeln, so dass etwa die Zwölftklässler/innen dem »Ernst des Lebens« hofften – zumindest für ein Jahr – noch entgehen zu können. Will man diese Erfahrung verallgemeinern, dann wird man fragen müssen, welche Symbole und Narrative denn für eine bestimmte Lebenssituation passen. Dazu können verschiedene (tiefen)psychologische Theorien hilfreich sein (Büttner 1991, 208f.). Von dieser Logik her erweisen sich dann oft gerade auch biblische Geschichten als Katalysatoren, um eigene Befindlichkeiten implizit zu thematisieren, ohne sich explizit persönlich erklären zu müssen. Nicht zufällig sind es dann auch solche Geschichten, die bei den Schüler/innen noch lange erinnert werden. Es ist freilich klar, dass man solche Angebote nur in dosierter Form machen kann, weswegen sie eher ergänzend zu den Ausführungen oben anzusehen sind. Gleichwohl sei zum Ende dieses Buches noch ein weiteres Beispiel diskutiert.

In den Curricula der 5./6. Klassen wird das Thema der Kindheit explizit. Dies hilft den Kindern auf der Schwelle zur Pubertät, nochmals ihre Befindlichkeit zu reflektieren – gerade auch in der Rückschau auf die Grundschulzeit und im Lichte erster Blicke auf das andere Geschlecht. Mit Hans Meys »Bömmels Traum« bietet SpurenLesen 1 (2007, 26ff.) eine Geschichte, die mit dem Traum bewusst auch auf die unbewusste Dimension zielt.

> Bömmel hat Schulängste und erfährt das Verhalten der Lehrer ihm gegenüber als Bloßstellung. Da träumt er in verfremdeter Weise die Szenen des Schulvormittags nochmals. Er wird immer kleiner. Doch da begegnet ihm eine tröstliche (Heils-)Gestalt, die ihn wieder aufbaut und er immer größer wird. So bestärkt, kann er sich am nächsten Morgen gegenüber dem Lehrer behaupten.

Bei der Geschichte gibt es vordergründig nicht viel »zu lernen«. Sie zielt mit der Traumwelt auf etwas ab, was zu Recht nicht im Fokus der Schulwelt liegt. Trotzdem ist die Geschichte »merk-würdig«, weil sie dem einen oder der anderen Schüler/in in einer bestimmten Situation wichtig werden kann. So ergeben sich nicht selten seelsorgerliche Gesprächsanlässe aus der Art, wie Schüler/innen bestimmte Szenen und Geschichten z.B. aus der Bibel aufnehmen und verarbeiten. Solche Bilder und Texte können dann eine ganz andere Form der Nachhaltigkeit erzeugen als der Inhalt der »Normalstunden«. Es geht nicht darum, das eine gegen das andere auszuspielen. Wichtig ist es aber, darauf hinzuweisen, dass sich Nachhaltigkeit nicht im bloßen Erinnern von Schulstoff erschöpft.

Literatur

Achilles, Johann-Henning / Lähnemann, Johannes / Siedschlag, Carsten (1988), Essentials des Unterrichts über Weltreligionen, in: Kwiran, Manfred (Hg.), Bildungsinhalt: Weltreligionen. Grundlagen und Anregungen für den Unterricht, Münster, 169–170

Adam, Gottfried / Schweitzer, Friedrich (Hg.) (1996), Ethisch erziehen in der Schule, Göttingen

Aichele, George (2005), Kanon als Intertext: Einschränkung oder Befreiung?, in: Alkier, Stefan / Hays, B. Richard (Hg.), Die Bibel im Dialog der Schriften. Konzepte intertextueller Bibellektüre, Tübingen / Basel, 159–178

Althaus, Paul (1947), Grundriß der Dogmatik 1. Teil, Gütersloh

Anselm von Canterbury (1995), Proslogion, Einl. u. Übers. Franciscus Salesius Schmitt, 3. Aufl., Stuttgart

Aristoteles (2004), Topik, übers. von T. Wagner u. T. Rapp, Stuttgart

Arnheim, Rudolf (1991), Kunst als Therapie, in: Arnheim, R., Neue Beiträge, Köln, 232–330

Artelt, Cordula u.a. (2001), Lesekompetenz: Testkonzeption und Ergebnisse, in: Baumert, Jürgen u.a. (Hg.), PISA 2000. Basiskompetenzen von Schülerinnen und Schülern im internationalen Vergleich, Opladen, 69–137

Asbrand, Barbara (2000), Zusammen leben und lernen im Religionsunterricht. Eine empirische Studie zur grundschulpädagogischen Konzeption eines interreligiösen Religionsunterrichts im Klassenverband der Grundschule, Frankfurt/M.

– / Heller, Nina / Zeitler, Sigrid (2012), Die Arbeit mit Bildungsstandards in Fachkonferenzen. Ergebnisse aus der Evaluation des KMK-Projektes for.mat, Die Deutsche Schule, 104. Jg., 31–43

Asserate, Asfa-Wossen (2004), Manieren, in: Kirchenamt der EKD. Die Manieren und der Protestantismus, EKD-Texte 79, Hannover, 17–40

Assmann, Jan (2002), Das kulturelle Gedächtnis. Schrift, Erinnerung und politische Identität in frühen Hochkulturen, 4. Aufl., München

– (2006), Ma'at, Gerechtigkeit und Unsterblichkeit im Alten Ägypten, 2., um ein Nachwort erw. Aufl., München

Aupers, Stef & Houtman, Dick (2005), »Realität ist voll ätzend«. Entfremdung und Cybergnosis, Concilium (D), 41. Jg., 63–71

Austin, John (1979), Zur Theorie der Sprechakte, 2. Aufl., Stuttgart

Baldermann, Ingo (1989), Wer hört mein Weinen? Kinder entdecken sich selbst in den Psalmen, Neunkirchen-Vluyn

– (1991), Gottes Reich – Hoffnung für Kinder. Entdeckungen mit Kindern in den Evangelien, Neukirchen-Vluyn

Baltz-Otto, Ursula (2001), Literatur im Religionsunterricht, in: LexRP Bd. 2, Sp. 1265–1269

Barbour, Ian G. (2010), Naturwissenschaft trifft Religion. Gegner, Fremde, Partner?, Göttingen

Bar-Efrat, Shimôn (2006), Wie die Bibel erzählt. Alttestamentliche Texte als literarische Kunstwerke verstehen, Gütersloh

Barmer Erklärung (1934), http://www.ekd.de/glauben/bekenntnisse/barmer_theologische_erklaerung.html

Barth, Hans-Martin (2008), Dogmatik. Evangelischer Glaube im Kontext der Weltreligionen, 3., aktualisierte und erg. Aufl., Gütersloh

Barth, Karl (1934), Nein! Antwort an Emil Brunner, München

– (1960), Kirchliche Dogmatik I/2, 5. Aufl., Zürich

Bartsch, Paul Detlev (1999), Förderung von Medienkompetenz im Handlungsfeld Schule, in: Schell, Fred u.a. (Hg.), Medienkompetenz. Grundlagen und pädagogisches Handeln, München, 258–261

Baudrillard, Jean (1982), Der symbolische Tausch und der Tod, München

Bauer, Eva-Maria (1994), Der Weg der Stille – Weg zu einer kindgemäßen Spiritualität in der Schule, in: Schweitzer, Friedrich / Faust-Siehl, Gabriele (Hg.), Religion in der Grundschule, Frankfurt/M., 205–214

Bauke-Ruegg, Jan (1998), Die Allmacht Gottes. Systematisch-theologische Erwägungen zwischen Metaphysik, Postmoderne und Poesie, Berlin / New York

Bauman, Zygmunt (1995), Postmoderne Ethik, Hamburg

Baumert, Jürgen u.a. (Hg.) (2001), PISA 2000. Basiskompetenzen von Schülerinnen und Schülern im internationalen Vergleich, Opladen

– (2002), Deutschland im internationalen Bildungsvergleich, in: Killius, Nelson u.a. (Hg.), Die Zukunft der Bildung, Frankfurt/M., 108ff.

Baur, Katja (Hg.) (2007), Zu Gast bei Abraham. Ein Kompendium zur interreligiösen Kompetenzbildung, Stuttgart

Beck, Ulrich (1986), Risikogesellschaft. Auf dem Weg in eine andere Moderne, Frankfurt/M.

Bederna, Katrin (2012), »Seele ist mal wieder die Einzigartigkeit des Menschen«. Jugendtheologien der Seele, in: Dieterich, Veit-Jakobus (Hg.), Theologisieren mit Jugendlichen. Ein Programm für Schule und Kirche, Stuttgart, 114–134

Benjamin, Walter (1969), Der Erzähler. Betrachtungen zum Werk Nikolai Lesskows, in: Illuminationen, Ausgewählte Schriften, Frankfurt/M., 409–436

Benk, Andreas (1998), »Warum steht in der Bibel nichts vom Urknall?« Der Religionsunterricht als Indikator einer vernachlässigten Auseinandersetzung, in: Büttner, Gerhard u.a., Wegstrecken (FS Jörg Thierfelder), Stuttgart, 150–159

– (2000), Moderne Physik und Theologie, Mainz

– (2012), Gott ist nicht gut und nicht gerecht. Zum Gottesbild der Gegenwart, 2. Aufl., Ostfildern

Benner, Dietrich u.a. (Hg.) (2011), Religiöse Kompetenz als Teil öffentlicher Bildung. Versuch einer empirisch, bildungstheoretisch und religionspädagogisch ausgewiesenen Konstruktion religiöser Dimensionen und Anspruchsniveaus, Paderborn u.a.

Bennett, Milton (2007), Intercultural Communication, a Current Perspective, in: Bennett, Milton (Hg.), Basic Concepts of Intercultural Communication, selected Readings, Boston / London, 1–34

Bentham, Jeremy (2008), Eine Einführung in die Prinzipien der Moral und der Gesetzgebung, in: Höffe, Otfried (Hg.), Einführung in die utilitaristische Ethik, 4. Aufl., Tübingen, 55–83

Berg, Horst Klaus (1991), Ein Wort wie Feuer. Wege lebendiger Bibelauslegung, München / Stuttgart

– (1993), Grundriss der Bibeldidaktik. Konzepte – Modelle – Methoden, München / Stuttgart

– (1994), Montessori für Religionspädagogen, Stuttgart

Berger, Klaus (1995), Theologiegeschichte des Urchristentums. Theologie des Neuen Testaments, 2. Aufl., Tübingen / Basel

– / Nord, Christine (1999), Neues Testament und frühchristliche Schriften, Frankfurt/M. / Leipzig

Berger, Peter L. (1975), Auf den Spuren der Engel – die moderne Gesellschaft und die Wiederentdeckung der Transzendenz, Frankfurt/M.

– (1980), Der Zwang zur Häresie. Religion in der pluralistischen Gesellschaft, Frankfurt/M.

Bernhardt, Reinhold (1993), Der Absolutheitsanspruch des Christentums. Von der Aufklärung bis zur Pluralistischen Religionstheologie, 2., durchges. u. erg. Aufl., Gütersloh

– (1994), Zwischen Größenwahn, Fanatismus und Bekennermut. Für ein Christentum ohne Absolutheitsanspruch, Stuttgart

– (1999), Was heißt »Handeln Gottes«? – eine Rekonstruktion der Lehre von der Vorsehung, Gütersloh

Berryman, Jerome (1999), Godly Play: An Imaginative Approach to Religious Education, Minneapolis

Beuscher, Bernd / Zilleßen, Dietrich (1998), Religion und Profanität. Entwurf einer profanen Religionspädagogik, Weinheim

Biehl, Peter (1983), Religiöse Sprache und Alltagserfahrung. Zur Aufgabe einer poetischen Didaktik, ThPr, 18. Jg., 101–109

– (1989), Religionspädagogik und Ästhetik, Jahrbuch für Religionspädagogik 5/1988, 3–44

– / Johannsen, Friedrich (2003), Einführung in die Ethik. Ein religionspädagogisches Arbeitsbuch, Neukirchen-Vluyn

Bildungsministerium Baden-Württemberg (2004), Bildungspläne Grundschule / Gymnasium, unter: http://www.bildung-staerkt-menschen.de/service/downloads/Bildungsplaene

Blatt, Moshe M. / Kohlberg, Lawrence (1975), The effects of Classroom Moral Discussion upon Children's Level of Moral Judgment, in: Journal of Moral Education 4, 129–161

Blown, J. Eric / Bryce, G. K. Tom (2006), Knowledge Restructuring in the Development of Children's Cosmologies, International Journal of Science Education, 28. Jg., 1411–1462

Blumenberg, Hans (1996), Arbeit am Mythos, Frankfurt/M.

Bobert, Sabine (2010), Jesusgebet und neue Mystik. Grundlagen einer christlichen Mystagogik, Kiel

Bochinger, Christoph / Engelbrecht, Martin / Gebhardt, Winfried (2009), Die unsichtbare Religion in der sichtbaren Religion. Formen spiritueller Orientierung in der religiösen Gegenwartskultur, Stuttgart

Bohlken, Eike von / Thies, Christian (Hg.) (2009), Handbuch Anthropologie. Der Mensch zwischen Natur, Kultur und Technik, Stuttgart, Weimar

Bohn, Cornelia (1999), Schriftlichkeit und Gesellschaft. Kommunikation und Sozialität der Neuzeit, Opladen u.a

Bollnow, Otto Friedrich (1988), Zwischen Philosophie und Pädagogik, Aachen

Bonhoeffer, Dietrich (1991), Grundfragen einer christlichen Ethik, DBW 10, München, 323–345

– (1992), Ethik, DBW 6, München

Bosold, Bernhard / Rupp, Hartmut (2008), Basics im Religionsunterricht, (www.rpi-baden.de/html/media/dl.html?i=15420)

Bourdieu, Pierre (2000), Das religiöse Feld. Texte zur Ökonomie des Heilsgeschehens, Konstanz

Braun, Hermann (1992), Welt, in: Brunner, Otto / Conze, Werner / Koselleck, Reinhart (Hg.), Geschichtliche Grundbegriffe, Bd. 7, Stuttgart, 433–510

Bromand, Joachim / Kreis, Guido (Hg.) (2011), Gottesbeweise, Berlin

Bryce, G. K. Tom / Blown, J. Eric (2006), Cultural Mediation of Children's Cosmologies: A logitudinal study of the astronomy concepts of Chinese and New Zealand Children, International Journal of Science Education, 28. Jg., 1113–1160

Buber, Martin (1949), Die Erzählungen der Chassidim, Zürich

Bucher, Anton A. (1989), »Wenn wir immer tiefer graben … kommt vielleicht die Hölle«. Plädoyer für die erste Naivität, KatBl 114, 654–662

– (1990a), Gleichnisse verstehen lernen. Strukturgenetische Untersuchungen zur Rezeption synoptischer Parabeln, Fribourg

– (1990b), Symbol – Symbolbildung – Symbolerziehung. Philosophische und entwicklungspsychologische Grundlagen, Sankt Ottilien

– (1992), Kinder und die Rechtfertigung Gottes. Ein Stück Kindertheologie, Schweizer Schule 79, 7–12

– (2000), Das Weltbild des Kindes, in: Büttner, Gerhard / Dieterich, Veit-Jakobus (Hg.), Die religiöse Entwicklung des Menschen. Ein Grundkurs, Stuttgart, 199–215

– (2007), Psychologie der Spiritualität, Weinheim

Büttner, Gerhard (1991), Seelsorge im Religionsunterricht, Stuttgart

– (2000), Warum erzählen wir heute neutestamentliche Wundergeschichten? Lebendige Katechese, 22. Jg., H.1, 39–42

– (2002), »Jesus hilft!«. Untersuchungen zur Christologie von Schülerinnen und Schülern, Stuttgart

– (2004a), Der heilige Geist in der Vorstellungswelt von Kindern, KatBl 129, 187–192

– (2004b), Schöpfung VII. Im Religionsunterricht, RGG⁴, Sp. 981–982

– (2007a), Die Codierung Immanenz/Transzendenz als Leitdifferenz der Kommunikation des Religionsunterrichts, in: ders. / Scheunpflug, Annette / Elsenbast, Volker (Hg.), Zwischen Erziehung und Religion. Religionspädagogische Perspektiven nach Niklas Luhmann, Münster, 188–202

– (2007b), Kinder-Theologie, EvTheol 67. Jg., 216–229

– (2007c), Kindertheologie beobachtet – Dekonstruktive Ansichten, in: Theo-Web. Zeitschrift für Religionspädagogik 6. Jg., H. 1, 2–11

– (2009), Zwischen Klafki und Luther – die Suche nach exemplarischen, fundamentalen und elementaren Bibeltexten, in: ders. / Elsenbast, Volker / Roose, Hanna (Hg.), Zwischen Kanon und Lehrplan, Münster, 163–173

– (2012), Erde, Sonne, Mond und Sterne. Kinderwissen als Ausgangspunkt philosophischer und theologischer Gespräche, in: Kalloch, Christina / Schreiner, Martin (Hg.), Mit Kindern über Schöpfung und Weltentstehung nachdenken, Jahrbuch für Kindertheologie Bd. 11, Stuttgart, 127–139

– / Dieterich, Veit-Jakobus (Hg.) (2000), Die religiöse Entwicklung des Menschen, Stuttgart

– / Dieterich, Veit-Jakobus (2004), Religion als Unterricht, Göttingen

– / Dieterich, Veit-Jakobus (2013), Entwicklungspsychologie in der Religionspädagogik, Göttingen

– / Freudenberger-Lötz, Petra (2006), »He Vater, heil den Mann«. Die Heilung des Taubstummen (Mk 7,31–37) in der Interpretation von Siebenjährigen, in: Büttner, Gerhard / Schreiner, Martin (Hg.), »Man hat immer ein Stück Gott in sich.« Bd. 2, Jahrbuch für Kindertheologie Sonderband, Stuttgart, 85–94

– / Pütz, Tanja (2009), Entscheidbare und nicht entscheidbare Fragen. Grundzüge einer konstruktivistischen (Fach-)Didaktik, in: Pädagogische Rundschau, 63. Jg., 539–551

– / Reis, Oliver (2010), Die Bedeutung theologischer Strukturen für das Elementarisierenlernen, in: Zeitschrift für Pädagogik und Theologie 62. Jg., 248–257

– / Roose, Hanna (2007), Das Johannesevangelium im Religionsunterricht. Informationen, Anregungen und Materialien für die Praxis, Stuttgart

– / Roose, Hanna / Spaeth, Friedrich (2008), Jesus Christus (Oberstufe Religion) Schülerband, Stuttgart

– / Roose, Hanna / Spaeth, Friedrich (2011), Jesus Christus (Oberstufe Religion) Lehrerband, Stuttgart

– / Thierfelder, Jörg (2001), Die Christologie der Kinder und Jugendlichen – ein Überblick, in: dies. (Hg.), Trug Jesus Sandalen? Kinder und Jugendliche sehen Jesus Christus, Göttingen, 7–26

Bultmann, Rudolf (1968), Weissagung und Erfüllung, in: Glauben und Verstehen Bd. II, 5. Aufl., Tübingen, 162–186

Butt, Christian (2009), Kindertheologische Untersuchungen zu Auferstehungsvorstellungen von Grundschülerinnen und Grundschülern, Göttingen

Campe, Johann Heinrich (1779 / 2000), Robinson der Jüngere, Stuttgart

Cavalletti, Sofia (1994), Das religiöse Potential des Kindes, Wien

Clément, Catherine (2003), Theos Reise. Roman über die Religionen der Welt, München

Cormier, Robert (2001), Nur eine Kleinigkeit. Aus dem Engl. von C. Krutz-Arnold. Schulausgabe, 7. Aufl., Hamburg

Csikszentmihalyi, Mihaly (2000), Das Flow-Erlebnis, 8. Aufl., Stuttgart

Damasio, Antonio R. (2000), Ich fühle, also bin ich. Die Entschlüsselung des Bewusstseins, 2. Aufl., München

Danz, Christian (2005), Einführung in die Theologie der Religionen, Wien

Derrida, Jacques (1983), Grammatologie, Frankfurt/M.

– (2001), Glaube und Wissen. Die beiden Quellen der ›Religion‹ an den Grenzen der bloßen Vernunft, in: Derrida, Jacques / Vattimo, Gianni (Hg.), Die Religion, Frankfurt/M., 9–106

– (2004), Guter Wille zur Macht (I) – Drei Fragen an Hans-Georg Gadamer, in: ders. / Gadamer, Hans-Georg, Der ununterbrochene Dialog, Frankfurt/M., 51–54

Deutsches PISA-Konsortium / Baumert, Jürgen u.a. (Hg.) (2001), PISA 2000. Basiskompetenzen von Schülerinnen und Schülern im internationalen Vergleich, Opladen

– / Baumert, Jürgen u.a. (Hg.) (2003), PISA 2000 – Ein differenzierter Blick auf die Länder der Bundesrepublik Deutschland, Opladen

Devlin, Keith (2002), Muster der Mathematik. Ordnungsgesetze des Geistes und der Natur, Heidelberg

Dieterich, Veit-Jakobus (1996), Glaube und Naturwissenschaft (Oberstufe Religion 2), 8., vollst. neu bearb. Aufl., Stuttgart

– (2003), Johann Amos Comenius. Ein Mann der Sehnsucht 1592–1670. Theologische, pädagogische und politische Aspekte seines Lebens und Werkes, Stuttgart

– (2004), »… und dann ruhte er sich vielleicht noch ein bisschen aus …« – Wie Kinder biblische Schöpfungsgeschichten (Genesis 1 und 2) auslegen, in: Büttner, Gerhard / Schreiner, Martin (Hg.), »Man hat immer ein Stück Gott in sich«. Mit Kindern biblische Geschichten deuten, Teil 1: Altes Testament, Stuttgart, 17–30

– (2006a), Hier stehe ich und kann auch anders! Kirchengeschichtliche (Re-)Konstruktionen in Theologie, Kunst und Religionspädagogik am Beispiel eines Reformators, in: Büttner, Gerhard (Hg.), Lernwege im Religionsunterricht. Konstruktivistische Perspektiven, Stuttgart, 23–39

– (2006b), Wirklichkeit. Schülerheft (Oberstufe Religion), Stuttgart

– (2006c), Die Welt um, in und über uns – Konturen einer am Konstruktivismus orientierten Religionspädagogik, in: Büttner, Gerhard (Hg.), Lernwege im Religionsunterricht. Konstruktivistische Perspektiven, Stuttgart, 116–131

– (2008), Schöpfung und Natur im Religionsunterricht, Glaube und Lernen 23, 76–93

– (2011), Heiliger – Ketzer – Protestant – Maskottchen? Konstruktionen des Franziskus in Kunst, Kirchengeschichte und Religionsunterricht, Jahrbuch für konstruktivistische Religionsdidaktik, Bd. 3: Kirchengeschichte, Hannover, 68–84

– (2012), Themen der Jugendtheologie – Spurensuche für den theologischen Dialog mit Jugendlichen, in: Schlag, Thomas / Schweitzer, Friedrich u.a., Jugendtheologie, Neukirchen-Vluyn, 45–58

– / Büttner, Gerhard (Hg.) (2014), »Weißt du wieviel Sternlein stehen?«, Kassel

– / Degenhart, Armin (2004), Vom Dilemma, nur zwischen Böse und Böse wählen zu können … – »Schuld und Vergebung« in zwei literarischen Texten für die Sek I, Entwurf, H. 4, 37–41

Dillen, Annemie (2009), Glaubensvorstellungen von Kindern und ihre Wahrnehmung von Multikulturalität, in: Bucher, Anton A. u.a. (Hg.), »In den Himmel kommen nur, die sich auch verstehen«. Wie Kinder über religiöse Differenz denken und sprechen, Jahrbuch für Kindertheologie Bd. 8, Stuttgart, 50–59

Dinkel, Christoph (2001), Art. Synode III1 Reformation bis Schleiermacher, TRE XXXII, 571–575

– (2002), Gedächtnis des Glaubens. Überlegungen zum Auswendiglernen im Religions- und Konfirmandenunterricht, EvTheol, 62. Jg., 430–445

Döbert, Rainer (1978), Sinnstiftung ohne Sinnsystem? Die Verschiebung des Reflexions-niveaus im Übergang von der Früh- zur Spätadoleszenz und einige Mechanismen, die vor möglichen Folgen schützen, in: Fischer, Wolfram / Marhold, Wolfgang (Hg.), Religionssoziologie als Wissenssoziologie, Stuttgart u.a.

Dörken-Kucharz, Thomas (Hg.) (2008), Medienkompetenz. Zauberformel oder Leerformel des Jugendmedienschutzes?, Baden-Baden

Dohmen, Christoph (1996), Die zweigeteilte Einheit der Bibel, in: ders. / Stemberger, Günter, Hermeneutik der Jüdischen Bibel und des Alten Testaments, Stuttgart, 11–22

Dormeyer, Detlev / Galindo, Florencio (2003), Die Apostelgeschichte. Ein Kommentar für die Praxis, Stuttgart

Drehsen, Volker (1994), Die Anverwandlung des Fremden, in: van der Ven, Johannes A. / Ziebertz, Hans-Georg (Hg.), Religiöser Pluralismus und interreligiöses Lernen, Kampen / Weinheim, 39–69

– u.a. (Hg.) (2005), Kompendium Religionstheorie, Göttingen

Dressler, Bernhard (2011), Religionspädagogik als Modus Praktischer Theologie, ZPT 2/2011, 149–163

– (2012), Performative Religionsdidaktik: Theologisch reflektierte Erschließung von Religion, in: Klie, Thomas / Merkel, Rainer / Peter, Dietmar (Hg.), Performative Religionsdidaktik und biblische Textwelten, Loccumer Impulse 3, 7–15

Durkheim, Émile (2010), Die elementaren Formen des religiösen Lebens, Frankfurt/M.

Dux, Günter (1982), Die Logik der Weltbilder, Frankfurt/M.

Ebeling, Gerhard (1987), Dogmatik des christlichen Glaubens I, 3. Aufl., Tübingen

Eco, Umberto (1973), Das offene Kunstwerk, Frankfurt/M.

– (1987), Lector in fabula. Die Mitarbeit der Interpretation in erzählenden Texten, München u.a.

– (1992), Die Grenzen der Interpretation, München / Wien

Ehrenberg, Alain (2011), Das erschöpfte Selbst. Depression und Gesellschaft in der Gegenwart, Frankfurt/M.

Eikermann, Sarah-Lena (2012), »Ich glaube manchmal, dass Gott die Welt erschaffen hat. Oder dass ein Urknall die Welt gemacht hat …« – Weltbilder von Grundschulkindern heute, in: Kalloch, Christina / Schreiner, Martin (Hg.), Mit Kindern über Schöpfung und Weltentstehung nachdenken, Jahrbuch für Kindertheologie Bd. 11, Stuttgart, 140–158

Eilerts, Wolfram (1996), Zur Lehrplanentwicklung des evangelischen Religionsunterrichts in Baden-Württemberg, Idstein

– / Kübler, Heinz-Günter (2003), Kursbuch Religion Elementar 5/6: Ein Arbeitsbuch, Braunschweig / Stuttgart

Elert, Werner (1956), Der christliche Glaube. Grundlinien der lutherischen Dogmatik, 3. Aufl., Hamburg

Elkind, David (1961/62/63), The child's conception of his religious denomination. The Jewish child / The Catholic child / The Protestant child, Journal of Genetic Psychology 99/101/103

Engels, Helmut (2004), »Nehmen wir an …«. Das Gedankenexperiment in didaktischer Absicht, Weinheim / Basel

Englert, Rudolf (2002), »Performativer Religionsunterricht?!«. Anmerkungen zu den Ansätzen von Schmid, Dressler und Schoberth, rhs 45, 32–36

– (2004), Bildungsstandards für ›Religion‹. Was eigentlich alles wissen sollte, wer solche formulieren wollte, Theo-Web H. 2, 2–13

– (2005), Auf einmal gar nicht mehr von gestern. Überlegungen zum religionspädagogischen Gebrauch von Tradition, in: Bahr, Matthias / Kropač, Ulrich / Schambeck, Mirjam (Hg.), Subjektwerdung und religiöses Lernen. Für eine Religionspädagogik, die den Menschen ernst nimmt, München, 64–77

– (2008), Performativer Religionsunterricht – eine Zwischenbilanz, Zeitschrift Pädagogik und Theologie 60, 3–16

– / Hennecke, Elisabeth / Kämmerling, Markus (2014), Innenansichten des Religionsunterrichts, München

Enquist, Per Olov (2003), Lewis Reise, München / Wien

Erikson, Erik H. (1973), Identität und Lebenszyklus, Frankfurt/M.

– (1981), Jugend und Krise, Frankfurt/M. u.a.

Evangelisches und Katholisches Büro NRW (2012), Am Anfang war das Wort, Düsseldorf

Evangelische Kirche in Deutschland (2006), Kirche der Freiheit. Ein Impulspapier des Rates der EKD, Berlin

– (Hg.) (2010), Kerncurriculum für das Fach Evangelische Religionslehre in der gymnasialen Oberstufe. Themen und Inhalte für die Entwicklung von Kompetenzen religiöser Bildung (EKD-Texte, 109), Hannover. – Unter: http://www.ekd.de/download/ekd_texte_109.pdf

– (Hg.) (2011), Kompetenzen und Standards für den Evangelischen Religionsunterricht in der Sekundarstufe I. Ein Orientierungsrahmen. (EKD-Texte, 111), Hannover. – Unter: http://www.ekd.de/download/ekd_texte_111.pdf

– (2011), Einheitliche Prüfungsanforderungen für die Abiturprüfung. Evangelische Religion, Hannover

Faust-Siehl, Gabriele (1987), Themenkonstitution als Problem von Didaktik und Unterrichtsforschung, Weinheim

Fertig, Michael / Schmidt, Christoph M. (2002), The Role of Background Factors for Reading Literacy. Straight National Scores in the PISA 2000 Study, Heidelberg

Fetz, Reto Luzius / Reich, Karl Helmut / Valentin, Peter (2001), Weltbildentwicklung und Schöpfungsverständnis. Eine strukturgenetische Untersuchung bei Kindern und Jugendlichen, Stuttgart

Fiedler, Konrad (1887 / 1991), Schriften zur Kunst, Bd. I (hg. von Gottfried Boehm), 2. Aufl., München

Finsterbusch, Karin (2002), Die kollektive Identität und die Kinder, in: Ebner, Martin u.a. (Hg.), Gottes Kinder. JBTh 17, Neukirchen-Vluyn, 99–120

Fischer, Dietlind, (2003), Höhere Allgemeinbildung und Bewusstsein der Gesellschaft, Erziehung und Unterricht 5–6, 559–566

– / Elsenbast, Volker (Red.) (2006), Grundlegende Kompetenzen religiöser Bildung. Zur Entwicklung des evangelischen RUs durch Bildungsstandards für den Abschluss der Sekundarstufe I, Münster

– / Elsenbast, Volker (Hg.) (2007), Stellungnahmen und Kommentare zu »Grundlegende Kompetenzen religiöser Bildung«, Münster

– / Schöll, Albrecht (2000) (Hg.), Religiöse Vorstellungen bilden, Münster

Fischer, Ernst Peter (2005), Einstein trifft Picasso und geht mit ihm ins Kino. Die Erfindung der Moderne, München

Fischer-Lichte, Erika (2002), Grenzgänge und Tauschhandel. Auf dem Weg zu einer performativen Kultur, in: Wirth, Uwe (Hg.), Performanz. Zwischen Sprachphilosophie und Kulturwissenschaften, Frankfurt/M., 277–300

Flusser, Vilém (1989), Die Schrift. Hat Schreiben Zukunft?, Göttingen

Fölling-Albers, Maria / Meidenbauer, Katja (2010), Was lernen Schüler/innen vom Unterricht? Zeitschrift für Pädagogik, 56. Jg., 229–248

Foerster, Heinz von (2002), Lethologie. Eine Theorie des Erlernens und Erwissens angesichts von Unwißbarem, Unbestimmbarem und Unentscheidbarem, in: Voß, Reinhard (Hg.), Die Schule neu erfinden, 4. Aufl. Neuwied / Kriftel, 14–32

Fonagy, Peter u.a. (2011), Affektregulierung, Mentalisierung und die Entwicklung des Selbst, 4. Aufl., Stuttgart

Fontane, Theodor (1994), Der Stechlin, Sämtliche Romane, Erzählungen, Gedichte, Bd. 5, 3. Aufl., Darmstadt

Foucault, Michel (2009), Die Ordnung der Dinge. Eine Archäologie der Humanwissenschaften, Frankfurt/M.

Fowler, M. Robert (2004), Review of the book: George Aichele (2001), The Control of Biblical Meaning: Canon as Semiotic Mechanism, Harrisburg, in: Review of Biblical Literature (http://www.bookreviews.org/pdf/1400_669.pdf), heruntergeladen am 10.01.2004)

Freire, Paulo (1973), Pädagogik der Unterdrückten. Bildung als Praxis der Freiheit, Reinbek bei Hamburg

Freudenberger-Lötz, Petra (2007), Theologische Gespräche mit Kindern. Untersuchungen zur Professionalisierung Studierender und Anstöße zu forschendem Lernen im Religionsunterricht, Stuttgart

Freudenreich, Delia (2011), Spiritualität von Kindern – Was sie ausmacht und wie sie pädagogisch gefördert werden kann, Kassel

Frick, Eckhard (2009), Psychosomatische Anthropologie. Ein Lehr- und Arbeitsbuch für Unterricht und Studium, Stuttgart

Fricke, Michael (2005), »Schwierige« Bibeltexte im Religionsunterricht. Theoretische und empirische Elemente einer alttestamentlichen Bibeldidaktik für die Primarstufe, Göttingen

Fried, Erich (2006), Gesammelte Werke. Gedichte 1, Berlin

Fried, Lilian (Hg.) (2008), Das wissbegierige Kind: neue Perspektiven in der Früh- und Elementarpädagogik, Weinheim

Gadamer, Hans-Georg (1960), Wahrheit und Methode. Grundzüge einer philosophischen Hermeneutik, Tübingen

Garz, Detlef u.a. (Hg.) (1999), Moralisches Urteil und Handeln, Frankfurt/M.

Gellner, Christoph / Langenhorst, Georg (2013), Blickwinkel öffnen. Interreligiöses Lernen mit literarischen Texten, Ostfildern

Genette, Gérard (1992), Fiktionsakte, in: Fiktion und Diktion, München, 41–64

Gennerich, Carsten (2010), Empirische Dogmatik des Jugendalters, Stuttgart

Gerhardt, Paul (1653), Lobet den Herren alle, die ihn ehren, in: Evangelisches Gesangbuch. Ausgabe für die Nordelbische Evangelisch-Lutherische Kirche, (1994) Hamburg / Kiel, 447.2

Gerth, Julia (2011), Der Heilige Geist – Das ist mehr so ein Engel, der hilft Gott. Der Heilige Geist im Religionsunterricht der Grundschule und der Sekundarstufe 1, Göttingen

Gese, Hartmut (1995), Über die biblische Einheit, in: Dohmen, Christoph / Söding, Thomas (Hg.), Eine Bibel – zwei Testamente. Positionen biblischer Theologie, Paderborn u.a., 35–44

Geyer, Christian (Hg.) (2004), Hirnforschung und Willensfreiheit. Zur Deutung der neuesten Experimente, Frankfurt/M.

Gilligan, Carol (1984), Die andere Stimme. Lebenskonflikte und Moral der Frau, München

Glock, Charles Y. (1968), Über die Dimensionen der Religiosität, in: Matthes, Joachim, Kirche und Gesellschaft. Einführung in die Religionssoziologie II, Reinbek,150–168.

Gloy, Karen (2004), Wahrheitstheorien, Tübingen / Basel

Goerlich, Helmut (2004), Der Gottesbezug in Verfassungen, in: ders. u.a. (Hg.), Verfassung ohne Gottesbezug? Zu einer aktuellen europäischen Kontroverse, Leipzig, 9–43

Goffman, Erving (1996), Rahmen-Analyse. Ein Versuch über die Organisation von Alltagserfahrungen, Frankfurt/M.

Goldman, Ronald (1964), Religious Thinking from Childhood to Adolescence, London
– (1972), Vorfelder des Glaubens. Kindgemäße religiöse Unterweisung, Neukirchen-Vluyn

Goodman, Nelson (1969), Sprachen der Kunst. Entwurf einer Symboltheorie, Frankfurt/M.

Graf, Dittmar (2008), Kreationismus vor den Toren des Biologieunterrichts? Einstellungen und Vorstellungen zur »Evolution«, in: Antweiler, Christoph u.a. (Hg.), Die unerschöpfte Theorie, Aschaffenburg, 17–38

Graf, Werner (2002), Zur Genese der Sachtextlektüre in der Jugendphase, Neue Sammlung. Vierteljahreszeitschrift für Erziehung und Gesellschaft, 42. Jg., 513–524

Green, John (2007), Eine wie Alaska, München
– (2012), Das Schicksal ist ein mieser Verräter, München

Grethlein, Christian (2005), Fachdidaktik Religion, Göttingen

Grill, Ingrid (Hg.) (2005), Unerwartet bei der Sache. Dem theologischen Nachdenken von OberstufenschülerInnen auf der Spur. Unterrichtsstunden – Analysen – Reflexionen, Erlangen

Grimmitt, Michael u.a. (1991), A gift to the child. A teachers' source book, London

Grözinger, Albrecht (1987), Praktische Theologie und Ästhetik, München

Grotlüschen, Anke / Riekmann, Wibke (Hg.) (2012), Funktionaler Analphabetismus in Deutschland. Ergebnisse der ersten leo – Level-One Studie, Münster u.a.

Grümme, Bernhard (2006), Nicht mehr als ein »Laberfach«? Argumentative Gesprächsmethoden im Religionsunterricht, in: Grundler, Elke / Vogt, Rüdiger (Hg.), Argumentieren in Schule und Hochschule, Tübingen, 167–177
– (2007), Vom Anderen eröffnete Erfahrung. Zur Neubestimmung des Erfahrungsbegriffs in der Religionsdidaktik, Freiburg i.Br. u.a.
– (2012), Menschen bilden? Eine religionspädagogische Anthropologie, Freiburg i.Br.

Gudjons, Herbert / Winkel, Rainer (1991), Unterrichtsmethoden. Grundlegung und Beispiele, 3. Aufl., Hamburg

Habermas, Jürgen (1969), Strukturwandel der Öffentlichkeit. Untersuchungen zu einer Kategorie der bürgerlichen Gesellschaft, 4. Aufl., Neuwied

– (1971), Vorbereitende Bemerkungen zu einer Theorie der kommunikativen Kompetenz, in: ders. / Luhmann, Niklas, Theorie der Gesellschaft oder Sozialtechnologie – was leistet die Systemforschung? Frankfurt/M., 101–139

– (1985), Der philosophische Diskurs der Moderne, Frankfurt/M.

– (2012), Von den Weltbildern zur Lebenswelt, in: ders., Nachmetaphysisches Denken II, Berlin, 19–53.

Hämel, Beate-Irene (2007), Textur-Bildung. Religionspädagogische Überlegungen zur Identitätsentwicklung im Kulturwandel, Ostfildern

Hahn, Ferdinand (2002), Theologie des Neuen Testaments I. Die Vielfalt des Neuen Testaments. Theologiegeschichte des Urchristentums, Tübingen

Hahn, Ulla (2004), Das verborgene Wort. Roman, 5. Aufl., München

Halbfas, Hubertus (1983), Religionsbuch für das 1. Schuljahr, Düsseldorf

– (1984), Religionsbuch für das 2. Schuljahr, Zürich / Köln

– (1985), Religionsunterricht in der Grundschule. Lehrerhandbuch 3, Düsseldorf

– (1997), Das dritte Auge. Religionsdidaktische Anstöße, 7. Aufl., Düsseldorf

Halfwassen, Jens (2013), Gott im Denken. Warum die Philosophie auf die Frage nach Gott nicht verzichten kann, in: Schwöbel, Christoph (Hg.), Gott – Götter – Götzen, Leipzig, 187–195

Hanisch Helmut (1996), Die zeichnerische Entwicklung des Gottesbildes bei Kindern und Jugendlichen. Eine empirische Vergleichsuntersuchung mit religiös und nichtreligiös Erzogenen im Alter von 7–16 Jahren, Stuttgart

Harris, Paul (2000), On Not Falling Down to Earth, in: Rosengren, Karl S. / Johnson, Carl N. / ders. (Hg.), Imagining the Impossible, Cambridge UK, 157–178

– / u.a. (2006), Germs and Angels. The Role of Testimony in Young Children's Ontology, Developmental Science 9, 76–96

Hart, Maarten 't (2003), Das Wüten der ganzen Welt, 15. Aufl., München / Zürich

Harter, Susan (1999), The construction of the self, A delevopmental perspective, New York

– (2003), The development of self-representation during childhood and adolescence, in: Leary, Mark R. u.a. (Hg.), Handbook of self and identity, New York u.a., 610–642

Hay, David / Nye, Rebecca (1998), The Spirit of the Child, London

Helbling, Dominik (2010), Religiöse Herausforderung und religiöse Kompetenz, Zürich

Hemel, Ulrich (1988), Ziele religiöser Erziehung. Beiträge zu einer integrativen Theorie, Frankfurt/M. u.a.

– (2002), Religiosität, in: Theo-Web, H. 1, 12–16

Hentig, Hartmut von (2004), Einführung in den Bildungsplan, in: Bildungspläne Baden-Württemberg

Herrmann, Hans-Jürgen (2012), Das Kursbuch Religion – ein Bestseller des modernen Religionsunterrichts, Braunschweig / Stuttgart

Hilger, Georg, (2010), Ästhetisches Lernen, in: ders. / Leimgruber, Stefan / Ziebertz, Hans-Georg, Religionsdidaktik. Ein Leitfaden für Studium – Ausbildung – Beruf, 7. Aufl., München, 334–343

– / Leimgruber, Stefan / Ziebertz, Hans-Georg (2001), Religionsdidaktik. Ein Leitfaden für Studium – Ausbildung – Beruf, München

281

– / Ritter, Werner H. (2006), Religionsdidaktik Grundschule, München / Stuttgart

Hock, Klaus (2011), Einführung in die Religionswissenschaft, 4. Aufl., Darmstadt

Höger, Christian (2013), Schöpfungstheologie der Jugendlichen und deren Konsequenzen für den Religionsunterricht. Jahrbuch für Jugendtheologie Bd. 2, Stuttgart, 91–115

Hofmeister, Heimo (2005), Der Gottesbegriff im griechischen und im christlichen Denken – Vom Anfang oder Ende der Theologie, in: Khoury, Raif Georges / Halfwassen, Jens (Hg.), Platonismus im Orient und Okzident. Neuplatonische Denkstrukturen im Judentum, Christentum und Islam, Heidelberg, 73–86

Hull, John M. (1997), Wie Kinder über Gott reden, Gütersloh

Huntington, Samuel P. (1996), Der Kampf der Kulturen. Die Neugestaltung der Weltpolitik im 21. Jahrhundert, München u.a.

Iser, Wolfgang (1993), Das Fiktive und das Imaginäre. Perspektiven literarischer Anthropologie, Frankfurt/M.

Jank, Werner / Meyer, Hilbert (1991), Didaktische Modelle, Frankfurt/M.

Janowski, Bernd / Schwöbel, Christoph (Hg.) (2013), Gott – Seele – Welt. Interdisziplinäre Beiträge zur Rede von der Seele, Neukirchen-Vluyn

Jaspers, Karl (2003), Einführung in die Philosophie. Zwölf Radiovorträge, 25. Aufl., München

Jüngel, Eberhard (2004), Paulus und Jesus. Eine Untersuchung zur Präzisierung der Frage nach dem Ursprung der Christologie, 7. Aufl., Tübingen

K., Nora / Hösle, Vittorio (1996), Das Café der toten Philosophen. Ein philosophischer Briefwechsel für Kinder und Erwachsene, 2. Aufl., München

Kalivoda, Gregor (2007), Typologie der Topik, in: Kreuzbauer, Günther u.a. (Hg.), Persuasion und Wissenschaft. Aktuelle Fragestellungen in Rhetorik und Argumentationstheorien, Wien / Berlin, 126–142

Kalloch, Christina (2012a), Bibeldidaktik zwischen Performation und ästhetischer Bildung – Versuch einer Standortbestimmung, in: Klie, Thomas / Merkel, Rainer / Peter, Dietmar (Hg.), Performative Religionsdidaktik und biblische Textwelten, Loccum, 50–58

– (2012b) »Gott hat die Welt geschaffen, aber eigentlich ist sie so entstanden… « Biblische Schöpfungsgeschichten und naturwissenschaftliche Erklärungsmodelle – ein Dilemma für Grundschulkinder?, in: dies. / Schreiner, Martin (Hg.), Mit Kindern über Schöpfung und Weltentstehung nachdenken, Jahrbuch für Kindertheologie Bd. 11, Stuttgart, 53–61

– / Leimgruber, Stefan / Schwab, Ulrich (2009), Lehrbuch der Religionsdidaktik. Für Studium und Praxis in ökumenischer Perspektive, Grundlagen Theologie, Freiburg i.Br.

Kant, Immanuel (1983), Kritik der praktischen Vernunft, in: ders., Werke, hg. von W. Weischedel, Darmstadt, Sonderausgabe, Bd. 6, 103–302

Karle, Isolde (2005), Die markante Physiognomie der Religion, in: Härle, Wilfried u.a. (Hg.), Systematisch Praktisch. FS Reiner Preul, Marburg, 305–314

– (2012), Die Rezeption der Luhmann'schen Theorie in der Theologie, in: Jahraus, Oliver u.a. (Hg.), Luhmann-Handbuch. Leben – Werk – Wirkung, Stuttgart / Weimar, 408–413

Katechetische Blätter (2005), Themenheft »Musik und Religion«, Heft 6

Kierkegaard, Sören (1962), Die Krankheit zum Tode, Reinbek bei Hamburg

Kiper, Hanna / Meyer, Hilbert / Topsch, Wilhelm (2002), Einführung in die Schulpädagogik, Berlin

Klafki, Wolfgang (1959), Das pädagogische Problem des Elementaren und die Theorie der kategorialen Bildung, Weinheim / Berlin

– (1963), Studien zur Bildungstheorie und Didaktik, Weinheim / Basel

– (1996), Neue Studien zur Bildungstheorie und Didaktik, 5. Aufl., Weinheim / Basel

– (1997), Die bildungstheoretische Didaktik im Rahmen kritisch-konstruktiver Erziehungswissenschaft, in: Gudjons, Herbert / Winkel, Rainer (Hg.), Didaktische Theorien, 9. Aufl., Hamburg, 13–34

Klewitz, Elard (1999), Verwirrendes Wissen. Beobachtungen und Erklärungen astronomischer Phänomene, in: Giest, Hartmut (Hg.), Jahrbuch Grundschulforschung, Bd. 2, Weinheim, 57–69

Klie, Thomas (2006), Religion zu lernen geben. Das Wort in Form bringen, Loccumer Pelikan H. 3, 103–109

– (2012), Fiktion im Spiel, in: ders. / Merkel, Rainer / Peter, Dietmar (Hg.), Performative Religionsdidaktik und biblische Textwelten, Loccum, 26–32

Kliemann, Peter / Rupp, Hartmut (2000), Tausend Stunden Religionsunterricht, Stuttgart

Klieme, Eckhard u.a. (2003), Zur Entwicklung nationaler Bildungsstandards. Eine Expertise. Hrsg. vom Bundesministerium für Bildung und Forschung, Bonn

Knopf, Monika / Schneider, Wolfgang (1998), Die Entwicklung des kindlichen Denkens und die Verbesserung der Lern- und Gedächtniskompetenz, in: Weinert, Franz E. (Hg.), Entwicklung im Kindesalter, Weinheim, 77–99

Koch, Martina (1999), Performative Pädagogik: über die welterzeugende Wirksamkeit pädagogischer Reflexivität, Münster u.a.

Körtner, Ulrich (1994), Der inspirierte Leser. Zentrale Aspekte biblischer Hermeneutik, Göttingen

– (1999), Literalität und Oralität im Christentum. Ein Beitrag zur biblischen Hermeneutik, in: Maser, Stefan / Schlarb, Egbert (Hg.), Text und Geschichte. Facetten theologischen Arbeitens aus dem Freundes- und Schülerkreis, Marburg, 76–88

Kohlberg, Lawrence (1995), Die Psychologie der Moralentwicklung, Frankfurt/M.

– (2000), Die Psychologie der Lebensspanne, Frankfurt/M.

– / Gilligan, Carol (1971/72), The Adolescent as a Philosopher. The Discovering of the Self in a Postconventional World, in: Kagan, Jerome / Coles, Robert (Hg.), Twelve to Sixteen. Early Adolescence, New York, 144–179

– / Hersh, Richard H. (1977), Moral Development: A Review of the Theory, Theory into Practice 16 (2), 53–59

– / u.a. (1983), Moral stages: a current formulation and a response to critics, Basel u.a.

Komenský, Jan Amos (1987), Informatorium der Mutterschule, Leipzig

Kondring, Caroline / Reis, Oliver (2012), »An der Uni lernst du nichts!« Eine Lernumgebung zum Konzeptwechsel in der Lehrerbildung, in: Religion lernen, Jahrbuch für konstruktivistische Religionsdidaktik, Bd. 3: Lernumgebungen, 88–107

Koschorke, Albrecht (2012), Wahrheit und Erfindung. Grundzüge einer allgemeinen Erzähltheorie, Frankfurt/M.

Krämer, Sybille (2002), Sprache – Stimme – Schrift: Sieben Gedanken über Performativität als Medialität, in: Wirth, Uwe (Hg.), Performanz. Zwischen Sprachphilosophie und Kulturwissenschaften, Frankfurt/M., 323–346

Kraft, Friedhelm (2011), Jesus Christus als Thema des Religionsunterrichts – Ergebnisse eines Feldversuchs zur Kompetenzüberprüfung, in: ders. / Freudenberger-Lötz, Petra / Schwarz, Elisabeth E., »Jesus würde sagen: Nicht schlecht!« Kindertheologie und Kompetenzorientierung, Jahrbuch für Kindertheologie Sonderband, Stuttgart, 17–39

– / Roose, Hanna (2011), Von Jesus Christus reden im Religionsunterricht. Christologie als Abenteuer entdecken, Göttingen

Krappmann, Lothar (2010), Soziologische Dimensionen der Identität, 10. Aufl., Stuttgart

Kropač, Ulrich / Mohr, Christine (2012), »Gott schickt zwei Boten, sie sollen zwei Planeten aneinander prallen lassen.« Empirische Erkundungen zum Verständnis von Weltentstehung und Schöpfung bei Kindern, in: Kalloch, Christina / Schreiner, Martin (Hg.), Mit Kindern über Schöpfung und Weltentstehung nachdenken, Jahrbuch für Kindertheologie Bd. 11, Stuttgart, 75–91

Kubier, Hans-Dieter, Medienkompetenz. Dimensionen eines Schlagwortes, in: Schell, Fred (Hg.), Medienkompetenz. Grundlagen und pädagogisches Handeln, München 1999, 25–48

Küng, Hans (2011), Projekt Weltethos, 13. Aufl., München

Kuld, Lothar (2001), Das Entscheidende ist unsichtbar. Wie Kinder und Jugendliche Religion verstehen, München

– / Schmid, Bruno (2001), Lernen aus Widersprüchen. Dilemmageschichten im Religionsunterricht, Donauwörth

Kultusministerkonferenz (2005), Einheitliche Prüfungsanforderungen in der Abiturprüfung Sozialkunde / Politik, Berlin / Bonn

Kumlehn, Martina (2012), Religiöse Kompetenz, Alteritätskompetenz und Übergangskompetenz – Anforderungsprofile im Umgang mit performativen Elementen im Religionsunterricht, in: Klie, Thomas / Merkel, Rainer / Peters, Dietmar (Hg.), Performative Religionsdidaktiken und biblische Textwelten, Loccumer Impulse 3, Loccum, 33–41

Kunstmann, Joachim (2004), Religionspädagogik, Tübingen

– (2007), Ästhetik oder Ethik? Zwischenbilanz zur öffentlichen Plausibilität der Praktischen Theologie, in: Schlag, Thomas u.a. (Hg.), Ästhetik und Ethik. Die öffentliche Bedeutung der Praktischen Theologie, Zürich, 41–48

Kursbuch elementar 5/6 (2003), hg. von Eilerts, Wolfgang / Kübler, Heinz-Günter, Stuttgart / Braunschweig

Kuschel, Karl-Josef (1987/88), Jesus in der deutschsprachigen Gegenwartsliteratur. Mit einem Vorwort von Walter Jens, München / Zürich

Lähnemann, Johannes (1998), Evangelische Religionspädagogik in interreligiöser Perspektive, Göttingen

Lämmermann, Godwin (2005), Religionsdidaktik. Bildungstheologische Grundlegung und konstruktiv-kritische Elementarisierung, Stuttgart u.a.

Lakoff, George / Johnson, Mark (2000), Leben in Metaphern, 2. Aufl., Heidelberg

Lammert, Nicola / Graf, Dittmar (2009), Akzeptanz, Vorstellung und Wissen von Schülerinnen und Schülern zur Evolutionstheorie und Wissenschaft, in: Harms, Ute u.a. (Hg.), Heterogenität erfassen – Individuell fördern im Biologieunterricht, Kiel, 118–119

Langer, Susanne (1984), Philosophie auf neuem Wege. Das Symbol im Denken, im Ritus und in der Kunst, Frankfurt/M.

Lauxmann, Frieder (2002), Wonach sollen wir uns richten? Ethische Grundmodelle von den Zehn Geboten bis zum Projekt Weltethos, Stuttgart / Zürich

Legare, Cristine u.a. (2012), The Coexistence of Natural and Supernatural Explications Across Cultures and Development, Child Development, 83. Jg., 779–793

– / Visela, Akua (2011), Between Religion and Science: Integrating Psychological and Philosophical Accounts of Explanatory Coexistence, Human Development, 54. Jg., 169–184

Leimgruber, Stephan (2007), Interreligiöses Lernen, München

Libet, Benjamin (2004), Haben wir einen freien Willen?, in: Geyer (Hg.), 268–289

Liebau, Eckart (2007), Leibliches Lernen, in: Göhlich, Michael u.a. (Hg.), Pädagogische Theorien des Lernens, Weinheim / Basel, 102–112

Lillig, Tina (2004), Catechesis of the Good Shepherd. Essential Realities. Oak Park/ Ill.

Lindner, Heike (2004), »Wie hast du's mit der Religion?« Bildungspolitische und theoretische Thesen zu einer religiösen Grundbildung nach PISA, in: Rothgangel, Martin / Fischer, Dietlind (Hg.), Standards für religiöse Bildung?, Münster, 54–67

Lionni, Leo (2011), Frederick, Weinheim

Lippitt, Ronald / White, Ralph K. (1973), Eine experimentelle Untersuchung über Führungsstil und Gruppenverhalten, in: Graumann, Carl F. / Heckhausen, Heinz (Hg.), Pädagogische Psychologie. Grundlagentexte 1, Frankfurt/M., 324–347

Lips, Hermann von (2004), Der neutestamentliche Kanon. Seine Geschichte und Bedeutung, Zürich

Luckmann, Thomas (2010), Die unsichtbare Religion, 6. Aufl., Frankfurt/M.

Luhmann, Niklas (1977), Funktion der Religion, Frankfurt/M.

– (1981), Die Unwahrscheinlichkeit der Kommunikation, in: ders., Soziologische Aufklärung 3, Opladen, 25–34

– (1989), Individuum, Individualität, Individualismus, in: ders., Gesellschaftsstruktur und Semantik, Bd. 3, Frankfurt/M., 149–258

– (1990), Paradigm lost: Über die ethische Reflexion der Moral. Rede anlässlich der Verleihung des Hegel-Preises 1989, Frankfurt/M.

– (1996), Die Realität der Massenmedien, Opladen

– (1997), Legitimation durch Verfahren, 4. Aufl., Frankfurt/M.

– (2000), Die Religion der Gesellschaft, Frankfurt/M.

– / Schorr, Karl Eberhard (1999), Reflexionsprobleme im Erziehungssystem, 2. Aufl., Frankfurt/M.

Luther, Henning (1992), Religion und Alltag. Bausteine zu einer Praktischen Theologie des Subjekts, Stuttgart

Luther, Martin (1967), Werke, Kritische Gesamtausgabe (Weimarer Ausgabe), Tischreden (WATR), 2. Bd., Weimar / Graz

– (1529/1983a), Der Große Katechismus, in: Luther Deutsch, hg. von Aland, Kurt, Bd. 3, 4. Aufl., Göttingen, 11–150

– (1529/1983b), Der Kleine Katechismus, in: Luther Deutsch, hg. von Aland, Kurt, Bd. 6, 3. Aufl., Göttingen, 128–159

– (1539/1983), Von den Konzilen und der Kirche, in: Luther Deutsch, hg. von Aland, Kurt, Bd. 6, 3. Aufl., Göttingen, 22–43

– (1991), Luther Deutsch, hg. von Aland, Kurt, Bd. 7: Der Christ in der Welt, Göttingen

Lyotard, Jean-François (1986), Das postmoderne Wissen. Ein Bericht, hg. von P. Engelmann, Graz / Wien

Maas, Wilhelm (1974), Unveränderlichkeit Gottes. Zum Verhältnis von griechisch-philosophischer und christlicher Gotteslehre, München u.a.

Mähler, Claudia (1999), Naive Theorien im kindlichen Denken, in: Zeitschrift für Entwicklungspsychologie und Pädagogische Psychologie, 31. Jg., 53–66

Marler, Penny Long / Hadaway, C. Kirk (2002), ›Being Religious‹ or ›Being Spiritual‹ in America: A Zero-Sum Proposition? Journal for the Scientific Study of Religion, 41. Jg., 289–300

Massing, Peter (1999), Pro-Contra-Debatte, in: Mickel, Wolfgang W. (Hg.), Handbuch zur politischen Bildung, Bonn, 403–407

Matthes, Joachim (1992), Auf der Suche nach dem »Religiösen«. Reflexionen zu Theorie und Empirie religionssoziologischer Forschung, Sociologica Internationalis, 2. Jg., 129–142

Maturana, Humberto R. (2001), Was ist erkennen? Die Welt entsteht im Auge des Betrachters, München

Maurer, Ernstpeter (1999), Der lebendige Gott. Texte zur Trinitätslehre, Gütersloh

– (2013), Darf man mit kranken Kindern beten? Zur Frage nach der providentia specialis in der Theologie, in: Zimmermann, Mirjam u.a. (Hg.), Kind – Krankheit – Religion, Neukirchen-Vluyn, 144–156

Mead, George Herbert (2010), Geist, Identität und Gesellschaft aus der Sicht des Sozialbehaviorismus, Frankfurt/M.

Mendl, Hans (Hg.) (2005), Konstruktivistische Religionspädagogik. Ein Arbeitsbuch, Münster

– (2008), Religion erleben. Ein Arbeitsbuch für den Religionsunterricht. 20 Praxisfelder, München

– (2011), Religionsdidaktik kompakt, München

– (2012), Religion erleben, in: Klie, Thomas / Merkel, Rainer / Peter, Dietmar (Hg.), Performative Religionsdidaktik und biblische Textwelten, Loccumer Impulse 3, Loccum, 16–25

Meseth, Wolfgang / Proske, Matthias / Radtke, Frank-Olaf (2012), Kontrolliertes Laissez-faire. Auf dem Weg zu einer kontingenzgewärtigen Unterrichtstheorie, Zeitschrift für Pädagogik, 58. Jg., 223–241

Metz, Johann Baptist (1973), Kleine Apologie des Erzählens, Concilium (D) 9, 336–341

Meyer, Hilbert (2002), Die bildungstheoretische Didaktik, in: Kiper, Hanna / Meyer, Hilbert / Topsch, Wilhelm (Hg.), Einführung in die Schulpädagogik, Berlin, 64–75

Meyer, Thomas (2011), Was ist Fundamentalismus? Eine Einführung, Wiesbaden

Mokrosch, Reinhold (1996), Gewissen und Adoleszenz. Christliche Gewissensbildung im Jugendalter, analysiert im Lichte der Geschichte christlicher Gewissensvorstellungen, Weinheim

Mollenhauer, Klaus (1990), Die vergessene Dimension des Ästhetischen in der Erziehungs- und Bildungstheorie, in: Lenzen, Dieter (Hg.), Kunst und Pädagogik. Erziehungswissenschaft auf dem Weg zur Ästhetik, Darmstadt, 3–17

– / Wulf, Christoph (1996), Vorwort der Herausgeber, in: dies. (Hg.), Aisthesis / Ästhetik. Zwischen Wahrnehmung und Bewusstsein, Pädagogische Anthropologie Bd. 1, Weinheim, 7–13

Montessori, Maria (1964), Kinder, die in der Kirche leben. Die religionspädagogischen Schriften, Freiburg i.Br.
– (1976), Schule des Kindes. Montessori-Erziehung in der Grundschule, München / Wien
Müller, Julian (2012), Differenz, Differenzierung, in: Jahraus, Oliver / Nassehi, Arnim u.a. (Hg.), Luhmann Handbuch, Stuttgart, 73–75
Müller, Peter (1999), Mit Markus erzählen. Das Markusevangelium im Religionsunterricht, Stuttgart
Müller-Funk, Wolfgang (2002), Die Kultur und ihre Narrative. Eine methodologische Einführung, Wien / New York
Münch, Christian (2004), Die Gleichnisse Jesu im Matthäusevangelium, Neukirchen-Vluyn

Nadolny, Sten (1990), Das Erzählen und die guten Absichten. Münchener Poetik-Vorlesungen, München
Neidhart, Walter / Eggenberger, Hans (Hg.) (1990), Erzählbuch zur Bibel. Theorie und Beispiele, Zürich u.a.
Nestler, Sebastian (2011), Performative Kritik. Eine philosophische Intervention in den Begriffsapparat der Cultural Studies, Bielefeld
Newberg, Andrew u.a. (2003), Der gedachte Gott, 2. Aufl., München
Niedersächsisches Kultusministerium (Hg.) (2006), Kerncurriculum für die Grundschule Schuljahrgänge 1–4. Evangelische Religion, Hannover (URL: http://db2.nibis.de/1db/cuvo/datei/kc_gs_evrel_nib.pdf)
– (2009), Kerncurriculum für das Gymnasium Schuljahrgänge 5–10. Evangelische Religion, Hannover
– (2009), Kerncurriculum für die Realschule Schuljahrgänge 5–9/10. Evangelische Religion, Anhörfassung März 2009, Hannover
– (2012), Kerncurriculum für das Gymnasium Schuljahrgänge 5–10. Musik, Hannover
Nietzsche, Friedrich (1984), Jenseits von Gut und Böse, in: ders., Werke, hg. von Karl Schlechta, Bd. III, Frankfurt/M. u.a., 9–205
Nipkow, Karl Ernst (1975), Grundfragen der Religionspädagogik. Gesellschaftliche Herausforderungen und theoretische Ausgangspunkte, 3. Bd., Gütersloh
– (1984), Elia und die Gottesfrage im Religionsunterricht, Der Evangelische Erzieher 36, 131–147
– (1992), Bildung als Lebensbegleitung und Erneuerung. Kirchliche Bildungsverantwortung in Gemeinde, Schule und Gesellschaft, 2. Aufl., Gütersloh
– (1998), Bildung in einer pluralen Welt 1: Moralpädagogik im Pluralismus, Gütersloh
– (2007), Interreligiöse Bildung auf dem Prüfstand – Bilanz und Ausblick nach 45 Jahren, in: Lähnemann, Johannes (Hg.), Visionen wahr machen. Interreligiöse Bildung auf dem Prüfstand, Referate und Ergebnisse des Nürnberger Forums 2006, Hamburg, 14–28
– (2010), Kinder und Transzendenz – Spuren natürlicher Religion, in: ders., Gott in Bedrängnis? Zur Zukunftsfähigkeit von Religionsunterricht, Schule und Kirche, Gütersloh, 137–145
Nord, Ilona (2008), Realitäten des Glaubens, Berlin / New York
Nye, Rebecca (2009), Children's Spirituality. What it is and why it matters, London

Oberthür, Rainer (1995a), Kinder und die großen Fragen – ein Praxisbuch für den Religionsunterricht, München

– (1995b), Psalmwort-Kartei – in Bildworten der Bibel sich selbst entdecken, Heinsberg
– (1998), Kinder fragen nach Leid und Gott – Lernen mit der Bibel im Religionsunterricht, München
Obst, Gabriele (2008), Kompetenzorientiertes Lehren und Lernen im Religionsunterricht, Göttingen
Oelkers, Jürgen (1992), Pädagogische Ethik. Eine Einführung in Probleme, Paradoxien und Perspektiven, Weinheim
Oeming, Manfred (1995), Biblische Theologie als Dauerreflexion im Raum des Kanons, in: Dohmen, Christoph / Söding, Thomas (Hg.), Eine Bibel – zwei Testamente. Positionen biblischer Theologie, Paderborn u.a., 83–95
Oerter, Rolf (1999), Theorien der Lesesozialisation – Zur Ontogenese des Lesens, in: Groeben, Norbert (Hg.), Lesesozialisation in der Mediengesellschaft. Ein Schwerpunktprogramm, Internationales Archiv für Sozialgeschichte der deutschen Literatur, Sonderheft 10, Tübingen, 27–55
Ondaatje, Michael (2012), Katzentisch, München
Orth, Gottfried / Hanisch, Helmut (1998), Glauben entdecken – Religion lernen. Was Kinder glauben, Teil 2, Stuttgart
Oser, Fritz (2001), Acht Strategien der Wert- und Moralerziehung, in: Edelstein, Wolfgang / Oser, Fritz / Schuster, Peter (Hg.), Moralische Erziehung in der Schule. Entwicklungspsychologie und pädagogische Praxis, Weinheim und Basel, 63–89
– / Althof, Wolfgang (1992), Moralische Selbstbestimmung. Modelle der Entwicklung und Erziehung im Wertebereich. Ein Lehrbuch, Stuttgart
– / Althof, Wolfgang (2001), Die Gerechte Schulgemeinschaft. Lernen durch Gestaltung des Schullebens, in: Edelstein, Wolfgang / Oser, Fritz / Schuster, Peter (Hg.), Moralische Erziehung in der Schule. Entwicklungspsychologie und pädagogische Praxis, Weinheim und Basel, 63–89; 233ff.
– / Gmünder, Paul (1996), Der Mensch – Stufen seiner religiösen Entwicklung. Ein strukturgenetischer Ansatz, 4. Aufl., Gütersloh
– / Reich, K. Helmut (2000), Wie Kinder und Jugendliche gegensätzliche Erklärungen miteinander verbinden, in: Büttner, Gerhard / Dieterich, Veit-Jakobus (Hg.), Die religiöse Entwicklung des Menschen. Ein Grundkurs, Stuttgart, 216–225
Ott, Heinrich / Otte, Klaus (1981), Die Antwort des Glaubens. Systematische Theologie in 50 Artikeln, 3. Aufl., Stuttgart / Berlin
Otto, Gunter (1988), Zur ästhetischen Erziehung in der Grundschule. Der Versuch, an ein Symposion anzuschließen, in: Schneider, Gerhard (Hg.): Ästhetische Erziehung in der Grundschule. Argumente für ein fächerübergreifendes Unterrichtsprinzip, Weinheim / Basel, 13–30

Parsons, Michael J. (1975), A Suggestion Concerning the Development of Aesthetic Experience in Children, JAAC, 305–314
Peukert, Helmut (2005), Identität. Theologisch, in: Eicher, Peter (Hg.), Neues Handbuch theologischer Grundbegriffe, 2. Bd., München, 184–192
– (2009), Wissenschaftstheorie – Handlungstheorie – Fundamentale Theologie, Neuaufl., 3. Aufl., Frankfurt/M.
Pfeifer, Anke (2001), Wie Kinder Metaphern verstehen. Semiotische Studien zur Rezeption biblischer Texte im Religionsunterricht der Grundschule, Münster

Piaget, Jean (1976), Das moralische Urteil beim Kinde, 2. Aufl., Frankfurt/M.

Pirner, Manfred L. (2005), John M. Hull – Pionier einer Religionspädagogik im Pluralismus, in: Rupp, Horst F. u.a. (Hg.), Denk-würdige Stationen der Religionspädagogik, Jena, 443–461

Pitschmann, Carina (2012), 1,2,3 …, Gott – Unendlichkeit als Sinn. Wissen im Religionsunterricht der Grundschule, in: Kalloch, Christina / Schreiner, Martin (Hg.), Mit Kindern über Schöpfung und Weltentstehung nachdenken, Jahrbuch für Kindertheologie Bd. 11, Stuttgart, 159–175

Plath, Monika / Richter, Karin (2003), zit. n. Geschke, Susanne, Lesen: Mehr Spaß, weniger Botschaft, in: ZEIT, Jg. 2003, Heft 51 (Rubrik: Chancen)

Platon (1922/1998), Laches (übers. v. Gustav Schneider), in: ders., Sämtliche Dialoge Bd. 1 (hg. v. Otto Apelt), Hamburg, 4–56

– (1957), Menon (übers. v. Friedrich Schleiermacher), in: ders., Sämtliche Werke Bd. 2 (hg. v. W. F. Otto u.a.) Reinbek, 7–42

– (1998), Der Staat [Politeia] (übers. v. Otto Apelt), in: ders., Sämtliche Dialoge Bd. 5 (hg. v. Otto Apelt), Hamburg.

Pola, Thomas (2004), Der ganze Film statt ein paar Videoclips im Religionsunterricht – aber wie? Zum Verhältnis von heilsgeschichtlicher Sicht und biblischer Theologie, in: Büttner, Gerhard (Hg.), Die Praxis der Evangelischen Unterweisung, Jena, 51–68

Prengel, Annedore (2006), Pädagogik der Vielfalt. Verschiedenheit und Gleichberechtigung in interkultureller, feministischer und integrativer Pädagogik, 3. Aufl., Wiesbaden

Pröpper, Thomas (2011), Theologische Anthropologie, 2 Bd., Freiburg i.Br.

Proske, Matthias (2009), Das soziale Gedächtnis des Unterrichts: Eine Antwort auf das Wirkungsproblem im Unterricht?, Zeitschrift für Pädagogik, 55. Jg., 796–813

Pütz, Tanja (2005), Maria Montessoris Pädagogik als religiöse Erziehung, Münster

Rahmenlehrplan für die Sekundarstufe (2012), Ethik, http://www.berlin.de/imperia/md/content/sen-bildung/schulorganisation/lehrplaene/sek1_ethik.pdf, Berlin

Reese-Schäfer, Walter (Hg.) (1999), Identität und Interesse. Der Diskurs der Identitätsforschung, Opladen

Reich, K. Helmut (2000), Umwege im Unterricht als Abkürzung. Schnellere Einsicht und geringerer Lernwiderstand der SchülerInnen, in: Büttner, Gerhard / Dieterich, Veit-Jakobus (Hg.), Die religiöse Entwicklung des Menschen. Ein Grundkurs, Stuttgart, 226–235

Reinert, Andreas (2011), Christliche Kultur? Was Kolleginnen und Kollegen anderer Fächer vom RU erwarten. Eine Momentaufnahme, Entwurf, H. 1, 10–11

Reis, Oliver / Ruster, Thomas (2012), Die Bibel als »eigenwilliges und lebendiges« Kommunikationssystem, Evangelische Theologie, 72. Jg., 275–290

Reiß, Annike (2008), Die Religionsstunde aus der Sicht einzelner Schüler/innen. Empirische Untersuchungen aus der Sek. II, Kassel

Richter, Karin / Plath, Monika (2012), Lesemotivation in der Grundschule. Empirische Befunde und Modelle für den Unterricht, unter Mitarb. von Franziska Goethe u.a., 3. Aufl., Weinheim / München

Rickers, Folkert (2001), Art. »Jesus von Nazareth«, Lexikon für Religionspädagogik Bd. 1, Sp. 902–909

Ricœur, Paul (1996), Das Selbst als ein anderer, München

Riesner, Rainer (2004), Nur ein paar Videoclips oder der ganze Film? Der heilsgeschichtliche Ansatz des Vorbereitungswerkes »Die evangelische Unterweisung«, in: Büttner, Gerhard (Hg.), Die Praxis der Evangelischen Unterweisung, Jena 37–49

Ritschl, Dietrich (1988), Fragen und Thesen, in: Eßlinger, Erich u.a., Gottes verborgene Gegenwart (Oberstufe Religon 10), Stuttgart, 4–5

– / Hailer, Martin (2008), Grundkurs Christliche Theologie. Diesseits und jenseits der Worte, 2. Aufl., Neukirchen-Vluyn

Ritter, Werner H. / Hanisch, Helmut u.a. (2006), Leid und Gott. Aus der Perspektive von Kindern und Jugendlichen, Göttingen

Ritzer, Georg (2010), Interesse – Wissen – Toleranz – Sinn. Ausgewählte Kompetenzbereiche und deren Vermittlung im Religionsunterricht, Wien / Berlin

Robinson, Edward, (1977), The Original Vision, Oxford

Rössler, Dietrich (1994), Grundriß der praktischen Theologie, 2. Aufl., Berlin u.a.

Roggenkamp, Viola (2008), Familienleben, Frankfurt/M.

Roose, Hanna (2006), Performativer Religionsunterricht zwischen Performance und Performativität, Loccumer Pelikan, H. 3, 110–115

– (2007a), Zwischen Erziehung, Religion, Moral und Wissenschaft: Der biblische Kanon im Religionsunterricht, in: Büttner, Gerhard / Scheunpflug, Annette / Elsenbast, Volker (Hg.), Zwischen Erziehung und Religion. Religionspädagogische Perspektiven nach Niklas Luhmann, Münster, 214–231

– (2007b), »Vielleicht ein Bote von Gott«. Das Johannesevangelium im RU: Didaktische Chancen und Probleme, in: Finsterbusch, Karin (Hg.), Bibel nach Plan? Biblische Theologie und schulischer Religionsunterricht, Göttingen, 119–132

– (2008), Religiöse Praxis in der Grundschule. Eine Standortbestimmung im Rahmen der Debatte zum performativen Ansatz, Loccumer Pelikan, H. 3, 103–109

– (2009a), Den biblischen Kanon produktiv zur Geltung bringen, in: Büttner, Gerhard / Elsenbast, Volker / dies. (Hg.), Zwischen Kanon und Lehrplan, Münster, 38–52

– (2009b), »Wenn man immer was Böses tut, kann Gott auch nicht immer zugucken«. Zwischen Entwicklungspsychologie und Kindertheologie: Kinder lesen das Gleichnis vom Schalksknecht (Mt 18,21–35), in: Bachmann, Michael / Woyke, Johannes (Hg.), Erstaunlich lebendig und bestürzend verständlich? Studien und Impulse zur Bibeldidaktik, Neukirchen-Vluyn, 281–296

– (2009c), »Sein Blut komme über uns und unsere Kinder«. Auseinandersetzung mit einem problematischen Chor aus Bachs Matthäuspassion, Entwurf, H. 2, 46–50

– (2009d), Neues Testament. Module der Theologie, Gütersloh

– (2011), Was können Kinder nach vier Jahren Religionsunterricht an der Grundschule?, in: Kraft, Friedhelm / Freudenberger-Lötz, Petra / Schwarz, Elisabeth, »Jesus würde sagen: Nicht schlecht!« Kindertheologie und Kompetenzorientierung, Jahrbuch für Kindertheologie Sonderband, Stuttgart, 17–39

– (2012), »Sünde ist ...« – Biblische Texte bei Jugendlichen ins Spiel bringen, in: Dieterich, Veit-Jakobus (Hg.), Theologisieren mit Jugendlichen. Ein Programm für Schule und Kirche, Stuttgart, 135–149

– (2013), Mose im Religionsunterricht der Grundschule: Zwischen Tatsachenbericht und fiktiver Erzählung, in: Bucher, Anton A. / Schwarz, Elisabeth (Hg.), »Darüber denkt man ja nicht von allein nach ...«. Kindertheologie als Theologie für Kinder, Jahrbuch für Kindertheologie, Bd. 12, Stuttgart, 147–158

– / Büttner, Gerhard (2004), Moderne und historische Laienexegesen von Lk 16,1–13 im Lichte der neutestamentlichen Diskussion, ZNT 13. Jg., 59–69

Rose, Susanne / Schreiner, Martin (2002), »Vielleicht wollten sie ihm das nicht sagen, weil sie finden, dass er noch zu klein dafür ist …« Begegnungen mit dem Thema Sterben und Tod im Religionsunterricht der Grundschule, in: Bucher, Anton A. u.a. (Hg.), »Mittendrin ist Gott«. Kinder denken nach über Gott, Leben und Tod, Jahrbuch für Kindertheologie, Bd. 1, Stuttgart, 115–128

Roth, Michael (2003), Das Verhältnis von Glaube und Schrift. Überlegungen zu einer protestantischen Bestimmung der »Autorität« der Schrift, in: Barton, John / Wolter, Michael (Hg.), Die Einheit der Schrift und die Vielfalt des Kanons, Berlin / New York, 230–248

Rumpf, Horst (1988), Die übergangene Sinnlichkeit. Drei Kapitel über die Schule, 2. Aufl., München

Rupp, Hartmut (2009), Kontinuität und Vielfalt. Wie kann man sich die Fülle biblischer Texte merken?, in: Büttner, Gerhard / Elsenbast, Volker / Roose, Hanna (Hg.), Zwischen Kanon und Lehrplan, Berlin, 143–151

– / Dieterich, Veit-Jakobus (Hg.) (2014), Kursbuch Religion Sekundarstufe II. Arbeitsbuch für den Religionsunterricht in der Oberstufe, Stuttgart / Braunschweig

– / Müller, Peter (2004), Bedeutung und Bedarf einer religiösen Kompetenz, Entwurf, H. 2, 14–18

– / Schmidt, Heinz (Hg.) (2001), Lebensorientierung oder Verharmlosung? Theologische Kritik der Lehrplanentwicklung im Religionsunterricht, Stuttgart

Sajak, Clauß Peter (2010), Kippa, Kelch, Koran. Interreligiöses Lernen mit Zeugnissen der Weltreligionen, München

Sandkühler, Hans Jörg (2009), Kritik der Repräsentation. Einführung in die Theorie der Überzeugungen, der Wissenskulturen und des Wissens, Frankfurt/M.

Sauter, Gerhard (2011), Das verborgene Leben. Eine theologische Anthropologie, Gütersloh

Schalev, Meir (2000), Im Haus der Großen Frau, Zürich

Schambeck, Mirjam (2001), Mystagogisches Lernen, in: Hilger, Georg / Leimgruber, Stephan / Ziebertz, Hans-Georg (Hg.), Religionsdidaktik, München, 373–384

Schami, Rafik (1996), Vortrag im Frankfurter Institut für Jugendbuchforschung, in: Frankfurter Rundschau, 12. 11. 1996, Beilage: Kinder, Kinder! Neue Jugend-Literatur, 1

Schlag, Thomas / Schweitzer, Friedrich (2011), Brauchen Jugendliche Theologie? Jugendtheologische und didaktische Herausforderungen, Neukirchen-Vluyn

Schlieter, Jens (Hg.) (2010), Was ist Religion? Texte von Cicero bis Luhmann, Stuttgart

Schlink, Bernhard (1997), Der Vorleser, Zürich

Schluß, Henning (2005), Ein Vorschlag, Gegenstand und Grenze der Kindertheologie anhand eines systematischen Leitgedankens zu entwickeln, ZPT 57. Jg., 23–35

Schmidinger, Heinrich (2000) (Hg.), Die Bibel in der deutschsprachigen Literatur des 20. Jahrhunderts, 2. Aufl., Ostfildern

Schmidt, Heinz (1975), Unterricht über Glauben und Leben. Grundlagen und Rahmen des Evangelischen Religionsunterrichts in der Sekundarstufe I, Stuttgart / München

– (1977), Religionspädagogische Rekonstruktionen. Wie Jugendliche glauben können, Stuttgart

Schmitt, Annika (2012), Alltagsexegesen – Eine explorative Studie in Auseinandersetzung mit dem Entwurf von Christian Schramm, unveröffentlichte Masterarbeit, Lüneburg

Schneider, Herbert (1999), Der Beutelsbacher Konsens, in: Mickel, Wolfgang W. (Hg.), Handbuch zur politischen Bildung, Bonn, 171–178

Schneider-Flume, Gunda (1985), Die Identität des Sünders. Eine Auseinandersetzung theologischer Anthropologie mit dem Konzept der psychosozialen Identität Erich H. Eriksons, Göttingen

Schnelle, Udo (2002), Einleitung in das Neue Testament, 4. Aufl., Göttingen

– (2007), Theologie des Neuen Testaments, Göttingen

Schnepper, Arndt E. (2012), Goldene Buchstaben ins Herz schreiben. Die Rolle des Memorierens in religiösen Bildungsprozessen, Göttingen

Schoberth, Ingrid (2002a), Der unwillige Zeuge – zur Wahrnehmung des Religionslehrers, ZPT, 54. Jg., 118–13

– (2002b), Glauben-Lernen heißt eine Sprache lernen. Exemplarisch durchgeführt an einer Performance zu Psalm 120, rhs 45. Jg., 20–31

– (2004), Leonardo da Warhol. Spurensuche des Heiligen im Religionsunterricht, Stuttgart

Scholem, Gershom (1957), Die jüdische Mystik in ihren Hauptströmungen, Frankfurt/M.

Schramm, Christian (2008), Alltagsexegesen. Sinnkonstruktion und Textverstehen in alltäglichen Kontexten, Stuttgart

Schreiner, Margit / Appel, Markus (2002), Realitäts-Fiktions-Unterscheidungen als Aspekt einer kritisch-konstruktiven Mediennutzungskompetenz, in: Groeben, Norbert / Hurrelman, Bettina (Hg.), Medienkompetenz. Voraussetzungen, Dimensionen, Funktionen, Weinheim / München, 231–254

Schröder, Bernd (2004), Mindeststandards religiöser Bildung und Förderung christlicher Identität, in: Rothgangel, Martin / Fischer, Dietind (Hg.), Standards für religiöse Bildung, Schriften aus dem Comenius-Institut, Münster, 13–33

– (2007), Verdeutlichen, konkretisieren, empirisch prüfen – zur Weiterarbeit an ›grundlegende[n] Kompetenzen religiöser Bildung‹, in: Elsenbast, Volker / Fischer, Dietlind (Hg.), Stellungnahmen und Kommentare zu »Grundlegende Kompetenzen religiöser Bildung«, Münster, 69–72

Schroeter-Wittke, Harald (2003), Performance als religionsdidaktische Kategorie. Prospekt einer performativen Religionspädagogik, in: Klie, Thomas / Leonhardt, Silke (Hg.), Schauplatz Religion. Grundzüge einer performativen Religionspädagogik, Leipzig, 47–66

Schubiger, Jürg (1995), Als die Welt noch jung war, Weinheim / Basel

Schulz-Zander, Renate (2005), Veränderung der Lernkultur mit digitalen Medien im Unterricht, in: Kleber, Hubert (Hg.), Perspektiven der Medienpädagogik in Wissenschaft und Bildungspraxis, München, 125–140

Schweiker, Wolfhard (2004), Der Gute Hirte im Test. Godly Play im Religionsunterricht einer Sonderschule, CRP (57), 48–49

Schweitzer, Friedrich (1996), Grundformen ethischen Lehrens und Lernens in der Schule, in: Adam, Gottfried / Schweitzer, Friedrich (Hg.), Ethisch erziehen in der Schule, Göttingen, 62–80

– (1998), Die Suche nach eigenem Glauben, 2. Aufl., Gütersloh

- (2003a), Elementarisierung im Religionsunterricht, Neukirchen-Vluyn
- (2003b), Was ist und wozu Kindertheologie?, in Bucher, Anton A. u.a. (Hg.), »Im Himmelreich ist keiner sauer.« Kinder als Exegeten, Jahrbuch für Kindertheologie Bd. 2, Stuttgart, 9–18
- (2005), Das Recht des Kindes auf Religion. Ermutigungen für Eltern und Erzieher, 2. Aufl., Gütersloh
- (2006) Religionspädagogik, Gütersloh
- (2008), Elementarisierung und Kompetenz, Neukirchen-Vluyn
- (2011), Kindertheologie und Elementarisierung, Gütersloh
- u.a. (1995), Religionspädagogik und Entwicklungspsychologie, Elementarisierung in der Praxis, Gütersloh
- u.a. (2002), Entwurf einer pluralitätsfähigen Religionspädagogik, Gütersloh / Freiburg i.Br.
- u.a. (Hg.) (2011), Interreligiöse und interkulturelle Bildung in der Kita. Eine Repräsentativbefragung von Erzieherinnen in Deutschland – Interdisziplinäre, interreligiöse und internationale Perspektiven, Münster

Searle, John (1982), Ausdruck und Bedeutung. Untersuchungen zur Sprechakttheorie, Frankfurt/M.
- (1989), How performatives work, Linguistics and Philosophy, 12. Jg., 535–558

Sekretariat der Deutschen Bischofskonferenz (Hg.) (2004), Kirchliche Richtlinien zu Bildungsstandards für den katholischen Religionsunterricht in den Jahrgangsstufen 5–10 / Sekundarstufe I (Mittlerer Bildungsabschluss), 23. September 2004, Bonn
- (2006), Kirchliche Richtlinien zu Bildungsstandards für den katholischen Religionsunterricht an der Grundschule / Primarstufe, 24. April 2006, Bonn

Selman, Robert L. (1984), Die Entwicklung des sozialen Verstehens. Entwicklungspsychologie und klinische Untersuchungen, Frankfurt/M.

Sless, David (1984), Visual Literacy. A Failed Opportunity, Educational Communication and Technology Journal, 1984, 224–228

Smith, Christian / Denton, Melinda L. (2009), Soul Searching. The Religious and the Spiritual Lives of American Teenagers, 2. Aufl., Oxford

Sodian, Beate (1995), Entwicklung bereichsspezifischen Wissens, in: Oerter, Rolf / Montada, Leo (Hg.), Entwicklungspsychologie, Weinheim, 622–653

Sölle, Dorothee (1990), Gott denken. Einführung in die Theologie, Stuttgart

Spitzer, Manfred (2012), Digitale Demenz. Wie wir unsere Kinder um den Verstand bringen, München

SpurenLesen 1–3 (2007–2010). Religionsbuch für die 5./6., 7./8., 9./10. Klasse, Büttner, Gerhard u.a., Stuttgart / Braunschweig

SpurenLesen (1997). Religionsbuch für die 5./6. Klasse. Werkbuch, Büttner, Gerhard u.a., Stuttgart / Braunschweig

Stachel, Günter (1971), Lernziele und Religionsunterricht, in: Heinemann, Horst / Stachel, Günter / Vierzig, Siegfried, Lernziele und Religionsunterricht, 2. Aufl., Zürich / Köln, 24–56

Steinhäuser, Martin (2007), Godly Play als Element subjektiver Theologie, in: Bucher, Anton u.a. (Hg.), »Man kann Gott alles erzählen, auch kleine Geheimnisse«. Kinder erfahren und gestalten Spiritualität, Jahrbuch für Kindertheologie, Bd. 6, Stuttgart, 65–79

Steinwede, Dietrich (1974), Werkstatt Erzählen. Eine Einleitung zum Erzählen biblischer Geschichten, Münster

Stögbauer, Eva Maria (2011), Die Frage nach Gott und Leid bei Jugendlichen wahrnehmen, Bad Heilbrunn

Stoodt, Dieter (1975), Religionsunterricht als Interaktion. Grundsätze u. Materialien zum evangelischen Religionsunterricht der Sekundarstufe I, Düsseldorf

Streib, Heinz (2013), Was bedeutet »Spiritualität« im Jugendalter?, Vortrag auf der Expertentagung zur Jugendtheologie: 16. 03. 2013, Pädagogische Hochschule Ludwigsburg, http://pub.uni-bielefeld.de/download/2562111/2562191

Sundermeier, Theo (2007), Religion – Was ist das? Religionswissenschaft im theologischen Kontext. Ein Studienbuch, 2. Aufl., Frankfurt/M.

Tellkamp, Uwe (2008), Der Turm, Frankfurt/M.

Tenorth, Heinz-Elmar (2004), Bildungsstandards und Kerncurriculum, Zeitschrift für Pädagogik, 50. Jg., 650–651

Terhart, Ewald (2009), Didaktik, Stuttgart

Theißen, Gerd (2003), Zur Bibel motivieren, Aufgaben, Inhalte und Methoden einer offenen Bibeldidaktik, Gütersloh

– / Merz, Annette (1996), Der historische Jesus, Göttingen

Thies, Christian (2009), Einführung in die philosophische Anthropologie, 2. Aufl., Darmstadt

Thomas von Aquin (1985), Summe der Theologie, hg. von Rolf Schönberger, Stuttgart

Tietz, Christiane (2005), Freiheit zu sich selbst. Entfaltung eines christlichen Begriffs von Selbstannahme, Göttingen

Tillich, Paul (1969), Sein und Sinn. Zwei Schriften zur Ontologie, GW XI, Stuttgart

Tödt, Heinz Eduard (1988), Perspektiven theologischer Ethik, München

Topsch, Wilhelm (2002), Die lehr- / lerntheoretische Didaktik, in: Kiper, Hanna / Meyer, Hilbert / Topsch, Wilhelm (2002), Einführung in die Schulpädagogik, Berlin, 76–86

Traub, Silke (2011), Selbstgesteuert lernen im Projekt? Anspruch an Projektunterricht und dessen Bewertung aus Sicht von Lehrenden und Lernenden, Zeitschrift für Pädagogik, 63. Jg., 93–113

Treml, Alfred K. (2004), Evolutionäre Pädagogik, Stuttgart

Treumann, Klaus Peter (2007), Medienhandeln Jugendlicher, Wiesbaden

Turner, Victor (2002), Dramatisches Ritual, rituelles Theater. Performative und reflexive Ethnologie, in: Wirth, Uwe (Hg.), Performanz. Zwischen Sprachphilosophie und Kulturwissenschaften, Frankfurt/M., 193–209

Tzscheetzsch, Werner (2002), Gott teilt sich mit. Heilsgeschichte im Religionsunterricht, Ostfildern

Ueding, Gert / Steinbrink, Bernd (2005), Grundriss der Rhetorik, Stuttgart / Weimar

Vaden, Victoria C. / Woolley, Jaqueline D. (2011), Does God Make it Real? Children's Belief in Religious Stories from the Judeo-Christian Tradition, Child Development, 82. Jg., 1120–1135

Vattimo, Gianni (2001), Die Spur der Spur, in: Derrida, Jacques / Vattimo Gianni (Hg.), Die Religion, Frankfurt/M., 107–124

Vött, Matthias (2002), Interreligiöse Dialogkompetenz. Ein Lernprogramm für den mus-
limisch-christlichen Dialog, Frankfurt/M.

Waardenburg, Jean Jacques (1986), Religionen und Religion. Systematische Einführung
in die Religionswissenschaft, Berlin

Wagenschein, Martin (1970), Ursprüngliches verstehen und exaktes Denken, Bd. 2,
Stuttgart

Weber, Otto (1977), Grundlagen der Dogmatik, 1. Bd., 5. Aufl., Neukirchen-Vluyn

Weder, Hans (2000), Virtual Reality, in: Klie, Thomas (Hg.), Darstellung und Wahrnehmung. Religion im medialen Crossover, Münster, 64–76

Wegenast, Klaus (1979), Orientierungsrahmen Religion, Gütersloh

Weidner, Daniel (2008), Einleitung: Zugänge zum Buch der Bücher, in: Schmidt, Hans-
Peter / ders. (Hg.), Die Bibel als Literatur, München, 7–30

Weinert, E. Franz (Hg.) (2001), Vergleichende Leistungsmessung in Schulen, Weinheim / Basel

Weischedel, Wilhelm (1983), Der Gott der Philosophen. Grundlegung einer philosophischen Theorie im Zeitalter des Nihilismus, Darmstadt

Weiße, Wolfram / Gutmann, Hans-Martin (Hg.) (2010), Religiöse Differenz als Chance?
Positionen, Kontroversen, Perspektiven, Münster u.a.

Wiesing, Lambert (2005), Artifizielle Präsenz. Studien zur Philosophie des Bildes,
Frankfurt/M.

Willems, Joachim (2011), Interreligiöse Kompetenz. Theoretische Grundlagen, Konzep-
tionalisierungen, Unterrichtsmethoden, Wiesbaden

Wirth, Uwe (2002), Der Performanzbegriff im Spannungsfeld von Illokution, Iteration
und Indexikalität, in: ders. (Hg.) (2002), Performanz. Zwischen Sprachphilosophie
und Kulturwissenschaften, Frankfurt/M., 9–60

Wolff, Hans Walter (2010), Anthropologie des Alten Testaments, Darmstadt

Woolley, Jacqueline D. (2000), The Development of Beliefs About Direct Mental-Physi-
cal Causality in Imagination, Magic, and Religion, in: Rosengren, Karl S. / Johnson,
Carl N. / Harris, Paul L. (Hg.), Imagining the Impossible, Cambridge UK, 99–129

Wrede, William (1901), Das Messiasgeheimnis in den Evangelien. Zugleich ein Beitrag
zum Verständnis des Markusevangeliums, Göttingen

Wüpper, Antje (2000), Wahrnehmen lernen – Aspekte religionspädagogischer Bildbetrachtung am Beispiel religiöser Kunst des Expressionismus. Ein Beitrag zum religionspädagogischen Umgang mit Kunst, Münster / Hamburg / London

Wulf, Christoph (2007a), Rituelle Lernkulturen. Eine Einführung, in: ders. u.a. (Hg.),
Lernkulturen im Umbruch. Rituelle Praktiken in Schule, Medien, Familie und Jugend, Wiesbaden, 7–20

– (2007b), Ästhetische Erziehung: Aisthesis – Mimesis – Performativität, in: ders. /
Zirfas, Jörg (Hg.), Pädagogik des Performativen. Theorien, Methoden, Perspektiven,
Weinheim / Basel, 42–48

– (2008), Rituale im Grundschulalter: Performativität, Mimesis und Interkulturalität,
Zeitschrift für Erziehungswissenschaft, 11. Jg., 67–83

Zenck, Martin / Jüngling, Markus (Hg.) (2011), Erzeugen und Nachvollziehen von Sinn.
Rationale, performative und mimetische Verstehensbegriffe in den Kulturwissenschaften, Paderborn

Zenger, Erich (2004a), Das Buch Genesis (1–9.37–50), in: ders. (Hg.), Stuttgarter Altes Testament, Stuttgart, 15–112; 156–159

– (2004b), Das Buch der Richter, in: ders. (Hg.), Stuttgarter Altes Testament, Stuttgart, 411–452

Ziebertz, Hans-Georg / Riegel, Ulrich (2008), Letzte Sicherheiten. Eine empirische Untersuchung zu den Weltbildern Jugendlicher, Gütersloh / Freiburg i.Br.

Ziegler, Tobias (2006), Jesus als »unnahbarer Übermensch« oder »bester Freund«? Elementare Zugänge Jugendlicher zur Christologie als Herausforderung für Religionspädagogik und Theologie, Neukirchen-Vluyn

Zilleßen, Dietrich (2001), Art. Ethik, Ethisches Lernen, in: Lexikon für Religionspädagogik, Bd. 1, 482–489

Zimmermann, Mirjam (2010), Kindertheologie als theologische Kompetenz von Kindern. Grundlagen, Methodik und Ziel kindertheologischer Forschung am Beispiel der Deutung des Todes Jesu, Neukirchen-Vluyn

Zimmermann, Ruben (Hg.) (2007), Kompendium der Gleichnisse Jesu, Gütersloh